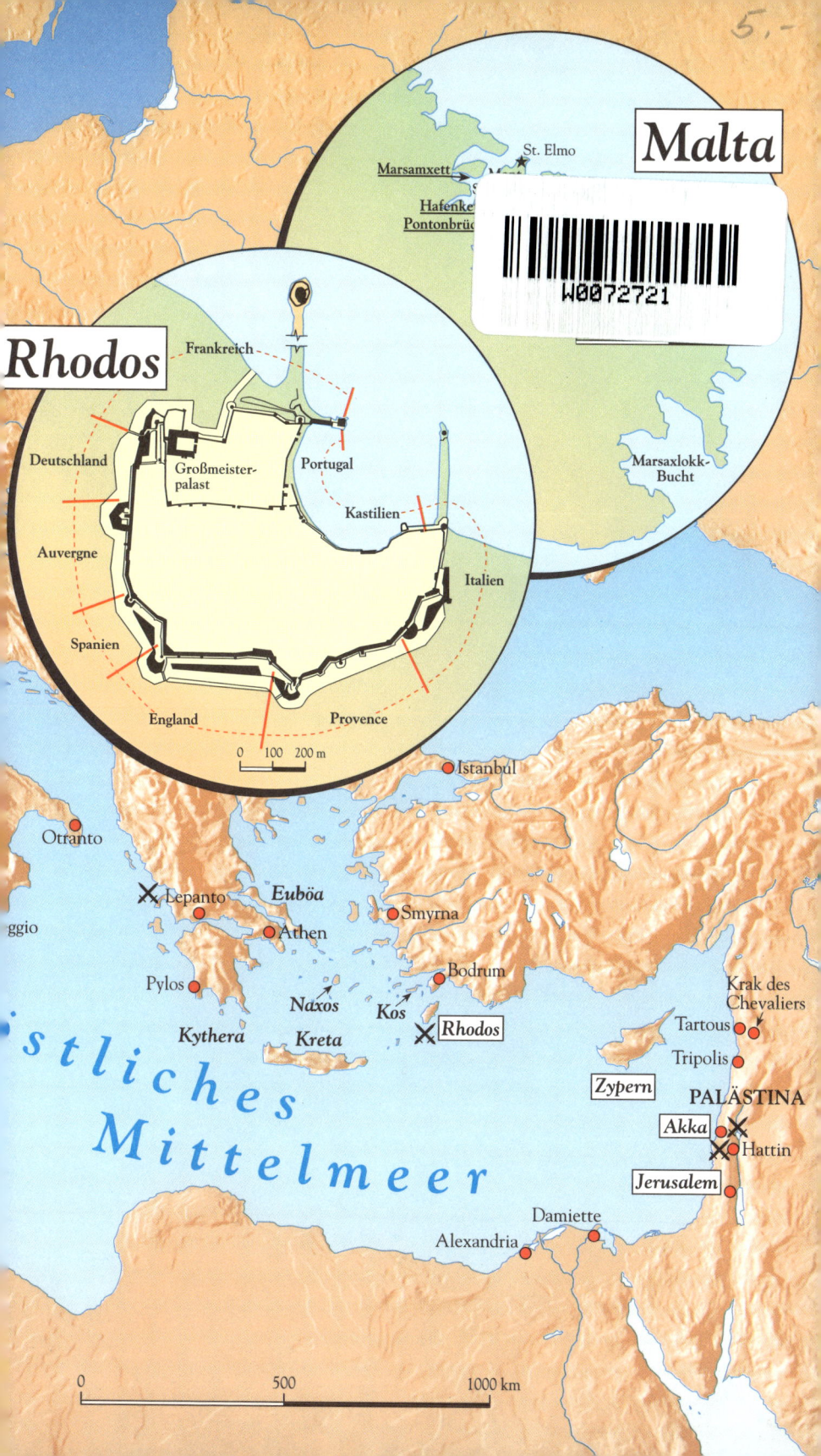

Malta

St. Elmo

Marsamxett

Hafenkette
Pontonbrücke

Marsaxlokk-
Bucht

Rhodos

Frankreich

Deutschland

Großmeister-
palast

Portugal

Auvergne

Kastilien

Spanien

Italien

England

Provence

0   100   200 m

Istanbul

Otranto

Lepanto

Euböa

Smyrna

Athen

ggio

Pylos

Bodrum

Krak des
Chevaliers

Naxos

Kos

Tartous

Kythera

Kreta

Rhodos

Tripolis

Zypern

PALÄSTINA

Akka

Hattin

Jerusalem

Damiette

Alexandria

stliches

Mittelmeer

0   500   1000 km

Korsaren Christi

Johanniter & Malteser
Die Herren des Mittelmeers

Jörg-Dieter Brandes

Korsaren Christi

Johanniter & Malteser
Die Herren des Mittelmeers

Jan Thorbecke Verlag Stuttgart

Die Deutschen Bibliothek – CIP-Einheitsaufnahme

Brandes, Jörg-Dieter: Korsaren Christi: Johanniter & Malteser – Die Herren des Mittelmeers / Jörg-Dieter Brandes. – Stuttgart: Thorbecke, 2000, 1997

ISBN 3-7995-0091-X

http://www.thorbecke.de · e-mail: info@thorbecke.de

2. Auflage 2000
© 2000, 1997 by Jan Thorbecke Verlag GmbH & Co., Stuttgart

Dieses Buch ist aus alterungsbeständigem Papier nach DIN-ISO 9706 hergestellt.

Gesamtherstellung: Süddeutsche Verlagsgesellschaft mbH, Ulm
Printed in Germany · ISBN 3-7995-0091-X

Inhalt

Einführung

Wer sich mit der historischen Rolle des Johanniter- bzw. Malteserordens befaßt, muß differenzieren: Als Landmacht in Palästina und Syrien waren die Ordensritter einerseits Hauptakteure eines großartigen mittelalterlichen Heldenepos, haben andererseits aber im Nahen Osten außer einem bis in die Gegenwart anhaltenden Kreuzzugstrauma der Araber nichts von Bedeutung hinterlassen. Entsprechend vage ist auch die geschichtliche Betrachtung des Ordens, dessen territorialer Einflußbereich beispielsweise viel tiefer in die Syrische Wüste hineinreichte, als die Historiker es ungeprüft von Generation zu Generation weitergeben: Noch 140 Kilometer östlich der bekannten Kreuzritterfestung Krak des Chevaliers findet man in den Ruinen des altarabischen Wüstenschlosses Qasr el Hair el Gharbi einen tonnenschweren Marmorklotz mit eingemeißeltem Johanniterkreuz, der die Vermutung zuläßt, daß das ursprüngliche Omaiyadenschloß zur Zeit der Kreuzzüge ein bedeutender östlicher Vorposten des Johanniterordens war. Kein Historiker hat dies bisher erwähnt bzw. untersucht, kein Geschichtsbuch vermerkt. Die Geschichtsschreibung über den Orden beruht allerdings überwiegend auf Angaben der Ordensarchive, kaum auf arabischen, überhaupt nicht auf türkischen Quellen.

Unterscheiden muß man auch die verschiedenen Rollen, die der Orden im Laufe seiner Geschichte wahrnahm. Denn wie bei etablierten Militärmächten bis in die Gegenwart hinein zu beobachten ist, bemühten sich auch die Johanniter nach dem Ende der Kreuzzüge um ein neues Wirkungsfeld. Sie wandelten sich dabei von einer bewaffneten Nahost-Landmacht zu einer militärischen Seemacht des Mittelmeers. Erst als solche liefen sie zu weltpolitischer Bedeutung und historischer Hochform auf – aber auch dabei muß man wieder eine Differenzierung vornehmen und dazu den geostrategischen Besonderheiten des Mittelmeers Rechnung tragen:

Das Mittelmeer, dessen von drei Zugängen unterbrochene, zerklüftete Küstenlinien sich heute, wenn man alle Anrainer- und Inselstaaten zusammennimmt, neunzehn Staaten und drei Kontinente auf engstem Raum teilen und in dem sich drei Weltregionen berühren, war in seiner Geschichte stets eher ein »eurabisches« oder »eurasisches« Binnenmeer als ein Randmeer des einen oder anderen Kontinents: Zur Zeit Kaiser Marc Aurels gehörte es als *Mare Nostrum*, wenn man die Küstenlinien addiert, zu hundert Prozent zu Rom. Später, zur Zeit Kaiser Justinians, beherrschte Byzanz neunzig Prozent der Mittelmeerküsten. Und zur Zeit Sultan Selims II. wurde der Mittelmeerraum zu siebzig Prozent vom Osmanischen Reich bzw. seinen nordafrikanischen Vasallen dominiert.

Das Mittelmeer war wirklich ein »Mittel«-Meer und in diesem zentralen Gewässer hatte der Orden sich als neue Seemacht mit zwei Selbstverpflichtungen etabliert:

Die eine Aufgabe war die Bekämpfung des nordafrikanischen Piratenunwesens. Eine noble Pflicht, die allerdings dadurch ins Zwielicht geriet, daß die Ritter von der Kaperung der Piratenschiffe durchaus profitierten und als »Korsaren Christi« nicht nur Piraten, sondern alle muslimischen Schiffe, die den Weg ihrer Galeeren kreuzten, und seien sie noch so harmlos und friedfertig, aufbrachten. Und daß sie nicht nur christliche Galeerensklaven befreiten, sondern selber gefangene muslimische Seeleute wieder zu Sklaven auf ihren eigenen Galeeren machten, sie nur gegen Lösegeld zurückgaben oder gar an Drittländer als Ware verkauften und so selbst zu Sklavenhändlern wurden.

Von uneingeschränkter moralischer und weltgeschichtlicher Bedeutung bleibt demnach nur der zweite mediterrane Auftrag des Ordens – die Verhinderung der völligen Islamisierung und Osmanisierung des Mittelmeerraums. Diese als »Bollwerk der Christenheit« versehene Aufgabe kann nicht hoch genug eingeschätzt werden – sie ist vergleichbar mit der historischen Leistung des ägyptisch-syrischen Mamelukenreichs, das einige Zeit zuvor die Mittelmeerregion und damit möglicherweise ganz Südeuropa vor den Mongolenstürmen bewahrt hatte.*

Das vorliegende Buch behandelt vor allem diese beiden Aktivitäten des Ordens, die ihm im Mittelmeerraum seine Existenzberechtigung gaben – die Piratenbekämpfung und die Verhinderung des Vordringens der Türken und des Islam in das westliche Mittelmeer. Es beginnt mit dem Niedergang der Landmacht des Ordens in der Vernichtungsschlacht von Hattin am See von Tiberias (1187) und endet mit der Zerschlagung des Ordensstaates Malta durch Napoleon (1798). Beiläufig behandelt es dabei Aspekte der beeindruckenden Europäisierung des internationalen Ordens, von denen auch die europäischen Staaten der Gegenwart noch lernen könnten. Das Buch befaßt sich nur wenig mit der früheren Geschichte des Ordens als palästinensisch-syrische Landmacht und überhaupt nicht mit seiner späteren Rolle als humanitäre Organisation, weil beiden Tätigkeiten, ohne das Verdienst der Caritas schmälern zu wollen, nach Auffassung des Autors keine weltgeschichtliche Bedeutung zukommt.

Das Buch stützt sich vor allem auf die angegebenen Literaturquellen sowie auf die Landeskenntnis des Autors als langjähriger Militärattaché in der Nahost-Region und auf Recherchen auf Zypern, in der Türkei, in Italien sowie auf Rhodos und Malta.

---

* Vgl. dazu Jörg-Dieter Brandes, Die Mameluken. Aufstieg und Fall einer Sklavendespotie. Sigmaringen 1996.

Der Orden als Landmacht
in Palästina und Syrien

Wer von den Rittern und Gefolgsleuten König Guidos von Jerusalm (Guy de Lusignan) am 4. Juli 1187 die mörderische Schlacht von Hattin, die Entscheidungsschlacht zwischen Christen und Moslems, überlebt hatte, geriet in die Gefangenschaft von Sultan Saladin und wurde später auf den Sklavenmärkten des Orients verkauft. Nicht so jedoch die Johanniter, die damals noch Hospitaliter genannt wurden: Die meisten der ca. 300 Ordensritter, die an der Schlacht teilgenommen hatten, waren gefallen oder unter der sengenden Sonne Galiläas verdurstet. Den Rest jedoch ließ Saladin, der von arabischen und westlichen Historikern gerne als besonders edel und großmütig beschriebene Herrscher der Muslimen, gemeinsam mit den Angehörigen des anderen großen christlichen Militärordens, den Tempelrittern, ermorden und machte sich so nach heutigen Maßstäben eines schweren Kriegsverbrechens schuldig. Ibn el Atir, ein zeitgenössischer Historiker aus Mesopotamien, gibt eine eindrucksvolle Beschreibung dieses Gefangenenmassakers: »Auf Befehl des Sultans wurden der König und eine Gruppe der angesehensten Ritter nach Damaskus geschickt, während die gefangenen Templer und Hospitaliter gesammelt wurden, um getötet zu werden. Der Sultan wußte, daß in der Hoffnung auf Lösegeld niemand einen dieser Gefangenen herausgäbe, und bot daher für jeden aus diesen beiden Gruppen fünfzig ägyptische *dīnār*. Sofort wurden ihm zweihundert Gefangene gebracht und auf seinen Befehl enthauptet. Er ließ besonders sie umbringen, weil sie die tüchtigsten Krieger unter den Franken waren; so schaffte er der Bevölkerung Erleichterung von ihnen. Seinem Statthalter in Damaskus schrieb er, er solle alle, die dorthin kämen, umbringen, ob sie ihm oder anderen gehörten.«

Ein anderer arabischer Chronist, Imad ed Din, der bei Saladin und dessen Vorgänger Nur ed Din Sekretär gewesen war, präzisiert in seinem Lebensbericht über Saladin noch: »Montagmorgen, den 17. Rabī II, zwei Tage nach dem Sieg, ließ der Sultan die gefangenen Templer und Hospitaliter suchen und sagte: ›Ich will die Erde von den beiden unreinen Geschlechtern säubern.‹ Er setzte fünfzig *dīnār* aus für jeden, der einen Gefangenen bringe, und sofort brachte das Heer sie zu Hunderten. Er befahl, sie zu enthaupten, denn er zog es vor, sie zu töten und nicht zu Sklaven zu machen. Eine ganze Schar Gelehrter und Ṣūfīs und eine gewisse Zahl Frommer und Asketen befanden sich bei ihm; jeder bat, ob er nicht einen von ihnen umbringen dürfe, zog das Schwert und krempelte die Ärmel auf. Der Sultan saß mit frohem Gesicht dabei, während die Ungläubigen finster blickten, die Truppen standen geordnet, aufrecht die Emire in doppelter Reihe. Es gab solche, die schnitten und sauber hieben und Dank ernteten; solche, die sich weigerten und fehlten und entschuldigt wurden; solche, die Lachen erregten – andere traten an ihre Stelle. Ich sah solche, die laut lachten und mordeten, die sprachen und handelten: wie viele Versprechungen erfüllten sie, wieviel Lob erwarben sie, ewigen Lohn sicherten sie sich mit dem vergossenen Blut, wie viele fromme Werke vollbrachten sie mit den Hälsen, die sie durchhieben! Wie viele Klingen färbten sie mit Blut für einen erstrebten Sieg, wie viele Lanzen schwangen sie gegen einen von ihnen gefangenen Löwen.«

Schon zwei Monate vor der Schlacht von Hattin war das Oberhaupt des Johanniterordens, Roger de les Moulins, der als erster Ordensmeister den Titel eines Großmeisters angenommen hatte, während eines Scharmützels, das Ibn el Atir geschildert hat, gefallen: »Eines Nachts Ende Safar (Mai 1187) brachen sie auf und griffen morgens Ṣaffūarijja an. Die Franken gingen ihnen mit einem Aufgebot an Templern, Hospitaliern und anderen entgegen, sie trafen aufeinander, und es entwickelte sich eine Schlacht zwischen ihnen, die schwarze Scheitel ergrauen lassen kann. Gott der Erhabene sandte seinen Sieg endlich auf die Muslime herab, und die Franken wurden geschlagen. Eine Gruppe von ihnen wurde getötet und die übrigen gefangengenommen. Unter den Gefallenen war das Oberhaupt der Hospitaliter, ein berühmter Ritter unter den Franken, der den Muslimen gewaltigen Schaden zugefügt hatte. Die Muslime plünderten das umliegende Land, machten Beute und Gefangene und kehrten wohlbehalten zurück – nach Tiberias, wo der Graf saß (gemeint ist der Graf von Tripolis, der zeitweise mit den Moslems kollaborierte): er hatte nichts gegen das Vorgefallene einzuwenden. Es war ein großer Sieg, denn Templer und Hospitaliter sind das Rückgrat der Franken.«

Welchen Weg hatte der Johanniterorden bis zur Schlacht von Hattin, die den Untergang der Kreuzfahrerstaaten einläutete, genommen?

Bereits im Jahr 610 soll es in Jerusalem südlich der Grabeskirche ein christliches Hospiz für Pilger gegeben haben, das der fanatische Fatimidenkalif Hakim zerstören ließ. Im Jahr 1048 erhielten jedoch christliche Kaufleute aus Amalfi von Ägypten die Genehmigung, erneut ein Hospiz und dazu ein Hospital zu errichten – Aufgaben, derer sich einige Benediktinermönche annahmen. Als die Kreuzfahrer des ersten Kreuzzuges 1099 Jerusalem eroberten, war das Hospital unter Leitung des Bruders Gerard in vollem Betrieb und konnte für die während des Angriffs auf die Stadt verwundeten Ritter bereits als Lazarett benutzt werden. In seiner besten Zeit sollte es noch bis zu 2000 Kranke aufnehmen können. Am Ende der Kreuzfahrerherrschaft gab es im Heiligen Land acht Hospitäler der Johanniter. Aus Dankbarkeit erhielten die Johanniter von dem Führer der Kreuzfahrer, Gottfried von Bouillon, Ländereien geschenkt, und sein Bruder und Nachfolger, König Balduin I. von Jerusalem, erkannte 1104 die »Bruderschaft der Hospitaliter« förmlich an und belehnte sie mit Ländereien am Berg Tabor. Geldmittel flossen auch bald aus Europa, wo sich in verschiedenen Ländern, so zum Beispiel zwischen 1130 und 1145 in England, territorial gegliederte Basisorganisationen zur Rekrutierung sowie zur logistischen und finanziellen Unterstützung des Ordens entwickelten, die sich später Großpriorate nannten. In den Einschiffungshäfen der Pilger, also in Marseille, Pisa, Bari, Otranto, Tarent und Messina, entstanden zur gleichen Zeit weitere Hospitäler und Hospize.

Zu dieser Zeit wurden außerhalb der Kreuzfahrerstaaten zahlreiche Ritterorden gegründet, die sich dem Kampf gegen den Islam in der einen oder anderen Form, meistens zum Schutz christlicher Pilger, verschrieben und dabei die Regeln eines der großen Mönchsorden angenommen hatten – alleine im 12. Jahrhundert waren es etwa zehn Orden. Die meisten von ihnen waren auf nationaler Basis, vor allem in Spanien, Portugal und Italien, entstanden, oft nur Werkzeuge der Fürsten ihrer Länder. Manche waren kurzlebig, andere gingen in größeren und mächtigeren Militärorden auf oder waren Sammelbecken für den in Frankreich und einigen anderen Ländern zerschlagenen, einstmals allmächtigen Templerorden. Einige dieser Orden arbeiteten eng zusammen, andere bekämpften sich eifersüchtig. Militärorden gab es übrigens in dieser Zeit auch bei den Muslimen, und es ist nicht ausgeschlossen, daß diese die Vorbilder für die späteren christlichen Militärorden waren. In Syrien gab es die berüchtigten Assassinen des »Alten vom Berg« und im Maghreb die Mönchssoldaten in den »Ribats« (Ordensburgen), Wehr- und Fluchtburgen zugleich, wie man sie heute noch z. B. in Sousse und Monastir sehen kann.

Schon 1113 hatte Papst Paschalli die »Ritter vom Hospital des Heiligen Johannes von Jerusalem«, wie sie jetzt hießen, als autonomen Orden mit Sitz in Jerusalem und Besitzungen in Europa und »Outremer«, der nur dem Papst zu Gehorsam verpflichtet war, anerkannt. 1130 wurde der Orden in einer päpstlichen Bulle bestätigt. Der Nachfolger von Gerard, Raymond du Puy, nahm den Titel eines Ordensmeisters an. Unter ihm entstand eine Ordensregel, nach der der Schutz der Pilger und der Pilgerwege neben die bisherigen karitativen Aufgaben trat. Damit wurde die Gemeinschaft, bisher eine Hospitalbruderschaft, deren Kern jetzt nur noch dem Adel vorbehalten war, ein Militärorden, der sich aus Rittern, Geistlichen und sogenannten Dienenden Brüdern sowie angeworbenen Söldnern zusammensetzen sollte. 1126 wird in den Archiven zum erstenmal ein militärischer Konstabler genannt, dessen Bezeichnung spätestens 1160 durch den Titel eines Marschalls, später auch Großmarschalls, ersetzt wurde. Es entstand nun ein stehendes Heer, neben dem Templerorden das einzige in den Kreuzfahrerstaaten, dem bis zum Jahr 1187 15 Burgen als Rückhalt dienten. Später sollte sich die Zahl der Johanniterfestungen noch durch Kauf und Erbe auf 25, davon 15 in Syrien und 10 im Königreich Jerusalem, erhöhen, darunter so mächtige Anlagen wie der Krak des Chevaliers (1142 von Raymund II. von Toulouse, Graf von Tripolis, erworben), Akkar (1170 von König Amalrich von Jerusalem), Castel Rouge (1177/78 von Raymund II. von Tripolis), Markab (1186 von Bertrand von Margat) und Tartus, eine Stadtzitadelle mit heute noch sehenswertem, mächtigen Dom, die sich ab 1102 abwechselnd im Besitz der Templer und Johanniter befand; ebenso Belvoir (1168, erbaut von König Fulko von Jerusalem).

All diese Festungen sollten nach der Schlacht von Hattin früher oder später an die Moslems verlorengehen, während die Christen gezwungen waren, ihre Hauptstadt von Jerusalem nach Akka zu verlegen.

Schon 1188, also ein Jahr nach der Schlacht von Hattin, schrieb Ermengard d'Asp, der Nachfolger des gefallenen Großmeisters de les Moulins, an Herzog Leopold von Österreich:»…Euer Hoheit, durchlauchtigster Herzog, ist ohne Zweifel der Fall der beklagenswerten Stadt Jerusalem bekannt. In der Tat hat der Herr wegen der wachsenden Sündenlast sein Land verlassen und seine Hand schwer auf sein Erbe gelegt. Entflammt von gerechtem Zorn gegen das Übermaß unserer Verbrechen ließ er zu, daß die Lage der diesseits des Meeres wohnenden Christen täglich sich verschlimmerte. In dem gegenwärtigen Sommer hat der verabscheuenswerte Saladin die Stadt Tortosa (gemeint ist das heutige Tartus), den Turm der Templer ausgenommen (gemeint ist die heute noch gut erkennbare Zitadelle am Stadtrand), von Grund aus zerstört, die Stadt Valania (gemeint ist die heutige Mittelmeer-Hafenstadt Banyas, damals in Besitz des Johanniter-Ordens) in Feuer aufgehen lassen (…). Wißt, daß auch im Königreich Jerusalem die starken Festungen Krak (nicht zu verwechseln mit Krak des Chevaliers in Syrien; gemeint ist hier Kerak in der Nähe des Toten Meers) und Montreal (das heutige Schobak in Südjordanien), jenseits des Jordan in Arabien gelegen, nahe bei dem Toten Meer, sich aus Mangel an Lebensmitteln haben ergeben müssen. Wegen Saphed, der Burg des Tempels, hegen wir ernstliche Befürchtungen, ebenso wegen Belvoir, unserer Burg (…).« Belvoir wurde 1189 aufgegeben.

Im Jahr 1271 fiel der Krak des Chevaliers, die stolzeste und mächtigste Johanniterburg im ganzen Nahen Osten, die einstmals für eine Besatzung von 2000 Mann vorgesehen war, an den ägyptischen Mamelukensultan Beybars. Sie hatte als uneinnehmbar gegolten und war das Kernstück einer Kette von Ordensburgen der Johanniter, ja, das Rückgrat der Kreuzfahrerstaaten entlang der syrischen Mittelmeerküste gewesen. Aber auch diese Festung hatte seit Jahrzehnten schon unter der allgemeinen Verkümmerung des Kreuzzugsgedankens gelitten, die dazu führte, daß immer weniger Ordensritter aus dem Abendland das Gelübde auf sich nahmen und ins Heilige Land zogen.

Während des 12. und 13. Jahrhunderts hatte der Krak als Großmeistersitz gedient und 1207, 1218 und 1265 war er erfolglos belagert worden. Aber der Großmeister Hugo von Revel hatte schon 1267 geschrieben, daß er ernsthafte Zweifel habe, ob die Festung mit zu schwacher Besatzung auf Dauer zu halten sei. Beybars war über seine Spione über die Lage der Festung bestens informiert, und am 3. März 1271 erschien er vor der Burg, brachte seine Wurfmaschinen in Stellung und begann mit der Unterminierung der Mauern. Die Verteidiger waren zu schwach, um der Unterminierung durch Ausfälle zu begegnen, und schon am 5. März brach die äußere Umfassungsmauer zusammen und alle Verteidiger und geflüchteten Einwohner der Umgebung, die sich nicht in den inneren Burgkern hatten retten können, wurden von den Moslems abgeschlachtet. Am 21. März fiel der nächste Verteidigungsring und Mineure brachten den Südwestturm zum Einsturz. Jetzt konnten sich die Ritter nur noch zehn Tage in den Trümmern halten, dann gaben sie auf und kapitulierten am 8. April 1271. Beybars gewährte ihnen freien Abzug, und mit sicherem Geleit durften sie sich nach Tripolis zurückziehen.

Im Jahr 1285 fiel auch Markab. Da die abendländischen Chronisten bei eigenen Niederlagen oft sehr großzügig mit der Wahrheit umgingen, soll noch einmal ein arabischer Historiker, der Sekretär der Sultane Beybars und Kalaun (Ibn Abd es Sahir) zu Gehör kommen: »Die Hospitaliter, die die Feste besetzt hielten, waren immer schamloser, gefährlicher und mörderischer geworden, so daß die Leute der Festungen in der Umgebung wie im Kerker leben mußten, ja wie im Sarg. Die Franken hielten die Festung für unangreifbar, mit welchen Anstrengungen und Listen auch immer; keine Durchtriebenheit reichte aus, sie zu überwältigen. (…). Unser Herr, Sultan al Manṣūr, lauerte ihnen aber auf wie ein reißender Löwe; ohne noch Augen für anderes zu haben, beschäftigte er sich mit der Feste und jedesmal wenn sie einen Kriegsbrand warfen, erleuchtete ihn die ewige Rechtleitung. In Damaskus ließ er die Belagerungsmaschinen vorbereiten, ohne daß jemand wußte, wofür sie bestimmt waren. Gleichzeitig ließ er aus seinen verschiedenen Ländern die Mannen ausrücken, dazu Lebensmittel, Befehlshaber und Ausrüstung – eine unzählbare Menge. Einige sagten, es gehe gegen die Feste der Griechen (gemeint war eine byzantinische Festung am oberen Euphrat), andere, anderswohin. Aus Ägypten hatte der Sultan ein großes Arsenal kommen lassen, in dem sich große Pfeilbündel und andere Waffen befanden; den Emiren und Truppen wurden nun bestimmte Mengen Pfeile zugeteilt, die sie bei sich tragen und vorweisen sollten, wenn sie aufgefordert würden; weiter wurden eiserne Geräte und Rohre zum Flammenwerfen bereitgestellt, wie sie nur in den Magazinen und Zeughäusern des Sultans zu finden sind. Das alles hatte er vorbereitet, ehe er sich auf den Weg machte und aufbrach. Außerdem warb er einige Leute an, die in der Belagerungskunst erfahren waren und sich darauf verstanden, Festen abzuriegeln. Von den umliegenden Burgen wurden Katapulte herbeigeschafft, lautlos und ohne der jeweiligen Besatzung ins Auge zu fallen. Katapulte und Kriegsgerät wurden auf Schultern bewegt. Schließlich verließ unser Herr der Sultan sein Lager bei ʿUjūn al-Qaṣab und gelangte in Eilmärschen am Mittwoch, dem 10. Ṣafar 684 (17. April 1285), zur Feste al-Marqab, um sie zu belagern. (…) Bald waren die Stollen unter den Gräben hindurchgeführt worden und reichten bis unter die Türme, ohne daß die Franken es bemerkt hatten. Als sie es nun sahen, erschreckten sie über die Maßen und verloren allen Mut, hielten sich für unweigerlich verloren und sahen keinen Ausweg aus der Falle. So erbaten sie Verhandlungen, um freien Abzug zu erhalten und mit gütiger Nachsicht behandelt zu werden. Nachdem sie den Tod dem Leben vorgezogen hatten, zogen sie jetzt das Leben dem Tod vor und waren sicher, daß sie rettungslos verloren wären, wenn sie nicht daran dächten, ihr Leben (jetzt) zu retten. (…) Sie willigten ein, keinerlei Güter oder Waffen mitzunehmen, die zur Burg gehörten, nur wer persönliche Habe besaß, erhielt die gnädige Erlaubnis, sie mitnehmen zu dürfen. Die Emire verwandten sich für sie, küßten vor unserem Herrn dem Sultan die Erde und baten, er möge ihrem Ersuchen nachkommen. So wurden ihren Oberen für die Reise fünfundzwanzig Pferde und Maultiere mit dem entsprechenden Gepäck zugestanden sowie der Betrag von zweitausend tyrischen *dīnār*, der als Eigentum einiger von ihnen angegeben wurde. Sie erhielten Geleitbriefe und kehrten zur Burg zurück in Begleitung Emir Fakr ad-Dīns al-Muqriʾ al-Ḥāǧib, der dem Kastellan und allen Rittern den Eid abnahm. So übergaben sie die gesamte Festung am Freitag, dem 19. Rabīʿ (27. Mai), um die achte Stunde.«

Damit war die mächtigste Kreuzritterfestung an der syrischen Mittelmeerküste in die Hand der Feinde gefallen. Mit ihren konzentrischen Festungsmauern war sie die flächenmäßig größte aller Kreuzfahrerburgen Syriens gewesen. Riesige Kellergewölbe waren dafür vorgesehen, Proviant für tausend Mann für eine fünfjährige Belagerung aufzunehmen. Alleine 28 Reisige unter dem Befehl von vier Ordensrittern hatten jede Nacht als Wache auf den gewaltigen Mauern patrouilliert. Der Mangel an Verteidigern und die äußerst wirkungsvolle Unterminierung der Festung durch Sappeure, die allerdings von der geringen Anzahl der Verteidiger begünstigt wurde, waren der Grund für den Fall der Burg, die lange als uneinnehmbar galt und deren Fall der Historiker Ibn Abd es Sahir in seinem Bericht nur auf das Eingreifen von Engeln zurückführen konnte.

Mit dem Fall von Markab, das einige Kilometer von der Küste entfernt war, ging auch der kleine Kriegshafen unterhalb der Festung verloren. Im Zusammenhang mit der späteren Seemacht der Johanniter kam ihm insofern Bedeutung zu, als er den ersten zaghaften Beginn des Übergangs des Ordens zu einer Mittelmeer-Kriegsmacht darstellte. Weitere Schritte hin zu einer Seemacht sollten bald folgen, die wohl damit zusammenhingen, daß die Christen nach der Schlacht von Hattin auf einen schmalen Streifen an der Mittelmeerküste zurückgedrängt worden waren. Die Ritter ließen sich die ersten größeren Schiffe bauen, mit denen sie die Verbindung nach Europa und die Versorgung von dort sicherstellten. Zehn Galeeren soll es zeitweise gegeben haben, deren Heimathäfen allerdings nicht im Heiligen Land, sondern an den südeuropäischen Küsten lagen. Die dazu notwendigen Hafennutzungsrechte wurden vertraglich abgesichert, wie ein gemeinsamer Vertrag des Johanniter-Ordens und des Templer-Ordens mit dem Konsul der Stadt Marseille in Akka von 1233 zeigt. Nach diesem Vertrag war es jedem der beiden Orden erlaubt, zweimal im Jahr in Marseille ein Schiff zu be- und entladen; allerdings mit höchstens 1500 Pilgern pro Schiff, da sich Marseille das lukrative Pilgergeschäft nicht völlig aus der Hand nehmen lassen wollte. Darüber hinaus waren den Orden weitere Schiffsbesuche aus gleichen Gründen nur erlaubt, sofern nicht Pilger, Kaufleute oder Handelswaren verschifft wurden – die Orden konnten demnach also, was für sie ja vor allem wichtig war, Soldaten, Pferde und Kriegsmaterial unbegrenzt verschiffen. Der Haupthafen dafür im Heiligen Land war Akka. Später auf Zypern gab es bei den Johannitern neben dem bereits erwähnten Marschall ab 1299 oder 1300 auch einen Marinebefehlshaber mit dem Titel eines Admirals. Dies darf aber nicht zu dem Schluß führen, daß die Flotte jetzt schon einen Kampfauftrag gehabt hätte – vorläufig handelte es sich nur um eine Transportflotte. Dennoch kann man feststellen, daß die Militarisierung des Ordens auch in der Überwölbung aller humanitären Aufgaben durch militante Organisationsstrukturen sichtbaren Ausdruck fand.

Doch zurück zu den Ereignissen nach der Schlacht von Hattin: Noch 1187 war Jerusalem in die Hand der muslimischen Gegner gefallen. Das Königreich hatte daraufhin seinen Sitz nach Akka ans Mittelmeer verlegt. Dorthin waren auch der Großmeister der Johanniter und seine Regierung, der Konvent, gezogen. Von dort aus beteiligte sich der Orden 1217–1221 am 5. Kreuzzug, einem verlustreichen Krieg gegen Ägypten, dessen verfehltes Ziel es war, Kairo zu erobern und gegen Jerusalem auszutauschen.

Das nächste größere Ereignis war der Besuch des deutschen Kaisers Friedrich II. von Hohenstaufen, der sich in Jerusalem die Königskrone des Landes aufsetzte. Mit großem diplomatischem Geschick hatte er vorher Jerusalem unblutig für die Christenheit zurückgewonnen, wegen seiner Gegnerschaft zum Papst aber dafür weder vom Patriarchen von Jerusalem noch von den Orden der Templer und Johanniter Dank geerntet. Die Johanniter betrieben in dieser Zeit eine wenig glückliche Bündnispolitik: Mit ihren Brüdern, den Templern, waren sie meist wegen lächerlicher Eifersüchteleien verfeindet, zum Deutschen Orden unter Hermann von Salza standen sie wegen dessen Treue zum Kaiser in kritischer Distanz. Bei Auseinandersetzungen zwischen den Seerepubliken Genua und Venedig, bei denen es um Handelsinteressen im Heiligen Land ging, ergriffen sie Partei gegen die obsiegenden Genuesen. Auch angesichts der schrecklichen Mongoleneinfälle erhofften sie sich, wie die Kreuzfahrerstaaten insgesamt, Vorteile, wenn sie die Horden aus dem Fernen Osten gegen die islamischen Heere unterstützten, womit sie Morgenland und Abendland gleichermaßen gefährdeten. Zuvor hatten sie, wiederum verhängnisvoll, sich mit den islamischen Fürstentümern Syriens gegen innerasiatische Turkvölker, die Choresmier, die von den Ägyptern unterstützt wurden, verbündet – mit dem Erfolg, daß das von Friedrich II. 16 Jahre zuvor erst für die Christenheit gewonnene Jerusalem 1244 wieder, und diesmal endgültig, verlorenging. Damit hatten die Kreuzzüge, ein von Anfang an fragwürdiges Unternehmen, endgültig ihren Sinn verloren. Mit dem Verlust Jerusalems, bei dem 7000 Christen barbarisch massakriert wurden, hörte dort auch die Arbeit des Johanniter-Hospizes auf. Der Abtritt der Christen von der Bühne des historischen Geschehens war so gründlich, daß die Stadt auch 750 Jahre später nur noch zum Streitobjekt zwischen Moslems und Juden wurde, bei dem die erschlaffte Christenheit ohne innere Teilnahme zuschaut.

Positive Auswirkungen zeigte an sich nur ein 1283 unter Mitwirkung des Großmeisters der Johanniter mit Ägypten geschlossener Vertrag, der dem christlichen Restkönigreich für 10 Jahre, 10 Monate und 10 Tage den Frieden sichern sollte; allerdings hielt er nur 9 Jahre, nämlich bis zur Eroberung Akkas durch den Mamelukensultan Khalil im Jahr 1292. Für die Zukunft des Ordens in den kommenden Jahrhunderten sollte auch noch ein anderer Vertrag richtungsweisend werden: In einem 1140 geschlossenen Abkommen verpflichtete sich der Orden, der von Alfons I. von Aragon Ländereien geerbt hatte, Spanien im Kampf gegen die Mauren zu unterstützen, wofür sich Aragon verpflichtete, mit den Moslems niemals ohne die ausdrückliche Billigung durch die Templer und Johanniter Frieden zu schließen.

Wie hat sich nun die militärische Struktur des Ordens in diesen insgesamt etwas ruhigeren Jahrzehnten weiterentwickelt? Gemeinsam mit den beiden anderen Orden stellten die Johanniter in den Zeiten zwischen den einzelnen Kreuzzügen, die ja stets befristet größere Expeditionsheere ins Land brachten, etwa die Hälfte der im Lande ansässigen Ritter. Da die andere Hälfte aus Grundeigentümern und Rittern im Gefolge der größeren Feudalherren bestand, die sich oft untereinander befehdeten, waren die Orden, wie bereits an anderer Stelle angedeutet, das einzige stehende Heer in einer rundum eher feindlich gesonnenen Welt, das keiner längeren

Mobilmachung bedurfte. Sie bildeten feudale, gepanzerte Reitergeschwader, in denen der einzelne aber vermutlich schnell an persönlicher Anziehungskraft verlor, wenn man bedenkt, daß Körperpflege in dieser Zeit nicht zu den herausragenden aristokratischen Tugenden zählte und die »Diener der Armen und Soldaten Christi« Waschen, Zähneputzen und Haarekämmen vermutlich nicht als besonderen Bestandteil bescheidener, schlichter Lebensführung ansahen. Zu jedem Ritter gehörten meistens noch zwei Dienende Brüder oder Servanten, die auch nichtadliger Abstammung sein konnten, aber bei Auszeichnung die Möglichkeit hatten, in den Ritterstand aufzusteigen. Die Ritter verfügten über drei, die Servanten über jeweils zwei schwere Pferde – zusammen bildeten Ritter und Servanten also schwere Schlachtenkavallerie.

Ganz anders beschaffen war die aus Söldnern bestehende leichte Kavallerie, die sogenannten Turkopolen – ein Begriff, den die Ritter von Byzanz übernommen hatten. Dabei handelte es sich um angeworbene, oft einheimische, Söldner, die in der Schlacht für die Aufklärung und Flankensicherung, darüber hinaus aber vor allem für kleinere Überraschungsangriffe in Form von Kommandounternehmen vorgesehen waren. Ihre Kommandeure, meistens wieder Ordensritter, hießen Turkopiliers, ein Titel, der später, in der maritimen Phase der Ordensstreitkräfte, nur noch für den Befehlshaber aller verbleibenden Landstreitkräfte gelten sollte.

In diese Zeit fällt auch der erweiterte Aufbau der Basisorganisation des Ordens in Europa, die später dazu führte, daß etwa die Hälfte aller Ritter sich in Europa außerhalb des Ordensstaates aufhielten. Dort taten sie überwiegend in sogenannten Kommenden, den Ordenssitzen, unter örtlichen Befehlshabern, den Komturen, Dienst. Die Kommenden waren für die Verwaltung der sich schnell vergrößernden Ordensliegenschaften verantwortlich. Zugleich stellten sie eine Art Personalreserve für den Konvent, den Ordenssitz, dar. Denn die Kommenden stellten den ritterlichen Nachwuchs für den Konvent, und schon damals gab es innerhalb des Ordens, wie heute in modernen Armeen üblich, einen ständigen Personalaustausch zwischen dem Einsatzland, später dem Ordensstaat, und den Heimatländern der Ritter. Bei Bedarf konnte der Orden im Ordensstaat so auch kurzfristig aus den Kommenden verstärkt und auf Kriegstärke gebracht werden.

Wie sah es zu dieser Zeit in Akka aus?

Man stelle sich eine südländisch-quirlige, mittelalterliche Hafenstadt in einer Bucht mit zwei kleinen Hafenbecken vor, die von einer eisernen Kette, die von einer Mole zur Stadtmauer verlief, gesichert wurde. Land- und seewärts war die Stadt von starken Mauern geschützt. Mauern und Türme gab es aber auch innerhalb der Stadt, da die Bewohner der unterschiedlichen Stadtviertel sich gegenseitig mißtrauten und sich die Vorherrschaft streitig machten: Da waren die Templer, Johanniter und Ritter des Deutschen Ordens, Angehörige der Handelstädte Genua, Venedig, Florenz, Lucca, Pisa und Ancona sowie der verschiedensten Religionsgemeinschaften – neben römischen Katholiken Armenier und Nestorianer, Georgier und Jakobiter. Akka war schließlich eine Stadt mit etwa 40 Kirchen und zahlreichen Klöstern.

Durch die engen Gassen schob sich neben Kamelen, Reitpferden, Eseln und Sänften ein wirres Völkergemisch, wie man es sonst nirgendwo im Nahen Osten finden konnte: Pilger aus aller Herren Länder und ritterliche Kreuzfahrer, im Gefolge der Kreuzzüge aus aller Welt angeschwemmte Abenteurer, Söldner, Huren und Taschendiebe. Bettelmönche und in ihrer Heimat Verfemte. Religiöse Fanatiker und Glücksritter, Araber und Levantiner, Seeleute christlicher Handelsschiffe und Stadtbürger der zweiten und dritten Generation der Anfangszeit der Kreuzzüge. Eine Stadt der Gesetzlosigkeit, des Lasters und der Sünde: Zwischen den Bewohnern der einzelnen Stadtviertel herrschte Mord und Todschlag und nachts wurden die Wohnviertel gegeneinander verbarrikadiert. Vergeblich flehten die muslimischen Sklaven ihre christliche Herrschaft an, sie christlich zu taufen: Es wurde ihnen verweigert, da sie dann den Sklavenstatus verloren hätten. Deserteure und Spione aus den islamischen Staaten drängten sich im Hafenviertel und an den Toren zu den Patrizierpalästen.

Die Stadt Akka war eine riesige Festung, in der sich 35 000 Einwohner drängten und eine Garnisonstadt, in der 800 Ritter und 14 000 Mann Fußvolk ihre Quartiere hatten. Quartiere, d. h. Stadtviertel, in denen sich auch die Ritter verschiedener Länder und vor allem der verschiedenen Orden voneinander abgrenzten. Soweit, daß auch die Verteidigung der Festung nicht koordiniert war und es an einer einheitlichen Führung fehlte, zumal sich auch Heinrich II. von Lusignan, der nominelle König von Jerusalem, schon längst auf sein Königreich Zypern zurückgezogen hatte.

Untergangstimmung, verbunden mit einer den Tod vorausahnenden hysterischen Vergnügungssucht herrschte in der Stadt, und auch die Orden waren davon nicht verschont. Sie waren in der Stadt fest verwurzelt, denn die Ordensangehörigen, die nach Akka gekommen waren, kehrten nur ganz selten in ihre Heimat zurück, sondern beschlossen in Akka ihr Leben. Akka war ihre Heimat und die Stadtviertel der Ritter waren ihr Zuhause. Dies galt in hohem Maße für die Johanniter, die für ihr Viertel auch die administrative Verantwortung trugen, dort das größte und beste Hospital der Stadt unterhielten und mehrere Pilgerherbergen führten. Und im Nordosten der Festungsstadt war der Orden für die Sicherung und Verteidigung eines langen eigenen Mauerabschnitts, der *Custodia Hospitalariorum* zwischen dem Abschnitt des Templerordens weiter im Norden und der *Turris Venetorum*, einer von den Venezianern verteidigten Bastion, zuständig.

Verglichen mit der hysterischen Endzeitstimmung der Bevölkerung verhielten sich die Ordensritter pflichtbewußt und diszipliniert. Aber konnten sie alleine den Niedergang des Königreichs und seiner provisorischen Hauptstadt noch abwenden?

Die Stadt war reif zum Untergang, und so war es kein Wunder, daß der Sultan von Ägypten nicht erst das Ende des bereits erwähnten Friedensvertrages abwartete:

In einem die ganze Region erfassenden Aufmarsch ließ Sultan Khalil die Belagerung von Akka vorbereiten. Tausende von Ochsengespannen schleppten über Monate hinweg durch die Jordansenke und über die kaum begehbaren Berge des Libanon schwerstes Belagerungsgerät, Katapulte und Belagerungsmaschinen in die Ebene von Akka. Mamelukenregimenter aus Kairo und Aleppo preschten in geschlossenen Formationen heran, dazwischen beutehungrige Beduinenstämme und allerlei Gesindel, das damals jeden Feldzug begleitete. Schließlich, im Frühjahr 1291, waren vor Akka 60 000 Mann Fußvolk und 66 000 Reiter versammelt und Tausende von Lagerfeuern erhellten nachts die Mauern der Stadt, von denen die Wachen angsterfüllt auf die die Stadt umgebenden Hügel starrten und voller Neid den Schiffen nachblickten, die unter dem Schutz der Dunkelheit mit den reicheren Bürgern der Stadt Akka verlassen hatten und nach Zypern flüchteten.

Anfang April 1292 begannen die Moslems mit der Beschießung der Stadt, die bis Mitte Mai anhielt. Dann war eine große Bresche in die Mauer geschlagen, durch die die Truppen des Sultan in die Stadt einbrachen. In dicht gedrängten Wellen brandeten sie nun durch die mittelalterlich engen Straßen und hieben alles nieder, was ihnen in den Weg kam. Nur die festen Häuser der Ritterorden und die großen Verteidigungstürme hielten noch stand und nahmen so viele wie möglich der wehrlosen Bürger auf. Und wer dort keine Zuflucht mehr fand, stürzte zum Hafen herunter, wo die Schiffe gestürmt wurden und, teilweise völlig überladen, noch kenterten, bevor sie in See stechen konnten. Ein altes Gemälde in Valletta zeigt eindrucksvoll, wie Ritter des Johanniterordens die Flüchtenden vor den nachdrängenden Moslems zu schützen versuchten.

Nach den Berichten des zeitgenössischen ägyptischen Historikers Abū el Mūhassen verfolgten die Moslems die Christen, töteten sie und machten Gefangene. »Sehr wenige retteten sich. Die Stadt wurde der Plünderung preisgegeben, alle Einwohner wurden umgebracht oder in die Sklaverei geführt. Mitten in Akkon ragten vier Türme, die den Templern, den Spitalrittern und den deutschen oder teutonischen Rittern gehörten; dort suchten sich die christlichen Ritter zu verteidigen. Als jedoch am nächsten Tag, dem Sonnabend, einige moslemische Soldaten und Freiwillige sich an das feste Haus der Templer und einen Turm herangearbeitet hatten, boten diese von selber an, sich zu ergeben. Ihrem Verlangen wurde stattgegeben, und der Sultan versprach ihnen Sicherheit; es wurde ihnen eine Fahne gegeben als Schutz, und sie pflanzten sie oben auf dem Turm auf. Als aber die Tore geöffnet wurden, stürzten die Moslems in Unordnung hinein und begannen den Turm zu plündern und den Frauen, die sich dorthin geflüchtet hatten, Gewalt anzutun; da schlossen die Templer wieder die Tore, fielen über die Moslems, die im Turm waren, her und machten sie nieder ...«. Am Ende kamen aber alle Templer in dem Turm ums Leben.

Auch die Johanniter waren zum größten Teil gefallen. Ihr Groß-meister, Jean de Villiers, war bereits vorher schwerverwundet zum Hafen und auf ein Schiff gebracht worden. Der letzte feste Stütz-punkt des ehemaligen Königreiches Jerusalem war mit der Erobe-rung von Akka gefallen; der Sitz des Königreiches wurde offiziell nach Zypern verlegt. Akka wurde geplündert und niedergebrannt, die Festungsanlagen wurden dem Erdboden gleichgemacht.

Der Fürst von Hama, Abu el Fida, einer der zuverlässigsten Histo-riker der Zeit, zeigt die Konsequenzen der Eroberung von Akka auf:»Da nun Akkon eingenommen war, senkte Gott Grauen in die Herzen der Franken, die noch an der syrischen Küste geblieben waren. Sie verließen Sidon und Beyruth, das As Sugai (ein Heer-führer) Ende Rajab (Ende Juli) in Besitz nahm. Auch Tyrus wurde von seinen Einwohnern verlassen, und der Sultan ließ es beset-zen.« Alle Städte außer Beyruth wurden zerstört, ihre Bewohner wurden umgebracht oder in die Sklaverei geführt.

Als letzter fester Platz der Kreuzfahrerstaaten war 1291 Tartus, das ehemalige Tortosa im Norden Syriens, an der Reihe; eine Bischofs-und Hafenstadt mit gewaltigen Festungsmauern und einer als Wallfahrtskirche dienenden Kathedrale, die heute noch, in der Zwischenzeit als Moschee benutzt, fast unversehrt dasteht – eben-so, wie man in der ehemaligen Zitadelle der Ritter nach alten Plä-nen unter Schutt- und Unrathaufen noch die gotischen Gewölbe-bögen des Rittersaals wiederfindet.

Von hier flüchteten die Ritter auf die dem Hafen vorgelagerte klei-ne Insel Ruad, die sie, immer in der Hoffnung auf eine Wiederer-oberung des Heiligen Landes, zur Festung ausbauten und noch elf Jahre hielten.

Wer heute die Insel besucht, wird erstaunt sein, wievielen Kindern mit rotblonden Haaren und blauen Augen er in der winzigen Fest-ungsstadt begegnet und wieviel Familien auf Namen wie Franschi (Franke) oder Salihi (Christ) hören: Die jungen Ritter, die auf der engen Insel zu Untätigkeit und Langeweile verurteilt waren, wer-den es wohl mit dem Ordensgebot der Keuschheit nicht gar so ge-nau genommen haben. Später, auf Malta, wo noch heute manch braver Bürger stolz auf seine aristokratische Abstammung hinweist, sollte es nicht anders sein – das ist allerdings schon weit vorausgegriffen: Der Autor wird es sich aber nicht nehmen lassen, auf dieses delikate Thema an geeigneter Stelle noch einmal zurückzukommen.

Der Übergang zur Seemacht: Zypern

Zwei Dinge sind es, die die alljährlich über Zypern hereinbrechenden Touristenscharen an die Ordensritter erinnern, die im Juni 1291 hier an Land gingen:

Da ist zunächst die Burg Kolossi, das heißt, eigentlich nur noch der massive Bergfried einer Burg, der 25 Meter hoch mit drei Meter dicken Mauern die Zeiten unversehrt überdauert hat und klotzig einige Nebengebäude überragt. Diesen Donjon hatten die Johanniter schon vor dem Fall von Akka von den Tempelrittern übernommen, denen die Insel 1191 von Richard Löwenherz geschenkt worden war. Doch erschien dem Orden die Beherrschung der Insel nach einem Aufstand der griechischen Bevölkerung auf die Dauer zu aufwendig und deshalb hatten die Ritter die Insel bis auf einige Ländereien und Besitzungen, zu denen auch Kolossi zählte, wieder an Richard zurückgegeben. Dieser hatte daraufhin den Besitz als Lehen an die Familie Lusignan als Ausgleich für das verloren gegangene Jerusalem gegeben. Kolossi gelangte bei diesen Transaktionen an die Johanniter.

Die zweite Touristenattraktion ist der »Commandaria«, ein süßer Wein, den die Johanniter vermutlich nicht weniger verschmäht haben als die heutigen Touristen. Zumindest leitet er seinen Namen von der Ordens-«Kommende« auf Zypern ab, die es schon vor dem Fall von Akka gab und noch mehrere Jahrhunderte danach geben sollte: Denn noch 1488, nach dem Übergang der Insel an Venedig, erhielt der Bruder der letzten Lusignan-Herrscherin, Königin Caterina Cornaro, der Venetianer Giorgio Cornaro, Teile des Ordensbesitzes und den Titel eines Großkomturs verliehen. Dieser blieb in der Familie bis zum Aussterben der Cornaro im Jahr 1799 erblich.

Es war eine traurige Flotte, deren mit Flüchtlingen, Sterbenden und Verwundeten überfüllte und teilweise schwer beschädigte Schiffe und Ruderboote nach und nach an der Südküste Zyperns anlandeten. Darunter waren auch die wenigen überlebenden Johanniter, unter ihnen der schwerverletzte Großmeister Jean de Villiers, der dieses Amt noch bis 1293 ausüben sollte. Die Hauptstadt Famagusta wurde von den Flüchtlingen, die verzweifelt und ratlos waren, geradezu überschwemmt. In dieser trostlosen Lage waren es die Johanniter, die aufgrund ihrer Hingabe, Disziplin und Ausbildung in der Krankenpflege resolut und wirksam Erste Hilfe leisteten. Denn die Ritter und Servanten der Kommende Zypern versorgten nicht nur ihre verwundeten Ordensbrüder aus Akka, sondern kümmerten sich auch sofort in Gehorsam zu ihrem Eid um die Erstversorgung aller Verletzten, Kranken und Hungrigen, denen die Flucht gelungen war. Die Hilfsmaßnahmen waren nicht nur ein plötzliches Aufflackern von Hilfsbereitschaft, wie man es häufig unmittelbar nach Katastrophen bei vielen Menschen erlebt, sondern der Beginn einer karitativen Tätigkeit, die 1296 zur Eröffnung eines Ordenshospitals in Limassol führte.

Überhaupt nahm Zypern mit dem Zustrom der Flüchtlinge bald einen gewaltigen Aufschwung, denn viele der geflohenen fränkischen Feudalherren und Großbürger, ebenso wie die Klöster und Ritterorden, hatten die Insel schon seit Jahren als Ausweichheimat und Kapital-Fluchtort für den Fall der weiteren Reislamisierung des Heiligen Landes betrachtet und sich dort Ländereien und Immobilien gekauft – eine Rückversicherung, die man auch heute wieder bei vielen Libanesen und Syrern mit Zweitwohnsitz auf Zypern beobachten kann. So besaßen auch die Johanniter Grund und Boden bei Limassol, Nicosia und Kolossi. Als am weitesten nach Osten vorgeschobene Bastion der Christenheit wurde Zypern nun Zentrum des Ost-West-Handels. Gelder des Abendlandes strömten herein, der aus Palästina vertriebene Adel baute sich prunkvolle Paläste und vertrieb sich die Zeit mit glanzvollen Turnieren, Festen, Hofintrigen und Amouren. In Famagusta residierten bald die gerissensten Kaufleute und Bankiers, die aus der Levante geflüchtet waren, und in der alten Logestraße siedelten sich Konsuln aus Venedig, Genua, Pisa, Ancona, Barcelona, Narbonne und Montpellier an. In den Straßen herrschte bald ein babylonisches Sprachengewirr, und die Vergnügungssucht und das Laster in der Residenzstadt übertrafen bald die Auswüchse, die es schon in Akka gegeben hatte.

Die Johanniter blieben von dem anfänglichen Elend der Flüchtlinge und der späteren überschäumenden Lebenslust der arrivierten Exilanten weitgehend isoliert. Sie besaßen auf Zypern ja ihren ausgedehnten Besitz und der König belehnte ihren Orden als Vasallen mit der Stadt Limassol, wohin auch der Konvent, der Ordenssitz, verlegt wurde. Natürlich erhob sich jetzt zum erstenmal die Frage nach der zukünftigen Aufgabenstellung des Ordens, nachdem der Schutz der Pilger im Heiligen Land unmöglich geworden war und die Hospitalität sich nur noch außerhalb Palästinas und Syriens vollziehen konnte. Damit hatte der Orden seine beiden ursprünglichen Aufgaben fast über Nacht verloren.

War es angesichts dieser Situation ein Wunder, daß jetzt im Orden ganz allgemein der Kampf gegen den Islam als hauptsächliches Ziel angesehen und vordringlich die Rückeroberung des Heiligen Landes gefordert wurden, daß der Orden, der bisher die Kreuzzugseroberungen eher nur verteidigt hatte, plötzlich zum Mittelpunkt von Überlegungen über eine offensive Rückgewinnung von Jerusalem wurde?

Auch der Dienstherr des Ordens, der Papst, ließ, während er den Templerorden schnöde der grausamen Ausrottung durch den nach dem Reichtum der Ritter gierenden französischen König Philip dem Schönen überließ, keinen Zweifel an der Existenzberechtigung des Johanniterordens und verfügte nach der personellen Dezimierung durch den Kampf in Akka eine Mindeststärke der auf Zypern anwesenden Ritter und Servanten. Diese Ritterschaft in Höhe von mindestens achtzig Rittern bzw. Servanten (letztere nur als unumgängliche Ausnahmen) mußte von den einzelnen europäischen Großprioraten des Ordens, das heißt den fest verfügten grenzüberschreitenden Sprachräumen, die im Ordensstaat ihr Pendent in den sogenannten Zungen fanden, nach einem festen Schlüssel aufgebracht werden. Und zwar: aus der Provence 15, aus Frankreich 15, aus Spanien 14, aus Italien 14, aus der Auvergne 11, aus Deutschland 7 und aus England 5 Ritter.

Um es noch mal an einem Beispiel zu erläutern: Das Großpriorat Deutschland, bestehend aus den Prioraten Deutschland, Böhmen-Österreich, Skandinavien, Ungarn und Polen sowie Brandenburg (mit der Sonderbezeichnung einer »Ballei«), hatte dem Konvent auf Zypern sieben Ritter zu stellen, die dort in der »Deutschen Zunge« zusamengefaßt waren. Diese sieben Ritter kamen also aus den Kommenden, d.h. den Ordenshäusern, die den oben genannten sechs Prioraten bzw. Balleien unterstanden.

Zwei Besonderheiten gab es, die schon hier zum besseren späteren Verständnis erwähnt werden sollen: Die Kommandeure der Zungen am Ordenssitz wurden »Bailiff« (französisch »Bailli«: Amtmann, Landvogt) genannt und jeder Bailiff war zugleich der Großprior der Ordensritter in seinem Heimatland – mit einer Ausnahme: In Deutschland gab es nämlich diese Personalunion nicht, sondern neben dem Bailiff einen Großprior, ab dem 16. Jahrhundert Fürstprior, im Range eines Fürsten. Die zweite Besonderheit betraf das ursprünglich spanische Großpriorat, das später am Ordenssitz in zwei Zungen seine Ergänzung fand: Aragon und Kastilien (einschließlich dem Priorat Portugal).

Infolge seiner personellen Schrumpfung und aufgrund seiner Insellage vollzog der Orden jetzt in großem Umfang seine Umstellung zur Seemacht, und ein Generalkapitel, d.h. eine Versammlung aller Orden-Oberen aus Zypern und den europäischen Großprioraten, beschloß 1292 den Aufbau der Flotte. Diese sollte zukünftig das strategische Konzept des Ordens bestimmen, und die Ritter wurden jetzt vor allem Seeoffiziere. Im Jahr 1300 erließ der Konvent eine Art Dienstanweisung für den bereits erwähnten Admiral, der nun die Funktion eines Marineministers wahrnahm. Darin wurde unter anderem seine Bezahlung geregelt, sowie seine Unterstellung unter den Marschall, über den später noch gesprochen werden soll. Seit 1312 ist auch das Amt eines dem Admiral unterstellten Generalkapitäns bekannt, der die Kriegsflotte, d.h. die Galeeren, unter seinem Kommando hatte. Diese Galeeren hatten aber vorerst immer noch keinen Kampfauftrag, sondern dienten Transportzwecken und amphibischen Manövern, also dem Transport und der Anlandung von Rittern und Söldnern. Denn schon der Ilkhan von Persien (Ghasan, ein Ur-Ur-Ur-Enkel von Dschingis-Khan) hatte den Rittern angeboten, mit ihm gemeinsam die Mameluken zu bekämpfen. Die Ordensgaleeren wurden zum Schutz des christlichen Königreichs Armenien eingesetzt. Die Ritter unternahmen mit ihren Galeeren auch kleinere Raids gegen die ihnen noch wohlvertrauten Häfen an der Küste Syriens und stießen gemeinsam mit Streitkräften des Königs von Zypern im Jahr 1306 einmal in das Niltal vor, wo sie ein ägyptisches Dorf verwüsteten.

All diese kleinen Unternehmungen waren natürlich nur Nadelstiche, von einer Rückeroberung des Heiligen Landes weit entfernt, und konnten die kampfgewohnten Ritter auf die Dauer nicht befriedigen. Größere Aktionen waren unter den gegebenen Umständen aber nicht durchführbar, da die Johanniter dazu alleine zu schwach waren. Von den vom französischen König immer schärfer verfolgten Templern kam keine Unterstützung, der Deutsche Orden hatte sich auf ein anderes Feld, die Christianisierung Osteuropas, begeben, die Streitkräfte des Königs von Zypern waren insgesamt schwach und die geflüchtete Feudalritterschaft des Heiligen Landes stellte keinen wesentlichen militärischen Faktor mehr dar.

Auch anderen Schwierigkeiten sahen sich die Johanniter noch ausgesetzt: Ihr Orden war seit jeher aufgrund päpstlicher Anweisung in allen seinen Gastländern abgabenfrei gewesen. Nun aber verlangte der König von Zypern plötzlich Steuern vom Orden, und es bedurfte erst der Anrufung des Papstes und einer ernsten Mahnung des Heiligen Vaters an den König, um den Orden wieder von allen Abgaben freizustellen. Aber der Ärger war da und das gegenseitige Mißtrauen blieb. Es wurde Zeit, daß der Orden sich nach einer anderen Bleibe umsah, die ihm unter der unmittelbaren Aufsicht des Heiligen Vaters die Unabhängigkeit erhielt.

Zu dieser Zeit und in den folgenden Jahrhunderten wimmelte es im Mittelmeer von Piraten – Moslems und Christen gleichermaßen. Die Piraten waren allerdings nicht irgendwelche erbärmlichen Freibeuter auf gestohlenen und bei Überfällen leckgeschlagenen kleinen Schiffen. Es waren vielmehr mächtige Flottenchefs mit auf besten Werften gebauten Galeeren, Landesherren im Besitz ganzer Ägäisinseln oder Küstenlandstriche, mittelalterliche Mafiabosse, mit denen die Küstenstaaten Verträge abschlossen und die, wie noch später zu sehen sein wird, in höchste Staats- und Ehrenämter der Mittelmeer-Großmächte aufstiegen. Ein solcher Pirat war auch Vignolo dei Vignoli, ein Genuese, den Kaiser Andronikos von Byzanz mit den Inseln Kos und Leros belehnt hatte.

Die Seemacht Rhodos

Es war der Morgen eines heißen Sommertages, als am 23. Juni 1306 zwei große Ordensgaleeren mit 35 Rittern, 500 Fußsoldaten und sechs kleinen Trupps von Turkopolen mit ihren dichtgedrängten Pferden aus dem Hafen von Limassol glitten. Auf ein Kommando zogen die Rudersklaven, die es sonst gewohnt waren, in ihren Ketten stundenlang nach dem Takt der Rudermeister und unter den Flüchen und klatschenden Peitschenhieben der Aufseher ihr Letztes zu geben und denen wie eine Droge von Zeit zu Zeit mit Wein getränktes Brot in den Mund geschoben wurde, schon kurz hinter der Hafenmole ihre Ruder ein. Denn es wehte ein günstiger Wind und die Segel konnten aufgezogen werden. Unter einem scharfen Nordwind, dem sich zur Mittagszeit zu voller Stärke entfaltenden Meltemi, blähte sich das Tuch und entfalteten sich die roten Banner mit dem achtzackigen weißen Ordenskreuz. Entlang der Küste Kleinasiens, wo die Ordensschiffe sich mit zwei Galeeren des Piraten Vignolo vereinten, nahm die Eskadra Kurs auf die Südküste von Rhodos. – Was nicht durch Verhandlungen erreicht worden war, sollte jetzt mit Gewalt erzwungen werden: Der Orden suchte sich eine neue Bleibe, ein eigenes Land.

Schon im Frühsommer hatte Fulko de Villaret, der im Vorjahr seinem Bruder Guillaume, unter dem er der erste Ordensadmiral gewesen war, als Großmeister gefolgt war, bei Kaiser Andronikos II. von Byzanz angefragt, ob der Orden Rhodos als kaiserliches Lehen erhalten könne. Der Herrscher Ostroms hatte aber, obwohl ihm die Insel unter einem zur Unabhängigkeit strebenden Statthalter fast entglitten war, abgelehnt. Und nun war der Pirat Vignolo auf der Bühne erschienen und hatte dem Orden angeboten, mit ihm gemeinsam Rhodos und einige weitere Inseln zu erobern. Der Johanniter-Konvent hatte diesem Vorschlag zugestimmt, und die Bündnispartner schlossen am 27. Mai 1306 einen Vertrag, nach dem die Ritter »zwei Drittel aller Einkünfte, Erträge und Abgaben aller Inseln, die Gott uns beide Partner im oströmischen Reich erwerben lassen wird, erhalten und ohne Widerspruch in ungestörtem Besitz haben müssen«. Das letzte Drittel sollte Vignolo erhalten, dazu ein Landgut auf Rhodos, mit dem der Pirat bereits vom Kaiser belehnt worden war, sowie ein weiteres Landgut nach seiner Wahl. Vignolo sollte auf allen seinen Besitzungen ein Vasall des Ordens mit eingeschränkter Gerichtshoheit unter der Obergerichtsbarkeit (Berufungsinstanz) der Johanniter werden, und sein Besitz sollte nach seinem Tod an den Orden fallen.

Nachdem die vereinte kleine Streitmacht südlich der rhodischen Inselhauptstadt gelandet war, zog sie in schnellem Fußmarsch auf einen Landvorsprung zwischen zwei Buchten, wo sie sich infolge eines schon vorher eingefädelten Verrats in den Besitz der alten byzantinischen Festung Feraklos brachte. Damit hatten die Ritter einen ersten, festen Brückenkopf gewonnen. Von hier aus eroberten sie in mehrmonatigem, zähen Kampf den von antiken Ruinen bedeckten Gipfel des südlich der Hauptstadt gelegenen Berges Filerimos, der den Norden der ganzen Insel überragte. Damit war die Kraft der kleinen Streitmacht an sich erschöpft. Doch im Zusammenwirken mit den vor der Stadt Rhodos kreuzenden Galeeren des Ordens und der Piraten gelang es, die Stadt allmählich von allem Nachschub über See und aus dem Hinterland abzuschneiden und auszuhungern. 1309 kapitulierte der byzantinische Statthalter und die Ritter zogen als Sieger in die Stadt ein.

So entstand der Ritterstaat Rhodos: Ein christlicher Ordensstaat auf der Grundlage eines Bündnisses der »Soldaten Christi« mit gottlosen Freibeutern, eines Landraubes nach Piratenart und eines Kampfes von Kreuzrittern gegen ein streng christliches Reich – der 4. Kreuzzug vor gut hundert Jahren, in dessen Verlauf christliche Kreuzfahrer zunächst für den venezianischen Dogen Enrico Dandolo das christliche Zara in Dalmatien erobert hatten und dann wie Berserker über das christliche Konstantinopel hergefallen waren, ließ grüßen! Und der Heilige Vater, Clemens II., gab dazu in einem Brief vom 5. September 1307 »seinen lieben Söhnen, Fulko dem Meister und den Brüdern vom Spital des hl. Johannes von Jerusalem« auch noch seinen christlichen Segen: »In der Tat habt

Ihr uns, geliebte Söhne im Herrn, vor kurzem Euer Anliegen zur Kenntnis gebracht, die Insel Rhodos, die unter das Joch der Ungläubigkeit der schismatischen Griechen gedrückt ist, mit Gottes Beistand unter großer Mühsal, großem Aufwand und Kosten durch Euren starken Arm zu erwerben und dort die Schismatiker wie überhaupt alle Ungläubigen zu vertreiben. Wir stimmen deshalb gerne Euren gerechten Forderungen zu und übertragen und bestätigen Euch und durch Euch dem genannten Hospital aus apostolischer Autorität die genannte Insel mit allen Rechten und Besitzungen auf ewige Zeiten und übermitteln Euch zusammen mit dieser Urkunde Unseren Schutz. Weder von Euch noch von denen, die Ihr selbst oder auf Eure Kosten heranbilden werdet, werden Wir jemals irgendeinen Zehnten erheben. Auch die Güter, die Ihr innerhalb der Grenzen der genannten Insel von den Feinden des christlichen Namens erwerben werdet, sollt Ihr mit vollem Recht in den Gebrauch und die Nutzung des genannten Hospitals übertragen (…).«

Die Bedenkenlosigkeit, mit der dieser Brief den skrupellosen Raub durch einen christlichen Orden absegnete, wurde noch durch die Dreistigkeit überboten, mit der der Papst die christliche Ostkirche, die sich im Kampf gegen den Islam ausgezeichnet hatte und die zu dieser Zeit viel weniger skandalumwittert als das römische Papsttum war, auch noch scheinheilig in die Nähe der »Ungläubigen« rückte. Der Brief legitimierte auch alle weiteren Eroberungen der nächsten Jahre, mit denen der Orden seinen Machtbereich durch Eroberungen oder Nachfolgeregelungen nach Norden ausdehnte und sich so ein bedeutendes strategisches Glacis schuf: 1309 ging die Insel Symi, auf der die Ritter das byzantinische Fort renovierten und einen Signalturm, der mit Rhodos in Verbindung stand, erbauten, in den Besitz des Ordens über. Kos folgte im Jahre 1315 und wurde stark befestigt: 1391–96 wurde die Stadt mit einer Mauer versehen, 1436–53 wurde eine stark Ordensfestung erbaut, die in den kommenden Jahrzehnten ständig weiter ausgebaut wurde. Die Insel Kalymnos, einstmals ebenfalls von den Genuesen der Familie Vignoli erobert, besaß mehrere Forts und eine starke Burg zwischen den Städten Kalymnia und Pothia. Am weitesten nördlich lag die buchtenreiche Insel Leros, die, 330 Meter hoch, eine Art vorgeschobenen Vorposten darstellte. Dazwischen Telos, das auch Piskopi genannt wurde, dessen zweiter vom griechischen Wort

»episcopo« (Rundblick) abgeleiteter Name auf seine strategische Bedeutung hinwies, mit zwei Kastra. Die Kraterinsel Nisyros mit einem kleinen Kastro, das 505 Meter hohe Chalki und die kleine Insel Alymnia unmittelbar vor der rhodischen Nordwestküste. Nordöstlich von Rhodos nahe der kleinasiatischen Küste kam noch die kleine Insel Kastelorizo, die von den Rittern Chateau Rouge genannt wurde, hinzu mit einer schloßartigen Burg, die Ende des 14. Jahrhunderts renoviert wurde und aufmüpfigen Rittern noch als einsamer Ort innerer Einkehr, d.h. als Gefängnis, dienen sollte. Einige dieser Inseln wurden als Lehen abgegeben, so z.B. Nisyros 1316 an die Brüder Assanti aus Ischia, deren Nachkomme aber 1341 der Besitz wegen Piraterie wieder entzogen wurde.

Auch auf dem kleinasiatischen Festland sollte der Orden sich noch, allerdings erst einige Jahrzehnte später, einen Brückenkopf schaffen: Seit 1320 herrschte nämlich in Smyrna, dem heutigen Izmir, die seldschukische Aydin-Dynastie und ihr Emir, Ghasi Umur Bey, unternahm von Smyrna aus, weil es ja alle in dieser Region so hielten, Raubüberfälle auf die Ägäis-Inseln und die westliche Mittelmeerküste. Deshalb entschloß sich eine Liga christlicher Seemächte zu einer Strafaktion: Eine Flotte von 20 venezianischen Schiffen, je 4 Schiffen des Papstes und des Königs von Zypern und 6 Ordensschiffen lieferte den Seldschuken 1344 vor dem Hafen von Smyrna eine Seeschlacht, besiegte die Flotte des Emirs und eroberte später die Stadt und die Zitadelle, die dem Orden unter dem Namen »Sankt Peter« zur Verteidigung anvertraut wurde. Sie wurde damit der nördlichste Stützpunkt des Ordens. Zusammen mit der vorgelagerten Insel Chios, die seit 1204 zu Venedig gehörte und 1346 unter der Familie Giustiniani für annähernd 200 Jahre an Genua fiel, konnten von hier aus die katholischen Verbündeten byzantinische, seldschukische und osmanische Vorstöße aus der nördlichen Ägäis auf die Inselwelten der Dodekanes und der Kykladen abfangen. Zugleich erhielt Rhodos seine längste Stützpunkt- und Vorpostenkette in dem nördlichen Gewässer.

Umur Bey, eine der schillerndsten Gestalten seiner Zeit in der Region, der schon früher in Thrakien militärisch operiert und aktiv in die Auseinandersetzungen zwischen dem byzantinischen Kaiser und seinem Gegenkaiser eingegriffen hatte, versuchte später –

zunächst noch ohne Erfolg – Smyrna wieder zurückzugewinnen. 1350 wurde die Stadt aber, nachdem Umur 1348 zu Tode gekommen war, endgültig dem Orden als Besitz zugesprochen.

All diese militärischen Operationen des Ordens waren Teil einer Strategie und Flottenpolitik, die in die päpstliche Mittelmeerpolitik und die überseeische Sicherheitspolitik der großen Seemächte, vor allem Genuas und Venedigs, später auch des Osmanischen Reichs, Spaniens und Frankreichs eingebunden waren. Denn das Ordensrittertum bestand nicht nur, wie es gelegentlich gerne dargestellt wird, aus blutigen Kämpfen um Religion und Ehre sowie Land und Burgen. Auch nicht nur aus schwer gepanzerten Reitergeschwadern, die aufeinander losdonnerten und sich in Schlachten, die sich schnell in Hunderte von Einzelduellen auflösten, gegenseitig redlich massakrierten. Das Gegenteil war der Fall: Die Archive des Johanniterordens enthalten eine umfangreiche diplomatische Korrespondenz des Konvents zu anderen Mächten. Mitglieder des Generalkapitels, auf das später noch eingegangen wird, unterhielten im supranationalen Ordensinteresse enge Beziehungen zu ihren Verwandten im herrschenden Hochadel ihrer Herkunftsländer. Der Konvent beschäftigte bald in vielen Staaten eigene Gesandte und war die Spinne eines umfangreichen Netzes von Spionen und Agenten in aller Herren Länder. Die Bailiffs der Zungen waren oft unterwegs zu den Großprioraten auf dem europäischen Festland und auf Dienstreisen zu den einzelnen Kommenden, um diese zu kontrollieren und auch – eine nie abreißende Notwendigkeit – an ihre Zahlungsverpflichtungen gegenüber dem Konvent zu erinnern. Umgekehrt kamen und gingen Abgesandte der Großpriorate, um befristete Dienstleistungen zu vollbringen, und auch die Leiter der Hospitäler suchten zur Abrechnung oder Berichterstattung den Konvent auf. Abgesandte europäischer Fürsten reisten zum Konvent und der Vatikan schickte hochrangige Emissäre, um den Orden zu überwachen. Bei all dem ging es nicht immer nur um Außen- und Sicherheitspolitik, sondern vor allem und immer wieder um Geld und Einfluß auf den Orden, und bei letzterem natürlich um die schwierige Besetzung der Spitzenstellen des multinationalen, integrierten Ordens, die besonderes Fingerspitzengefühl gegenüber den einzelnen Staaten Europas erforderte. Aus allen diesen Aktivitäten kristallisierte sich am Ende der Auftrag des Ordens heraus, der von Zeit zu Zeit, wie bei allen

Streitkräften der Welt, den sich stets verändernden Rahmenbedingungen angepaßt werden mußte.

Wie sahen diese Rahmenbedingungen nun Anfang bis Mitte des 14. Jahrhunderts aus?

In Ägypten, Syrien und Palästina hatte sich das Mamelukenreich, eine islamische Sklavendespotie, jetzt fest etabliert. Nachdem die Mamelukensultane die Kreuzfahrerstaaten zerschlagen hatten, waren ihre militärischen Anstrengungen nun vor allem darauf gerichtet, die über das Zweistromland in mehreren Wellen hereinbrandenden Mongolenstürme aufzufangen. In Europa, das bei Liegnitz seine Mongolenerfahrung gemacht hatte, wurde das zu dieser Zeit kaum bemerkt. Denn dort war der Blick nach Süden verstellt, wozu man wissen muß, daß die geographische Kenntnis der Europäer damals viel weniger weit reichte als etwa bei den Römern. Sie reichte nur bis zum Atlasgebirge im Maghreb und dem nördlichen Rand der Sahara. Im östlichen Mittelmeerraum war das Interesse des christlichen Abendlandes nur auf das Heilige Land gerichtet und auf Träume und Planungen für eine Rückeroberung von Jerusalem. Diese Illusionen wurden vor allem vom Papst und von den Königen von Zypern, die sich immer noch, neben der Krönung zum Herrscher von Zypern in Nikosia, in Famagusta zum König von Jerusalem krönen ließen, gepflegt. Gelegentlich blickte man auch einmal nach Byzanz, wo Kaiser Michael VIII. 1261 das fränkisch-lateinische Kaiserreich, das als Folge des mißbrauchten 4. Kreuzzugs dort entstanden war, größtenteils hinweggefegt hatte. An fränkischen Besitzungen aus dem Erbe des 4. Kreuzzuges waren dort für einige Zeit nur noch das Herzogtum Athen unter der Familie de la Roche und das Fürstentum Morea auf der Peloponnes unter den Villehardouins übrig geblieben.

In Kleinasien hatte Byzanz seine alte Macht nicht wieder zurückgewinnen können und auch das an seine Stelle tretende Seldschukenreich zeigte um die Jahrhundertwende Zerfallserscheinungen und erlaubte es dem Anführer eines anderen unbekannten, kleinen Turkstammes, von sich reden zu machen. Man nannte diesen Stamm nach dem Namen seines Häuptlings Osman »Osmanen«, nahm ihn aber sonst kaum wahr.

Im westlichen Mittelmeer, auf der Iberischen Halbinsel, hatte die Reconquista, die christliche Rückeroberung, die im nordwestlich gelegenen Asturien begonnen hatte, mit den Königreichen von Kastilien und Aragon fast ganz Spanien von den Moslems zurückgewonnen und die Herrschaft des Islam auf das maurische Granada an der spanischen Südküste zusammengedrängt. Zu Aragon gehörten jetzt außerdem Sardinien, Mittel- und Süditalien sowie Sizilien.

In Frankreich hatte Philip IV. mit Billigung des Papstes Clemens V. den Templerorden endgültig vernichtet. Gegen den Widerstand des habgierigen französischen Königs und einiger anderer, auch deutscher, Fürsten gelangten der Grundbesitz und das umfangreiche Vermögen der Templer im Laufe der nächsten Jahrzehnte auf Veranlassung des Papstes an die anderen Orden, vor allem die Johanniter, die damit ein gewaltiges Flottenbauprogramm in die Wege leiten und ihre Verluste in Palästina ausgleichen konnten.

Denn Zweck und Auftrag des Ordens erfuhren nun eine Änderung und die auf Zypern begonnenen Überlegungen über eine Rückeroberung des Heiligen Landes schlugen sich in selbstbewußten Plänen nieder: Nie wieder wollten sich die Ritter von Rhodos vertreiben lassen. Die Insellage machte Rhodos als Verteidigungsraum überschaubar, es bedurfte nur noch starker Verteidigungsanlagen. Denn eine Bedrohung ging jetzt nicht mehr alleine von dem ägyptisch-syrischen Mamelukenreich aus, sondern auch von den islamischen Turkvölkern Kleinasiens, den Seldschuken und Osmanen. Die Entfernungen für eine Rückeroberung des Heiligen Landes hatten sich jetzt allerdings vergrößert und außer aus Zypern war kaum mit einer militärischen Unterstützung für einen neuen Kreuzzug zu rechnen. Für eine Invasion im Heiligen Land, ebenso wie für eine wirksame Vorneverteidigung des kleinen Ordensstaates waren jetzt starke Seestreitkräfte mit weitem Aktionsradius erforderlich. Diese sollten auch, gemeinsam mit der nördlichen Inselkette, die neue Rolle des Ordens als abendländischer Vorposten im Mittelmeer unterstreichen.

Also wurden auf Rhodos und den anderen Inseln sofort nach der Eroberung die vorhandenen Befestigungsanlagen inspiziert und, soweit erforderlich, verstärkt. Weitere wurden hinzugebaut, und schließlich gab es alleine auf Rhodos zwanzig Burgen und die gleiche Anzahl von Wachtürmen, die alle untereinander durch Brieftauben, Flaggenzeichen und Feuersignale verbunden waren. Auf allen Inseln zusammen gab es über 50 befestigte Plätze.

Das Hauptaugenmerk des Konvents richtete sich aber natürlich auf die Inselhauptstadt und sofort nach ihrer Einnahme wurde mit dem Ausbau und der Verbreiterung der vorhandenen 2 Meter dicken Wallmauern begonnen. Später, im Jahre 1460, wurde noch ein zweiter Festungsgürtel als Vormauer hinzugefügt und ab Anfang des 16. Jahrhunderts wurden die Festungsmauern von 6 Meter auf 12 Meter breite Remparts (aufgeschüttete Wallmauern mit Plattformen für Geschütze) verstärkt, um so den neuen Pulvergeschützen widerstehen zu können. Der gesamte Festungsgürtel war in meist von Bastion zu Bastion reichende Kurtinen (Mauerabschnitte zwischen den Türmen und Bastionen) eingeteilt, die von den einzelnen Zungen zu verteidigen und nach diesen benannt waren.

Große Anstrengungen und hohe Kosten mußten auch für die Ordensflotte aufgebracht werden. Häfen mußten gebaut und Verteidigungsanlagen für die kostbaren Galeeren geschaffen werden. Unter Großmeister de Gozon, der von 1396 bis 1351 regierte, wurden die Hafenmolen errichtet und Großmeister de Naillac (1396–1421) baute den alles überragenden Sperrturm. Zu einem Kernstück der Verteidigung wurde eine Kette, die vom Ritterhafen zu dem gegenüberliegenden Mühlenturm gespannt werden konnte, und zum Schutz des Mandrakihafens ließ Großmeister Zacosta, der von 1461 bis 1467 an der Spitze des Orden stand, auf einer ca. 300 Schritt ins Meer hinausragenden Mole den St.-Nikolaus-Turm errichten. Auch die Tore und Bastionen der Zitadelle wurden erneuert, verstärkt oder gar völlig neu von den verschiedenen Großmeistern errichtet, wobei an die Stelle der ursprünglichen Halbrundtürme unter dem Einfluß italienischer Festungsbaumeister allmählich Polygonalbastionen traten. Das ganze Verteidigungssystem, das sich aus der im Heiligen Land begonnenen großartigen Festungsbautradition des Ordens fortentwickelt hatte, beruhte darauf, den Gegner nach Überwindung der äußeren Mauer im deckungslosen Gelände zwischen äußerer und innerer Mauer auf kürzeste Entfernung und ohne ihm die Möglichkeit eines schnellen Zurückweichens durch eine Bresche in der äußeren Mauer zu lassen, dem eigenen Feuer auszusetzen und ihn beim Sturm auf die Kurtinen in das flankierende Feuer aus den artilleriebestückten Bastionen zu nehmen. Rhodos galt bald als die stärkste und modernste Festung der Welt.

Neben dem Festungsbau wurde alle Kraft in den Ausbau der Flotte gelegt und aus Archivunterlagen des Ordens geht hervor, daß der Großmeister 1308 insgesamt 50 Schiffe bauen ließ; und zwar 2 Segelschiffe und 12 Galeeren in Genua, 7 Galeeren in Katalonien, 3 in Narbonne, 16 in Marseille, 4 in Pisa und 6 in Venedig. Darüber hinaus wurden noch 5 Galeeren in Genua und 2 in Venedig ausgerüstet.

Was für eine Armada da im Entstehen war, um in das Heilige Land zurückzukehren (später gab es meistens nur 8 kampfstarke Galeeren) wird deutlich, wenn man sich die Maße und die Besatzungsstärken der Galeeren vor Augen führt. Denn jedes dieser Schiffe war 35–40 Meter lang und 5–6 Meter breit. Allerdings betrug die Tiefe nur 2,5 Meter, womit die Galeeren zwar sehr schnell, als typische »Gleiter« aber auch sehr wellenempfindlich waren. Die Hauptwaffe einer Galeere war ihr am Bug angebrachter eiserner Rammsporn. Die Schiffe hatten zwei Segelmasten und auf jeder Seite des Unterdecks 30 Ruderbänke für je 5–6 angekettete Ruderer – Sklaven oder Sträflinge. Die Besatzung betrug insgesamt etwa 500 Mann – neben den 300 Ruderern 30–35 Ritter, 150 Matrosen und einfache Soldaten, sowie Handwerker, einen Feldscher und einen Lotsen. Dazu kamen zur Beladung noch die Lebensmittelvorräte, zur Frischmilchversorgung bisweilen einige lebende Rinder und auch Hühner.

Der Angriffserfolg der Galeere hing von ihrer Geschwindigkeit vor dem Rammen ab. Denn der Rammsporn war, bevor man Kanonen auf den Galeeren mitführte, die Hauptwaffe, die um so wirksamer war, je kräftiger die Rudersklaven ihr Schiff vorwärts trieben. Vor dem Entern feindlicher Schiffe konnten zwei Taktiken angewendet werden: Die erste bestand darin, dem Schiff des Gegners den Rammsporn mit aller Wucht in die Breitseite zu stoßen und es damit manövrierunfähig zu machen, was aber häufig zum Untergang und damit zwangsläufig zum Verzicht auf Beute führte. Die andere Taktik, die eher bei einem unterlegenen Gegner angewendet wurde, erforderte ein schnelles Wendemanöver der angreifenden Galeere, die zunächst im rechten Winkel auf ihr Ziel zuschoß, kurz bevor es zum Zusammenstoß kommen konnte, entgegengesetzt zur Fahrtrichtung der Beute beidrehte und nun in voller Fahrt die Ruder auf der einen Seite des Opfers zersplittern ließ, zur gleichen Zeit hielten einige Seeleute mit Enterhaken beide Schiffe zusammen, Armbrustschützen zwangen die Gegner auf dem Deck des feindlichen Schiffes in Deckung und das Enterkommando sprang auf das feindliche Schiff hinüber. Später sollten Kanonen, die auf dem überhöhten, rückwärtigen Deck der angreifenden Galeeren standen, vor dem Entern noch die Decks der angegriffenen Schiffe freischießen.

Wo kamen die ritterlichen Seeoffiziere nun eigentlich her? Rechtsritter, d. h. ordentlicher Ritter, konnte nur werden, wer adliger Abstammung war – ursprünglich mit 4 adligen Großeltern, in Frankreich und Spanien mit 8 adligen Urgroßeltern, in Deutschland gar mit 16 Ururgroßeltern als Edelleuten. Bastarde, selbst von königlichem Geblüt, wurden nur in Ausnahmefällen zugelassen. Außerordentliche Ritter, z. B. sogenannte Devotionsritter, konnten in Ausnahmefällen auch verdiente Bürgerliche werden – ihnen waren jedoch Spitzenämter des Ordens grundsätzlich vorenthalten.

Wer ein Rechtsritter werden wollte, muße kräftig und gut gebaut sein, durfte keine Schulden haben, mußte ledig und mindestens 18 Jahre alt sein. Jüngere Edelleute wurden nur in Ausnahmefällen und wenn sie aus besonders angesehenen Familien kamen, als Pagen akzeptiert. Für ihre Aufnahme mußte die Familie allerdings eine hohe Aufnahmegebühr, das Passagium, entrichten. Später gab es für den Hofstaat des Großmeisters 16 Pagen. Sie wurden in einer Pagenschule, einer Art internationaler Kadettenanstalt, erzogen und waren während dieser Zeit noch nicht gehalten, sich als Ordensritter zu verpflichten. Viele vornehme Familien schickten deshalb ihre Söhne nur der Erziehung wegen für einige Jahre in den Konvent.

Die angehenden ordentlichen Ritter bewarben sich bei den heimischen Großprioraten und legten dort ein Gelübde auf Armut, Keuschheit und Gehorsam ab, schworen, die Armen und die Banner des Ordens zu verteidigen und versprachen, sich lebenslang anstrengenden religiösen Übungen, darunter täglich 130 Vaterunser, und Enthaltsamkeiten zu unterziehen. Daraufhin erhielten sie den Ritterschlag, und es wurden ihnen Sporen und der schwarze Mantel mit dem links oben aufgenähten achtzackigen, weißen Kreuz übergeben. Als Novizen mußten sie dann zwei Jahre im Konvent dienen, davon ein Jahr auf See und sich während des anderen Jahres in den Hauptaufgaben des Ordens – Militärdienst, Krankenpflege und Religionsausübung – bewähren. Während dieser Zeit mußten sie in den Herbergen der Zungen, die sich auf Rhodos in der »Ritterstraße« befanden, leben. Rechtsritter wurden sie erst später, nach 13 Dienstjahren – davon mindestens drei Jahren im Konventsland und drei Jahren auf See. Die restliche Zeit konnte sich auf Militärdienst zu Lande, Hospitaldienst, Hofdienst, diplomatischen Dienst oder Verwaltungsdienst im Heimatland verteilen.

Vor allem ältere Ritter kehrten gerne rechtzeitig in die relative Geruhsamkeit kleinerer Kommenden ihrer Heimatländer zurück, um ihren Verwandten nahe zu sein. Wer wollte es auch den alten Herren verdenken, einer gesicherten Altersversorgung entgegenzustreben, die zweifellos ein höheres Maß an Lebensqualität bot und beschaulicher war als die Unannehmlichkeiten, die sich aus der militärischen Hierarchie des Konvents mit nörgelnden Vorgesetzten und nervenaufreibenden Vorschriften ergaben. Auch gichtgeplagte ritterliche Veteranen mochten eben nicht auf die soziale Absicherung ihres Lebensabends verzichten und wußten die Vorzüge einer Kommende, von denen es in Europa 600 gab, zu schätzen.

Doch zurück zu den maritimen Operationen des Ordens im 14. und Anfang des 15. Jahrhunderts: Zu den größten Seeoperationen Anfang des Jahrhunderts zählten im Jahr 1312 Gefechte vor dem kleinasiatischen Ephesus und der Insel Amorgos. Vor allem aber eine Seeschlacht, die schon Jahre vor der bereits erwähnten Eroberung von Smyrna stattfand und auf die Gründung einer gegen die seldschukisch-türkische Bedrohung durch Orkhan, den Sohn des bereits erwähnten Stammeshäuptlings Osman, gerichteten Liga im Jahr 1234 in Avignon zurückzuführen war:

Mit einer Geschwindigkeit von 6–7 Knoten (12 km/Std.) glitten 10 Ordensgaleeren unter dem rhythmischen Klatschen von je

60 Langrudern und den metallischen Hammerschlägen der Rudertaktgeber an der Spitze einer Eskadra von Kriegschiffen Venedigs, Zyperns, Frankreichs und des Papstes durch die Ägäis auf Smyrna zu, um das Gefecht mit der Flotte Orkhans zu suchen. Dem Ordenskontingent wurde von den anderen Mitgliedern des Ligaverbandes neidlos die Spitzenposition überlassen, galten die Ordensritter doch jetzt schon als die tapfersten und bestausgebildeten Seeoffiziere des Mittelmeers und der Orden insgesamt als ein Garant für die Einheit der Christenheit im Kampf gegen die Ungläubigen. Das Ziel der Eskadra war es, der Ausbreitung der Seemacht des seldschukisch-osmanischen Herrschaftsbereichs im Mittelmeer rechtrechtzeitig einen Riegel vorzuschieben.

Die jungen Ritter und Soldaten der Ordensgaleeren sehnten den Zusammenstoß mit dem Feind und damit die Unterbrechung der Langeweile, die in der qualvollen Enge der Schiffe aufgekommen war, sehnlichst herbei: Denn man muß sich die Strapazen der Fahrten, die sich manchmal nur über Tage, meist jedoch über Wochen hinzogen, vorstellen: 500 Mann auf ca. 300 Quadratmeter Fläche, verteilt über ein oder zwei Ebenen. Unten in schwüler Hitze und in ihrem Schweißdunst die schwer schuftenden Rudersklaven, von denen oft einer bewußtlos oder vor Entkräftung zusammenbrach und zur Entlastung des Frachtgewichtes kurzerhand über Bord geworfen wurde. Oben in glühender Sonnenhitze Tag und Nacht eng aneinandergepreßt saßen die Ritter und Söldner, deren dumpfes Ausharren nur durch die tristen, aus Trockenverpflegung und streng rationiertem Wasser bestehenden Mahlzeiten unterbrochen wurde. Die Stunden krochen dahin und die Tage wurden zur qualvollen Ewigkeit. Die Sommersonne dörrte die Körper aus und nur Gewitter brachten von Zeit zu Zeit Erlösung – oft aber auch gefährliche Stürme. Ging dabei eine Galeere unter, gab es für die Benutzer des Oberdecks nur wenig Chancen, von den anderen, selbst mit dem Unwetter kämpfenden Galeeren gefunden und aufgefischt zu werden. Die Rudersklaven ertranken ohnehin ausnahmslos in ihren Ketten. Für sie hätte es auf den anderen Galeeren auch keinen Platz mehr gegeben. Auch bei Galeeren mit nur einem Deck waren ihre Überlebenschancen natürlich nicht größer.

Im Golf von Smyrna stieß die Ligaflotte auf die osmanische Flotte, griff sie mit Ungestüm an und vernichtete sie. Es war die erste größere Seeschlacht, an der die Ordensflotte teilgenommen hatte – wie meistens auch künftig, im Verbund mit anderen westlichen Seemächten.

An der nächsten Militäraktion, einem neuen Kreuzzug gegen ein islamisches Land, der von einer Liga der Staaten Zypern, Rhodos, Venedig und Genua unternommen wurde, beteiligte sich der Orden wieder mit mehreren großen Galeeren. Das ganze Kreuzzugsheer versammelte sich in Rhodos und am 25. August 1365 lief eine Flotte von 165 Schiffen mit 12 000 Mann aus dem Hafen aus. Das Ziel war Alexandria und der gemeinsame Oberbefehl lag bei Peter I. v. Lusignan, dem König von Zypern, der alleine 108 Schiffe zu dem Unternehmen beigesteuert hatte.

Peter hatte sich Hoffnungen darauf gemacht, Alexandria nach seiner Eroberung gegen Jerusalem eintauschen und sich selber als König von Jerusalem wieder in die Rechte seiner Familie einsetzen zu können. Er beging jedoch einen großen Fehler, indem er in sein Heer nicht nur seine eigenen königlichen Truppen, die Soldaten der beiden Seerepubliken und die Johanniter aufnahm, sondern auch alle möglichen Glücksritter aus Europa. Diesen aber ging es nicht um die Kreuzzugsidee, sondern lediglich um Beute. Gegen den Willen des Königs wurde Alexandria von der christlichen Soldateska erbarmungslos geplündert, bevor diese mit 5000 Gefangenen Ägypten wieder verließ. Wieder einmal hatte sich die Christenheit diskreditiert und den zukünftigen Haß der Moslems heraufbeschworen.

Schuld an der Katastrophe hatten allerdings auch die Ägypter selber, die rechtzeitig von der zyprischen Aufrüstung und Invasionsvorbereitung erfahren hatten, aber noch im Angesicht des Flottenaufmarsches der Liga annahmen, es handele sich um eine seit längerem erwartete venezianische Kauffahrtflotte.

Ein Zeitzeuge, ein Einwohner von Alexandria, beschreibt das ganze Unternehmen so (nach Herzsohn, 1886):»Heran kam auf dem Meer mit seiner Flotte an der Spitze seines in Irrtum befangenen Heeres der verfluchte Hund Ribir Brutus (arabisiert von ›Re' Piero‹ = König Peter), Fürst von Cypern, wie ein Räuber und Bandit... Man hat gesagt, er sei von hoher Statur – Gott zerbreche seinen Rücken! –, blauäugig – Gott erwecke ihn bei der Auferstehung als Blinden, Gott tauche ihn in den Flammenbrunnen der Hölle ein und mache ihn in allen seinen Unternehmungen elend und verächtlich! – Der Name seines Vaters Riyuk (Ré Ugo) … Ribir, der Sohn des besagten Riyuk, bemächtigte sich Alexandriens unter der Regierung von El Malik el Aschraf Scha'ban, dem Sultan des ägyptischen, syrischen und sonstigen Landes. Es war dieser damals noch ein Kind, und Befehlshaber seiner Heere war der Atabeg Jelbugha … Wie konnte denn geschehen, was der ungläubige, verfluchte Fürst von Cypern Alexandrien, dem Grenzplatz der Muslime, zugefügt, da er doch unter den Königen der Christen gleichsam nur ein Schafhirt war oder einer, der den Schafen mit der Schere die Wolle schor?! Aber er kam zu einer Zeit nach Alexandrien, als dessen Beschützer sorglos waren. Er plünderte es und floh daraus. So aber ist der Könige Gewohnheit nicht!«

Der Orden hatte sich an den Plünderungen und dem allgemeinen Blutbad nicht beteiligt. Dennoch haftet ihm der Makel an, an einem Kreuzzug teil genommen zu haben, der ganz in der traurigen Tradition der ersten Eroberung von Jerusalem, des 4. Kreuzzugs und der Inbesitznahme von Rhodos lag.

Peter I. versuchte in den folgenden Jahren noch wiederholt, im Nahen Osten erneut Fuß zu fassen. 1369 griff er Giblet an, 1373 ließ er an der Südküste Kleinasiens die der Seldschukendynastie gehörende starke Hafenfestung Anamur durch seinen Admiral Jean de Tyr zerstören. Der Johanniterorden beteiligte sich erst am Ende des Jahrhunderts wieder an einer größeren Aktion gegen die Moslems, und zwar bei einer militärischen Auseinandersetzung mit den Türken.

Zu dieser Zeit hatte das Osmanische Reich bereits seine ersten stürmischen Siegeszüge vollbracht: Osmans Sohn Orkhan hatte sich dabei als der eigentliche Begründer des Osmanischen Reiches hervorgetan. Seine Herrschaft hatte sich in zwei Phasen vollzogen: zuerst konsolidierte er in den Jahren 1326–1344 sein Erbe in Kleinasien und weitete dann seinen Machtbereich mit Hilfe des bereits genannten Emirs Umur Bey bis zu seinem Tod im Jahre 1359 auf Europa aus. In dieser zweiten Phase hatte er bereits mehrfach Raubzüge gegen Thrakien, Konstantinopel und Makedonien unternommen, bevor er kurz vor seinem Tod endgültig die Dardanellen mit einer größeren Streitmacht überschritt. Diese Streitmacht entsprach in ihrer Zusammensetzung schon den Streitkräften, mit denen es der Johanniterorden noch über Jahrhunderte zu tun haben sollte – aus den Janitscharen, einem ab 1330 aus geraubten Christenkindern aufgebauten Korps besonders fanatischen Fußvolks, den Azaben, die eine reguläre Infanterie darstellten, den Akindschi, einer Lehenskavallerie und den sogenannten »Rennern«, einer Verbrechertruppe, die, unter Drogen gesetzt, besonders lebensverachtend und blutrünstig war.

Orkhans Nachfolger Murad I. gelang es, Westthrakien zu erobern und 1366 Adrianopel in Besitz zu nehmen. Damit war das Byzantinische Reich immer mehr auf seine Hauptstadt Konstantinopel zusammengeschnürt worden und der Sultan nahm jetzt schon erheblichen Einfluß auf die Herrschaft des Kaisers Johannes Paläologos. Als beider Söhne sich gegen ihre Väter empörten, wurden beiden auf Veranlassung des Sultans die Augen ausgestochen und zahlreiche byzantinische Adlige unter den Augen des Osmanen zu Tode gestürzt. Um 1385 setzte Murad die osmanischen Eroberungen fort und errang die Herrschaft über Albanien und Sofia. Während eines weiteren Feldzugs gegen die Serben wurde er 1389 ermordet. Sein Sohn Bayazid I. bestieg den Thron und brachte sogleich, um spätere Thronansprüche von vornherein auszuschließen, seinen Bruder um. Diese Vorsorgemaßnahme wurde als so praktisch empfunden, daß der Brudermord bei Thronfolgen später für alle Zukunft legitimiert zu sein schien. Bayazid, kein besonders zartbesaiteter Herrscher, der viele Menschenleben auf dem Gewissen hatte, wurde selber in der Schlacht von Angora 1401 von dem Mongolenherrscher Timur Lenk gefangengenommen und bis zu seinem Tod im darauffolgenden Jahr in einem Käfig auf allen Feldzügen der Mongolen mitgeführt.

Zuvor hatte Bayazid sieben Jahre lang Konstantinopel belagert. Diese Belagerung sowie das Vordringen der Türken in Serbien hatten König Sigismund von Ungarn, den späteren deutschen Kaiser, nachdem er einige abendländische Mächte als Verbündete für einen Kreuzzug gewonnen hatte, veranlaßt, dem Sultan den Krieg zu erklären. Neben Karl VI. von Frankreich trat Venedig nach einigem Zögern der Koalition bei und entsandte ein kleines Flottenaufgebot, das die Meerengen überwachen und die Verbindung des Kreuzheeres zu Byzanz sicherstellen sollte. Diesem Flottenaufgebot schloß sich neben byzantinischen Schiffen auch eine Abteilung von Galeeren des Johanniterordens unter Führung des Großmeisters de Naillac an, und der gesamte Verband fuhr in das Schwarze Meer und von dort die Donau hinauf. Johanniter gab es auch im Heer Sigismunds, dem sich neben vielen anderen Kreuzfahrern auch Johanniter aus Deutschland unter ihrem Großprior Friedrich von Zollern angeschlossen hatten, einem Ordensritter, auf den später noch zurückzukommen sein wird.

Sigismund zog zunächst unbehelligt die Donau entlang bis Nikopolis in der Walachei, wo er auf den venezianisch-rhodisch-byzantinischen Flottenverband traf – aber auch auf die Türken. Und diese fielen am 28. September 1396 über das vereinigte Kreuzzugsheer her und schlugen König Sigismund vernichtend. Gerade noch konnte ihn der venezianische Admiral und spätere Doge Mecenigo auf sein Schiff zerren und ihn, den Großmeister der Johanniter sowie den deutschen Großprior heil nach Konstantinopel bringen. Aber der Untergang Konstantinopels war damit eingeleitet. Ostrogorsky schreibt in seiner »Geschichte des Byzantinischen Staates«: »Seine (Sigismunds) Durchfahrt durch die Dardanellen begleitete das Wehgeschrei der christlichen Gefangenen, die der Sultan zur Demütigung des besiegten Königs an den Ufern der Meerenge hatte aufstellen lassen.« Bayazid, der selber 60 000 Tote zu beklagen hatte, ließ nämlich, liebgewordener Gewohnheit folgend, die 10 000 christlichen Gefangenen allesamt niedermetzeln.

Die rhodischen Galeeren kehrten unversehrt von dieser Niederlage zurück, für den Orden gab es aber bald den nächsten Rückschlag: Die Johanniter hatten bekanntlich seit Mitte des 14. Jahrhunderts den Hafen und die Seefestung von Smyrna besetzt gehalten – in gefährlicher Lage und stets bedroht von einer sie überragenden türkischen Festung auf dem Mt. Pagus. Im Dezember 1402 tauchten jedoch viel gefährlichere Gegner auf: die Mongolen. 14 Tage konnten die Ritter sich heldenhaft wehren, doch nur wenigen gelang es schließlich, sich noch zu ihren Galeeren durchzuschlagen und zu entkommen. An ihre Burg erinnert heute nur noch der Name der aus den Ruinen errichteten Moschee Hisar

Cami (Burgmoschee). Die Bevölkerung ließ Timur Lenk, der den Angriff persönlich angeführt hatte, ausnahmslos abschlachten. Die Stadt gab er an die Aydin-Dynastie zurück. Nach dem Verlust von Smyrna mochte der Orden nicht ganz auf einen Brückenkopf auf dem Festland verzichten und wählte dafür weiter südlich von Smyrna in der Nähe des antiken Halicarnassos eine fast viereckig ins Meer vorspringende felsige Landzunge aus. Hier, in Bodrum, bauten die Ordensritter, vermutlich unter Mitwirkung des deutschen Großpriors von Zollern, damals schon achzigjährig und eine der schillerndsten deutschen Rittergestalten des Ordens, eine der stärksten Burgen des Mittelmeerraums, der sie wieder den Namen St. Peter gaben. Gemeinsam mit den Befestigungen auf der Insel Kos konnten die Ritter mit ihren Galeeren von hier aus eine der meist befahrenen Küstenschiffahrtsrouten Kleinasiens kontrollieren. Das Geld für den Festungsbau kam aus Spenden, für die Großmeister de Naillac in langjährigen Reisen in Europa geworben und der Papst einen besonderen Ablaß gewährt hatte. Gebaut wurde die Festung von einem deutschen Architekten oder Ritter namens Heinrich Schlegelholt. Die Ritterschaft von St. Peter bestand später überwiegend aus Engländern, aber es gab Anfang des 16. Jahrhunderts auch einmal einen deutschen Kommandanten, Cornelius v. Hambroeck. Unter den in die Festungsmauern eingemeißelten Wappen findet man auch das der deutschen Familie v. Bülow.

Bodrum, in Anlehnung an »Sankt Peter« oft auch Petronium genannt, ist öfters angegriffen, aber nie erobert worden. Mit seinem Kriegshafen war es nicht nur der stärkste Stützpunkt des Ordens außerhalb von Rhodos, sondern zugleich auch, natürlich wieder mit einem Hospital bzw. *domus infirmarium* versehen, ein Anlaufpunkt für Flüchtlinge und Asylanten des Festlands. In St. Peter gab es sogar eine spezielle Zucht von Suchhunden, die umherirrende Flüchtlinge sicher zur Festung brachten.

Nach dieser Beschreibung der letzten Abrundung des rhodischen Herrschaftsbereichs empfiehlt es sich, einen kurzen Blick auf die übrige Küsten- und Inselwelt der Ägäis und der Kykladen während der Wende von der byzantinischen zur osmanischen Vorherrschaft zu werfen: Zu Byzanz gehörten bis zu seinem endgültigen Untergang im Jahre 1453 nur noch die nördlichen Inseln in der Nähe der Meerengen, während vor der Küste Kleinasiens Genua die Inseln Lesbos, Chios und Samos besaß. Westlich davon, und damit den fränkischen Restfürstentümern Athen und Morea vorgelagert, besaß Venedig die großen Inseln Negroponte (Euböa) und Kreta sowie die dazwischen gelegenen 12 Inseln des Herzogtums Naxos. Dieses hatte sich ein venezianischer Abenteurer, der Schwiegersohn des Dogen Enrico Dandolo, Marco Sanudo, unter großen Verlusten 1207 erobert. Als seine Söldner wegen der hohen Verluste die Belagerung der Zitadelle der Hauptinsel schon aufgeben wollten, ließ Sanudo alle Schiffe versenken, so daß den Söldnern nichts anderes übrigblieb, als die Festung zu erobern und damit eine annähernd 400 Jahre währende venezianische Herrschaft zu begründen.

Im Osten schloß sich dieser Inselwelt Zypern an, der Vorzugsverbündete der rhodischen Ritter und zugleich als christlicher Vorposten der Schicksalsgefährte des Ordens. Denn Zypern weckte schon frühzeitig Begehrlichkeiten des Sultans Bars-Bey von Ägypten, die sich später auf Rhodos ausdehnen sollten.

Anlaß für das verstärkte Augenmerk des ägyptischen Sultans auf Zypern war die zunehmende Piratenplage im Mittelmeer. Denn an den Küsten Kleinasiens und Nordafrikas trieben zu dieser Zeit europäische Korsaren ihr Unwesen; Piraten, die im Mittelmeer Schlupfwinkel und Versorgungsbasen benötigten. Diese fanden sie vor allem auf der zentral gelegenen Insel Zypern, deren König und Ritter, eine dünne Oberschicht einstiger Kreuzfahrer, die Insel nicht vollständig unter Kontrolle hatten und die Piraten wohl oder übel ertragen mußten. Denn sicher waren der christliche König und seine frommen Ritter keine Freunde der Freibeuter, aber es gab natürlich auch gemeinsame Interessen, wenn sich die Raubzüge der Seeräuber gegen die Feinde der Christenheit, gegen muslimische Schiffe und die Bewohner islamischer Küstenstriche richteten.

Die Mamelukensultane versuchten mit Verhandlungen und Verträgen, sich die Ritter zu Verbündeten gegen die Piraten zu machen. Einen solchen Vertrag hatte es schon 1370 gegeben und 1414 hatte sich der König in einem weiteren Abkommen verpflichtet, die Seeräuber nicht mehr zu unterstützen. Aber wie ernst der König seine Verpflichtungen auch nehmen mochte – die Piratenplage nahm nicht ab, obwohl der Sultan seine Küstenstädte befestigt hatte und seine Flotte auf Piratenjagd schickte. Und als ihm auch einige kleinere Raids gegen mehrere Stützpunkte der Piraten keinen Erfolg brachten, entschloß sich Sultan Bars-Bey zu einem großen Schlag gegen die Piraten und ihre vermuteten Hintermänner, die zypriotischen Ritter.

Bars-Bey ließ im Sommer 1424 von drei verschiedenen Häfen seines Reichs, von Damiette, von Bulak bei Kairo und von Tripolis an der Levanteküste, Flotteneinheiten in See stechen – große Galeeren mit 40 bis 60 Rudern und einem mächtigen Segelmast mit weit ausladender Rahe. Bemannt über Deck mit verwegenen orientalischen Gestalten, die mit ihren breiten, farbigen Stirnbändern selber wie Piraten aussahen, und an den Ruderbänken mit Schwerverbrechern und christlichen Gefangenen – Ungläubigen, die mit den Nilpferdpeitschen der Aufseher zu züchtigen, alleine schon ein gottgefälliges Werk darstellte.

Was immer der Grund gewesen sein mag, die ägyptisch-syrische Mamelukenflotte begnügte sich damit, auf Zypern nur die Stadt Limassol anzugreifen und gründlich zu plündern; die Piratenjagd hatten sie darüber wohl vergessen. Unter umgekehrten Vorzeichen war dieser muslimische Überfall also nichts anderes als 1365 der Überfall König Peters auf Alexandria. Aber die Mameluken hatten in Limassol reiche Beute und viele Gefangene gemacht und waren auf den Geschmack gekommen: Schon im folgenden Jahr wiederholten sie den Angriff, und auch dabei war von Seeräuberjagd keine Rede mehr. Diesmal war das von einer genuesischen Besatzung verteidigte Famagusta das Hauptziel und auch Larnaka und Limassol wurden nicht verschont. Mehr als tausend christliche Gefangene wurden auf den ägyptischen Schiffen zusammengepfercht – fast die gesamte heranwachsende Jugend der zyprischen Städte: junge Männer und heranwachsende Knaben, die, wenn sie kräftig und gut gebaut waren, als Nachwuchs für die Mamelukenregimenter jeweils sieben Dinar auf den Sklavenmärkten erzielten und sonst zu Schleuderpreisen als Lastträger und Haussklaven verkauft wurden; junge Frauen und Mädchen, von denen die schönsten in die Harems der Städte wanderten, die weniger gut gebauten von den Sklavenhändlern auf die Sklavenmärkte im Niltal oder in die Wüste getrieben wurden. Der Gewinn floß in die Kassen des Sultans.

Auch nach dem Überfall von 1425 mochte Bars-Bey auf die Beute aus Zypern nicht verzichten. Umsonst versuchte der Kaiser von Byzanz zwischen Ägypten und Zypern zu vermitteln. Im Sommer 1426 erschien vor Zypern wieder eine Flotte, die mit Mameluken, Beduinen und Glücksrittern aus aller Welt bemannt war, und landete an der Südküste. Obwohl König Jakob inzwischen alle Städte befestigt hatte, fiel Limassol schon nach wenigen Tagen, und von hier aus zogen die Ägypter, auf See von ihren Schiffen flankiert, nach Larnaka, wo es zur Schlacht kommen sollte.

Zuvor forderten die Ägypter König Jakob zur Kapitulation auf, doch dieser ließ den Herold, der die Übergabeforderung überbrachte, töten und befahl seinen Truppen zu Lande und zur See, des Sultans Truppen anzugreifen. Mit wenig Erfolg allerdings, denn nachdem die Ägypter den Angriff abgewehrt hatten, traten sie ihrerseits zum Angriff an. Und noch bevor die Schiffe des Königs in den Kampf eingreifen konnten, war die Entscheidung zu Lande gefallen: Die zypriotische Armee wurde geschlagen und König Jakob geriet in die Gefangenschaft der Mameluken. Kurz darauf fiel auch Nikosia und die ganze Insel gelangte in die Hand der Sultanstruppen.

Der gefangene König wurde nach Kairo gebracht, wo er mit klirrenden Fesseln vor den von seinem Hofstaat und fremden Gesandten umgebenen Sultan trat und sich vor dem Herrscher auf den Boden werfen und dessen Füße küssen mußte – eine Demütigung, aus der ihn schließlich eine Ohnmacht befreite.

Zu dieser Zeit war der Johanniterorden in Kairo durch einen Gesandten vertreten und dieser schaltete sich, ebenso wie der venezianische Konsul, in die nun folgenden zyprisch-ägyptischen Verhandlungen ein, bei denen es um ein stattliches Lösegeld für den König und um die Zukunft des Insel-Königreichs ging. Am Ende wurde der König freigelassen und ein Vertrag aufgesetzt, nach dem der König tributpflichtiger Vasall des Sultans wurde – eine für Zypern nicht einmal so schlechte Lösung, da das schwache Königreich damit eine mächtige Schutzmacht hinter sich wußte. Nur waren jetzt die frommen Träume Jakobs von einer Rückeroberung des Heiligen Landes endgültig ausgeträumt.

Von diesem Verzicht war natürlich auch der Johanniterorden, war die ganze Christenheit betroffen. Dabei hatten zwischen dem Orden und dem Mamelukenreich bisher eigentlich recht gute Beziehungen bestanden, was daraus deutlich wird, daß der Orden in Jerusalem, Ramleh und Damiette sogar eigene Konsulate hatte unterhalten dürfen. Aber eine etwas ungeschickte Einmischung des Ordensgroßmeisters in innerzypriotische Angelegenheiten führte schnell zu einem vollständigen Bruch mit dem Mamelukenreich:

Der unglückliche König Jakob starb im Jahr 1432. Ihm folgte Johann II. und darauf dessen unehelicher Sohn Jakob II. Aber dessen Herrschaft war nicht unangefochten, was dazu führte, daß der Mamelukensultan erneut in Zypern eingriff. Denn die legitime Erbin Charlotte von Lusignan und deren Mann Ludwig von Savoyen machten Jakob den Thron streitig und wurden darin vom Johanniterorden und von der Republik Genua, die auf Zypern eine bedeutende Handelsniederlassung unterhielt, unterstützt. Pech allerdings für den Orden, daß Sultan Inal, der zu diesem Zeitpunkt der Herrscher Ägyptens war, Jakob II. mit Waffengewalt unterstützte. – Krieg lag in der Luft.

Zu dieser Zeit war zunächst als Nachfolger des 1421 verstorbenen Großmeisters de Naillac dessen bisheriger Stellvertreter und ehemaliger Großprior von Zypern, der Katalane Fluviano, Großmeister gewesen. Ab 1437 bekleidete Jean de Lastic, bisher Großprior der Auvergne, dieses Amt. Als er gewählt worden war, befand sich Lastic gerade in Frankreich und reiste angesichts der Kriegsgefahr sofort nach Rhodos, um Verteidigungsvorbereitungen zu treffen und die Ritter aus den Großprioraten einzuberufen. Denn auf den Ordensinseln befanden sich zu dieser Zeit nur 400 Ritter und einige tausend Söldner. Der Orden verfügte auch nur noch über 8 Galeeren, 4 kleinere Kriegs- und einige Transportschiffe.

Die Wahl de Lastic's soll zum Anlaß genommen werden, die Stellung des Großmeisters und der Ordensregierung zu erläutern:

Mit der Besitznahme von Rhodos waren die Johanniter ein souveräner, multinationaler und in seiner Führung integrierter Orden geworden. Der Großmeister war damit ein souveräner Fürst, der sich mit »Hoheit«, ab Anfang des 17. Jahrhunderts auch mit »Serenissi-mus« und »Eminenz« anreden ließ, womit auch der gelegentlich ver-liehenen Kardinalswürde Rechnung getragen wurde. Da auch die Großmeister dem Zölibat unterworfen waren, gab es für die Herrscher natürlich keine natürliche Erbfolge – dynastisches Ge-dankengut schlug sich bisweilen aber darin nieder, daß nachein-ander Brüder den Thron bestiegen. Die Großmeisterwahlen erfolg-ten nach einem komplizierten Verfahren, auf das die europäischen Staaten gerne auf verschlungenen Kanälen Einfluß nahmen: Zu-nächst wurden in den einzelnen Zungen unter Einschluß aller Rit-ter, Kapläne und Dienenden Brüder 16 Wahlmänner sowie ein Reservewahlmann bestimmt. Die so gewählten Wahlmänner muß-ten dann den Großmeister küren. Dieser wurde auf Lebenszeit gewählt – in der Anfangszeit von Rhodos war allerdings auch einmal ein Großmeister (Fulko von Villaret) von seinen Rittern wieder abgesetzt worden. War der Großmeister gewählt, so war er nur noch dem Papst und dem Generalkonvent, auf den noch ein-zugehen ist, verantwortlich. Er konnte auch, was oft geschah, wenn er vor seiner Wahl Großprior in Europa war oder einem anderen Amt im Ausland nachkam, in Abwesenheit gewählt werden. Dann konnte es bei den langen Reisezeiten auch einmal passieren, daß der neue Großmeister, der oft schon etwas betagt und den Strapa-zen einer stürmischen Seereise nicht gewachsen war, nur noch als hoheitlicher Leichnam in seinem Ordensstaat eintraf (z. B. de Blanchefort 1513), und neben einem aufwendigen Staatsbegräbnis eine sofortige Neuwahl erforderlich war.

Der Sitz des Großmeisters, das heißt der Regierungssitz ganz all-gemein, wurde als Konvent bezeichnet. Hier residierte auch der Staatsrat, der Generalkonvent, der dem Großmeister zur Seite stand und dem neben dem Souverän und dessen Stellvertreter, dem Leutnant, der Bischof des Ordenslandes, der Prior des Ordens und von jeder der acht Zungen drei Ritter, darunter natürlich die Großbailiffs, angehörten.

Diese Großbailiffs der Zungen des Konvents machten in ihrer Ge-samtheit eigentlich die Regierung aus. Sie wurden deshalb auch Konventionalbailiffs genannt und jeder von ihnen nahm ein be-sonderes Ressort wahr: Der Bailiff der provencalischen Zunge war regelmäßig der »Schatzkanzler« des Ordens. Der Großbailiff der

Auvergne war als »Marschall« für alle Verteidigungsfragen zuständig. Der Franzose war als »Großhospitaler« für die Krankenpflege und die Beaufsichtigung aller Hospitale, der Italiener als »Admiral« für alle Schiffahrtsfragen zuständig. Dem Großbailiff der Zunge Aragons oblagen als »Großkonservator« alle Versorgungs- und Transportfragen und der Engländer führte als »Turkopilier« die Kavallerie des Ordens. Dem Deutschen waren als »Grand Bailli« alle Befestigungsanlagen außerhalb der Stadt Rhodos zur Inspektion und Überwachung zugewiesen und der Großbailiff von Kastilien und Leon fungierte als »Kanzler« des Großmeisters. All diese Konventional- oder Großbailiffs, die nicht zu verwechseln waren mit den Bailiffs der europäischen Großpriorate, stellten neben dem Großmeister das eigentliche Machtskelett des Ordens dar und hatten eine Vielzahl von verantwortungsvollen Aufgaben. So war z. B. der Großbailiff der Provence Kabinettsmitglied, Mitglied des Generalkonvents, Mitglied des Generalkapitels und Schatzkanzler. Zugleich beaufsichtigte er als Großprior alle Ordenskommenden in der Provence, war Disziplinarvorgesetzter aller provencalischen Ritter und Sergeanten im Ordensstaat, Hausherr der provencalischen Herberge beim Konvent und Kommandant des seiner Zunge zugewiesenen Verteidigungsabschnitts der Hauptstadt.

Die Bailiffs waren also wirklich voll ausgelastet, und da sie sowohl im Orden wie auch in den Ländern ihrer Großpriorate höchstes Ansehen genossen, wurden sie auch oft mit schwierigen diplomatischen Missionen beauftragt. Oft aber auch mit besonderen militärischen Aufträgen: So hatte z.B. während der heldenhaften Verteidigung von Smyrna gegen die Mongolen der Großmeister den Großhospitaler v. Mine als Kommandeur in die bedrängte Festung geschickt. Unterstützt wurden die Großbailiffs von besonderen Kommissionen, gewissermaßen Staatssekretariaten, und besonderen Beauftragten, zu denen der bereits früher genannte Generalkapitän der Galeeren gehörte.

Über dem Generalkonvent stand noch das Generalkapitel als gesetzgebende Körperschaft. Diesem Organ gehörten neben den Mitgliedern des Generalkonvents noch 45 Großpriore und Bailiffs aus den europäischen Großprioraten an. Der Zusammentritt erfolgte unregelmäßig auf Veranlassung des Papstes oder des Großmeisters.

Der Ansturm des Islam

An einem heißen Augusttag des Jahres 1440 kreuzten acht kampfstarke Galeeren und vier kleinere Kriegsschiffe des Ordens vor der Insel Rhodos. Durch seine Spione war der Orden rechtzeitig davor gewarnt worden, daß der Mamelukensultan von Ägypten beabsichtigte, die Insel mit einem Handstreich zu nehmen. Und richtig: gegen Mittag tauchten fünfzehn große ägyptische Kriegschiffe am Horizont auf, die sofort von den Rittern angegriffen wurden. Die Wucht des Angriffs war so heftig und ungestüm, daß es den überraschten Ägyptern nicht sinnvoll erschien, die Ordensflotte noch weiter herauszufordern und sie lieber abdrehten. Aber nach einigem unentschlossenem Herummanövrieren versuchten sie nun am nächsten Tag, die Insel Kos anzugreifen, deren Seefestung Narangia (jetzt der Hafen der Stadt Kos) sich gerade im Aufbau befand und zu deren Besatzung schon 1391 15 Ritter, 4 Sergeanten, 2 Kaplane, ein Arzt und ein Apotheker sowie 100 levantinische Söldner gehört hatten und deren Komtur über ein eigenes Ordensschiff, das er selber ausrüsten und unterhalten mußte, verfügt hatte. Auch hier war die Johanniterflotte aber rechtzeitig zur Stelle und es kam zu einem erbitterten Seegefecht, bei dem die Ägypter etwa 1000 Mann verloren, bevor sie schließlich das Weite suchten. Ihr einziger Landgewinn war auf dem Rückweg die winzige Insel Kastelorizon vor dem südlichsten Punkt des anatolischen Festlands, die allerdings Alfons von Aragon, der König von Neapel, 1450 für den Orden wieder zurückerobern sollte.

Vier Jahre später, im Jahre 1444, versuchte Sultan Dschakmak von Ägypten noch einmal, Rhodos zu erobern. Diesmal gelang es den Ägyptern, mit 1000 Mameluken und 18 000 Söldnern, auf der Insel zu landen. Ihnen standen in der Festung von Rhodos nur 500 Ritter und 5000 Söldner gegenüber. Aber die Festung war zu diesem Zeitpunkt schon sehr gut ausgebaut, und die Angreifer konnten in dem Gewirr der gewaltigen Mauern und überragenden Bastionen, der massiven steinernen, zinnengekrönten Wälle, zwischen denen sich tiefe Gräben und ein verwirrendes Netz von Kampfgalerien, Scheinmauern und vorgeschobenen Türmen, kilometerlangen Laufgräben und Brustwehren, Schießscharten und Fallgruben verbarg, keinerlei Erfolg verbuchen und zogen nach vier Monaten unverrichteter Dinge ab. Die Deutsche Zunge, die offiziell erst 1428 gegründet worden war, hatte während dieser Belagerung und zahlreicher kühner Ausfälle unter ihrem Großbailiff Johann Loesel ihre erste größere Feuertaufe bestanden.

Nach dieser Niederlage der Mameluken gab es mit Ägypten keinen Krieg mehr und 1479 wurde zwischen dem Großmeister und dem Sultan sogar ein Friedensvertrag geschlossen, der allerdings, wie noch zu sehen sein wird, keinen der beiden Vertragspartner daran hinderte, frohgemut die Schiffe des anderen zu kapern – im Mittelmeer war das mittlerweile eine sportliche Routine, der sich kein von der nervenzehrenden Eintönigkeit langer Seereisen gestreßter Kapitän ohne einleuchtenden Grund entziehen mochte.

Problematischer war dagegen während der Amtsperioden der nächsten Großmeister das Verhältnis zum Osmanischen Reich und zu seinem Herrscher Mehmed II., dem Eroberer von Konstantinopel, der 1451–1481 regierte. Bis 1454 stand ihm als Ordensgroßmeister noch de Lastic gegenüber, dessen Familienname in der Geschichte der griechischen Inseln übrigens noch anderweitig auftaucht: Im Herzogtum Naxos gab es Barone de Lastic, die auf der Hauptinsel als besonders despotische Feudalherren bekannt waren. Großmeister Jean de Lastic sah sich während seiner Regierung durch eine aggressive Tributforderung Sultan Mehmeds in Höhe von jährlich 2000 Dukaten herausgefordert und antwortete dem Sultan, er habe seinen Orden in Freiheit übernommen und werde ihn, solange er lebe, nie in irgendeine Abhängigkeit führen. Die Drohung Mehmeds war aber unübersehbar und sicherheitshalber schickte Lastic den Ritter Pierre d'Aubusson, der später selber noch einer der bedeutendsten Großmeister des Ordens werden sollte, nach Europa, um die Ritter der Großpriorate nach Rhodos einzuberufen. Denn daß das türkische Interesse neben Anatolien und dem Balkan jetzt auch das südliche Griechenland und die gesamte griechische Inselwelt umfaßte, ja sogar bis in die Adria reichte, sollte jetzt und in den kommenden Jahrzehnten immer deutlicher werden: Schon 1431 war eine große türkische Armee unter Ali Bey auf Korfu gelandet und hatte versucht, sich der starken Festung zu bemächtigen; dies gelang ihr allerdings nicht. Im August 1462 mußte die genuesische Herrscherfamilie Gattilusio nach schwerer Belagerung Lesbos an den Sultan übergeben. Mit dem Erfolg, daß der Herrscher und sein Bruder in Konstantinopel, das jetzt Istanbul hieß, in den Kerker geworfen und dort, nachdem sie dem Christentum hatten abschwören müssen, erdrosselt wurden und 800 junge Männer und Frauen der Insel zur Auffüllung des Janitscharen- bzw. Haremsnachwuchses nach Istanbul und Anatolien verschleppt wurden. Auch die anderen genuesischen Besitzungen sowie die fränkischen Fürstentümer Athen und Morea fielen in dieser Zeit an Mehmed.

Aber das alles ist nun schon etwas vorgegriffen, denn auf de Lastic folgte als Großmeister erst einmal von 1454 bis 1461 Jacques de Milly. Auch er stammte aus der Auvergne, wo er Großprior gewesen war und von wo er nach seiner Wahl sofort nach Rhodos eilte, da dort Gefahr im Verzug war. Denn 1455 griff der türkische Admiral Hamza Bey Rhodos mit 200 Schiffen an. Ohne Erfolg zwar, und auch eine anschließende Belagerung von Kos mußte er nach 22 Tagen abbrechen, aber dafür konnte er ungestraft die Ordensbesitzungen Leros, Kalymnos und Nisiros plündern und verwüsten und die jüngeren Einwohner wieder als Sklaven entführen. Neben dieser äußeren Bedrohung hatte de Milly auch mit internen Schwierigkeiten des Ordens zu kämpfen, denn die Zungen der Deutschen, Engländer und Italiener empörten sich darüber, daß den französischen Ordensrittern bei der Ämtervergabe meistens der Vorrang gegeben wurde. Der Orden, der nach außen zu dieser Zeit wie ein Block aus Granit wirkte, zeigte erstmals nationale Sprünge in seiner Homogenität, ein Problem, das auch künftig die volle Aufmerksamkeit aller Großmeister und die Toleranz und das Taktgefühl aller Ordensmitglieder erforderte.

Der nächste Großmeister, Pedro Raimondo Zacosta, ein Kastilier, der von 1451 bis 1467 regierte, löste zunächst die empfindliche Nationalitätenfrage, indem er neben den bis dahin vorhandenen sieben Zungen die Zunge von Kastilien und Leon gründete und dadurch den französischen Einfluß etwas reduzierte.

Zu seiner Zeit wurde auch ein Friedensvertrag mit Mehmed II. geschlossen. Aber die Türken setzten ihre Angriffe gegen die rhodischen Inseln dennoch fort, was natürlich Vergeltungsschläge der stets kampfbereiten Ordensgaleeren zur Folge hatte. Die Spannungen hielten an und kulminierten 1468 schließlich in einer Kriegserklärung des Sultans an den Orden, der einige dramatische Ereignisse unmittelbar vorausgegangen waren:

Seit 1467 war Gian Batista Orsini Großmeister. Seine Wahl, obwohl nur mit einer Stimme Mehrheit erfolgt, war besonders sinnvoll, denn Orsini, bis dahin Großprior in Rom, entstammte einer römischen Fürstenfamilie mit einschlägiger Familiengeschichte, da sie neben drei Päpsten auch den Piraten Matteo Orsini hervorgebracht hatte. Dieser Graf Orsini hatte sich schon Anfang des 13. Jahrhunderts in den Besitz der Insel Kephallenia im Golf von Patras gebracht und war seiner Erhängung als einer der gefährlichsten Freibeuter seiner Zeit nur dadurch entgangen, daß er Venedig rasch als seinen Oberherrn anerkannt hatte. Sein hoher Verwandter war nun oberster Korsarenjäger.

Der neue Großmeister setzte nach seiner Ankunft auf Rhodos den Orden wegen der immer größer werdenden Türkengefahr sofort in den Verteidigungszustand und ernannte den bewährten Pierre d'Aubusson zum außerordentlichen Superintendanten für alle Befestigungsmaßnahmen. In dieser gespannten Lage erschien vor der rhodischen Küste ein türkischer Flottenverband, der Soldaten anlandete, die das Hinterland der Festungsstadt verwüsteten und erst durch Ausfälle der Ritter auf ihre Schiffe zurückgezwungen wurden. Während dieser Zeit belagerte Mehmed II. die Insel Negroponte (Euböa), die sich in venezianischem Besitz befand, und der Großmeister entsandte, obwohl der Orden sich in einem kriegsähnlichen Wirtschaftskrieg mit Venedig befand, seine Galeeren zur Unterstützung der Serenissima. Umsonst, Euböa ging 1470 an die Türken verloren und der Sultan ließ alle Einwohner, die sich nicht sofort zum Islam bekannten, öffentlich enthaupten. Dieser von ihm oft praktizierte Brauch hatte in der Geschichte der Ausbreitung des Islam bisher kein Vorbild, und es mußte schon als eine besondere Gnade angesehen werden, wenn Mehmed junge Leute der griechischen Inseln nur verschleppte und sie zwangsweise mit Schwarzen verkuppelte, um eine neue, biologisch angeblich wertvollere Sklavengeneration heranzuzüchten.

Die Intervention der Johanniter veranlaßte den Sultan zur Kriegserklärung, worauf der Großmeister die Ordensgaleeren mit Schiffen des Papstes, Venedigs und des Königreichs Neapel vereinte und die Stadt Antalya an der Südküste Kleinasiens angreifen ließ. Ein nachhaltiger Erfolg konnte allerdings nicht erzielt werden, die Ordensritter kaperten deswegen auf dem Rückweg zwei friedlich ihres Weges ziehende ägyptische Kauffahrtschiffe, die unvorsichtigerweise die Route der christlichen Kriegschiffe kreuzten, deren Besatzungen gegenüber den Türken kein strategischer Erfolg beschieden gewesen war.

Piraterie und Piratenjagd gingen jetzt als Aufgabe der Ordensflotte oft Hand in Hand. Aber außer diesen als »Korso« bezeichneten Seeoperationen traten neben den Schutz der eigenen Küsten und der Aufklärung türkischer Schiffahrtsbewegungen das bewaffnete Geleit für abendländische Handelsflotten sowie, zukünftig, die Beteiligung an westlichen Allianzen in größeren Seeschlachten gegen das Osmanische Reich. Die Ordensflotte blieb dabei immer verhältnismäßig klein, ihre Besatzungen waren aber stets besser ausgebildet und in viel höherem Maße motiviert als die Seeleute der Flotten anderer Staaten.

Der Bau der Ordensschiffe wurde meist vom Orden in Auftrag gegeben. Häufig aber auch vom Großmeister persönlich, von einzelnen vermögenden Rittern oder auch von rhodischen Unternehmern. Die Johanniter ließen unter ihrer Flagge aber auch gewerbsmäßige Piraten fahren – Sizilianer, Zyprioten, Katalanen, Provencalen und adlige Ordensmitglieder mit eigenen Schiffen, wie z.B. den begüterten Engländer Sir William Weston, der einige Zeit später, im Jahre 1477, noch Turkopilier, also Befehlshaber der Kavallerie, werden sollte. 1669 liefen insgesamt 30 solcher privater Freibeuter mit ihren Schiffen unter der Oberaufsicht und Flagge des Ordens, wofür sie 10 Prozent des Wertes ihrer Korsarenbeute an die Ordensschatulle abführen mußten. Auch fränkische Barone aus den griechisch-venezianischen Besitzungen, vor allem der

Herzöge von Naxos, schlossen sich bisweilen den Ordensgaleeren an – blieben sie dabei doch dem Raubrittermetier ihrer Vorväter aus der Provence oder dem Rheingebiet treu und hatten nur deren Schlachtrösser mit Kampfschiffen vertauscht. Auch sie betrachteten sich in aller gebotenen Unschuld als fromme »Soldaten Christi«.

Den harten Kern der Flotte bildeten aber die unter dem Kommando des Generalkapitäns stehenden Ordensgaleeren, deren Ausstattung und Bemannung sich allmählich etwas veränderte. Sie waren jetzt noch leichter, schneller und manövrierfähiger geworden, was allerdings zur Folge hatte, daß sie, von dringenden Ausnahmen abgesehen, nur noch vom Frühjahr bis zum Spätsommer eingesetzt werden konnten. Denn nur in wenigen Gegenden des Mittelmeers fand man ein so wechselhaftes Klima wie in der Ägäis, und die Korsos der Ordensflotte wurden mehr von den sich schnell verändernden Wind- und Strömungsverhältnissen als von der Feindlage bestimmt. In manchen Jahren war auf Rhodos schon Ende März der schönste Sommer eingekehrt, während an den Nordküsten und am Eingang zu den Meerengen zwischen Europa und Asien Winterstürme das Meer peitschten. Dessen ungeachtet waren in der ganzen Ägäis die zweite Aprilhälfte, Mai und Juni die günstigsten Zeiten für die »Karawanen« genannten Raids. Mitte Juni begannen die Temperaturen stark anzusteigen und im Juli wie auch im August konnte der Aufenthalt in den wenig sonnengeschützten Galeeren fast unerträglich sein. Die zweite Hälfte des September und der Oktober waren dann aber wieder angenehmer. Nach den Herbstmonaten, im Dezember, Januar und Februar, waren steife Winde und Stürme aus Nordost, Süd und Südost keine Seltenheit und von den see-erfahrenen Venezianern wurden Kapitäne, die es während dieser Zeit wagten, aus der Ägäis heimzukehren, sogar bestraft. Fast wichtiger für die Kommandanten der Ordensgaleeren als die Windverhältnisse waren aber die unterschiedlichen Strömungen. Im allgemeinen gab es eine von Nord nach Süd gerichtete schwache Strömung, die sich jedoch bei heftigem Nord- bzw. Nordwestwind, dem durch Niederdruckgebiete über Zypern und dem Mittleren Osten hervorgerufenen »Meltemi«, in einigen Durchfahrten bis zu 5 oder 6 Knoten steigern konnte, zum Beispiel bei Doro und Kea sowie zwischen Andros und Tinos, und von den maximal 5 Knoten laufenden Galeeren nicht überwunden werden konnten.

Etwa zweimal im Jahr fuhren die Galeeren unter den Pfiffen der Taktgeber, die an die Stelle der Hammerschläge getreten waren, in mehrwöchigen und manchmal auch monatelangen Raids durch die Gewässer der Dodekanes, der Kykladen und Sporaden, kreuzten vor den Küsten Kleinasiens und Arabiens oder verbargen sich in den versteckten Buchten der griechischen Inseln, von wo sie alle Bewegungen auf den Hauptschiffahrtswegen beobachteten. Die Verbände ihrer Galeeren waren verschieden groß und ebenso, abhängig vom Auftrag, die Anzahl der Ritter auf den Schiffen. Zu den bisherigen Besatzungen kam jetzt noch auf jeder Galeere ein Kaplan, der die Messe vor einem tragbaren Altar zelebrierte. Auf jedem Schiff war jetzt ein Heilpfleger, und nur auf dem Flaggschiff befand sich ein ausgebildeter Arzt. Auch den Sklaven wurde jetzt Heilbehandlung zuteil: Kamen sie vom Korso krank zurück, wurden sie ins Hospital gebracht und dort, getreu den Regeln des Ordens, von Rittern im Pflegedienst wie die vornehmsten Ritter versorgt und behandelt. Im übrigen herrschten auch an Bord der Galeeren die strengen Hygieneregeln, für die die Hospitäler des Ordens berühmt waren: Jeder mußte sich sauberhalten und die Planken der Schiffe und Bänke der Ruderer wurden täglich mit Meerwasser geschrubbt.

Kam es zum Kampf, nahm jeder Ritter und Soldat seinen vorbestimmten Platz ein. Jeder Ritter trug einen Überwurf mit dem weißen Ordenskreuz auf scharlachrotem Untergrund. Natürlich trug niemand auf See die volle Ritterrüstung, sondern nur einen leichten Brustpanzer und einen offenen oder geschlossenen Helm. Der Schiffsangriff durch Rammen des Gegners mit dem Eisensporn am Bug der Galeere wurde jetzt meistens vermieden, denn der Orden wollte die Schiffe möglichst nicht versenken, sondern unversehrt als Beute heimführen. Deshalb katapultierten die Ritter von der eigenen Bugspitze ein an einem Seil hängendes Geschoß, das sich um den Mast des gegnerischen Schiffes wand, und zogen diesen zu sich herunter oder brachen ihn ab. Dann enterten sie das Schiff und brachten es in blutigem Kampf Mann gegen Mann in ihre Gewalt. Wer dabei von den Feinden mit dem Leben davonkam, trat sofort seinen Dienst als Rudersklave anstelle eines befreiten christlichen Rudersklaven des Schiffes der Ungläubigen an, während Besatzungsmitglieder, die einmal Christen gewesen und, unter welchem Druck auch immer, zum Islam übergetreten waren, sofort am Mast aufgeknüpft wurden. Das erbeutete Schiff schloß sich sodann, wenn es die Umstände erlaubten, mit neuer Besatzung als zusätzliche Kampfeinheit dem Korso an oder wurde alleine nach Rhodos in Marsch gesetzt, wo es sofort für seine zukünftige Aufgabe umgerüstet wurde.

Wie sah es dort, auf der Insel und in der Festungstadt, Mitte des 15. Jahrhunderts aus? Bevor die stürmischen Entwicklungen der nächsten 100 Jahre beschrieben werden, sei das Szenario kurz beleuchtet:

Wer einen Eindruck von Rhodos zur Zeit der Johanniter gewinnen will, sollte die Ritterstraße zum Großmeisterpalast frühmorgens, bevor sich die Touristenmassen an den seit der Ritterzeit unveränderten Herbergen der Provence, Frankreichs, Italiens, Englands und Spaniens vorbeischieben, hochgehen. Noch früher, bei Vollmond oder bei Sonnenaufgang, sollte er, Verbotsschilder und Stacheldrahtabsperrungen mißachtend und stets auf der Hut vor den zahlreichen mürrischen nächtlichen Wächtern, die gesamte Stadt auf der Hauptmauer umrunden und auf verschlungenen Pfaden in die Wallgräben herabsteigen. Spät nachts sollte er parallel zur Ritterstraße eine der engen, nur spärlich beleuchteten Gassen durchwandern, in denen sich, ebenfalls unverändert, die sich gegenseitig mit Mauerbögen abstützenden kleinen Ritterhäuser befinden. Dagmar Nick beschreibt die Festung in ihrem Büchlein »Einladung nach Rhodos«: »In der *Ritterstraße* ist alles noch unverändert wie zur Zeit der Kreuzfahrer, die eisernen Wandlaternen an den Herbergen der Johanniter, Wappen, Marmorwappen in Sandstein eingelassen, Löwe und Lilie, steingewuchtete Gotik in sparsamer Strenge befangen. Und oben, am Ende der sanft ansteigenden Straße, das Stadtbild beherrschend und übertrumpfend: der Großmeisterpalast, Zinnen über Zinnen der Stadtmauer, eine Linie Kanonenrohraugen über dem Graben. Wo der Krieg eine Bresche geschlagen hat, wurde sie wieder geschlossen. An den Wällen sind noch die Nahtstellen des Mittelalters erkennbar, am Palast die glatte Renovation unseres Jahrhunderts.

Die Stadtmauern ringsum sind alt, die Bollwerke unversehrt. Hoch öffnen die Tore sich in der ockerfarbenen Front, von Türmen flankiert, von Marmorreliefs gesegnet: Sankt Georg, Sankt Katharina und die Heilige Jungfrau. Die Marmorwappen an den Wällen reden von alten Adelsgeschlechtern. Hier kämpften die Recken, hier starben sie, hier schlugen sie tot von den Zinnen herab auf den Felsgrund, hier wurden sie von den Türken belagert und unterminiert, in die Höhe gesprengt und hinwegkatapultiert.

Dort, wo die riesenhaften Mauerinseln sich vor die Festung schieben, sind noch im rückwärtigen Graben die steinbegrenzten Rinnen am Boden zu verfolgen, in denen die Kanonenkugeln vorwärtsgerollt wurden, den Abwehrstellungen zu. Den Blicken des Feindes verborgen, wurden die schweren Geschosse dann über zwei diagonale Hintertreppen auf die rings isolierten Wälle gehievt, die dem Angreifer als erste Hürde entgegentrotzten. Ihre Zinnen sind so schmächtig, daß man sich kaum dagegenzulehnen wagt: Scheinzinnen, die nicht als Schutz für den Verteidiger gedacht waren, sondern nur eine martialische Stärke nach außen vortäuschen sollten, als läge dahinter der Eingang in die Bastion. Nichts davon! Hatte der Feind erst einmal diese Zwischenmauer erklommen, sah er sich oben einem zweiten Grabengrund gegenüber und einer zweiten Mauerfront – der eigentlichen Festung – die, aus allen Scharten schießend, ihm entgegenstarrte, während die Belagerten, eben noch hier an den Scheinzinnen sichtbar, längst die Treppen hinab und im nächsten Keller der Burg in Sicherheit waren.«

Der Ausbau dieser gewaltigen Festung, dieses Gebirges aus behauenen und sorgfältig zusammengefügten Steinen, hatte 1314 unter Großmeister de Villaret mit der Errichtung des »Castrum«, d.h. der inneren Stadt mit dem Großmeisterpalast und den ersten Wohngebäuden der Landsmannschaften begonnen. Dazu kamen die Ordenskirche und das Hospital. Im 14. Jahrhundert erweiterte Großmeister de Gozon das Stadtgebiet durch den sogenannten Burgus, die äußere Wohnstadt. Diese wurde von der »Collagio« genannten Ritterstadt durch eine innere Mauer getrennt, so daß die Ritterstadt innerhalb der Gesamtstadt wie ein besonders wehrhafter Bergfried wirkte und besser geschützt war. Innerhalb der Ritterstadt war wiederum der Großmeisterpalast mit seinen steil aufragenden Mauern ein zu gewaltiger Größe erweiterter Donjon. Im 15. Jahrhundert wurden unter den Großmeistern de Naillac und Fluviano zahlreiche Abschnitte der Außenbefestigungen und der 46 Meter hohe und mit einem Kanonenbalkon versehene Naillac-Turm (1863 zerstört) als Hafensperrturm, von dem eine Hafensperrkette zum gegenüberliegenden Mühlenturm führte, gebaut. 1460 wurde für die ganze Stadt eine Vormauer errichtet und Großmeister Zacosta schuf auf der Landzunge, die den Mandrakihafen vom Kriegshafen trennte, das vorgeschobene Fort St. Nikola. Alle diese Bauten wurden angesichts der zunehmenden Türkengefahr unter Orsini und dessen Nachfolger noch weiter ausgebaut und verbessert.

Rhodos war nicht nur ein kämpferisch ausgestatteter Vorposten des Abendlandes. Die Insel war auch ein hervorragend organisierter und verwalteter souveräner Kleinstaat mit einer westlich gesinnten, christlichen Bevölkerung lateinisch-griechischen Ursprungs und einer Oberschicht von Kaufleuten, Bankiers, Schiffbauern, Architekten, Advokaten und Handwerkern, die aus Italien, Spanien und Frankreich zugewandert waren. Diese gaben bei den Einheimischen den Ton an, während die Griechen vor allem die bäuerliche Bevölkerung darstellten – ohne Einfluß, ohne Wohlstand und Bildung und nur von den einheimischen Priestern vertreten. Jedoch wurde auch ihr byzantinischer Metropolit praktisch vom Großmeister ernannt und war mehr dem Papst als dem Patriarchen von Konstantinopel, den es auch unter den Osmanen noch gab, verantwortlich.

Die Bevölkerung wurde in der strengen Zucht des Ordens gehalten, profitierte davon jedoch erheblich und verhielt sich deshalb zu den Rittern loyal. Ehedem vor allem in Küstennähe angesiedelt, lebte sie unter byzantinischer Hoheit genügsam vom Fischfang und der mehr oder weniger rechtschaffen praktizierten Piraterie, jetzt von zahlreichen Dienstleistungen, die sie für den Konvent in der Festungsstadt oder die über die Insel verteilten Ordensburgen und Klöstern wie Lindos, Filerimos, Feraklos, Monolithos, Apolakkia, Lardos und Asklepion, erbrachte.

1   *Johanniter bei der Krankenpflege*

2 *Eroberung von Damiette (Ägypten) durch Johanniter unter Jean de Brienne, König von Jerusalem, im Jahre 1220*

3 *Großmeister Jean de Villiers landet 1291 verwundet in Limassol auf der Insel Zypern*

4   *Johanniter im Angriff*

5   *Johanniter in der Schlacht mit Muslimen*

6   *Schlacht in den Dardanellen, 1656*

7   *Begegnungsgefecht vor Apulien, 1709*

8 Die große Belagerung: Aufmarsch zum Angriff auf St. Elmo am 27. Mai 1565

9 Die große Belagerung: Sturm auf St. Elmo

L'ASSEDIO, E BA
E DI S. MICHELE

10 *Die große Belagerung: Angriff auf St. Michael am 27. Juni 1565*

A DELL'ISOLA,
GIUGNO 1565.

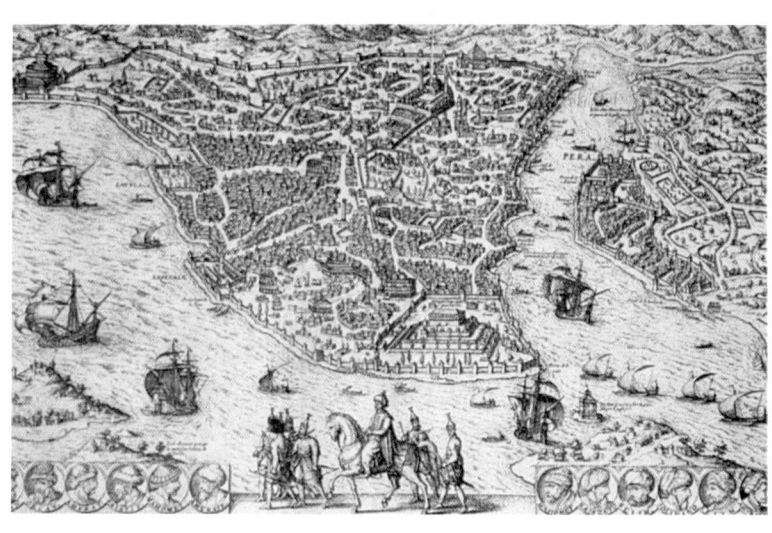

11   Istanbul zur Zeit Soliman I., Selim II. und Murad III. (bis 1595)

12 *Tödliche Verwundung des Korsarenführers Dragut während der
Großen Belagerung*

13 *Großmeister Jean de la Valette*

14 *Großmeister Antonio Manoel de Vilena*

15 *Großmeister Ferdinand von Hompesch*

16 *Großprior Freiherr von Schauenburg zu Herlesheim*

Fr. WOLFFGANGUS PHILIPPUS
L: BARO D: ET A GUTTENBERG
S: IOIS: O: HYER: BAIUL: BRANDENBURG
PRÆCEPTOR COM: K: ERDTLINGÆ BRUCH
ET C: WEISSENBOURG FUIT ET TU NON
OBIJT DIE IV DECEMBRIS MDCCXX

17 *Grab des Freiherrn vun und zu Guttenberg in der Ordenskathedrale von Valletta*

Das Bollwerk der Christenheit

Es ist zwar in das historische Bewußtsein eingedrungen, daß islamische Armeen bis nach Südfrankreich vorgedrungen sind und im Jahre 732 von Karl Martell in der Doppelschlacht von Tours und Poitiers geschlagen wurden; ebenso, daß die Türken 1529 zum erste Mal vor Wien standen. Doch kaum jemand dürfte wohl wissen, daß sie am 28. Juli 1480 auch in Otranto gelandet sind und Italien Gefahr lief, von Süden nach Norden von Islam und Türkentum übergerollt zu werden.

Zu der Zeit, als Gedik Ahmed Pascha, der vorher schon die Ionischen Inseln erobert hatte und später noch Großwesir des Osmanischen Reichs werden sollte, in Süditalien landete, hatte das Osmanische Reich bereits Serbien und Teile von Bosnien erobert und weiter im Osten die Donau erreicht. Vereinzelte Vorstöße zielten jetzt schon auf Ungarn und Österreich. Europa lief Gefahr, aus zwei Stoßrichtungen beiderseits der Adria in die Zange genommen zu werden – eine Schicksalswende für Abendland und Christentum warf ihre Schatten voraus. Aber der türkische Brückenkopf in Süditalien konnte nach Norden nur ausgeweitet werden, wenn er von Istanbul und Anatolien über das Meer mit Soldaten und Kriegsmaterial versorgt würde. Dem stand jedoch der Ordensstaat von Rhodos mit seiner Flotte im Weg und deshalb mußte es den Osmanen darauf ankommen, gleichzeitig mit dem Einfall in Süditalien die rückwärtige Bedrohung des Seenachschubweges aus Rhodos auszuschalten.

Es war der Morgen des 23. Mai 1480: Staunend standen die Ritter und Sergeanten in kleinen Gruppen auf der Mauer des Verteidigungsabschnitts der Kastilischen Zunge und auf der Mole, die zum Naillac-Turm führte, und blickten nach Norden, zum Festland, von wo sich ein unübersehbares Feld weißer Segel der Insel näherte. Noch nie zuvor hatten die Ritter eine solche Armada gesehen, und für diejenigen unter ihnen, die erst kürzlich als Verstärkung aus den Kommenden Spaniens, Frankreichs, Englands und Deutschlands auf die Insel gekommen waren, waren schon die einzelnen Segler, mit denen sie aus Italien hergereist waren, wahre Wunderwerke gewesen.

Nur wenige Ritter trugen schon den im Kampf üblichen roten Überwurf mit dem weißen Ordenskreuz, und auch sie ließen ihre Hände noch auf den langen Ritterschwertern ruhen: Es würde noch Stunden dauern, bis die türkische Flotte das Ufer erreichte, und seit Tagen, Wochen, ja Monaten war der Orden auf diesen Flottenaufmarsch vorbereitet gewesen. Pierre d'Aubusson, 57 Jahre alt und seit vier Jahren Großmeister des Ordens, hatte seit langem die Verteidigungswerke gefechtsbereit machen lassen, Vorräte eingelagert und Verstärkungen aus den europäischen Großprioraten angefordert. 600 Ritter und 1500 Söldner befanden sich jetzt in der Festung, dazu die Bürgermiliz der rhodischen Bevölkerung.

Würde diese Streitmacht den Angreifern, die sich auf 50 Galeeren und ungezählten Transport- und Lastschiffen näherten und deren Gesamtzahl später auf 70000 Mann geschätzt wurde, standhalten? Die Chancen waren nicht ganz so schlecht, wie es das Zahlenverhältnis von 1:20 zunächst annehmen läßt. Denn es ist eine alte Weisheit der Kriegsführung, daß bei gleichem Terrain und gleicher Bewaffnung ein Angreifer, der ja die Initiative ergreifen muß, etwa viermal so stark sein muß, wenn er Erfolg haben will, wie der Verteidiger. Hinzu kam, daß die Ritter sich hinter Mauern und Bastionen und in überhöhten Stellungen verteidigen konnten, während die Türken sich auf fremdem Boden ohne Deckung bewegen mußten. Die Festung war ebenmäßig rund und die Verteidiger kämpften auf der »inneren Linie«, d.h. sie hatten kurze Wege zurückzulegen, wenn sie einen Schwerpunkt bilden oder verlegen wollten, während die Türken zur Schwerpunktverlagerung die ganze Stadt umrunden mußten. Und schließlich hatte der Orden all seine Kriegsvorräte bei sich, und die rhodischen Frauen und Kinder schafften auf kürzesten Entfernungen alles, was benötigt wurde, nach vorne in die Ordensgalerien, während die Türken mit ihren mitgebrachten Vorräten haushalten mußten und im übrigen auf den wochenlangen Seenachschub angewiesen waren. Der entscheidende Vorzug bestand aber darin, daß die jungen Ritter die kämpferische Elite Europas waren und jeder von ihnen den Elan und Kampfwert einer ganzen Handvoll Türken besaß.

Schon im Winter hatte der Sultan ein Vorkommando nach Marmaris unweit von Rhodos an der kleinasiatischen Küste geschickt, wo sich im Frühjahr 1480 die in Istanbul und Gallipoli ausgerüstete Flotte mit den aus Üsküdar bei Istanbul anrückenden Landstreitkräften zur Einschiffung vereinigen sollte. Wie wichtig Mehmed II. Rhodos gewesen sein muß, kann man an den Mühen und Kosten ermessen, die sich daraus ergeben, eine Armee von 70 000 Mann mit all ihrem Troß und der Verpflegung für mehrere Wochen von Istanbul nach dem Südwestzipfel Anatoliens marschieren zu lassen. Schätzungsweise 1500 Kilometer über unwirtliches Hochland mußten zurückgelegt werden, wobei zahlreiche Gebirge und Flüsse zu überwinden waren!

Das Ziel, Marmaris, war ein kleines Fischernest an der gleichnamigen fjordartigen Bucht, die, von begrünten Bergen umgeben, mit einer vorgelagerten Landzunge hervorragenden Schutz gegen feindliche Überfälle, aber auch gegen Unwetter bot und die die britische Admiralität später einmal in einem Handbuch als besonders geeignet »zum Lüften von Heeresgütern (...) sowie für das Entladen und Beladen von Transportern und Prisen« empfahl und die heute noch für Segelyachten einen der am besten geschützten Ankerplätze der Rhodos-Straße darstellt. Von hier fuhr die Invasionsflotte unter ihrem Befehlshaber Mesih-Pascha in die Bucht von Trianda, fünf Kilometer südwestlich von der Festungsstadt Rhodos, um dort auszuschiffen. Ziel des ersten Angriffs sollte das Fort St. Nikola sein, das die Einfahrt zum Galeerenhafen und den Haupteingang in die Festung, das sogenannte Seetor, sicherte.

Der erste Anlandungsversuch wurde zunächst von der Ordenskavallerie unter dem Großbailiff der Deutschen Zunge, Graf von Werdenberg-Sargans, unterbunden. Etwas weiter südlich, am Fuße der antiken Akropolis von Rhodos, am Mt. Stephanos, hatten die Türken dann aber doch Erfolg: Das Invasionskorps ging an Land, marschierte nach Norden und brachte drei riesige Wurfmaschinen gegen die Festung St. Nikola in Stellung.

Ein Zeitzeuge, der Ordensvizekanzler Caoursin, schildert den weiteren Kampfverlauf:»Diese Wurfmaschinen wurden mit hölzernen Vorwerken umgeben und geschützt. Auf unserer Seite wurden drei Bombarden im Garten des Palastes der Auvergner gegen die rechte Seite des Feindes aufgestellt (…). Die Türken setzten alle Anstrengungen daran, den Turm und die Mole St. Nikolaus zu erobern, da sie annahmen, danach sei die Stadt leicht in ihre Gewalt zu bekommen. Diese Mole erstreckt sich nämlich etwa 300 Schritte ins Meer hinaus, ein wundervolles Bauwerk, von den Alten errichtet, das den Hafen der Galeeren auf der westlichen Seite schützt. Auf der Spitze der Mole wurde zu unseren Zeiten diese prachtvolle Festung erbaut (…).

Als die Türken den Turm angriffen, warfen die Ballisten Steine und schlugen den Feind in die Flucht. Bei diesem Kampf kamen 700 Türken um und noch mehr wurden verwundet. Nach dem Sieg betrat der Fürst mit großem Gefolge zu Pferd die Stadt und besuchte das Bild der hl. Jungfrau vom Berge Filermon, dankte, bat für die Seelen der Soldaten und begab sich dann heim. Nachdem die Hoffnung gesunken war, die Festung zu überwältigen, versuchten die Türken, sich auf andere Weise dem Turm zu nähern. Sie griffen an verschiedenen Stellen an, um die Stadtmauer zu zerstören und die Verteidiger zu zerstreuen. In diesem Augenblick wollten dann die Türken in die Breschen und auf der Mole vordringen. In der folgenden Nacht brachten sie (…) acht riesige Schleudermaschinen vor den Mauern des Judenviertels in Stellung, die riesige Steine gegen die Verteidigungswerke warfen. Die Belagerungsmaschinen der Feinde belegten die Mauern mit scharfen Schüssen und zermalmten sie mit großen Steinkugeln. Die Wucht der Schüsse und das Ausmaß der Zerstörung waren so groß, daß alle in Staunen versetzt wurden. Noch nie hatte jemand so ungeheure Geschütze gesehen oder auch nur davon gehört.«

Am 19. Juni unternahmen die Türken einen zweiten Angriff auf den Turm von St. Nikolaus,»nachdem die Verteidigungsanlagen und Vorwerke durch Beschuß stark zerstört worden waren. Für den Sturm bauten sie eine hölzerne Brücke als Übergang vom Felsen des hl. Antonius zur Mole (…). Diese Brücke mit einer Breite von sechs Männern schoben die Türken mit großem Geschick an den Fuß des Turmes vor und befestigten sie hier mit einem Anker (…). Als die Unsrigen dies durchschaut hatten, stürzte sich ein Seemann bei Nacht in die Wellen und löste den Anker (…) Der Großmeister hatte aber auf den Schutz des Turmes größte Sorgfalt verwendet. So hatte er sofort nach dem (ersten) Angriff den Turm und die Mole durch Vorwerke, Wall und Graben hinreichend befestigen lassen. Damit waren Tag und Nacht etwa 1000 Arbeiter beschäftigt (…). Eine Besatzung wurde in die Ruine des Turmes gelegt; eine gleich große am Anfang der Mole in Bereitschaft gehalten, um die Unsrigen im Fall der Gefahr zu unterstützen. So wurde alles für den Beginn der Schlacht vorbereitet; dabei herrschte bei uns der Zweifel, ob die Türken nicht zu gleicher Zeit an zwei verschiedenen Stellen angreifen würden, um die Kräfte zu teilen, was für sie ein leichtes gewesen wäre.

Als die Schlacht begann, drangen die Feinde mit lautem Hörnerschall vor. Die Unsrigen zogen die Schwerter, nachdem sie mit gespannter Aufmerksamkeit die Richtung des Angriffes ausgemacht hatten, und verwirrten den Feind durch Schüsse aus den Ballisten. Die Dreiruderer und Boote des Feindes brachten die Brücke ans Ufer, über die die Feinde vorgingen. Unsere Geschütze auf den Mauern warfen Steinkugeln. Die schwimmende Brücke zerbrach, die Türken ertranken; auch vier Schiffe gingen durch Beschuß unter. Die Türken, die von den Schiffen und Booten die Mole erstiegen hatten, wurden von unseren Soldaten niedergemacht (…). Der Kampf dauerte von Mitternacht bis zur zehnten Stunde des folgenden Tages. Überläufer berichteten, das Heer habe eine große Niederlage erlitten: es seien in dieser Schlacht 2500 Türken gefallen. Als sie aber die Hoffnung, den Turm zu erobern, verloren hatten, vereinigten sie alle Kräfte und Anstrengungen auf die Belagerung der Stadt. Auf die Mauern des Judenviertels und die italienische Station richtete sich das Augenmerk; die Feinde ließen nicht nach, die Mauern zu beschießen und zu zertrümmern (…). In Erwartung des sicheren Sieges bereiteten die Türken Stricke zum Binden der Gefangenen, Säcke für die Beute beim Plündern und 8000 Pfähle vor, um die Besiegten darauf zu spießen. Sie riefen Allah an und machten sich zum entscheidenden Sturm fertig. Acht Geschütze warfen riesige Steine gegen die Mauern, die immer größere Breschen aufwiesen.«

Am 28. Juli – es war zugleich der Tag des Beginns der türkischen Invasion in Süditalien – begann der türkische Hauptangriff auf die schwer beschädigten Festungsmauern. In breiter Front griffen die Janitscharen an und stürmten unter den anfeuernden Gesängen der Derwische die Wälle. »Die Mauerhöhen wurden besetzt und die Besatzung abgeschlachtet, die diesem fürchterlichen Ansturm nicht standhalten konnte. Bevor unsere Reservetruppen die Treppen ersteigen konnten, waren bereits die feindlichen Feldzeichen auf den Mauern aufgepflanzt (…). Die Unsrigen leisteten auf beiden Abschnitten dem Feind tapferen Widerstand und kämpften ruhmreich (…). Viele fielen im härtesten Kampf gegen die Feinde, andere blieben mit vielen Wunden gerade noch am Leben. Die vier Treppen, die in das Judenviertel herabführten, wurden auf Befehl des Großmeisters zerstört, als die Türken herabzusteigen begannen. Der tapfere Großmeister Petrus d'Aubusson warf sich mit einer auserlesenen Schar beherzt dem Feind entgegen. Er gewann die Treppe, warf den Feind zurück und tötete viele von ihnen (…). Unser Fürst und Meister scheute nicht den Kampf; sein Körper wies fünf Verwundungen auf, von denen eine als tödlich anzusehen war, wenn er sich nicht in ärztliche Pflege begab. Mit wechselndem Glück wurde zwei Stunden lang erbittert gekämpft; der Sieg schien sich bald uns, bald den Türken zuzuneigen. Endlich begünstigte die göttliche Gnade die Tapferkeit unseres Führers und die Unsrigen: Die Türken wurden geschlagen und zurückgeworfen. Sie wandten sich so schnell zur Flucht, daß sie sich selbst gegenseitig Wunden und sogar den Tod beibrachten.«

Was war geschehen, was hatte den plötzlichen Rückzug ausgelöst? Am unwahrscheinlichsten ist wohl die Begründung, daß der osmanische Oberbefehlshaber Plünderungen verboten habe und deshalb die Truppen von ihrer Kampfmoral verlassen wurden. Historiker, die so argumentieren, verstehen nämlich nichts von Kampfmoral und Truppenpsychologie und wissen nicht, daß bei einer angeschlagenen Armee wie der türkischen, die neben sehr hohen Verlusten noch die Strapazen des vorausgegangenen mörderischen Marsches durch Anatolien hatte verkraften müssen, der kleinste Funke, ein unbedeutender örtlicher Rückschlag oder ein winziges Gerücht eine lokale Panikstarre oder einen begrenzten Paniksturm auslösen kann, der, wenn die Vorgesetzten nicht auf der Hut sind, blitzschnell um sich greift und schnell eine ganze

Armee erfassen kann. Denn niemand weiß in der Schlacht, was wirklich geschehen ist und jeder orientiert sich deshalb an seinen nächsten Kampfgefährten. Fliehen diese, möchte der einzelne nicht ungeschützt zurückbleiben und versucht, im Wettlauf ums Leben seine Kameraden zu überholen. Viele Schlachten der Weltgeschichte sind durch dieses Phänomen schon entschieden worden, und auch in der türkischen Armee dürfte sich so etwas abgespielt haben – die Nutznießer sprechen dann meist nur lakonisch von Kriegsglück.

Jedenfalls war die Moral der Türken dahin, und sie brach vollends zusammen, als auch noch zwei Kriegschiffen aus Sizilien der Durchbruch nach Rhodos gelang – angesichts der riesigen türkischen Flotte ein strategisch völlig bedeutungsloses Ereignis, aber offenbar von höchstem psychologischen Wert.

Die Verluste der Türken betrugen 9000 Tote und 15 000 Verletzte, von denen viele den Rückzug nicht überleben sollten. Aber auch der Orden hatte einen hohen Blutzoll zahlen müssen. Alleine von den 600 Rittern war annähernd jeder zweite gefallen.

Die Türken zogen sich auf ihre Schiffe zurück, verließen Ende August die Küsten der Insel Rhodos und fuhren nach Marmaris zurück, von wo sie noch halbherzig einen erfolglosen Angriff auf die Ordensfestung in Bodrum unternahmen. Dann wurden die Soldaten ausgeschifft, um den Rückmarsch durch Anatolien anzutreten – es war höchste Zeit, wollten sie nicht in den für die Armee tödlichen anatolischen Winter geraten. Das osmanische Invasionskorps in Süditalien kapitulierte etwa ein Jahr später, am 10. September 1481. Italien war gerettet. Europa, wohl ebenfalls in einer Art Panikstarre, atmete auf. Die Johanniter erschienen jetzt als die Retter des Abendlandes, als Bollwerk der Christenheit vor dem Islam. D'Aubusson erhielt den Kardinalshut, und es flossen jetzt reichliche Gelder auf die Insel zum Wiederaufbau der Befestigungen. Denn die Bedrohung durch das osmanische Reich blieb. Die Ereignisse sollten sich weiter überschlagen und innerhalb der nächsten 40 Jahre auf einen neuen Höhepunkt zusteuern.

Eine atmosphärische Vergiftung der Beziehungen zwischen Istanbul und Rhodos gab es schon wenig später durch die sogenannte Dschem-Affäre:

In der Türkei hatte es 1481 einen Machtwechsel gegeben und auf Mehmed II. war dessen Sohn Bayazid gefolgt. Dieser hatte sogleich, um zukünftige Thronwirren auszuschließen, das bereits an anderer Stelle erwähnte Gesetz erlassen, das es jedem Sultan erlaubte, alle seine Brüder umzubringen. Trotzdem verlor Bayazid seinen gefährlichsten Bruder, den Prinzen Djem, aus dem Auge. Denn dieser, unterstützt vom Großwesir, lehnte sich alsbald gegen ihn auf. Es kam zum Aufruhr und Djem nahm die alte Sultanstadt Burssa in Besitz. Dort konnte er sich aber nicht halten und wurde schließlich von seinem Bruder geschlagen. Aber bevor Bayazid jetzt das Brudermordgesetz anwenden konnte, gelang es Djem, sich der Gefangennahme durch Flucht zu entziehen, und er ging nach Ägypten, wo er von Sultan Kait-Bey mit kaiserlichen Ehren empfangen wurde.

Vermutlich hat Kait-Bey die osmanischen Machtverhältnisse völlig falsch eingeschätzt und Djem bereits als zukünftigen osmanischen Herrscher, den er sich beizeiten zur Freundschaft verpflichten wollte, angesehen. Jedenfalls gewährte Kait-Bey dem Osmanenprinzen Unterstützung bei der Vorbereitung eines Feldzugs gegen Bayazid. Djem zog daraufhin nach Nordsyrien und fiel in das Osmanische Reich ein. Über Konya stieß er bis nach Angora vor. Dort aber ließen ihn seine Truppen aus Furcht vor Bayazids Rache im Stich, und der unglückliche Djem mußte zum zweiten Mal flüchten.

Diesmal zog es ihn nach Rhodos, wo er sich sicher wähnte, weil der Johanniterstaat sich seit 1480 immer noch in einer Art Kriegszustand mit der Türkei befand. Auch Großmeister d'Aubusson empfing den Prinzen mit fürstlichen Ehren und schien ihn als eine wertvolle Geisel zu betrachten, die er gegen den Osmanenherrscher ausspielen konnte. Er hatte sich nicht getäuscht. Bayazid bot dem Großmeister gegen die Auslieferung seines Bruders sofort Frieden an. Aber der Großmeister, ein Ritter aus einem der vornehmsten Geschlechter Frankreichs, wollte keinen Treubruch begehen und lehnte das türkische Ansinnen ab. Daraufhin bot Bayazid dem Ordensstaat jährliche Geldzahlungen in Höhe von 4500 Dukaten an, wenn der Orden Djem auf Rhodos in einer Art Ehrenhaft festhielte und dafür sorge, daß kein dritter Staat den osmanischen Prinzen und dessen Thronansprüche als Vorwand für irgendwelche Angriffsabsichten benutze. Damit waren die Ritter einverstanden. Aber dennoch gelang es Djem mit Hilfe des Papstes bald, von den Rittern freigelassen zu werden und nach Italien zu übersiedeln. Möglicherweise war das Ganze aber nur ein von Sultan Bayazid mit Hilfe des verbrecherischen Borgia-Papstes Alexander VI. angezetteltes Komplott, um den Bruder und Rivalen endgültig aus der Welt zu schaffen. Denn kaum war der Prinz in Italien, als er durch den Papstsohn, den berüchtigten Fürsten Cesare Borgia, der damals noch Kardinal von Valencia war, vergiftet wurde.

Für den Orden war die ganze Angelegenheit langfristig von nicht geringer Bedeutung, weil sie den neuen osmanischen Herrscher, der in die Geschichte als rachsüchtig und besonders grausam eingegangen ist, von vornherein mißtrauisch gegenüber den Johannitern machte.

D'Aubusson regierte bis 1503 und unternahm in dieser Zeit große Anstrengungen, die Befestigungen von Rhodos wieder in Stand zu setzen. Das kostete natürlich viel Geld, und dazu bedurfte es neben den Spenden aus Europa auch geregelter Einkünfte. Natürlich gab es in dem durchorganisierten Staatswesen der Johanniter auch einen ordentlichen und übersichtlichen Haushalt. Der Staatshaushalt stand allerdings bei aller Planung und Kontrolle in einer gewissen Beziehung zu den eher schwankenden persönlichen Vermögensverhältnissen der Ritter, die sehr unterschiedlich waren. Denn die Ritter hatten zwar alle ein Armutsgelübde abgelegt, doch nichts und niemand hinderte die wohlhabenderen unter ihnen, aus ihren persönlichen Vermögen – ihres Seelenwohles wegen, aus Frömmigkeit, ihres Ansehens wegen, aus Karrieregründen oder anderer edler Vorteile wegen – Schenkungen oder Stiftungen für den Orden zu machen. So ist zum Beispiel bekannt, daß jeder Großmeister nach seiner Wahl dem Orden ein größeres Bauwerk oder ein ähnliches Projekt finanzierte. Ein Franzose namens Chambray kam für den Bau eines wichtigen Forts auf. Ein Ricasoli sollte später in Malta für 30000 Escudos das nach ihm benannte Fort bauen und der Großmeister Nicola Cotoner machte dem Orden für den Unterhalt der Garnison eine Stiftung. Einzelne Edelleute mit Vermögen bauten dem Orden ganze Galeeren und vor allem fielen vier Fünftel des Eigentums eines jeden Ritters nach seinem Tod als sogenanntes »Spoglio« automatisch an den Orden. Da der Orden in seinen besten Zeiten unter Einschluß der Ritter, Sergeanten und Kaplane etwa 4000 Brüder hatte, davon je die Hälfte im Kapitel und in den Großprioraten, kann man sich vorstellen, das aus dem Spoglio (ital. spogliare = ausplündern) ansehnliche Einkünfte erwachsen konnten – ebenso wie aus dem bereits früher erwähnten »Passagio« (Übergang), der Aufnahmegebühr für den Orden.

Der weitaus größte Teil der Einnahmen kam als »Responsien« (Verantwortlichkeiten) aus den Kommenden der Großpriorate, d.h. aus dem »Zehnt« und den Pachten für die Ländereien, die der Orden in Europa besaß. Allerdings erfolgte dieser Zufluß oft sehr unregelmäßig, da manche Kommenden es mit der Abgabepflicht nicht sonderlich genau nahmen und gerne – es sei hier nochmal an die Altersversorgung der adligen Recken erinnert – selber kleine Rücklagen bildeten. Oft beanspruchten aber auch die jeweiligen Landesherren – in klarem Widerspruch zu der Freistellung des Ordens durch den Papst – unter Vorwänden einen Teil der Einnahmen der Großpriorate für sich. So mochte manch redlicher Fürst es im Rahmen fortschrittlicher Aufgabenteilung für durchaus vernünftig halten, daß die Kirche für einen »Ablaß« das Seelenheil ihrer sündigen Kinder verteidigte, der Fürst dagegen für eine Art Schutzgeld das physische Wohl der Kinder Christi, von denen die wohlhabenden, aber aufgrund ihres Gelübdes so genügsamen Johanniter natürlich nicht ausgenommen werden durften. Gelegentlich fielen auch ganze Großpriorate als Einnahmequellen des Kapitels infolge politischer Ereignisse aus, so z.B. England seit 1540 unter König Heinrich VIII., Teile Deutschlands seit der Reformation und die französischen Kommenden mit Beginn der französischen Revolution. Auch Kriege und Bürgerkriege führten oft zu einer sofortigen Unterbrechung der Geldzuflüsse. Davon abgesehen verteilten sich die Einnahmen aber meistens folgendermaßen:

74% Überweisungen der Großpriorate/Balleien (»Responsio«)
11% Hinterlassenschaften (»Spoglio«)
 9% Aufnahmegebühren (»Passagio«)
 4% Erlöse aus Korsobeute
 2% Erlöse aus Sklavenverkauf

Die Ausgaben verteilten sich noch unregelmäßiger als die Einnahmen, so daß sich darüber keine gesicherten Angaben machen lassen. Vor jeder kriegerischen Auseinandersetzung und im Zusammenhang mit größeren Vorhaben des Festungsbaus stieg allerdings stets der Anteil des Militärhaushalts am Gesamtbudget. Eine Konstante war daneben nur der stets sehr hohe Marinehaushalt. Nach der Belagerung von 1565, auf die später noch ausführlich eingegangen wird, stiegen die Kosten für die Galeeren einige Jahre auf 50–66 Prozent der Gesamtausgaben, für das 17. Jahrhundert werden in den Archiven durchschnittlich 45 Prozent genannt.

Doch zurück zu der sich jetzt schnell weiter zuspitzenden sicherheitspolitischen Lage des Ordens und den militärischen Ereignissen im östlichen Mittelmeer.

Vor dem Sturm

W ürdig bewegte sich der lange Zug, unter wehenden Bannern vom Galeerenhafen kommend, durch die Ritterstraße mit ihren schnurgerade aneinandergereihten und nur sparsam von der Zierde gotischer und romanischer Torbögen und eingemeißelter Ordens- und Adelswappen geschmückten Ritterherbergen und Adelspalästen. Die Kolonne der nach den Zungen und innerhalb der Zungen nach den Prioraten geordneten Ritter, gab dem in Abwesenheit gewählten und aus Frankreich angereisten neuen Großmeister nun das Geleit in die Ordenskirche und in seinen Palast. Angeführt wurde der Zug von den sogenannten »Großkreuzen«, den Mitgliedern des Kapitels, den Großbailiffs, dem Prior der Ordenskirche, dem Metropoliten von Rhodos, den zufällig im Konvent anwesenden Großprioren, dem päpstlichen Legaten und den Gesandten fremder Mächte.

Auf d'Aubusson folgte 1503 als Großmeister der 69jährige Emery d'Amboise, Sproß eines angesehenen französischen Adelsgeschlechts, Sohn eines Kammerherrn der Könige Ludwig XI. und Karl VIII. und Bruder eines berühmten Kardinals. Er sollte bis 1512 regieren und während seiner Herrschaft sollte es zu mehreren größeren Zusammenstößen mit den islamischen Gegnern kommen.

Sultan Bayazid, dessen Reich bereits zur Hälfte europäischen Boden umfaßte, hatte die Niederlage seines Vaters Mehmed II. von 1480 offenbar nicht verwunden und ließ Rhodos 1503 erneut angreifen. Ein herausragendes strategisches Ziel scheint er dabei nicht gehabt zu haben, denn seine Angriffsflotte bestand nur aus 16 Galeeren, die bei Erreichen der Insel damit begannen, Kommandotrupps an Land zu setzen. Diesen konnte, auf sich allein gestellt und ohne Nachschub, kein Erfolg beschieden sein; sie wurden von der schweren Reiterei der Ritter und den Turkopolen schnell und beherzt niedergeritten, während die Ordensgaleeren in kühnem Gegenstoß acht türkische Galeeren kaperten und zwei versenkten. Der Rest suchte sein Heil in der Flucht und kein Historiker oder Theoretiker der Kriegsgeschichte wird je die Frage beantworten können, welchen Zweck dieses türkische Unternehmen eigentlich hatte. Beim Orden war der Jubel aber groß, denn die acht Beutegaleeren stellten für die Flotte einen beachtlichen Zugewinn dar.

Eine mindestens ebenso wertvolle Beute machte der Orden noch einmal vier Jahre später: 1507 war Jacques de Gatineau mit seiner bereits mit Kanonen bestückten Galeere auf Patrouillenfahrt, als er einer ägyptischen Caracca, der »Königin der Meere«, einem riesigen, gegen Piratenüberfälle schwer bewaffneten Handelsschiff mit fünf Unterdecks und drei abgestuften Oberdecks, zwei Rahsegelmasten und mehreren Masten für Dreiecksegel begegnete. Tollkühn und die Überraschung der anderen Seite nutzend, fuhr er an das große Schiff heran und forderte den Kapitän herrisch zur Übergabe auf. Natürlich weigerte sich dieser; sofort ließ Gatineau daraufhin das Feuer auf die Oberdecks des Mamelukenschiffs eröffnen, wobei auch der Kapitän getroffen wurde und tot zu Boden sank. Dann wendete die Galeere rasch, um ihre andere Breitseite zur Geltung zu bringen. Aber noch bevor das Manöver beendet war, hatte sich die Caracca schon ergeben und konnte friedlich geentert werden. Sie wurde, wenn man Maßstäbe modernerer Flotten zum Vergleich nimmt, gewissermaßen das »Schlachtschiff« unter den leichten »Fregatten« und »Korvetten« der Galeerenflotte des Ordens und war zunächst das einzige Schiff, das sich für Artillerieduelle oder flächendeckende Bombardements eignete.

Nach den Beschreibungen im Ordensarchiv in Valletta konnte die »Große Kracke«, wie sie jetzt im Orden genannt wurde, als eines der größten Meisterwerke der Schiffsbaukunst ihrer Zeit angesehen werden. Nach alten Bildnissen hatte sie zwei übereinanderliegende Decks für Geschützbatterien, zu denen alleine 50 große Kanonen zählten, sowie vier, nach manchen Bildern sogar sechs darüberliegende Decks, die soviel Raum für Kajüten zur Aufnahme von Vorräten enthielten, daß das Schiff sechs Monate lang auf See bleiben konnte, ohne zur Aufnahme von Vorräten oder Wasser einen Hafen anlaufen zu müssen. Das Schiff führte Getreide mit sich, das täglich gemahlen und in eigenen Öfen zu Brot verbacken wurde, so daß die Besatzung nicht, wie sonst auf allen mittelalterlichen Schiffen üblich, gezwungen war, harten Schiffszwieback zu verzehren. Das Schiff hatte eigene Rüstkammern für 500 Mann und ein eigenes Hospital, das bald den hohen klinischen und sanitären Anforderungen der Ordenshospitäler entsprach. Die Kracke galt als unsinkbar und unverwundbar. Sie war als erstes Panzerschiff der Welt mit sechs Metallschichten, von denen zwei unterhalb der Wasserlinie lagen und die mit rostfreien Bronzeschrauben am Holz befestigt waren, beschlagen. Das Schiff hatte die modernste Segeltakelage, die ein schnelles und wendiges Manövrieren ermöglichte. Die Zahl der Besatzungsmitglieder belief sich auf dreihundert; fünfhundert weitere Soldaten und Kanoniere für die Geschütze konnten untergebracht werden. Außerdem war die Kracke das Mutterschiff von zwei Galeeren mit je 15 Ruderbänken, von denen eine im Schlepp gezogen wurde, während die andere sich auf dem Hauptdeck befand, um bei Bedarf mit wenigen Handgriffen zu Wasser gelassen zu werden; ganz zu schweigen von einer großen Anzahl von Ruderbooten der verschiedensten Größe und für die unterschiedlichsten Aufgaben. Die Seitenbeplankung des Schiffs war so stark, daß, obwohl die Kracke viele Gefechte mitmachte und von zahlreichen feindlichen Kanonenkugeln getroffen wurde, niemals ein Geschoß die Bordwände oder die Wände der Aufbauten durchschlagen hätte. Die Bezeichnung »Kracke« ist dementsprechend auf das italienische Wort »Corazzata« = Panzerschiff zurückzuführen.

1510 kam es zu einem weiteren großen Seesieg des Ordens über die Mameluken. Zu diesem Zeitpunkt hatten portugiesische Seefahrer bereits den Seeweg um Südafrika gefunden und damit für den Handel nach Indien und Fernost geöffnet. Bisher waren ja alle Handelsverbindungen dorthin über das Mittelmeer und den Nil, von dort durch die Arabische Wüste und das Rote Meer verlaufen – weitgehend unter Kontrolle der Mamelukensultane, die dafür hohe Zölle erhoben und so einen Großteil ihres Staatshaushaltes finanzierten. Mit der Eröffnung der Kaproute war dieses ersprießliche Transitgeschäft, an dem die Mameluken, gemeinsam mit Venedig, so schön verdient hatten, schlagartig in Gefahr geraten und Sultan Kansuh el Ghuri hielt es für die einfachste Lösung, alle

Schiffe, die Afrika umrunden wollten, sowie die portugiesische Flotte, die diesen Seeweg schützte, auf den Meeresgrund zu schicken – immer schon waren die Mameluken ja für unkomplizierte und überzeugende Lösungen eingetreten. Eine Schwierigkeit ergab sich allerdings daraus, daß die Ägypter nur kleinere Kriegsschiffe für die ruhigen Gewässer des Roten Meers besaßen, jedoch keine Hochseeflotte, die den Taifunen des Indik gewachsen war. Also bauten sie in Windeseile in den Häfen des Roten Meers Hochseeschiffe. Das dafür erforderliche Holz kauften sie trotz der Spannungen, die es zu dieser Zeit schon mit dem Osmanischen Reich gab, in der Türkei. Von dort konnte das Holz dann auf Schiffen nach Alexandria, auf Dhaus zum mittleren Nil und von dort wiederum auf Kamelrücken in die Werften am Roten Meer, nach Sawakin und Qusair, gebracht werden.

1510 befand sich im Rahmen dieser Aktion eine ägyptische Holztransportflotte in Ajaccio (das heutige Ayas, an der türkischen Südküste südlich von Ceyhan), und der Orden, der über seinen hervorragenden Spionagedienst bestens über alle Seebewegungen im östlichen Mittelmeer informiert war, setzte mit portugiesischer Unterstützung zwei Flottenverbände, mit zusammen 23 Galeeren und Segelschiffen, in Marsch, um die Ägypter abzufangen.

Wegen der unterschiedlichen Reaktionen der Segler und der Galeeren auf die Wind- und Strömungsverhältnisse mußten beide Verbände bis zum eigentlichen Angriff unter getrennter Führung operieren – die Galeeren unter dem Portugiesen Andrea d'Amaral, die Segler unter dem Franzosen Philippe Villiers de l'Isle Adam. Beide Ritter sollten später noch Berühmtheit erlangen: dieser als ein herausragender Großmeister des Ordens, jener als Meister des Verrats.

Vorläufig aber stritten sich beide erst einmal, womit vermutlich der erste Schritt für ein späteres Zerwürfnis vollzogen wurde: Amaral wollte mit seinen wendigen Galeeren in den Hafen von Ajaccio eindringen, während d'Isle Adam als Kommandeur der für den Hafenkampf völlig ungeeigneten Segler natürlich das Gefecht auf dem offenen Meer bevorzugte. Schließlich setzte sich d'Isle Adam durch und der Orden kaperte 15 Schiffe und versenkte den Rest der ägyptischen Eskadra in der Bucht von Ajaccio.

Für das Mamelukenreich war dieser Schlag ohne Bedeutung, denn es sollte ohnehin bald untergehen: Seit 1512 war Selim I., der nach seinem Regierungsantritt zuerst, liebgewonnenem Brauch folgend, zwei Brüder hatte hinrichten und fünf Neffen strangulieren lassen, türkischer Sultan. Selim richtete zunächst seine Anstrengungen darauf, sein Reich im Südosten durch die Einverleibung Ostanatoliens, Kurdistans und eines Teils von Mesopotamien abzurunden. Schon nach wenigen Jahren eroberte er von den Mameluken Syrien und nahm 1517 Kairo in Besitz, wo er den letzten Sultan, Tuman Bey, an einem der Stadttore, dem Zawila-Tor, aufhängen ließ.

Mit der Eroberung des Nillandes war die Ausgangsbasis für die Einverleibung ganz Nordafrikas geschaffen; Algier sollte dazu 1529 als Vasall den Anfang machen. Im gleichen Jahr kam es im Norden zur ersten Belagerung von Wien, und mit beiden Ereignissen zeichneten sich nun anstelle der 1480 vergebens versuchten Zange, die die Adria beiderseits hatte umfassen sollen, viel weiter ausholende Zangenbewegungen beiderseits des gesamten Mittelmeerraums in westlicher Stoßrichtung ab. Das östliche Mittelmeer war nach der Eroberung Ägyptens dazu bereits vollkommen vom Halbmond der Osmanen umschlossen und nur einige Inseln ragten als verlassen und ungeschützt wirkende Vorposten der Christenheit noch wie Pfähle ins Fleich der Türken: Zypern und Kreta im Besitz Venedigs, das genuesische Chios, der Ritterstaat Rhodos, das venezianische Herzogtum Naxos und einige weitere venezianische Inseln in der Ägäis. Letztere waren aber bereits bald das Ziel zahlreicher vom türkischen Sultan gebilligter Angriffe muslimischer Piraten.

Wer waren diese Piraten? Ihr Führer war Azor Khair ed Din »Barbarossa«. Khair ed Din war zu seiner Zeit eine wahre Geißel des Mittelmeers und damit ein Hauptfeind des Johanniterordens. Sein Lebensweg sei deshalb hier, dem Geschehen dabei teilweise etwas vorausgreifend, kurz beschrieben:

Azor Khair ed Din hatte einen Bruder Namens Arudsch; beide waren auf der griechischen Insel Lesbos, vielleicht in Mytilene, als Söhne einer Griechin und eines türkischen Janitscharen geboren, sie waren beide Moslems, vermutlich Renegaten. Schon in jungen Jahren hatten sie das Gewerbe der Piraterie getrieben und waren zu führenden Köpfen des Korsarentums im Mittelmeer geworden.

1510 schufen sie sich die erste feste Basis in Tunis, wenig später auf der Insel Djerba. 1516 eroberte Arudsch Khair ed Din El Dschazair (Algier) und setzte dort seinen Bruder Azor als Regenten ein. Er selber ging weiter auf Piratenfahrt und kam dabei 1518 ums Leben.

Azor, der ebenfalls von Algier aus dem einträglichen Piratenhandwerk nachging, unterstellte sich, nachdem die Türken 1517 Kairo erobert hatten, dem osmanischen Sultan und wurde 1519 dessen Pascha und Beilerbey (Generalstatthalter) der von ihm in Besitz genommenen Piratennester, die bald von der Syrte bis zum Atlantik reichten. Von dort verlegte er sein »Operationsgebiet« zunehmend ins östliche Mittelmeer, wo er wegen seiner Grausamkeit bald zum Schrecken der griechischen Inseln wurde. Er war in dieser Hinsicht so tüchtig, daß Selim I., der ja selber nicht gerade zimperlich mit seinen Feinden verfuhr und für den Piraten Sympathie empfand, ihn 1531 zum Kapudan-Pascha, d.h. zum Oberbefehlshaber der türkischen Flotte ernannte. 1546 sollte Khair ed Din in Istanbul nach einem wahrlich erfüllten Piratenleben sterben. Einige seiner Untaten seien hier, soweit sie die Ordensinteressen berührten, aufgezählt: Zunächst versklavte Khair ed Din mit seinen Piraten, bei denen es sich vornehmlich um Mauren, die aus Spanien vertrieben worden waren, handelte, im Kampf gegen die Spanier Teile der Bevölkerung Nordafrikas und nahm 1534 im Auftrag des Sultans Biserta, Tunis und andere Städte in Besitz. Drei Jahre später war er maßgeblich am türkischen Angriff auf Korfu beteiligt, bei dem es dem Sultan wieder darum ging, sich in der Adria oder im Ionischen Meer ein Sprungbrett für eine Invasion Italiens zu schaffen. Erneut ohne Erfolg: Khair ed Din Barbarossa landete mit 25000 Mann, osmanischen Truppen und seinen Freibeutern, in Gouvina, doch der Angriff auf die venezianische Fortezza mißlang. Khair ed Din mußte sich nach einiger Zeit zurückziehen, verschleppte dabei aber nach ausgedehnten Menschenjagden 15000–22000 Korfioten, fast die gesamte Jugend der Insel, während er ältere Griechen zu Tausenden über die Klinge springen und die Insel gründlich verwüsten ließ. Sein Rückmarsch um den Südzipfel der Peloponnes führte ihn dann zur Insel Kythera, wo es wieder zu unbeschreiblichen Massakern, Quälereien und Vergewaltigungen junger Frauen und Mädchen kam, und wo er weitere 7000 Menschen einfangen und in die Sklaverei verschleppen ließ. Diese Zahl beruht auf einer überlieferten Schätzung des damaligen venezianischen Gouverneurs von Kreta, Paradissos, der manche Details von der Heimsuchung der Inselbevölkerung, zu der, wie viele Familiennamen (Comnenos, Logothetes, Notaras, Strategos) zeigen, Nachkommen geflüchteter byzantinischer Prinzen und Würdenträger gehörten, überliefert:»Als der Piratenführer und Admiral Kythera sah, landete er, fing einige Einwohner und ließ sich von ihnen sagen, wo die Inselhauptstadt lag (...). Die Türken drangen dann in die Stadt Ayos Demetrios ein. Viele Einwohner begingen daraufhin Selbstmord, indem sie sich in eine Schlucht stürzten. Die Türken begingen furchtbare Massaker an der Bevölkerung, verstümmelten die Gliedmaßen der Einwohner, folterten sie und verbrannten Häuser und Kirchen, um die Bewohner zur Preisgabe von Verstecken zu bringen, in denen sie Schätze vermuteten... Die Mütter warfen ihre Kinder in die Schluchten und stürzten sich hinterher, um Vergewaltigung und Sklaverei zu entgehen. Die Stadt wurde verbrannt und alle Einwohner, die in einer Höhle gegenüber der Festung vergeblich Zuflucht gesucht hatten, wurden abgeschlachtet«. Was hier auf Kythera geschah, war wohlgemerkt nicht die Untat eines Freibeuters, sondern des höchsten türkischen Admirals, und der Hauptzweck war nicht etwa strategischer Art, sondern Menschenraub für die türkischen Sklavenmärkte und die Janitscharen. Ähnliches sollte noch in Anaphe (östlich der Insel Thera) geschehen, von wo er 600 Menschen, fast die gesamte Inselbevölkerung, verschleppte. Ein Jahr später waren seine Ziele die Insel Ägina bei Athen, wo er die Inselhauptstadt verbrannte, und Kreta, wo er die Stadt Rethymno plünderte. 1539 wiederholte er seinen Überfall auf Kreta, verwüstete dabei weite Teile der Insel und beging erneut vielfältige Grausamkeiten an der Bevölkerung. Während seiner Piratenkarriere und Laufbahn als türkischer Admiral, von der hier nur ein kurzer Ausschnitt wiedergegeben worden ist, dürfte er mindestens 30 000 Menschen in die Sklaverei verschleppt und mehrere Tausend umgebracht haben.

Über diesen Überfällen auf Küsten und Inseln ist natürlich nicht zu vergessen, daß Khair ed Dins Piraten auch die klassische Piratentätigkeit, das Kapern von Handelsschiffen sowie die Verschleppung und den Verkauf von deren Besatzungen, keineswegs zu kurz kommen ließen. Dazu gehörte auch das Aufbringen christlicher Pilgerschiffe, denen die Reise ins Heilige Land, da für die muslimischen Herrscher mit beträchtlichen Einnahmen verbunden, schon längst wieder gestattet war. Der Schutz dieser Schiffe war ein besonderes Anliegen der Johanniterflotte. Aber trotzdem war die Seereise für die Pilger sehr gefährlich. Und zwar nicht nur wegen der Gefahr von Piratenüberfällen, sondern auch, weil betrügerische Kapitäne bisweilen nachts muslimische Länder und Häfen ansteuerten und die erstaunten Pilger am Morgen darauf nicht von christlichem Glockenläuten, sondern vom Gebetsruf der Muezzine geweckt wurden, bevor man sie gründlich ausplünderte. Ohnehin schon waren diese Reisen nicht das reine Vergnügen, wie recht anschaulich ein Pilgerbericht vom Ende des 15. Jahrhunderts zeigt, der den Pilger darauf vorbereitet, daß ihm der Schiffskapitän einen Schlafplatz von 8 Schuh Länge und 3 Spannen Breite, also ein Rechteck von 2,40 auf 0,48 Meter zuweisen werde, und man darauf achten solle, möglichst in der Mitte zu liegen,»denn an den Enden wiegt das Schiff gar viel mehr. Doch lieg nicht grad unterm Loch, deren sind es meistens fünfe, nennt man Porten. Denn welcher grad darunter liegt, der hat keine Ruh vor den Pilgrim, so Tag und Nacht hinauf an den Leitern steigen und ihre Notdurft verrichten. Wer sich aber zu weit von den Porten legt, der hat viel auszustehen durch die schlechte Luft (…). Der Patron gibt zumal übel zu essen. Nur des Tags zweimal. Aber du kannst an seiner Kost nicht satt werden, keinesfalls. Sein Essen ist, so er Fleisch gibt, Schaf-Fleisch. Das schlachtet man nicht, es sei denn rotzig oder halb vor Hunger gestorben. Das wird so widerwärtig, wer es nur sieht, der kann davon nicht essen. Sein Brot ist alter, abgelegener Biscot, der ist hart wie ein gebackener Stein, voller Maden, Spinnen und Würmer. Sein Wein ist badewarm und schmeckt gar seltsam (…). Denn es ist ein solch grundloser, böser Gestank, daß man's schwer beschreiben kann mit Worten. Ohne Erfahrung nicht zu glauben. Es ist unten im Schiff voller Fliegen, Würmer und Käfer, Maden, Mäuse und Ratten. Kommt alles von verfaultem Fisch und Fleisch und Mehl und überhaupt von allen eßbaren Dingen. Es werden auch leicht Pilgrim krank, besonders an der Dissenteria. Die haben dann keine Pflege und lassen ihre Notdurft auf den Sand gehen, wo sie liegen. Auch wenn Sturm ist und das Schiff stark stößt, so erbricht sich die Mehrheit. Gegen diesen Gestank ist recht nützlich Essig in die Nase gestrichen.«

Von den Rittern auf Rhodos wurden die Aktivitäten von Khair ed Din natürlich scharf beobachtet, eine direkte Konfrontation fand jedoch nie statt.

1512 wurde nach dem Tode von d'Amboise ein Neffe des vorigen Großmeisters d'Aubusson, Guy de Blanchefort, zum neuen Oberhaupt des Ordens gewählt. Zur Zeit seiner Wahl befand er sich in Frankreich. Obwohl schwer krank, trat er sofort die Reise nach Rhodos an, verstarb aber noch während der Überfahrt. Sein Nachfolger wurde der Genuese Fabrico Marquis de Caretto, bisher Admiral des Ordens. In seine Zeit fällt ein folgenschwerer sicherheitspolitischer Fehler des Ordens, der wohl aus einer völlig falschen Beurteilung der politischen Lage resultierte: Wie bereits erwähnt, war das Mamelukenreich 1517 von Sultan Selim zerschlagen worden; Ägypten und Syrien waren nun osmanische Provinzen, an deren Spitze osmanische Gouverneure standen. Unmittelbar unter diesen waren mit der Verwaltung aber ehemalige Emire der Mamelukenkaste als »Scheich il Balad« (wörtlich: Landesscheich) eingesetzt worden. In Ägypten war dies der ehemalige Mameluken-Statthalter von Aleppo, Khair Bek, ein Verräter, der während des Krieges gegen die Türken die Front gewechselt hatte und zu den Osmanen übergetreten war. Viele andere ehemalige Mameluken-Beys hatten unter den Osmanen ebenfalls noch hohe Posten und Einfluß, wünschten aber dennoch nichts sehnlicher, als das osmanische Joch abzuschütteln und ihre alte Mamelukenherrlichkeit wieder herzustellen. Dazu bereiteten sie in Syrien unter dem ehemaligen Mameluken-Emir Ghasali einen Aufstand vor und suchten Verbündete. Einen solchen fanden sie im Ritterorden von Rhodos, denn dessen Großmeister Caretto hoffte, daß ein Abfall Syriens und Ägyptens vom Osmanischen Reich dieses so schwächen würde, daß es Rhodos in absehbarer Zeit nicht mehr bedrohen könnte. Die Rechnung ging allerdings nicht auf, denn Khair Bek, der Verräter früherer Zeiten, verriet das Komplott an den Sultan. Der Erfolg war, daß die aufständischen Mameluken in Syrien vernichtet wurden und der neue Sultan der Osmanen, seit 1520 Soliman I., ein gründliches Mißtrauen gegen den Orden hegte. Caretto soll über den Mißerfolg seines politischen Manövers so bestürzt gewesen sein, daß er aus Gram noch im gleichen Jahr verstarb. Sein Nachfolger wurde der bereits früher genannte Villiers de l'Isle Adam, der zur Zeit seiner Wahl Großprior in Frankreich war.

Zu dieser Zeit gab es im Mittelmeerraum zwei Pole: die Türkei und Spanien – und zwei Hauptakteure: Sultan Soliman I. und Kaiser Karl V.

Soliman, ein Sohn Selims I., des »Grausamen«, wurde einer der größten osmanischen Herrscher und sollte bei den Türken als »der Gesetzgeber«, bei den Europäern als »der Prächtige« in die Geschichte eingehen. Nach seinem Machtantritt setzte er die Expansionspolitik seiner beiden Vorgänger Bayazid und Selim konsequent fort, und sein Reich wurde das größte in der damals bekannten Welt. 1521 eroberte er Belgrad und öffnete so den Weg für weitere Vorstöße nach Nordwesten bis nach Wien. Durch die Schlacht bei Mohacs 1526 war schließlich der Weg zur Besetzung Ungarns frei. Auch im Osten und Westen erweiterte er seinen Herrschaftsbereich, als er das restliche Mesopotamien mit Bagdad, die verbliebenen Reste Kurdistans und einen Teil der Kaukasusländer seinem Reich hinzufügte und auch Algier und Tunis unter seine Oberhoheit brachte.

Zunehmend störten deshalb, vor allem wegen der gefährdeten Seeverbindungen zwischen Istanbul und den Küstenstädten Nordafrikas, die bereits früher erwähnten großen genuesischen, venezianischen und rhodischen Besitzungen in der Ägäis, zu denen noch einige kleinere, meist kurzlebige fränkische Herrschaften kamen, wie z.B. die der Quirini, die als selbsternannte »Grafen von Astynea« die Insel Astipaläa im Zentrum der Dodekanes beherrschten.

Das Reich des anderen Hauptakteurs, des Habsburgers Karl V., umfaßte Anfang bis Mitte des 16. Jahrhunderts sein Kernland Spanien sowie Österreich mit allen seinen Kronländern, Burgund, die Niederlande, Süditalien mit Sizilien und Sardinien sowie Mailand. Dazu einige Küstenstädte Nordafrikas, die die Spanier nach der Vertreibung der letzten Mauren aus Granada im Jahre 1492 besetzt hatten, am weitesten im Osten die 1511 besetzte Stadt Tripoli. Von besonderer Bedeutung für die Spanier, aber auch für den Johanniterorden, sollte bald Algier werden, das die Spanier schon 1511 zu erobern versucht hatten. Sie kamen dabei zwar über die Eroberung des »Peñon« (»Felseninsel«, später bis in die Gegenwart »Ile de l'Amirauté« genannt) nicht hinaus, errichteten hier aber eine Bastion, von der aus sie die Stadt beherrschen konnten. Mit einem völligen Desaster endete ein 1519 unternommener Versuch Spaniens, Neapels, Monacos, des Papstes, der norditalienischen Gonzaga und des berühmten Genueser Admirals Andrea Doria sowie des Ordens von Rhodos, die Stadt Algier mit einem Angriff von 50 Galeeren und 300 bis 400 Truppentransportern zu nehmen. Das Unternehmen geriet in eine Unwetterkatastrophe, die sich am 24. August vor Algier ereignete, und alleine von den 500 Rittern und 1000 Gefolgsleuten des Ordens ertrank dabei die Hälfte. Der von der Stadt zu Hilfe gerufene Khair ed Din eroberte 1529 auch die Ile de l'Amirauté zurück, verband sie durch einen Damm mit dem Festland und bestückte den Damm zum Schutz des neugeschaffenen Hafens, der ein Seeräuberschlupfwinkel ersten Ranges wurde, mit 300 Kanonen. Die Piraterie wurde zukünftig die Existenzgrundlage Algiers, Algerien ein Vasall des Osmanischen Reichs.

Die Hauptgegner Karls V. waren die Franzosen und die Türken – diese wegen des Kampfes um die Vorherrschaft im Mittelmeer, jene wegen des Ringens um den größten Einfluß in Europa. Die spanisch-französische Dualität war für den Johanniterorden mit seiner internationalen Zusammensetzung natürlich eine stete innere Belastung. Denn einerseits war er, wie später noch zu sehen sein wird, zunehmend auf die Unterstützung durch Spanien angewiesen, andererseits aber von Anfang an französisch dominiert. Auch der neue Großmeister d'Isle Adam war Franzose.

D'Isle Adams Wahl zum Großmeister war nicht unangefochten gewesen. Denn entgegen aller bisherigen Gewohnheiten hatte ein anderer hochgestellter Ritter noch vor der Wahl für sich den Posten des Großmeisters gefordert: D'Amaral, jener Portugise, der seinerzeit vor Ajaccio mit d'Isle Adam über die besten Angriffschancen gegen die ägyptischen Transportschiffe gestritten hatte. Er unterlag d'Isle Adam, wurde aber zum Trost – er war zuletzt Großprior von Kastilien gewesen – zum Großbailiff der kastilischen Zunge und damit zum Ordenskanzler ernannt. Dennoch äußerte er in seiner Wut über seinen Mißerfolg bei der Großmeisterwahl, d'Isle Adam werde sicher der letzte Großmeister des Ordens sein – eine Äußerung, die ihm später noch zum Verhängnis werden sollte. Jedenfalls wurde d'Isle Adam 1521 mit einem Nachbau der Großen Kracke, die an sich »Santa Anna« hieß, aus Frankreich, wo der bisherige Großprior als Botschafter des Ordens beim König akkreditiert war, abgeholt, um nach Rhodos zu fahren. Dabei gab es noch einen kleinen Zwischenfall, als unterwegs der wie Khair ed Din aus dem Piratenstand aufgestiegene türkische Admiral Curtogli der Kracke auflauerte. Er wurde aber erfolgreich abgeschlagen, und die Reise konnte fortgesetzt werden.

D'Isle Adam wurde also Großmeister, als die nächste kriegerische Auseinandersetzung schon unmittelbar bevorstand. Gleich nach seinem Herrschaftsantritt tauschten er und Sultan Soliman »diplomatische Noten« aus, die wegen ihrer höflichen, klaren Deutlichkeit für jeden professionellen Diplomaten des 20. Jahrhunderts ein einziger Greuel wären. So schrieb am 10. September 1521 »Soliman, Sultan durch die Gnade Gottes, König der Könige, Herr der Herren, mächtiger Kaiser von Byzanz und Trapezunt, großer König von Persien, Arabien, Syrien und Ägypten, Oberherr über Asien und Europa, Fürst von Mekka, Aleppo und Jerusalem und Beherrscher des Weltmeeres, an Philipp Villiers de l'Isle Adam, Großmeister der Insel Rhodos«. Nach einleitendem Glückwunsch zur Ernennung d'Isle Adams zum Großmeister hob der Sultan an: »(...) als Mein Freund fordere Ich Dich nun auf, Mir zu dem Siege Glück zu wünschen, den Ich im vorigen Jahre über den König von Ungarn errungen. Nachdem Ich ihn lange Zeit vergebens erwartet, habe Ich selbst die Donau überschritten, ihn an der Spitze seiner Armee angegriffen und ihn vollständig geschlagen. Taurinus *(Belgrad)*, ein starker Platz und Hauptstadt des ganzen Königreichs, wie andere benachbarte Zitadellen, sind in Meine Macht gefallen. Eine große Anzahl Soldaten sind durch das Schwert oder die Flamme umgekommen; viele andere wurden zu Gefangenen gemacht (...)«. D'Isle Adam erwiderte darauf: »(...) Deine Vorschläge zu einem Frieden zwischen uns sind mir eben so angenehm, wie sie Curtogli unangenehm sein werden. Dieser Seeräuber hat während meiner Überfahrt von Frankreich nichts unterlassen, um mich zu überfallen. Da er jedoch dieses Vorhaben nicht auszuführen vermochte und sich nicht entschließen konnte, diese Meere zu verlassen, ohne uns irgendwie Schaden getan zu haben, ist er in einen Fluß Lykiens eingedrungen und hat den Versuch gemacht, zwei Kauffahrtei-Schiffe zu nehmen, welche aus unseren Häfen kamen. Er hat selbst eine den Kandiern gehörige Barke angegriffen, aber die Galeeren des Ordens, die ich habe von Rhodos auslaufen lassen, verhinderten ihn, sie als Prise mit hinweg zu führen, und aus Furcht, selbst in unsere Gewalt zu fallen, suchte er sein Heil in einer schleunigen Flucht. Lebe wohl!« Der Ton hatte sich nun merklich verschärft und Soliman antwortete: »Das Schicksal Meiner unglücklichen Untertanen hat Mich ebenso sehr bewegt, als Mich Deine Grobheit beleidigt hat. Ich befehle Dir deshalb, Dir Meine Gnade durch die freiwillige Herausgabe der Insel und Stadt Rhodos wieder zu erwerben, von der ich Dir mit all Deinem Hab und Gut freien und sicheren Abzug gestatte, aber, wenn Du dies vorziehen solltest, Dir erlaube, in Meinen Staaten zu bleiben, ohne Tribut zu zahlen (…). Sei überzeugt, daß weder Du noch Deine Ritter jemals aus meinem Gedächtnis verschwinden werden.« Darauf lautete aber die lapidare Antwort des Großmeisters: »An Soliman! Es freut mich, daß Du Dich meiner Person und der Ritter meines Ordens erinnerst, da auch ich das Andenken Deiner Größe bewahre. (…) aber hüte Dich vor dem Übermut! Bedenke, daß von allen Projekten der Menschen diejenigen die ungewissesten sind, welche von dem Glück der Waffen abhängen. Lebe wohl!« Die Kriegserklärung Solimans vom 1. Juni 1522 folgte auf dem Fuß.

Der Rückzug aus dem östlichen Mittelmeer

Es war ein warmer Sommermorgen, als am 26. Juni 1522 die türkische Flotte mit mindestens 300 Schiffen, nach anderen Quellen sogar bis zu 700 Schiffen, sich langsam der Insel Rhodos näherte. Die Ordensritter und Servanten begaben sich gerade zum Gottesdienst in die Konventskirche, wo sie niederknieten und ihre Häupter beugten, als ihr Großmeister mit erhobener Hostie Gott anflehte, dem Orden bei der Verteidigung des christlichen Glaubens beizustehen. Der Großmeister wirkte ruhig und gefaßt. Es war keinerlei Eile geboten und Aufregung war d'Isle Adam, der einem der vornehmsten Adelsgeschlechter Frankreichs entstammte und dessen durch einen gepflegten Vollbart umrahmtes aristokratisches Gesicht Selbstvertrauen ausstrahlte, fremd. Viele Ordensneulinge, die erst während der letzten Wochen auf die Insel gelangt waren, erlebten ihre Großmeister zum erstenmal und waren beeindruckt von der ernsten Gelassenheit, mit der die rhodischen Ritter den Flottenaufmarsch gemustert hatten, etwas über die vermutete Stärke der gegnerischen Kräfte sprachen und sich dann in frommer Hingabe der Anbetung Gottes und der Jungfrau Maria hingaben.

Als die Sonne im Zenith stand und die Luft in der Mittagshitze flimmerte, bestätigte sich die Berechtigung der Gelassenheit des Großmeisters und seiner Ritter: Curtogli, der für die Seeoperationen der Invasionsflotte die Verantwortung trug, hatte erst einmal die Anker werfen lassen. Später, als etwas Wind aufkam, ließ er die Anker wieder lichten und die riesige Flotte setzte sich entlang der Ostküste in Richtung auf die gut geschützte Kallitheabucht in Bewegung. Dort, also gegenüber der 1480 zur Anlandung benützten Nordwestküste, wurden die Anker erneut geworfen, und die Türken begannen, ihre Truppen an Land zu setzen.

Der Großmeister versuchte erst gar nicht, die Landung zu verhindern. Seine Ritter und Soldaten waren vor allem auf die Verteidigung der Festung eingestellt, und auch die Kavallerie sollte nicht vorzeitig abgenutzt werden, sondern für die später sicher noch notwendigen Ausfälle ihre volle Kampfkraft bewahren.

Die Verteidigung war gut vorbereitet worden. Alles Getreide war noch rechtzeitig geschnitten und, ergänzt durch Importe aus dem Ausland, in die Festung eingebracht worden. Die Landbevölkerung, die seit einigen Tagen hinter den Festungsmauern Schutz suchte, hatte ihr gesamtes Vieh und Geflügel mitgebracht. Der Gegner würde auf der Insel keinerlei Vorräte für sich vorfinden. Die Brunnen waren vergiftet oder zugeschüttet und die Häuser und sogar Kirchen waren, um dem Feind keine Schutzmöglichkeit zu geben, zerstört, wobei die Bausteine zur Verstärkung der Festungsanlagen in die Stadt transportiert worden waren.

Die Ritter hatten schon während des ganzen Frühjahrs in ihren Verteidigungsabschnitten die Abwehr und Gegenstöße geübt, die Artillerie hatte die Richtwerte für jede einzelne Kanone und Bombarde auf jeden für den Feind vorteilhaften Punkte vor den Mauern ermittelt. Zwei Stoßtrupps, bestehend aus besonders tapferen und kampfgeübten Rittern – der eine unter dem Kommando des Großmeisters, der andere unter Gabriel de Pommerols, dem Ordensmarschall – standen für Gegenstöße gegen eingebrochene Feinde und zum Entsatz besonders gefährdeter Mauerabschnitte zur Verfügung. Bereits im April hatte es eine regelrechte Inspektion gegeben, bei der der Mauerabschnitt jeder Zunge und die Ausrüstung eines jeden Kämpfers von dem Großbailiff einer anderen Zunge einer genauen Überprüfung unterzogen worden waren. Einige Verstärkungen waren seither eingetroffen und insgesamt hatte der Großmeister jetzt 600 Ritter und Dienende Brüder sowie 4000–5000 Söldner und rhodische Miliz zur Verfügung, zu denen noch Bürgerkompanien für allerlei logistische Hilfsdienste, Schadensbehebung und Versorgung der Kämpfer in den vorderen Linien kamen.

Auch die Türken, deren Landstreitkräfte von Mustapha Pascha, einem Schwager des Sultans, und Ahmed Pascha, einem bewährten General, denen der Diplomat Peri Pascha als politisch Verantwortlicher zur Seite stand, geführt wurden, waren langfristig auf dieses Unternehmen vorbereitet worden. Ihre Spione hatten schon monatelang vor Beginn des Feldzuges die Verteidigungsmaßnahmen des Ordens aufzuklären versucht. Historiker, die gelegentlich die unter militärgeschichtlichen Gesichtspunkten nicht vertretbare Auffassung verbreiten, d'Isle Adam habe erst durch den rüden Ton seiner Korrespondenz mit dem Sultan den Krieg provoziert, verkennen, daß das türkische Invasionskorps wieder, wie schon 1480, erst durch halb Anatolien nach Marmaris marschieren mußte, um dort eingeschifft zu werden und daß im 15. Jahrhundert ein solcher Marsch und die Vorbereitung eines Feldzuges dieser Größenordnung insgesamt viele Monate in Anspruch nahmen. Seit dem letzten Brief des Großmeisters an Soliman bzw. dessen Kriegserklärung am 1. Juni bis zum Auftauchen der Invasionsstreitkräfte vor Rhodos waren aber nur gut drei Wochen vergangen. Die Vorbereitungen für den Krieg müssen also schon viel früher begonnen haben. Dabei ist noch nicht einmal berücksichtigt, daß die Türken während dieser gut dreiwöchigen Frist auch noch versucht hatten, die Insel Kos zu erobern.

Dieses Unterfangen war aber am Widerstand der Ordensritter auf Kos gescheitert. Der Komtur von Kos, der provencalische Großprior Prejon de Bidoux, schlug aber, nachdem der türkische Angriff abgeschlagen war, dem Großmeister vor, Kos aufzugeben und mit seinen Kämpfern Rhodos zu verstärken. Dies wurde ihm vom Konvent genehmigt, und er konnte nach seinem Eintreffen auf Rhodos die ersten Angaben über die Stärke und die voraussichtlichen Absichten der türkischen Streitkräfte machen. Wahrscheinlich hat er d'Isle Adam auch schon mitteilen können, daß Sultan Soliman sich noch nicht bei seinem Heer befand, sondern erst in einigen Tagen oder Wochen nachfolgen wollte. Jedenfalls erfuhr der Orden jetzt, daß die Türken mit 140 000 Mann angreifen würden, zu denen noch 60 000 Sappeure, Mineure und sonstige Arbeitskräfte kamen – überwiegend christliche Sklaven von den europäischen Kriegsschauplätzen und den griechischen Inseln. Das Verhältnis der eigenen Truppen zum Feind war mit etwa 1:28 damit weitaus ungünstiger für die Johanniter als 1480, als es bekanntlich 1:20 betrug. Auch führten die Türken jetzt weitaus größere Mengen an Geschützen mit sich, was für eine Belagerung natürlich von besonderer Wichtigkeit war. Andererseits stand dem osmanischen Heer diesmal aber weniger Zeit bis zum Herbst und vor allem dem Wintereinbruch zur Verfügung, und der Sultan mußte davon ausgehen, daß die rhodischen Befestigungen jetzt sehr viel stärker als 1480 waren. Der Ausgang der bevorstehenden Schlacht war für beide Seiten also höchst ungewiß. Sehnsüchtig wartete der Großmeister deshalb auf die dringend aus Europa erbetenen Verstärkungen. Wußten die europäischen Fürsten, deren geographische Kenntnisse und deren geopolitisches Verständnis oft kaum über die eigenen Landesgrenzen hinausreichte, um die Bedrohung des Abendlandes und des Christentums aus dem östlichen Mittelmeer?

Mit der Landung der Türken begann die Schlacht erst einmal damit, daß die Türken die gesamte Festung umschlossen, ihre Geschütze in Stellung brachten und Gräben für ihre Fußsoldaten aushoben. Danach unternahmen sie auch einige kleinere Angriffe auf die Festung – allerdings ohne Erfolg. Offenbar dienten diese Angriffe nur dazu, die Schwachstellen der Befestigungen zu ertasten. Die Ritter störten diese Unternehmungen durch das Feuer einiger Geschütze und durch einige begrenzte Ausfälle ihrer Berittenen, und es kam so unter den Türken zu ersten Verlusten. Während dieser allerersten Phase der Belagerung ereignete sich ein Fall von Verrat und Sabotage, dem noch viele weitere folgen sollten:

In der Festung war ein junges Mädchen, eine türkische Sklavin, dabei beobachtet worden, als sie an wichtigen Gebäuden Feuer legte. Unter der Folter gestand die tapfere, junge Frau, daß sie und andere Sklaven dies auf ein geheimes Signal von der türkischen Seite getan hätten. Sie wurde, wie in solchen Fällen nach der Ordensjustiz üblich, erdrosselt und anschließend geviertelt. Ihre Komplizen wurden nicht gefunden.

Die heißen Tage des Juli gingen ohne besondere Ereignisse dahin, und der August begann ohne größere Angriffe von türkischer Seite. Der Feind verhielt sich ruhig, und von Gefangenen erfuhren die Ritter, daß Mustapha Pascha auf die Ankunft des Sultans wartete. Endlich, am 24. August, konnten die Verteidiger von den Festungsmauern aus eine kleine Flotille von Galeeren erkennen, die sich rasch der Insel näherte. In ihrer Mitte fuhr ein großes Schiff mit besonders vielen Ruderbänken, das mit zahlreichen Bannern geschmückt war: offenbar die Kriegsgaleere des Sultans.

Soliman verlor keine Zeit damit, seine Soldaten zu begrüßen. Er war ungehalten, daß das Invasionskorps bisher noch keinerlei Erfolg errungen hatte. Er sah seine Soldaten in ihren wehenden türkischen Gewändern, die Janitscharenoffiziere in ihren weiten Hosen und gestreiften Jacken, die Delihoffiziere unter ihren Leopardenfellen, die Spahioffiziere in ihren weiten Mänteln und Turbanen, aber er provozierte sie mit der bissigen Frage, ob sie wirklich Türken seien. So sähen doch nicht die Männer aus, die Persien, Arabien, Ägypten, Albanien und Belgrad erobert hätten. Nein – sie seien Sklaven und Feiglinge, verkleidet in türkischen Gewändern. Warum sonst wohl fürchteten sie sich vor dem Feind, der sich ängstlich hinter den Mauern von Rhodos verkrochen habe?!

Innerhalb von Tagen veränderte sich nun das Verhalten der türkischen Belagerungstruppen. Der Sultan gliederte seine Truppen um und ließ mehr Geschütze in Stellung bringen. Nach wenigen Tagen begann dann ein gewaltiges Bombardement auf die Wallanlagen von Rhodos. Der Erfolg war jedoch nur gering, und der Sultan entschloß sich deshalb, seine Mineure und Sappeure einzusetzen und begann mit der Unterminierung der Wallanlagen.

Bald ertönten die Trommeln und das Feldgeschrei der Türken, und der erste Sturmangriff begann, während die ersten Minen unter den Mauern gezündet wurden. Er richtete sich gegen den deutschen Abschnitt, der sich im Nordwestteil der Festung, im Rücken des Großmeisterpalastes, befand und von Christoph Waldner von Freundstein befehligt wurde. Der verantwortliche Großbailiff der Deutschen Zunge war schon seit einigen Jahren Konrad von Schwalbach, doch befand er sich zu dieser Zeit vermutlich nicht in der Festung, sondern war zur Mobilisierung der deutschen Reserven in Europa aufgebrochen. Durch den Angriff der Türken wurde der deutsche Abschnitt schwer erschüttert, jedoch nicht erobert. Die Wälle mußten jedoch nach dem Angriff sofort von rhodischen Frauen, Greisen und Kindern durch Holzbohlen verstärkt und mit Erdreich aufgeschüttet werden.

Fast zur gleichen Zeit, als die Janitscharen den deutschen Mauerabschnitt berannten, führten die Türken einen Angriff gegen die Nikola-Bastion, weit draußen am Ende der Mole, die ihnen schon

1480 so viel Verdruß bereitet hatte. Durch Unterminierung konnten sie zwar den Turm teilweise zum Einsturz bringen, doch gelang es ihnen im Kampf Mann gegen Mann nicht, sich auf der Mole einen dauerhaften Brückenkopf zu schaffen.

Kurz danach wurde die Bastion der englischen Zunge im Süden des Festungsgürtels von einer gewaltigen Minenexplosion erschüttert. Eine riesige Bresche war entstanden, und als sich der Pulverrauch und Mörtelstaub gelegt hatten, drangen die Türken unter Führung von Mustapha Pascha, ohne von den Flanken bedroht werden zu können, in großen Massen in die Festung ein. Da die Engländer dies nicht verhindern konnten, war nun der Augenblick für einen der zuvor erprobten Gegenstöße gekommen, und d'Isle Adam warf sich mit seinem Stoßtrupp in die Bresche. In blutigem Kampf gelang es, die Türken wieder über die Trümmer der Bastion den Wall hinunterzutreiben.

Das nächste Ziel der Türken war der spanische Abschnitt. Hier wurde während der nächsten Tage pausenlos gekämpft, wobei der Oberbefehlshaber des Sektors von Aragon den Tod fand. Sein Nachfolger wurde Juan d'Homedes, ein späterer Ordensgroßmeister, der nach wenigen Tagen im Kampf ein Auge verlor.

Während all dieser Kämpfe verbreitete sich in der Festung eine schlimme Nachricht: Es wurde bekannt, daß die Munitionsvorräte, insbesondere das Pulver, begrenzt waren und daß frühere Angaben über die Vorräte nicht stimmten. Für diese Angaben war angeblich der Kanzler des Ordens, der Portugiese d'Amaral, der einmal hatte Großmeister werden wollen, verantwortlich. Wie dem auch sei, die Munition mußte ab sofort kontingentiert werden, und der Großmeister beauftragte den Ritter Didier de St. Jaille, den Bailiff von Monako, der später ebenfalls noch Großmeister werden sollte, die Verteilung der vorhandenen Pulvervorräte zu überwachen.

Der ganze Monat war jetzt ein verzweifelter Kampf an den verschiedenen Abschnitten der Festung, bei denen sich die Gegner an Ausdauer und Verbissenheit in nichts nachstanden. Mindestens 60 Ballisten erschütterten Tag und Nacht die Mauern und Bastionen der Festung. Weder für die Verteidiger in der vordersten Linie noch für die Zivilbevölkerung, die unermüdlich die durch die Kanonade entstandenen Schäden ausbesserte, gab es Ruhe.

Bald ereignete sich aber ein neuer Verrat: Ein Jude, der angeblich zum Christentum übergetreten war und im Hospital beschäftigt wurde, war dabei beobachtet worden, wie er einen Pfeil mit einer daran befestigten Botschaft zu den türkischen Linien hinüberschoß. Er wurde sofort verhaftet, und in dem darauffolgenden Schnellverfahren, das wie üblich die Folter einschloß, bekannte er, bereits von Sultan Selim als Spion nach Rhodos geschickt worden zu sein und sowohl Selim als auch Soliman häufig Berichte geschickt zu haben. Er wurde ertränkt und gevierteilt.

Am 4. September war dann der bis dahin schwerste Kampftag: Den Türken war es gelungen, auf der linken Seite der englischen Bastion, die als Eckbastion besonders gefährdet war und von der benachbarten, weit entfernten Bastion der Zunge der Provence nur unzureichend unterstützt werden konnte, eine gewaltige Mine zu zünden und diesen Teil der Festung in Trümmer zu legen.

Es war die Stunde des nachmittäglichen Gottesdienstes, und der Großmeister und alle Ritter, die nicht gerade auf Posten waren, nahmen daran teil. Da ließ die Explosion der Mine und der Fall der berstenden Mauern die Kirche erbeben. Der Großmeister, der zum Gebet niedergekniet war, sprang auf und rief:»Kommt, Brüder, unser Herrgott hat uns stark gemacht für den Kampf, der uns jetzt bevorsteht!«Ihre Rüstungen im Lauf befestigend, rannten die Ritter zu den Trümmern der Bastion, über denen dichte Rauch- und Staubwolken lagen und über die gerade in dichten Wellen die Janitscharen stiegen, woran sie die wenigen überlebenden Engländer dieses Mauerabschnittes alleine nicht mehr hindern konnten.

Was nun folgte, war ein erbitterter Nahkampf, bei dem es um den Bestand der Festung ging und in dem der Großmeister Stunde um Stunde in vorderster Linie kämpfte. Welle um Welle brandeten die Türken heran, und erst, als sich der Staub und Rauch etwas gelegt hatten, konnten die Spanier vom Mauerabschnitt der Provence Feuerschutz geben. Das reichte aus, um ein weiteres Vordringen der Türken zu verhindern und ihre Verluste ins Unermeßliche steigen zu lassen. Sie mußten schließlich den Angriff abbrechen und sich zurückziehen; in den Trümmern ließen sie 2000 Gefallene zurück.

Aber trotz dieses Erfolges der Verteidiger blieb die schwer angeschlagene englische Bastion der verwundbarste Punkt der ganzen Festung und forderte die Türken zu immer neuen Angriffen heraus – wohl wissend, daß die Bresche in dem Verteidigungsgürtel während der fortwährenden Kämpfe nur sehr behelfsmäßig geschlossen werden konnte. Am 10. September griffen die Türken an derselben Stelle erneut an, konnten aber abgewehrt werden. Während des Kampfes fiel allerdings der Befehlshaber der Ordensartillerie Guyot de Marselhac, und auch der Fähnrich des Ordensbanners, Henry de Mauselle, fand den Tod. Die Schäden des Angriffs waren kaum beseitigt, die Toten kaum beerdigt, als die Türken zwei Tage später einen dritten Angriff unternahmen, bei dem es ihnen gelang, fünf Fahnen auf die Mauer zu setzen. Wieder kam es zu einem blutigen Kampf Mann gegen Mann, der erst beendet werden konnte, als deutsche Ordensritter aus ihrem Verteidigungsabschnitt am nordwestlichen Rand der Festung mit klirrenden Rüstungen herbeistürmten.

Der Kampf war kräftezehrend, aber auch für die Türken entmutigend. Ihre erdrückende Überzahl, die Unterminierung der Mauern und der Einsatz von Hunderten von Geschützen hatten bisher nicht zum Erfolg geführt. Die Verlustzahlen waren beängstigend angestiegen. Der Sultan suchte nach einer neuen Taktik, und Mustapha Pascha riet zu einem gleichzeitigen Sturm an mehreren Punkten. Auch die Türken hatten nämlich erkannt, daß der Vorteil der »Inneren Linie« bei den Verteidigern lag, die jede Bresche, jeden Einbruch an einer einzigen Stelle schnell durch Konzentrierung aller Abwehrkräfte an der Einbruchstelle abriegeln und im Gegenstoß die Situation bereinigen konnten.

Zu dieser Zeit erhielten die Türken laufend neue, ausgeruhte Verstärkungen. Besonders gefürchtet waren die schon früher erwähnten »Renner« (richtig: Iayalaren), besonders fanatische, konvertierte Christen, die sich selber als »Unbesiegbare« bezeichneten und unter Drogeneinfluß blutdurstig und grausam bis zur Selbstvernichtung kämpften.

Vom 22. bis 24. September lagen die Bastionen von Spanien (im Südwesten des Festungsgürtels) und der Provence (im Südosten) unter heftigem Beschuß. Am 24. September erfolgte dann der bisher schwerste Angriff der Belagerung. Der Großmeister führte seinen nun schon dezimierten Stoßtrupp nach vorne zur Entlastung der englischen und spanischen Ritter. Stunde um Stunde widerstanden sie dem feindlichen Ansturm – viele von ihnen verwundet und ihre Verletzungen mißachtend. Schließlich beorderte d'Isle Adam einen Teil der Besatzung des Forts St. Nikola in die Breschen und setzte damit diese Bastion, während ihre Männer im Laufschritt durch die Gassen der Stadt an den Südrand hetzten, erhöhter Gefahr aus. Aber alles ging noch einmal gut. Die Türken brachen schließlich den Angriff ab; angeblich sollen sie alleine an diesem Tag 15 000 Tote gehabt haben.

Die kühlen Tage eines zeitig einsetzenden Herbstes brachten den Verteidigern keine Entlastung. Die Zahl ihrer kampffähigen Männer nahm ab, die Vorräte schwanden. Die zerschossenen Mauern wurden immer wieder aufs neue ausgebessert und neue Gräben und Wälle wurden hinter den Trümmern errichtet. Die Hoffnungen auf einen Entsatz aus Europa schwanden. Keiner glaubte mehr daran, daß Rhodos noch zu halten sei, aber niemand gestand es sich ein. Die Stoßtrupps des Großmeisters und des Marschalls waren jetzt fest in den Kampfabschnitten Englands und der Provence eingesetzt, so daß keinerlei Reserven mehr zur Verfügung standen.

Und wieder sollte es zu einem Fall von Verrat kommen, diesmal in einer für die Ritter kaum vorstellbaren Dimension: Angeklagt war der portugiesische Großbailiff und Ordenskanzler d'Amaral. Einer seiner Diener, ein gewisser Diez, war, wie schon der jüdische Arzt, beobachtet worden, als er einen Pfeil mit einer daran befestigten Nachricht zu den Türken hinüberschoß. Er gestand, daß er darin die Verluste des Ordens nach dem Angriff vom 24. September an den Feind gemeldet habe. Dieser Verrat war insofern von Bedeutung, als Soliman aufgrund der eigenen Verluste vom 24. September bereits erwogen hatte, die Belagerung abzubrechen, sich nach dem Bericht von Diez aber ermutigt sah, den Kampf fortzusetzen.

Auch unter der Folter sagte Diez nicht aus, daß sein Herr, d'Amaral von dem Verrat gewußt oder ihn gar dazu veranlaßt habe. In dem

Verfahren, das aber nun, während draußen die Einschläge krachten und die Trommeln der Türken dröhnten, in der Kirche des hl. Johannes in großer Gereiztheit durchgeführt wurde, offenbarten Zeugen, daß der Kanzler angeblich schon früher mit den osmanischen Feinden in Verbindung gestanden habe. Man erinnerte sich nun auch seiner Äußerung, daß d'Isle Adam sicher der letzte Großmeister des Ordens sein werde. Belastend kam hinzu, daß der stolze Portugiese, inzwischen aller Ämter enthoben und seiner Amtsinsignien beraubt, es trotzig ablehnte, den Beistand der Jungfrau Maria zu erflehen. War er vielleicht insgeheim ein Moslem?! Ob schuldig oder nicht schuldig – die Richter d'Amarals waren nervös und übermüdet und wurden auf den Mauern und Bastionen benötigt. Der Kanzler wurde verurteilt, erdrosselt und in einem mit Steinen beschwerten Sack im Meer versenkt. In normalen Zeiten wäre der Fall sicher gründlicher untersucht worden, zumal die Verhandlung und Verurteilung eines Großwürdenträgers auch Rücksichten auf die Nationalität des Delinquenten und die Meinung seines nationalen Souveräns erfordert hätte.

Für die Ritter war der Verrat d'Amarals ein großer Schock. Aber sie hatten nicht viel Zeit, darüber nachzudenken. Die Italiener mußten ihren Kampfabschnitt aufgeben, verminten ihn und zogen sich auf eine Stellung dahinter zurück. Bei den Engländern waren fast alle Ritter gefallen, und Binn de Malicome, ein Franzose, wurde zum neuen Kommandanten ernannt.

Seit der Landung der Türken war jetzt ein Vierteljahr vergangen, und die Verluste häuften sich. Hunderte von Verteidigern waren schon gefallen. Eine mehrfache Zahl war verwundet, lag sterbend im Hospital oder stand mit verbundenen oder geschienten Gliedmaßen und Wundfieber auf den zerborstenen Mauern. Krankheiten griffen um sich, Hunger und Schlafmangel machten sich bemerkbar. So mancher junge, unerfahrene Kämpfer, dessen Herz noch höher geschlagen hatte, als er in großer Entfernung zum erstenmal türkische Turbane gesehen, die Trommeln der Janitscharen und ihre Rufe »Allahu Akbar« gehört hatte, mußte jetzt von seinen Kampfgefährten mit einem groben Stoß geweckt werden, wenn bereits ein Türke seinen Säbel über ihm schwang, und fiel sofort wieder in den Erschöpfungsschlaf zurück, wenn der Angriff abgeschlagen war. Kam dann endlich die ersehnte Ablösung, wankten viele fromme Krieger auf dem Weg zu ihrer Unterkunft oder Ritterherberge noch in die Kirche, wo ihnen aber schon nach den ersten Worten des Gebets die Augen zufielen – der Herrgott hatte sicher ein Erbarmen mit ihnen und gönnte ihnen die Stille des Gotteshauses, während draußen der Kampflärm kaum noch verstummte. Aber aufgeschreckt durch das Alarmgeläut der Glocken hasteten sie vielleicht schon bald wieder unausgeschlafen zu den Trümmern der Mauern empor, wo bereits ein neuer Kampf tobte und sie sich über die Leichen ihrer gefallenen Brüder hinweg und vorbei an rhodischen Frauen, die Munition nach vorne schleppten, in die vorderste Linie stürzten. War auch dieser Angriff abgewehrt, blickten sie sehnsüchtig nach Westen, ob an der Kimm nicht doch noch endlich die Segel des erhofften Entsatzes auftauchten. Aber alles, was sie sahen, war nur das Meer, dessen höher gehende Wellen die Vorboten winterlicher Kälte waren, und die an ihren Ankern zerrenden türkischen Schiffe sowie jüngst eingetroffene türkische Schiffe mit Verstärkungen. Abwechselnd lag Mörtelstaub in der Luft oder prasselte kalter Regen auf die schlotternden Glieder. Die Luft war erfüllt vom Dröhnen der Geschütze und über allem lag der süßliche Geruch der verwesenden Leichen.

Verzweiflung und Resignation wären jetzt verständlich gewesen. Aber die tiefe Frömmigkeit der Soldaten Christi ließ niemanden verzagen: nicht die Ritter und Novizen, nicht die Servanten und die Söldner. Sie alle waren zu einer Gemeinschaft zusammengewachsen, in der die strengen Standesunterschiede friedlicherer Zeiten keine Rolle mehr spielten und nur noch Tapferkeit, Opferbereitschaft und Verläßlichkeit zählten. Ebenso wie der Heldenmut der rhodischen Milizionäre, die Seite an Seite mit den Rittern fochten, und die Einsatzbereitschaft der Frauen und Kinder, die die Verwundeten versorgten, Wachen übernahmen und hinter den zerborstenen Mauern neue Wälle aufschütteten.

Durch das Mißlingen des Angriffs vom 24. September entmutigt, erwog Soliman erneut, die Belagerung aufzugeben.: Da meldete ihm jedoch Diez, wie schon geschildert, daß bei dem letzten Angriff angeblich die meisten Ritter gefallen seien und der Orden nicht mehr die Kraft habe, einem weiteren Ansturm standzuhalten. Diese Nachricht ermutigte ihn, den Kampf fortzusetzen, doch änderte er jetzt seine Taktik: Die Festung sollte künftig von der gesamten Artillerie beschossen werden, und zwar sowohl vom Lande her als auch von den Schiffen. Unter dem Feuer der Geschütze sollten dann die Mauern unterminiert und gesprengt werden, damit der anschließende Sturm erfolgreicher als bisher sein würde. Der Minenkampf gewann damit zunehmend an Bedeutung.

Wie funktionierte die Unterminierung?

Zur Zeit der Kreuzzüge grub man Stollen unter die Mauern, die, damit sie nicht sofort durch nachrutschendes Erdreich verschüttet wurden, eine Verstärkung und Abstützung durch Holzbohlen erhielten. Wenn nun solch ein Stollen weit genug unter die Mauer vorgetrieben war, füllte man ihn mit brennbarem Material und verbrannte dieses gemeinsam mit den Holzbohlen, wodurch die darüberliegende Mauer ihren Untergrund verlor und einbrach. Mit dem Aufkommen von Explosivstoffen ergänzte man das brennbare Material noch durch eine Sprengmasse, so daß eine Detonation erfolgte, die für zusätzliche Erschütterungen des Mauerwerks sorgte. Aber die Verteidiger standen dieser Unterminierung ihrer Mauern nicht völlig machtlos gegenüber: Hatten sie am Lärm der Schachtarbeiten den Bau eines Stollens erkannt, konnten sie einen Gegenstollen in seine Richtung treiben und mit einer Sprengladung füllen, so daß sie bei deren Entzündung beide Stollen zum Einsturz bringen konnten.

Diese Art von Minenkampf fand auch an den Mauern von Rhodos statt. Die Leidtragenden waren dabei vor allem die christlichen Mineure der Türken, Sklaven, die unter den Peitschen ihrer Aufseher erst die Stollen unter die Mauern ihrer Glaubensbrüder in der Festung treiben mußten und dann durch deren Gegenmaßnahmen grausam erstickten. Denn niemand kümmerte sich natürlich noch um die Verschütteten – sie waren schließlich nur billige Sklaven. Der erste von der neuen Taktik betroffene Frontabschnitt war wieder der von der aragonesischen Zunge verteidigte Festungsteil. Ununterbrochen donnerten die Kugeln der schweren Geschütze gegen die Mauern und jedes Geschoß erzeugte neue Trümmer oder machte oft die behelfsmäßige Ausbesserung entstandener Löcher und Breschen notwendig. Besonders prekär war die Lage an der spanischen Bastion im Südwesten des Festungsringes. Denn diese Bastion bestand, anders als zum Beispiel die einer großen Burg ähnliche Bastion der Zunge der Provence nur aus einem verhältnismäßig kleinen Turm, einer darunter liegenden Plattform für etwa zehn Geschütze, einem vorgeschobenen Ravelin und einem nicht sehr tiefen Wallgraben. Deshalb setzten hier die Mineure nun zu ihrer Arbeit an und unter dem Lärm der Geschütze waren die Verteidiger nicht in der Lage, die Stollen zu orten und durch Gegenminen abzufangen oder die Arbeiten durch Ausfälle zu stören. Dazu kam noch die Übermüdung der Verteidiger, deren Dienst, wenn nicht gerade ein türkischer Angriff stattfand, der den vollen körperlichen Einsatz erforderte, aus stundenlangem, nerventötendem Wachdienst bestand. Schon einmal war es geschehen, und zwar bei den Italienern, daß die Verteidiger eines ganzen Kampfabschnitts eingeschlafen waren und erst durch das Kampfgeschrei der Türken, die sich bereits auf der Mauer befanden, geweckt wurden. Erst durch einen kühnen Gegenstoß konnte die Mauer gerade noch rechtzeitig zurückgewonnen werden, bevor die Feinde in die Stadt eindringen konnten.

Doch zurück zu dem aragonesischen Kampfabschnitt: dort war es den gegnerischen Schachtgräbern und Sprengmeistern gelungen, einen großen Teil der Mauer zum Einsturz zu bringen. Aber als die Janitscharen daraufhin durch die Bresche in die Stadt stürmen wollten, sahen sie sich einem zweiten Wall gegenüber, von dem aus sie erneut unter Feuer genommen wurden, so daß sie in ihre Ausgangsstellungen zurückweichen mußten. Wieder ließen sie Tausende von Toten zurück.

Die Pausen zwischen den einzelnen Angriffen wurden immer kürzer. Der Sultan hatte den günstigsten Zeitpunkt für eine Rückverlegung seiner Streitkräfte nach Istanbul vor dem Einsetzen der Herbststürme nunmehr versäumt und mußte die Entscheidung auf Rhodos, koste es, was es wolle, suchen.

Am 12. Oktober versuchten seine Janitscharen, die englische Bastion zu überrennen, doch wurde dabei ihr Agha schwer verwundet und deshalb der Angriff abgebrochen. Gegen Ende des Monats konnten die Osmanen nach zähen Kämpfen auf den Bollwerken von Italien und der Provence Fuß fassen, wurden aber durch einen Gegenstoß des Großmeisters wieder zurückgeworfen. Die Zahl der noch kampffähigen Verteidiger wurde immer kleiner. Deshalb befahl d'Isle Adam die entbehrlichen Ritter und Soldaten der anderen Ordensinseln nach Rhodos, und ohne daß die türkische Flotte es verhindern konnte, erreichten diese zusätzlichen Kämpfer auf abenteuerlichen Wegen die Ordenshauptstadt. Doch die Zahl dieser Verstärkung war zu klein, um noch eine Wende herbeizuführen.

Der November begann mit einem erneuten Angriff auf die italienische Bastion. Unaufhörlich wurde diese jetzt beschossen; gleichzeitig wurden wieder die Festungsmauern untergraben. Dabei gelang es den Türken, die Stollen bis unter den inneren Festungsgürtel vorzutreiben und auch diesen in die Luft zu sprengen. Der Großmeister ließ daraufhin sofort die anliegende St. Pantaleonskirche und eine benachbarte Kapelle niederreißen, um den Türken die Möglichkeit zu nehmen, sich der beiden Gotteshäuser als Stützpunkte zu bedienen. Erneut versuchten die Türken jetzt, sich der englischen Bastion beziehungsweise des davon übrig gebliebenen Trümmerberges zu bemächtigen. Das Mauerwerk des schon zuvor angeschlagenen Bollwerks war so stark beschädigt, daß die Ritter der englischen Zunge dem Großmeister den Vorschlag machten, diesen Festungsteil freiwillig zu räumen, die Kasematten zu verminen und dann den anrückenden Feind mit den Trümmern in die Luft zu jagen. In einer Beratung des Konvents wurde dieses Ersuchen geprüft, aber mit der Begründung verworfen, daß Durchhalten jetzt das einzige Mittel sei, das den Sultan noch zu einer Aufgabe der Belagerung bewegen könne. Nach diesem Beschluß wurde die englische Bastion trotz pausenloser Angriffe der Türken bis an das Ende der Belagerung gehalten. Auch der Verteidigungsabschnitt der italienischen Zunge wurde immer wieder von den Türken neu bestürmt, konnte aber dank der Zähigkeit der Verteidiger behauptet werden.

Als ob die Verteidiger nun nicht schon genug ausgehalten und erlitten hätten, bahnte sich am 30. November ein neuer schrecklicher Höhepunkt an: An diesem Tag richteten sich die feindlichen Angriffe erneut gegen den Kampfabschnitt der aragonischen Zunge, wo es daraufhin fast zu einer Katastrophe gekommen wäre. Mit großer Wucht brandeten die Türken nämlich über den mit Trümmern und Leichen gefüllten Graben und drängten die Verteidiger in einem blutigen Handgemenge aus der nur notdürftig geflickten

Bresche bis zu den hinter den Mauern errichteten neuen Verschanzungen. Die Festung war jetzt in allerhöchster Gefahr. D'Isle Adam ließ deshalb alle Sturmglocken läuten – das Zeichen der größten Not. Die Rhodier, alle wehrfähigen Männer, Greise und Kinder, eilten mit Waffen, Sensen, Forken und Knüppeln zu der bedrohten Stelle. Ein ungeheurer, mit dem Mut der Verzweiflung geführter Kampf setzte ein. Dabei gelang es den vereinigten Abwehrkräften, Rittern und Bürgern, Soldaten und Milizionären, die Bresche wieder zurückzuerobern. Doch pausenlos führten die Türken neue Verstärkungen in den Kampf, so daß die Front der Verteidiger schon bald wieder zu wanken begann. Die Lage schien aussichtslos, die Festung verloren.

Doch in diesem Augenblick kam den Verteidigern buchstäblich der Himmel zu Hilfe: Aus dem schon seit Tagen schwarz verhangenen Himmel setzte plötzlich ein Wolkenbruch ein, der mit seinen gewaltigen Wassermassen den gesamten Erdwall fortschwemmte, der die feindlichen Gräben schützte, so daß die dort zum Vorstürmen bereitgestellten Türken auf fast ebener Erde schutzlos dem sofort einsetzenden Artilleriebeschuß aus der Bastion der Auvergne ausgesetzt waren. Die Katastrophe suchte nun also die türkische Seite heim, und die fanatischen Moslems sahen, abergläubisch wie sie waren, in dem Naturereignis ein gegen sie gerichtetes Zeichen Allahs. Soliman mußte auch diesen Angriff ergebnislos abbrechen.

Trotz dieses Erfolges war aber beim Orden nicht mehr zu übersehen, daß die Verteidiger am Ende ihrer Kräfte waren. Und jedermann wußte jetzt auch, daß Soliman mit seinem Invasionskorps keine Möglichkeit mehr hatte, noch vor dem Wintereinbruch nach Istanbul zurückzukehren. Er hatte einen Weg ohne Rückkehr beschritten, konnte andererseits aber mit seiner Armee nicht außerhalb der geschützten Gebäude von Rhodos-Stadt überwintern und mußte deshalb seine Angriffe fortsetzen. Auch die Türken waren jetzt schwer angeschlagen. Soliman schätzte die Bewußtseinslage von Freund und Feind richtig ein und verlegte sich auf eine Taktik, die man ein knappes halbes Jahrtausend später als psychologische Kampfführung bezeichnen würde.

Soliman beauftragte nun Peri Pascha, den Orden zur Kapitulation aufzufordern, und ließ zur gleichen Zeit alle Kampfhandlungen der Türken einstellen. Der Pascha machte daraufhin dem Groß-meister ein ehrenvolles Angebot und ließ Vervielfältigungen die-ses Angebots mit zahlreichen Pfeilen in die Stadt hineinschießen, so daß die Verteidiger und die rhodische Bevölkerung sofort Be-scheid wußten. Die Einwohner von Rhodos lasen die Bedingungen der Osmanen mit großem Interesse und waren, erschöpft wie sie waren, bereit aufzugeben. Der Metropolit, der bisher stets versucht hatte, seine Gläubigen zum Durchhalten zu ermutigen, besuchte nun den Großmeister und bedrängte ihn, mit dem Feind akzepta-ble Bedingungen für eine Übergabe der Stadt auszuhandeln. D'Isle Adam lehnte dies jedoch ab – er wollte mit seinen Rittern lieber ge-treu den Ordensregeln sterben, als sich den Ungläubigen ergeben.

Die Weigerung des Großmeisters führte zu einer Revolte der Be-völkerung. Die Ritter indessen blieben dem Großmeister gehor-sam, aber so mancher von ihnen war auch zur Aufgabe bereit. Das Wetter hatte sich inzwischen weiter verschlechtert und die Vertei-diger auf den Mauern froren erbärmlich und fanden nur noch we-nig Holz, um sich an kleinen Feuern zu wärmen und ihre Sachen zu trocknen. Krankheiten griffen um sich. Die Ritter und die Söld-ner waren jetzt schon viel zu geschwächt, um nachts noch auf den Mauern patrouillieren zu können, und die Gefahr nächtlicher Ein-brüche des Gegners erhöhte sich. Die Verpflegung wurde immer knapper und die Munition, die schon in den vergangenen Mona-ten kaum ausgereicht hatte, ging nun endgültig zur Neige. Viele der besten Ritter waren nicht mehr in der Lage, sich noch zu erhe-ben und richteten sich darauf ein, auf Stühlen oder Bänken sitzend den nächsten Angriff abzuwehren und zu sterben. Angst und Krankheit krochen durch die dunklen Gassen der Festungsstadt.

In dieser Situation berief der Großmeister die obersten Würdenträ-ger zu sich und ließ sich von dem Prior von Saint Gilles und dem Bailiff Martinengo, die beide für die Koordination der Gesamtver-teidigung verantwortlich waren, eine Bestandsaufnahme aller Schä-den und aller Mängel vortragen. Der Bericht war niederschmet-ternd: Ein großer Teil der Mauern und Bastionen war zertrümmert und für die Verteidigung nicht mehr geeignet, die Gräben der Tür-ken im Umkreis der Festung reichten fast überall unmittelbar bis an die eigenen Wallgräben oder provisorischen Verhaue heran. Hier-zu kam, daß die Türken dabei waren, weitere Stollen unter die noch bestehenden Mauerreste zu treiben. Eine Fortführung der Verteidigung erschien aber vor allem deshalb unmöglich zu sein, weil die Pulvervorräte in der Festung mittlerweile fast erschöpft waren, so daß ein Artilleriekampf nicht mehr denkbar war. Außerdem war die bewaffnete Streitmacht des Ordens unter Einschluß aller Bewaffneten infolge der Verluste der letzten Wochen auf etwa 1500 Mann zusammengeschrumpft.

In der nun einsetzenden Debatte unter den höchsten Würdenträgern des Ordens wurde keine klare Entscheidung getroffen. Viele hofften immer noch auf einen plötzlich auftauchenden Entsatz aus Europa und spielten auf Zeit. Deshalb wurde der Entschluß gefaßt, zwei Ritter zu Soliman zu schicken und um drei Tage Bedenkzeit zu bitten. Soliman reagierte auf dieses verzweifelte Ersuchen des Ordens mit der sofortigen Wiederaufnahme der Kampfhandlungen. Am 17. Dezember kam es erneut zu einem größeren Angriff.

Wieder verteidigten sich die Ritter, Servanten und Söldner tapfer auf den Mauern; sie hatten diesmal dabei aber nicht mehr die Unterstützung der rhodischen Miliz und der Bevölkerung. Der türkische Angriff wurde noch einmal zurückgeschlagen, aber danach waren alle Verteidiger so schwach, müde, krank und ein Großteil verwundet, daß kaum Aussicht bestand, einen neuen Angriff noch zu überleben. Nachdem er noch einige Tage mit sich gerungen hatte, stimmte d'Isle Adam einer Kapitulation des Ordens zu.

Nun ging alles sehr schnell. Soliman beauftragte seinen General Ahmed Pascha, dem Orden ein ehrenvolles Angebot zu machen. Die Mitglieder des Ordens und alle Rhodier, die es wünschten, sollten danach auf ihren eigenen Schiffen die Insel verlassen und dabei alle persönlichen Waffen und Besitztümer mitnehmen dürfen. Dazu gehörten auch sämtliche Reliquien, Archive und Kunstschätze des Ordens. Nur großes Verteidigungsgerät, wie zum Beispiel Geschütze, mußte der Orden zurücklassen. Denjenigen Rhodiern, die in ihrer Heimat bleiben wollten, wurde zugesagt, daß sie nicht versklavt würden und die jungen Männer nicht als »Knabenzoll«, d.h. als Nachwuchs für das Janitscharenkorps, verschleppt werden durften, wie es sonst in den christlichen Eroberungsgebieten des Sultans üblich war. Allen Rhodiern wurde für die Zukunft die freie Religionsausübung zugesagt. Soliman versprach auch, die Kirchen der Christen vor einer Entweihung durch Profanisierung oder Umwandlung in Moscheen zu bewahren. Selbstverständlich mußte der Orden vor seinem Abzug auch noch alle türkischen Sklaven wieder freilassen. Der Großmeister nahm all diese Bedingungen an, und beide Parteien, die Türken und der Orden, tauschten Geiseln aus, um die Einhaltung der Friedensbedingungen zu gewährleisten.

Endlich schwiegen nun die Waffen! Der Sultan und der Großmeister besuchten sich gegenseitig in ihren Feldlagern bzw. dem Großmeisterpalast, und Soliman drückte bei dieser Gelegenheit gegenüber d'Isle Adam seine Hochachtung und Ehrerbietung für den Unterlegenen aus. Trotzdem waren die Schrecken noch nicht zuende: Am Heiligenabend brach eine Gruppe von Janitscharen, die erst kürzlich auf der Insel eingetroffen waren und von den Kämpfen nichts miterlebt hatten, den Frieden und stürzte in das mit Verwundeten und Kranken überfüllte Hospital, um dessen Insassen zu massakrieren. Sie wurden zwar schließlich von den zur Hilfe gerufenen Bewaffneten des Ordens aus dem Lazarett herausgetrieben, doch die feige, blutige Arbeit, die sie inzwischen geleistet hatten, trug dazu bei, im Orden für immer einen tiefen Haß gegen die blutrünstigen Janitscharen zu erzeugen.

Es wurde ein trauriges Weihnachten für die Ritter, die es gewohnt waren, gerade dieses Fest mit besonderer Freude zu begehen. So mancher ihrer tapfersten Kameraden mußte noch beerdigt werden, während die noch Lebenden wußten, daß sie einer ungewissen Zukunft entgegengehen würden.

Rhodos, seit mehr als 200 Jahren die Heimat des Ordens, ging am ersten Tag des neuen Jahres in Osmanischen Besitz über. Heldenhaft und ehrenvoll für den Orden war die Schlacht um den Ordensstaat zuende gegangen. Aber was bedeuten schon Ehre und Heldentum für das Schicksal von Staaten und Völkern?! Das Abendland hatte kurzsichtig eine Sternstunde der Weltgeschichte verpaßt. Denn schon ein kleines Entsatzheer und ein wenig Munition hätten den Orden befähigt, noch einige Tage oder Wochen auszuharren und die Türken damit in eine Winterkatastrophe allergrößten Ausmaßes zu schicken. Der nun bevorstehende Rückzug des Ordens aus Rhodos leitete den in seiner Dimension viel größeren Rückzug des Westens aus Zypern und Kreta sowie die völlige Osmanisierung und Islamisierung des östlichen Mittelmeerraumes ein. Hatte der Orden nach dieser Katastrophe noch eine Existenzberechtigung? Würde ihm noch eine Aufgabe und eine neue Heimat zugewiesen werden? War der Drang des Osmanischen Reiches mit der Besetzung von Rhodos befriedigt oder würden das jetzt ungeschützt vor ihm liegende westliche Mittelmeer und Südeuropa die nächsten Opfer türkischer Begehrlichkeit werden? Die Sicherheit des Christentums und der abendländischen Zivilisation der westlichen Mittelmeer-Region sowie die Zukunft des 400 Jahre alten Ritterordens standen jetzt gleichermaßen zur Disposition.

Die Suche nach einer neuen Heimat – Exil in Italien

Es war der frühe Morgen des 1. Januar 1523. Grau und abweisend, wie schon seit Wochen, lag die See vor der Hafeneinfahrt von Rhodos. Der Himmel war verhangen und kalter Nieselregen fiel auf die Schiffe, die auf der unruhigen See an ihren Ankern zerrten. Die Flotte stand kurz vor ihrer Abfahrt: die Kriegsschiffe des Ordens und die Segelschiffe der rhodischen Kaufherren und Fischer.

Die Angaben darüber, wie groß die Flotte des Ordens war, die jetzt für die Fahrt ins Exil bestimmt war, sind widersprüchlich. Manche Quellen sprechen von insgesamt 50 Schiffen, zu denen auch einige venezianische Kauffahrer, die in Rhodos vom Krieg überrascht worden waren, gehörten, andere von 31. Und wieder andere besagen, daß der Anteil der Ordensschiffe an der gesamten Exilantenflotte nur aus der neuen »Kracke« unter dem Kommando von Sir William Weston, des Turkopiliers und Bailiffs der englischen Zunge, sowie den Galeeren »San Giovanni« und »Santa Catarina« sowie der Barke »Perla« bestand. Es herrschte hoher Seegang und ein starker Wind – die bevorstehende Seereise würde alles andere als ungefährlich sein.

Am Ufer stand eine große Menschenmenge und schaute der Abfahrt zu: Rhodier, die sich entschlossen hatten, unter türkischer Herrschaft auf der Insel zu bleiben, und türkische Soldaten – unter ihnen die schlanke, jugendliche Gestalt Solimans, der dem Großmeister bis zuletzt mit großer Ritterlichkeit begegnet war. »Es betrübt mich, diesen tapferen, alten Mann aus seiner Heimat zu vertreiben«, soll er zu seiner Umgebung gesagt haben.

Etwa 5000 Rhodier, Männer, Frauen und Kinder, hatten sich entschlossen, nicht unter der Türkenherrschaft leben zu wollen, sondern mit den Rittern gemeinsam die Reise ins Ungewisse anzutreten. Viele von ihnen hatten während der Kämpfe ihr Haus verloren, die meisten hatten Tote zu beklagen und für niemanden konnte das Leben auf Rhodos so werden, wie es vor der Belagerung gewesen war. Die meisten mißtrauten auch den vertraglichen Abmachungen mit den Türken, denn zuviel Schreckliches hatte man in der Vergangenheit von ihnen gehört. Nur wenige Ritter waren auf den Schiffen, denn von den ursprünglich 600 Edelleuten hatten nur wenig mehr als 200 die Belagerung überlebt. Und von dieser kleinen Schar war weniger als die Hälfte in der Lage, ohne fremde Hilfe auf Deck zu stehen, um noch einen letzten Blick auf die geliebte Ordensheimat zu werfen. Viel Zeit für Sentimentalitäten hatte allerdings sowieso niemand. Denn alle türkischen Rudersklaven und sonstigen Arbeitskräfte waren ja entsprechend den Vertragsbedingungen in Freiheit gesetzt worden und ihre Ruderbänke nahmen jetzt spanische Grafen, französische Barone und italienische Marquise ein. Auch unter den Rhodiern gab es nicht mehr viele Seeleute, da sie genauso hohe Verluste erlitten hatten. Selbst im Sommer und bei gutem Wetter wäre die Beherrschung der Schiffe unter diesen Umständen eine gewagte Sache gewesen.

Obwohl der endgültige Bestimmungsort der Ritter Rom sein sollte, wo sie vom Papst entweder Unterstützung für eine Wiedereroberung von Rhodos fordern oder um eine neue Heimat nachsuchen wollten, war der erste Hafen, den man anzulaufen plante, Heraklion auf Kreta. Der venezianische Gouverneur von Kreta hatte sich jedoch vor der Belagerung von Rhodos als so wenig willig, die Ritter militärisch zu unterstützen, gezeigt, daß der Großmeister auf Kreta nur so lange wie unbedingt notwendig zu bleiben gedachte.

Auf der Kracke wurde sofort eine Krankenstation für die Verwundeten und Kranken eingerichtet und d'Isle Adam, der sich immer darum bemühte, seinen Rittern ein gutes Beispiel zu geben, reihte sich unter die adligen Krankenpfleger ein und kümmerte sich um die Hilfsbedürftigen.

Die Flotte nahm bei schlechter werdendem Wetter entlang der Nordküste von Rhodos Kurs auf die Insel Karpathos, fuhr zwischen Rhodos und Karpathos nach Süden und dann wieder nach Westen. Auf halbem Weg zwischen Karpathos und Kreta wurde die Flotte aber von einem heftigen Sturm überrascht. Der Nordwest-Sturm war so stark, daß die Galeeren und die kleinen Schiffe der Rhodier Gefahr liefen, zu kentern. Sollten die Flüchtlinge nun, da sie der Hölle der Belagerung entgangen waren, elendig ertrinken? Sie wurden vom Sturm und der Strömung zurückgetrieben und suchten im Lee von Karpathos Schutz. Nur die Kracke war noch in der Lage, ihren Kurs fortzusetzen.

Stürme dieser Art dauern in dieser Meeresgegend gewöhnlich drei bis vier Tage und werden dann von starkem Wind abgelöst. Endlich erreichte die Kracke den Hafen von Setia an der Nordostküste von Kreta. Auch hier gab es aber für die Besatzung keine Erholung, denn die Verwundeten mußten weiter gepflegt und die Große Kracke, die im Sturm Schaden genommen hatte, repariert werden.

Die Galeeren kamen erst im Laufe der nächsten Tage in Setia an. Zwei von ihnen fehlten; sie waren vermutlich untergegangen. Obwohl die Galeeren an der Küste von Karpathos etwas Schutz gefunden hatten, waren sie stark beschädigt und ihre Besatzungen völlig erschöpft. Es dauerte noch weitere zehn Tage, bis auch die kleineren Schiffe der Rhodier nach und nach in Setia ankamen. Sie hatten auch auf Karpathos Schutz gefunden, waren aber noch weniger als die Ordensgaleeren in der Lage, gegen den Wind nach Kreta aufzukreuzen. Auch bei ihrer Ankunft in Setia fehlten einzelne Schiffe – der Preis der Exilanten dafür, daß sie der Unterjochung durch das Osmanische Reich entgangen waren, war hoch. Die Rhodier, die nun auf Kreta landeten, waren völlig entmutigt, geschwächt und inzwischen auch völlig mittellos, denn die meisten von ihnen hatten ihre wenige Habe, die sie mitgenommen hatten, bei dem Sturm über Bord geworfen. Die Wellen waren nämlich so hoch gewesen, daß das überschlagende Wasser die Schiffe unter die Wasseroberfläche zu drücken drohte.

Zu der allgemeinen Verzweiflung kam die Unsicherheit, ob das Wetter sich bald ändern würde und ob der Orden und die Rhodier überhaupt auf Kreta willkommen sein würden. Der Großmeister schickte sofort nach seiner Ankunft Boten nach Heraklion, um den venezianischen Gouverneur über die Anlandung der Exilanten zu informieren. Dann kümmerte er sich um die ihm anvertrauten Flüchtlinge – eine traurige Ansammlung von Menschen, die eher Gespenstern glichen als Wesen von Fleisch und Blut. Vor allem gab er den Rhodiern, die so tapfer und loyal an der Seite des Ordens gekämpft hatten, die Versicherung, daß der Orden sie nicht verlassen werde. Und es spricht für die Großmut dieses wahrhaften Aristokraten, daß das Verzagen der Rhodier am Ende der Belagerung für ihn offenbar überhaupt keine Rolle mehr spielte. Eine solche Haltung gegenüber den Angehörigen einer sozial tiefer stehenden Schicht war für den Adel des 16. Jahrhunderts nicht gerade typisch. Sie entsprach aber der christlich geprägten Haltung der Johanniter, die sich dem Gebot »noblesse oblige« verpflichtet fühlten. D'Isle Adam sollte diese Haltung später noch einmal in eindrucksvoller Weise unter Beweis stellen.

Mit der Ankunft der Rhodier hatte die Arbeit des Ordens noch zugenommen, denn die Zahl der Kranken hatte sich nun beträchtlich erhöht.

Endlich kam eine Antwort aus Heraklion. Der Gouverneur, der jetzt offenbar keine Repressalien durch Soliman befürchtete, schickte einen Repräsentanten, Paolo Gustiniani, nach Setia, um dem Großmeister jegliche Hilfe anzubieten und ihn persönlich in die Hauptstadt von Kreta einzuladen. Hilfe war jetzt auch dringend erforderlich, denn durch Wundfieber und Krankheiten, vor allem die Ruhr, der man damals fast machtlos gegenüberstand, hatte sich der Gesundheitszustand der Flüchtlinge weiter in beängstigender Weise verschlechtert.

Der Großmeister und die obersten Würdenträger des Ordens überlegten nun, was als nächstes zu tun sei. Sobald es das Wetter erlaubte, wurde eine Galeere nach Rom entsandt, um den Papst über den Verlust von Rhodos und den Zustand des Ordens zu informieren. Der Großmeister äußerte in seiner Botschaft die Hoffnung auf eine neue Heimat für den Orden, fügte aber auch besorgt hinzu, daß möglicherweise viele seiner Ritter, sobald sie Italien erreicht hätten, den Orden verlassen und sich in ihre Heimat begeben würden.

Einige Wochen später kehrte die Galeere mit einer Antwort des Heiligen Vaters zurück. In einer scharf und drohend gehaltenen päpstlichen Bulle kündigte der Papst jedem Ritter die Exkommunikation und Verstoßung aus dem Orden an, der den Orden verlasse oder sonstige Zeichen des Ungehorsams erkennen lasse.

Das Wetter wurde nun besser, und so früh wie möglich verließen der Orden und die Rhodier Kreta, um nach Messina zu fahren. Indessen hatten sie sich hinsichtlich der Windverhältnisse getäuscht und wurden durch Strömung und Wind nordwärts getrieben, so daß sie bei der Insel Kythera südlich der Peloponnes, angesichts der schlechten Witterung erst einmal wieder Zuflucht suchen mußten.

Als die Windverhältnisse sich wieder gebessert hatten, brach die Flotte erneut auf, wobei nur die Kracke und die Galeeren Richtung Messina segelten, während die kleineren rhodischen Segelschiffe die Überfahrt über das offene Meer nicht wagten und deswegen den langen, mühsamen Weg entlang der Küste rund um die Adria nahmen. Dabei war es wieder bezeichnend für das Verantwortungsgefühl des Großmeisters, daß er die sichere Kracke verließ und auf eines der rhodischen Schiffe umstieg, um auch diese Abteilung der Flüchtlingsflotte sicher nach Messina zu geleiten und den Rhodiern das Gefühl der Geborgenheit zu geben, dessen sie jetzt dringend bedurften.

Das Mittelmeer war zu dieser Zeit eine gut funktionierende Informationsbörse und Gerüchteküche. Nichts, was am einen Ende der langen Ost-West-Seeverbindungen geschah, blieb am anderen Ende längere Zeit unbekannt, und damals wie heute waren die Häfen die Umschlagplätze für Waren, die Hafenkneipen aber die Umschlagplätze für Seemannsgeschichten. Als die Große Kracke in Messina anlangte, wurde sie bereits von einer großen Ansammlung von Ordensbrüdern erwartet. Da waren einmal die Ritter des großen Ordenspriorats Messina, zum anderen zahlreiche Ordensbrüder, die auf dem Wege von Europa nach Rhodos nur bis nach Messina gelangt waren, weil sie durch schlechte Wetterverhältnisse oder durch das Auftauchen von Freibeutern aufgehalten worden waren. Sie hatten jetzt in Messina auf günstiges Wetter gewartet, um nach Rhodos weiterfahren und ihren Brüdern zu Hilfe kommen zu können.

Die Begrüßung unter den Ordensbrüdern war herzlich, denn viele von ihnen kamen ja aus denselben großen europäischen Adelsfamilien. Aber auch die Trauer war groß, denn so mancher Ritter erfuhr erst jetzt, daß sein Sohn oder Bruder auf Rhodos gefallen war. Bei aller Herzlichkeit und gegenseitigen Verbundenheit gab es aber bald auch eine gewisse Spannung zwischen den in Messina Wartenden und den Rittern aus Rhodos.

Die leidgeprüften Ordensbrüder, die aus Rhodos kamen und teilweise schwer verletzt waren, warfen ihren Brüdern in Messina insgeheim vor, ihnen nicht rechtzeitig zu Hilfe gekommen zu sein. Und diejenigen, die schuldlos in Messina gewartet hatten, fühlten sich nun beschämt und zurückgesetzt – sie hatten auf dem Weg nach Messina ja schon einige Entbehrungen damaliger Reisen auf sich genommen, nun aber blieb ihnen der Ruhm versagt, an der tapferen Verteidigung der Insel teilgenommen zu haben. Darüber hinaus wuchs in den nächsten Wochen noch die Unruhe, weil der Orden keinerlei Nachricht über den anderen Teil der Flotte mit dem Großmeister an seiner Spitze hatte. Düstere Spekulationen machten in diesen Apriltagen des untätigen, müßigen Herumsitzens die Runde: Waren die Rhodier von Türken oder Seeräubern angegriffen und vernichtet worden? Waren sie erneut in einen Sturm geraten und untergegangen? Oder waren die Krankheiten, unter denen der Orden und die Rhodier schon seit ihrem Aufbruch von Rhodos gelitten hatten, erneut ausgebrochen?

Die letzte Vermutung war durchaus richtig. Sie wurde den Wartenden aber erst bekannt, als der Großmeister endlich doch noch mit den stark angeschlagenen Schiffen und den jammervollen Gestalten der Rhodier in Messina anlangte. Der spanische Vizekönig von Sizilien, Condé de Monteleon, bereitete d'Isle Adam einen glanzvollen Empfang und bot dem Großmeister im Namen Kaiser Karls V. an, mit dem Orden in Messina so lange zu bleiben, wie er wolle.

Die Ankunft des Großmeisters richtete die Moral der Ordensbrüder wieder auf. Seine herausragende Persönlichkeit schien alle wieder zu vereinen. Dennoch lauerten unter der Oberfläche von Gehorsam und Loyalität Unruhe und Unzufriedenheit. Innerhalb weniger Tage brach die Krise erneut aus. Es gab nämlich eine Reihe von Rittern, die entgegen der päpstlichen Bulle, den Orden zu verlassen wünschten. Unzufriedenheit herrschte aber auch unter denjenigen Rittern, die Rhodos von Messina aus nicht rechtzeitig hatten erreichen können, weil der Großmeister nun eine offizielle Untersuchung anstellen ließ, um festzustellen, warum keine Hilfe nach Rhodos gekommen war. Und schließlich wurde natürlich auch ganz allgemein die Grundsatzfrage diskutiert, wie der Orden ohne ein Kernland noch seine Aufgaben erfüllen, seine Ziele erreichen könne. Würde den Rittern noch irgendjemand eine neue Heimat geben? Und würde der Orden nach der zurückliegenden Katastrophe noch jemals die Chance haben, dem Sultan zu widerstehen? Würde der Orden, geschwächt, wie er jetzt war, nicht eine weitere Niederlage erleiden, die zweifellos zu seinem endgültigen Untergang führen würde?

All diese Diskussionen wurden aber bald von einer neuen Katastrophe überschattet: der Pest. Diese Geißel des Mittelalters war in der Stadt Messina ausgebrochen, wo viele Ritter und Rhodier Quartier genommen hatten. Sie alle wurden sofort auf die Kracke und die Galeeren beziehungsweise die rhodischen Schiffe zurückgerufen, und die ganze Flotte entfernte sich etwas von der Küste und suchte sich einen neuen Ankerplatz. Aber die Pest entfernte sich mit den Flüchtlingen und die Kabinen der Kracke waren bald wieder mit Kranken überfüllt. Wieder betätigten sich die Ritter im Sinne ihres ersten, ursprünglichen Auftrags als wahre Hospitaliter. Sie erfuhren dabei die volle Grausamkeit dieser Seuche und mußten oft genug miterleben, wie ihre Kameraden, die die Leiden des Kampfes von Rhodos und der anschließenden Odyssee überstanden hatten, plötzlich an ihren Körpern die ersten Beulen als Anzeichen dieser fürchterlichen Krankheit zeigten.

Niemand mochte den verseuchten Orden jetzt aufnehmen. Schließlich erhielt der Großmeister aber doch noch die Erlaubnis, nach Pozzuoli, einem Fischerdorf in der Bucht von Neapel, zu kommen. Als der Großmeister dort jedoch an Land ging, wurde ihm sofort bedeutet, daß seine Untertanen wegen der Seuche unerwünscht seien. Also segelte die Flotte weiter und der Orden fand schließlich eine Möglichkeit, in der Nähe von Pozzuoli an Land zu gehen. Hier bauten die Ritter zunächst am Strand ein Hospital auf, um ihre Kranken zu pflegen. Inzwischen aber war der Sommer mit seiner Hitze über den Golf von Neapel hereingebrochen, und sogar diejenigen Ordensmitglieder und Rhodier, die nicht von der Pest befallen waren, fühlten sich unwohl und krank, hatten Kopfschmerzen und Erbrechen. Man gab daran den vulkanischen Gasen des Vesuv die Schuld, aber sicher trug auch die gedrückte Stimmung der Flüchtlinge zu deren Befinden bei.

Unruhig geworden, suchte der Großmeister verzweifelt nach einem neuen Aufenthaltsort für die ihm Anbefohlenen, und der Orden begab sich daraufhin mit seinen Schiffen nach Cumae, einer kleinen Stadt nördlich von Neapel, wo das Klima weitaus besser war. Hier gab es jedoch kaum Unterkunftsmöglichkeiten und die Ordensmitglieder wie auch die rhodischen Bürger waren deshalb gezwungen, nahe den antiken Höhlen der Stadt ein Lager aufzuschlagen. Wie lange würde man nun hierbleiben müssen? Die Unruhe unter den Rittern und Rhodiern blieb bestehen. Der Platz war auch nicht ganz sicher vor Piratenüberfällen, und die Ordensbrüder bauten aus ihren Galeeren und der Kracke die Kanonen aus und brachten sie an Land, um sich besser schützen zu können.

Inzwischen wurden Pläne gemacht für den schon so lange verzögerten Zug nach Rom, wo der Großmeister dem Papst persönlich die Probleme des Ordens unterbreiten wollte. Als die Sommerhitze ihren Höhepunkt erreicht hatte, machte sich der Orden auf den Weg nach Civitavecchia.

Die Kranken hatten sich inzwischen etwas erholt, doch die Stimmung der Flüchtlinge hatte sich angesichts der hohen Temperaturen und der Tatsache, daß bisher keinerlei Fortschritte erzielt worden waren, nicht verbessert. D'Isle Adam schickte einen französischen Ritter, den Chevalier de Thevriere, zum Papst, um diesen über die Ankunft des Ordens in Civitavecchia zu informieren und auch darüber, daß die Unzufriedenheit im Orden einen neuen Höhepunkt zu erreichen drohe. D'Isle Adam hoffte darauf, bald bei Papst Adrian VI. eine Audienz zu erhalten, wurde aber wieder enttäuscht. Ein Beauftragter des Papstes, der Bischof von Cuenca, kam nach Civitavecchia mit der Botschaft, daß der Papst es für besser halte, wenn die Ritter während der heißen Jahreszeit an ihrem momentanen Aufenthaltsort blieben.

Für die Ritter, die an sich Männer der Tat waren, war es natürlich schlimm, wieder zur Untätigkeit verurteilt zu sein. Sie rätselten, warum der Papst sie nicht empfangen wollte und fühlten sich verlassen. Der Grund für das Verhalten des Papstes ist allerdings recht einfach zu erraten: Da Adrian sich auf einen Krieg mit Frankreich vorbereitete, konnte ihm zu dieser Zeit die Anwesenheit eines französischen Ordensgroßmeisters und zahlreicher französischer Ritter in Rom nicht gerade angenehm sein. Diese Vermutungen stellte man natürlich im Laufe der Zeit auch im Orden an, und dies sorgte für weitere Spannungen. Spannungen gab es insbesondere auch zwischen den französischen und spanischen Rittern, deren Heimatländer miteinander im Krieg lagen. Der Orden war zwar offiziell zu strikter Neutralität verpflichtet, wenn es um Streitigkeiten zwischen europäischen Staaten ging, und es war eine feste Regel, daß der Orden weder jemals seine Waffen gegen ein europäisches Land erheben würde noch daß innerhalb des Ordens jemals nationale Streitigkeiten ausgetragen werden durften. Dennoch kam es dazu, daß die Streitigkeiten zwischen einzelnen Ordensmitgliedern verschiedener Nationen fast mit Waffengewalt ausgetragen wurden.

Mitte August konnte endlich eine Kavalkade derjenigen Ritter, die sich schon ein Pferd beschafft hatten, nach Rom ziehen, und wurde am 25. August vor den Toren Roms von einer Delegation von Kardinälen und hochrangigen Prälaten, die von Anne de Montmorency, einem Neffen von d'Isle Adam und Botschafter Frankreichs beim Vatikan, angeführt wurde, empfangen. Es war ein prächtiger Empfang, den man den Ordensrittern bereitete und zu dem auch noch die päpstliche Garde und die Gefolgschaften der verschiedenen Kardinäle in ihren farbenfrohen Bekleidungen hinzustießen, sowie der kaiserliche Botschafter am Vatikan mit seinem Gefolge.

Langsam und in würdiger Prozession passierte die Kolonne das Tor zur Ewigen Stadt, die alten Plätze und antiken Ruinen und die Brücke über den Tiber. Dann betrat der Zug die Engelsburg, wo den Rittern zu Ehren Kanonen Salut schossen.

Der Großmeister wurde nach der Ankunft der Delegation sofort zu einer Privataudienz zum Papst geleitet. Er und seine Ritter nahmen danach an einem Festbankett des Kardinalkollegiums teil. Auch bei dieser Gelegenheit wurde jedoch nichts Konkretes über die Zukunft des Ordens vereinbart, einige der Ritter wurden nach Civitavecchia zurückgeschickt, wo sie sich um die Schiffe kümmern sollten, während der Rest der Ritterschaft mit dem Großmeister in Rom blieb.

Kurz danach verschlechterte sich der Gesundheitszustand des Papstes. Als möglicher Nachfolger im Falle seines Todes wurde bei den sofort einsetzenden Palastintrigen Kardinal de Medici, der selber Ritter des Johanniterordens war, genannt. Am 14. September starb Papst Adrian.

In den folgenden zwei Monaten wurden die schlichten Ritter Zeugen eines aufregenden Intrigenspiels um den Stuhl Petri im Vatikan: Die beiden wichtigsten Bewerber waren dabei Kardinal Medici und Kardinal Colonna. Um seine eigene Position zu verbessern, brachte Medici noch einen dritten Kandidaten ins Spiel, nämlich den Kardinal Orsini. Da dieser aber, wie seine ganze Familie, ein Todfeind der Fürstenfamilie Colonna war, unterstützte schließlich Colonna, nur um eine Wahl des Prinzen Orsini zu verhindern, die Bewerbung des Florentiner Prinzen Medici. Denn für einen Colonna war jeder andere Bewerber einem Papst aus der Familie der verhaßten Orsini vorzuziehen – und koste das auch die eigene Kandidatur. Medici wurde schließlich als Papst Clemens VII. auf den Stuhl Petri gehoben.

Für den Johanniterorden war diese Wahl äußerst günstig, und die Ritter konnten nun hoffen, daß der neue Papst sich ihnen gewogener zeigen werde als der letzte. Ihr Optimismus schien gerechtfertigt, denn als eine seiner ersten Maßnahmen überließ der neue Heilige Vater dem Orden die befestigte Stadt Viterbo als zeitweiligen Konvent, d.h. als vorläufige Heimat. Viterbo, ungefähr 40 Meilen nördlich von Rom und in günstiger Nähe zu Civitavecchio gelegen, wo sich die Ordensgaleeren befanden, schien dem Orden ein sehr guter Platz als vorläufiges Domizil zu sein – jedenfalls soweit es sich tatsächlich nur um einen zeitweiligen Aufenthalt handeln sollte. Die Ritter verbrachten das Weihnachtsfest dieses Jahres noch in Rom und zogen am 24. Januar 1524, immer noch gemeinsam mit den anlehnungsbedürftigen, treuen Rhodiern, nach Viterbo, während diejenigen Ordensbrüder, die zu den Galeeren abgeordnet waren, künftig in Civitavecchia ihren Dienst versahen.

Der heutige Besucher von Viterbo kann sich, wie in kaum einer anderen Stadt, mit einiger Phantasie ein Bild vom Leben der Ordensritter zu Beginn des 16. Jahrhunderts machen, wenn er im Süden der Stadt den vollkommen erhaltenen Stadtteil San Pellegrino mit seinen engen Gassen und mittelalterlichen Plätzen durchwandert. Ebenso, wenn er die aus dem 9. Jahrhundert stammende Kirche San Sisto oder die aus dem 11. Jahrhundert stammende Santa Maria Nuova besucht, den gotischen Palast der Päpste aus dem 13. Jahrhundert sowie die ihm gegenüberliegende Kathedrale aus dem 15. Jahrhundert. Vor allem aber, wenn er im Norden von Viterbo zur Kirche San Faustino geht, die für die nächsten Jahre zur Ordenskirche für die Johanniter wurde. Hier beteten die Ordensbrüder für eine Rückkehr nach Rhodos.

Viterbo sollte nicht die letzte Zwischenstation des Ordens auf seiner Suche nach einer endgültigen Bleibe sein: Immer wieder von der Pest eingeholt, verlegte der Konvent nach einigen Jahren seinen Sitz nach Villefranche in Savoyen, von dort nach Nizza und schließlich nach Syrakus auf Sizilien. Pausenlos bemühte sich der Großmeister während dieser Zeit um den Erhalt des Ordens und um einen endgültigen Ordenssitz oder zumindest um eine militärische Ausgangsbasis für eine Rückeroberung von Rhodos, von der die meisten Ritter noch immer träumten; und das nicht ganz ohne Grund:

In Ägypten war Ahmed Pascha, jener osmanische General, der die Waffenstillstandsverhandlungen von Rhodos ausgehandelt hatte, inzwischen zum Gouverneur ernannt und von einer im Osmanischen Reich verbreiteten Sehnsucht nach Unabhängigkeit befallen worden, die regelmäßig proportional zur räumlichen Entfernung vom Sultan in Istanbul zunahm. Soliman war fern und Ahmeds Verlangen nach Selbständigkeit offenbar ungeheuer groß. Nicht minder seine plötzlich erwachte Sympathie für den Orden, den er auf Rhodos noch heftig bekämpft hatte, dessen Restaurierung auf Rhodos als Puffer zwischen Istanbul und Kairo er sich jetzt aber gut vorstellen konnte. Pech für ihn dabei nur, daß seine Koalitionsverhandlungen mit dem Orden über eine gemeinsame Eroberung der Insel dem Sultan nicht verborgen blieben und dieser den unternehmungslustigen Pascha ohne viel Federlesens ins Jenseits befördern ließ. Womit auch die Sehnsüchte der Johanniter erst einmal einen Dämpfer erhalten hatten.

Auch andere Überlegungen stießen auf Hindernisse. So war z.B. die winzige Insel Elba als Ordenssitz im Gespräch, doch fürchtete der Orden, damit zu sehr unter den Einfluß des Hauses Habsburg und seiner spanisch-sizilianischen Mittelmeermacht zu geraten. Gerne wären die Ritter auch auf die Insel Kythera südlich der Peloponnes gezogen oder in die Souda-Bucht auf Kreta, wo sich der beste geschützte Naturhafen des Mittelmeers südlich der Ägäis befand. Aber in beiden Fällen lehnte Venedig, das dort die Herrschaft ausübte und türkische Repressalien fürchten mußte, ab.

Dann brachte der spanische Vizekönig von Sizilien die Inseln Malta und Gozo, die seiner Aufsicht unterstanden und strategisch günstig zwischen Sizilien und den spanischen Besitzungen in Nordafrika gelegen waren, ins Gespräch. Beiden Inseln kam zu dieser Zeit besondere geostrategische Bedeutung zu, da Spanien mit Sizilien und das Osmanische Reich gemeinsam mit den nordafrikanischen Piratenflotten die eigentlichen Herren des Mittelmeers waren. Die Scheide zwischen den Einflußzonen beider Mächte verlief ungefähr entlang der Verengung des Mittelmeers zwischen Sizilien und Tunis, war aber ständigen Schwankungen unterworfen. Spanien fürchtete mehr denn je zuvor, daß das Osmanische Reich nun, nach der Vertreibung der Johanniter aus Rhodos, in einer großen Zangenbewegung Italien umfassen und in das westliche Mittelmeer vordringen könnte. Da wäre ein starker militärischer Vorposten mit schlagkräftigen Seestreitkräften im Vorfeld der labilen strategischen Trennlinie Sizilien–Tunis natürlich genau das Richtige, um diese zu stabilisieren und einen Durchbruch der Türken zwischen Sizilien und den spanischen Besitzungen in Nordafrika zu verhindern. Außerdem verfügte Malta über zwei herausragende Naturhäfen – für den Orden eine unabdingbare Voraussetzung für seine maritime Aufgabenstellung.

All diesen Verlockungen stand aber wieder die Sorge der Ordensführung entgegen, zu sehr unter den Einfluß der Habsburger zu geraten. Gesandte des Ordens wurden nach Sizilien und Madrid entsandt, um die Möglichkeiten einer von Spanien weitgehend unabhängigen Inbesitznahme der Inseln auszuloten. Aber die Hoffnungen des Ordens waren gering, daß der Kaiser spanischen Besitz einem überwiegend französisch dominierten Orden überlassen würde, und die Spanier fürchteten tatsächlich, daß der Orden seine Häfen auf Malta französischen Seestreitkräften für Operationen gegen die spanischen Besitzungen in Nordafrika öffnen könnte. Kaiser Karl V. verlangte deshalb einen Lehnseid des Ordens auf seine Person und die seiner Nachfolger und forderte, als Gegengewicht zu der Zahl der Franzosen im Ordensrat, daß zwei Großbailiffs für die Zunge von Kastilien ernannt würden und daß der General der Galeeren stets ein Ritter italienischer Abstammung sei.

D'Isle Adam lehnte diese Bedingungen ab, da der Orden vor allem durch einen Lehnseid seine Neutralität verlieren würde, und die Zeit ging dahin. Andere Sorgen quälten jetzt den Staatsrat: König Heinrich VIII. von England hinderte Sir William Weston, den schon früher genannten bisherigen Bailiff der englischen Zunge und Turkopilier, das Amt des Großpriors in England anzutreten, und verlangte, daß alle englischen Ordensritter in der Garnison von Calais stationiert werden sollten. Papst Clemens forderte, den Prior von Rom zukünftig selber zu ernennen, was bisher ein Recht des Großmeisters war. Der Botschafter Kaiser Karls in Italien beanspruchte die dortigen Ordensbesitzungen für seinen Monarchen und Portugal forderte die Einnahmen des Ordens in Portugal für sich. Zugleich überschlugen sich die Ereignisse in Italien: 1527 wurde Rom von den kaiserlichen Spaniern und Deutschen geplündert und gebrandschatzt, der Papst wurde belagert und schließlich gefangengesetzt, die Medici erneut aus Florenz vertrieben.

Der Orden hatte mit diesen Geschehnissen nicht unmittelbar zu tun, aber den schlichten Rittern schauderte es bei all diesen machtpolitischen Querelen und sie sehnten sich zurück in den Kampf gegen die Feinde der Christenheit. Neue Verhandlungen über Malta fanden statt, nachdem inzwischen eine Kommission von Rittern die Inseln inspiziert hatte und zu einer halbwegs günstigen Bewertung gekommen war: Malta verfügte zwar außer in der Hauptstadt Notabile (dem jetzigen Rabat) und auf einer Halbinsel im Haupthafen über keinerlei Befestigungen und Gozo nur über eine zerfallende Zitadelle – es waren jedoch die Häfen, die die Inseln für den Orden attraktiv machten und den Ausschlag gaben. Außerdem gab es dort leicht zu bearbeitendes Gestein, das sich hervorragend für den Festungsbau eignete. Ansonsten waren die Inseln und ihre Bevölkerung allerdings jammervoll arm und eine nur dünne Aristokratie sizilisch-spanischer Abstammung konzentrierte sich auf die Hauptstadt im Zentrum von Malta.

Der Großmeister reiste nach Madrid, wo neue, schwierige Verhandlungen stattfanden, bei denen jede Seite Konzessionen machen mußte. Am Ende wurde schließlich im Jahre 1529 ein Übereinkommen getroffen, nach dem dem Orden gegen die symbolische Übergabe von jährlich einem Falken die Inseln zur Nutzung überlassen wurden. Wichtiger waren allerdings einige andere Vereinbarungen: Der Orden verpflichtete sich, Spanien in jedem Krieg gegen die »Ungläubigen« zu unterstützen. Abgesehen davon sollten die Ordensritter jedoch »(...) von jedem anderen Kriegsdienst oder anderen Dingen, die Vasallen ihren Herren schulden, exemt sein«. Dem Orden wurde mit Malta und Gozo auch die Verantwortung, d.h. die Verteidigung von Tripoli an der nordafrikanischen Küste übertragen. Diese Stadt, über die der Kaiser mit dem Titel eines Grafen herrschte, sollte sich noch als eine schwere Bürde für den Orden erweisen. Der Bischof von Malta sollte weiterhin vom Kaiser eingesetzt werden, und nach wie vor bestand Karl darauf, daß der General der Galeeren ein Italiener sein müsse. Zum unmittelbaren Vertreter des Kaisers gegenüber dem Orden wurde der Vizekönig von Sizilien bestimmt.

Das Abkommen wurde am 24. März 1530 in Castelfranco unterschrieben. Sieben Monate später, am 26. Oktober, fuhr der Großmeister mit allen Ordensschiffen in den Grand Harbour von Malta ein. Zur Ordensflotte gehörte nun auch die »Santa Anna«, ein 1522, also kurz vor Beginn des Exils, in Nizza in Auftrag gegebenes 2000 Tonnen schweres Duplikat der »Großen Kracke«, die offiziell den Namen »Santa Maria« führte, so daß der Orden jetzt bereits über zwei Schlachtschiffe verfügte. Mit der Landung auf Malta hatte eine neue Ära der Ordensgeschichte begonnen.

Malta – das Zentrum der Piratenjagd

Die Tage wurden länger, die See ruhiger. Auf dem kargen Land, gelb und verdorrt seit dem letzten Herbst, regte sich hier und da etwas Grün. Das Frühjahr hielt auf dem Land Einzug. Es war eine eintönige, nur leicht gewellte Ebene, die von ihren 12 000 Bewohnern, die sich mühsam von ertragsarmer Landwirtschaft und von Fischfang ernährten, bewirtschaftet wurde. Von Menschen, in deren Adern sich phönizisches, italisches, sizilianisches, normannisches und arabisches Blut vereinte und die einen dem Arabischen verwandten Dialekt sprachen. Bescheidene Menschen waren die Malteser, genügsam und fromm, die in aus gelbem Stein errichteten ärmlichen Dörfern wohnten – seit Jahrhunderten an Fremdherrschaft gewöhnt, zuletzt an die der spanischen Vizekönige von Sizilien, die sich in der Inselhauptstadt Notabile, der späteren Doppelstadt Mdina-Rabat, durch die einheimischen Patrizier und der Versammlung der »Università« und den von seiner Katholischen Spanischen Majestät eingesetzten Bischöfen hatten vertreten lassen.

Etwas grüner und fruchtbarer als Malta war die westlich gelegene kleinere Insel Gozo, trist und unbewohnt dagegen das zwischen beiden Inseln gelegene Inselchen Comino. Von Bedeutung in der Inselgruppe waren eigentlich nur die etwa zehn Buchten an der Nord- und Ostküste Maltas, von denen zwei, die eine bei dem Fischerdorf Birgu, die andere bei Marsaxlokk, beste Voraussetzungen für erstklassige Naturhäfen boten.

Als das Wetter es zuließ, nahmen die wenigen Ordensgaleeren, die es noch gab, ihre »Karawanen« wieder auf. Kleinere Unternehmungen zunächst, aber immerhin: Die Türken und die Piraten merkten, daß sich der Orden als Mittelmeer-»Polizei« wieder zurückgemeldet hatte.

Aber noch waren die Ritter über die zukünftige Rolle, die sie auf dem Mittelmeer spielen sollten, nicht ganz schlüssig, vor allem nicht darüber, wo ihr Hauptoperationsgebiet liegen sollte. Weiterhin im östlichen Mittelmeer, also so dicht wie möglich am osmanischen Feind, damit aber weit entfernt vom Heimathafen? Oder sollte der Orden seinen Sitz und Hafen wieder weiter nach Osten verlegen? Auch die Rückeroberung von Rhodos wurde weiterhin erwogen.

Dazu aber fehlte dem Orden nach seiner schweren Niederlage noch die militärische Stärke, und auf einen Beistand aus den christlichen Staaten war zur Zeit nicht zu hoffen, da der Kreuzzugsgedanke endgültig versiegt war. Also suchte der Große Rat nach einer Ersatzlösung, und die kleine Flotte wurde losgeschickt, den Türken an der Südküste der Peloponnes die Stadt Modon mit der geschützten Bucht von Navarino zu entreißen; das Unternehmen scheiterte jedoch. Nur das benachbarte Koron konnte 1532 im Verbund mit einer spanischen Flotte erobert werden, mußte aber wieder aufgegeben werden, als die Türken den Ort aushungerten und die Griechen, die aus Hunger zu ihnen überliefen, bei lebendigem Leibe abhäuteten und rösteten. Der Mißerfolg bestärkte nun auch diejenigen unter den Rittern, die sich zunächst nur zögernd mit Malta abgefunden hatten. Von dort aus wollte man zukünftig vor allem an der nahe gelegenen nordafrikanischen Küste die Piraten zu vernichten und die Türken aus dem westlichen Mittelmeer fern zu halten versuchen. Voraussetzung für diese Vorhaben aber war, die Flotte zu vergrößern und die Halbinsel Birgu als zukünftigen Ordenssitz sicher zu machen.

Dazu ließ der Großmeister als erstes das kleine und teilweise in Ruinen liegende Fort St. Elmo an der Spitze der Landzunge zwischen den beiden tiefen Buchten von Marsamxett und dem Grand Harbour instand setzen und im Grand Harbour die Halbinsel Birgu mit dem Fort St. Angelo, das durch einen Graben von der Halbinsel abgetrennt wurde, befestigen. Ebenso die weiter südlich gelegene andere Halbinsel, die später, nach einem Ordensgroßmeister, den Namen Senglea erhalten sollte. Beide Landzungen mußten sodann an ihren Landseiten befestigt, ein Hospital errichtet und die Herbergen der verschiedenen Zungen gebaut werden. All diese Maßnahmen sollten überdies schnell ergriffen werden, denn Spione und die Botschafter des Ordens in Europa berichteten, daß der Sultan bereits seinen nächsten Schlag gegen den Orden plante. Allenthalben fehlte dem Orden aber Geld, und zugleich sollte die Flotte, das Kernstück des Ordens, wieder vergrößert werden. Wie aber sah es im Orden mit dem Schiffbau aus?

Zum Bau von Schiffen fehlte es auf der fast völlig baumlosen Insel an Holz, das deshalb mühsam und kostspielig im Ausland beschafft werden mußte, um daraus im Arsenal, das zwischen den beiden Halbinseln Birgu und Senglea errichtet wurde, die ersten Galeeren zu bauen. Später kamen noch sogenannte Galleonen hinzu – etwas höher als die flachen Galeeren, mit mehr Segeln versehen, schwerer bewaffnet, aber auch schwerfälliger zu manövrieren. Und viel später, etwa ab 1700, würde der Orden seine Schiffe im Ausland, vorzugsweise auf Werften in Toulon, Neapel, aber auch in Amsterdam, bauen lassen. Dann sollte auch die Zahl von Rittern und Schiffsunternehmern mit eigenen Schiffen und privat angeheuerten Seeleuten, die unter der Ordensflagge Kaperfahrten durchführten, wieder zunehmen. Die Chronisten berichten, daß es 1669 dreißig solcher Raubunternehmer gab, die Gottes und sonstigen Lohnes wegen mit frommem Seufzen die beschwerliche Freibeuterei auf sich nahmen. Das alles verschlang für den Orden viel Geld, und die Großpriorate und Balleien in Europa wurden angehalten, zwei Prozent ihrer Einnahmen alleine für den Schiffbau abzugeben. Diese Appelle des Großmeisters wurden in Europa auch in voller Demut aufgenommen, lösten aber, wenn man den Chronisten glauben darf, bei den Komturen und Bailiffs keinerlei übertriebene Zahlungshektik aus. Der Konvent mußte auf andere Einnahmen zurückgreifen, und im 17. Jahrhundert gab er 45 Prozent seiner Gesamtausgaben alleine für die Seestreitkräfte aus.

Die Finanzlage des Ordens war bedrückend, und sie wurde noch schlechter, als ab 1540 die Einnahmen des Großpriorats England ausfielen. Dort hatte nämlich König Heinrich VIII., der 1528 d'Isle Adam für den Orden im Exil noch einen großzügigen Geldbetrag gestiftet hatte, sämtliche Klöster und Orden aufgelöst und deren Vermögen beschlagnahmt. Vorausgegangen war die hinlänglich bekannte Affäre des Königs mit Anna Boleyn, mit der er entgegen dem Gebot der katholischen Kirche eine zweite Ehe einging und deshalb die englische Kirche vollständig von Rom loslöste. Zuvor hatte er als »Supreme Head of the Church of England and Protector of the Order« in einem Schreiben vom 7. Juli 1538 (jetzt in der Nationalbibliothek von Malta) gegenüber dem Großprior von England, dem bereits früher erwähnten Sir William Weston, seine Bereitschaft, den Orden zuzulassen, davon abhängig gemacht, daß dieser ihm gegenüber ein Treue- und Gehorsamsgelübde ablege, also ein Orden der englischen Krone werde; dies lehnte Weston ab. Erst Königin Maria Tudor, »die Blutige«, die Gemahlin von König Philip II. von Spanien, sollte im Zusammenhang mit ihrer grausamen Verfolgung der Protestanten 1557 Kardinal Pole ermächtigen, den Orden wieder in seine alten Rechte einzusetzen, die daraufhin am 13. März 1558 in Westminster bestätigt wurden. Aber schon wenige Monate später, nach Marias Tod, wurde das Großpriorat unter Königin Elisabeth wieder aufgelöst.

Auch in Norddeutschland löste sich der Johanniterorden als Folge der Reformation mehr oder weniger auf, und auch aus Skandinavien erfolgten keine Zahlungen mehr an den Konvent.

All das hielt den Orden aber nicht davon ab, den Seekrieg gegen die Moslems wieder aufzunehmen. Gerade die Seeoperationen, die der Orden während der nächsten Jahre an der nordafrikanischen Küste unternahm, prägten seine Geschichte nachhaltig:

Besonders prekär war die Lage in Tripoli, wo der Orden die Spanier als Besatzungsmacht abgelöst hatte, weil die Garnison schlecht befestigt und von teilweise feindlichen arabischen Stämmen umgeben war. Etwas östlich von Tripoli lag das Städtchen Tagiora (jetzt Tajura) und südwestlich Gienzor (jetzt Janzur). Beide Städte waren bisher mit Tunis verbündet gewesen, das unter spanischem Schutz stand, doch hatten sie sich vor kurzem von Muley Hassan, dem schwachen und korrupten Herrscher von Tunis, unabhängig erklärt. Tagiora war nun mit dem Seeräuber Khair es Din verbündet, dem »König von Algier«, während Gienzor von Gaspard de Sanguesse, dem Gouverneur von Tripoli, auf die Seite des Ordens gezogen worden war.

Muley Hassan war bei der Bevölkerung von Tunis verhaßt. Er war nur auf den Thron gelangt, weil seine Mutter, die Lieblingsfrau des vorangegangenen Herrschers, Muley Mohammed, ihren Mann überredet hatte, die Thronfolge für Hassan zu sichern. Danach hatte sie, bevor Mohammed unter dem Einfluß einer seiner anderen Frauen seine Meinung ändern konnte, diesen ins Jenseits befördern lassen und, gründlich wie sie nun einmal war, ihm auch noch etwa vierzig andere Thronanwärter folgen lassen – das Beispiel der osmanischen Thronfolgesicherung hatte offenbar schon abgefärbt, sorgte aber selbst in Ländern, in denen Königs-, Vater- und Brudermorde nicht selten geschahen, nicht für ausgesprochene Beliebtheit.

Tagiora fiel 1532 unter die Herrschaft von Khair ed Din von Karaman, der von den Christen auch Chasse Diable oder Caccia Diavolo, also Jagdteufel, genannt wurde. Er war ein enger Verbündeter von Khair ed Din Barbarossa, und ihm gelang es, die Bevölkerung von Gienzor zu überreden, ihre Verbindung zum Orden aufzugeben. Chasse Diable ließ daraufhin an der Küste von Tagiora ein Fort bauen, das den Namen El Khaid erhielt und von dem aus die Einfahrt in den Hafen von Tripoli überwacht werden konnte. Die Ordensritter unternahmen von Tripoli aus zwar einige Ausfälle, um diesen Dorn im eigenen Fleisch zu beseitigen, hatten dabei aber keinen Erfolg.

Ende des Jahres wurde bekannt, daß Khair ed Din Barbarossa sich nach Istanbul begeben hatte, und im Orden fürchtete man, daß er sich mit Unterstützung des Sultans auf irgendein größeres Unternehmen vorbereitete. Die Ritter überlegten, ob sein nächster Schlag sich gegen Tripoli oder gegen Tunis richten würde. Oder würde der Korsar sich gegen Sizilien oder Italien wenden, wie es die Seeräuber in der Vergangenheit schon so oft gemacht hatten?

Sobald es die Saison und die Witterungsverhältnisse erlaubten, segelte die Ordensflotte 1534 mit ihren Galeeren nach Messina, um sich dort mit der spanischen Flotte unter Andrea Doria zu vereinigen, die zur nordafrikanischen Küste segeln wollte. Doria (d'Oria), der berühmte genuesische Admiral, war zu dieser Zeit bereits 67 Jahre alt, doch immer noch ein stattlicher Mann mit beherrschender Gestalt. Er war schon einmal der General der Galeeren des Königs von Frankreich gewesen, hatte aber 1528, wie es damals bei großen Feldherren und Admiralen nicht ungewöhnlich war, die Fahnen gewechselt und war, nachdem König Franz ihm gegenüber einige Versprechungen nicht eingehalten hatte, auf die Seite Karls V. getreten. Als Oberbefehlshaber der spanischen Flotte führte er nun einen gnadenlosen Krieg gegen die Türken. Dabei war er vermutlich kein brillanter Taktiker des Seekriegs und war mehr als einmal von seinen Gegnern ausmanövriert worden. Gleichwohl galt er zu seiner Zeit als der am meisten befähigte christliche Flottenchef, und unter ihm war die spanische Flotte der abendländische Schild im Mittelmeer.

Inzwischen hatten es Muley Hassan und seine Mutter, die ansonsten in diesen Dingen bekanntlich von bestechender Tüchtigkeit war, versäumt, einen älteren Bruder Hassans namens Ar Raschid umzubringen. Da Raschid die bisherige Nachlässigkeit Hassans wohl nicht als Lebensversicherung ausreichte, war er nach Algier gezogen und hatte dort Khair ed Din gebeten, ihn beim Sturz seines Bruders Hassan zu unterstützen. Bevor es dazu kam, durfte Raschid aber erst einmal Khair ed Din auf seiner Fahrt nach Istanbul begleiten, wo der Korsar, hochgeachtet beim Sultan, den Winter damit verbrachte, den Bau einer Flotte von etwa 70 Galeeren Solimans , zu denen noch etwa 20 eigene Schiffe und die Schiffe einiger kleinerer Freibeuter kamen, zu überwachen. Aus Anlaß dieses Besuches wurde er auch formal zum türkischen Admiral ernannt. Als Khair ed Din im Frühjahr 1534 mit seinen Galeeren aufbrach, befanden sich auf den Schiffen auch 8000 Janitscharen – nicht mehr jedoch Raschid, der von den »Stummen« des Sultans, Sklaven, die die Schmutzarbeit des Herrschers verrichteten und denen im Sinne einer erhöhten Diskretion die Zungen herausgerissen wurden, erdrosselt worden war.

Mit des Sultans Genehmigung segelte Khair ed Din nun nach Westen und beabsichtigte, nun Tunis zu erobern. Zunächst fuhr er jedoch, um die allgemeine Aufmerksamkeit von Nordafrika abzulenken, nach Italien und verwüstete die Küsten Kalabriens und des Königreichs Neapel. Als er die überfallenen Landstriche verwüstet und geplündert zurückgelassen hatte, wandte er sich nach Süden. Durch List und Täuschung gelang es ihm, das vor Tunis an der See gelegene starke Fort Goleta in seinen Besitz zu bringen. Unter dem Vorwand, Raschid nach Tunis zurückzubringen, wandte er sich dann gegen die Hauptstadt, um diese einzunehmen. Dies gelang ihm schließlich wieder durch List und mit Gewalt. Die Bevölkerung war froh darüber, von Muley Hassan und seiner wenig sentimentalen Mutter befreit zu sein – beide waren nämlich rechtzeitig geflüchtet – und hieß ihn anfangs willkommen.

Die Ordensflotte erfuhr auf hoher See von all diesen Ereignissen um Tunis. Die Meldungen waren wahrlich bestürzend, was verständlich wird, wenn man die geographischen Verhältnisse berücksichtigt: Zwischen Tunis bzw. der vorgelagerten Halbinsel mit Kap Bon einerseits und Sizilien andererseits wird das Mittelmeer nämlich auf kürzester Entfernung in seinen östlichen und westlichen Teil getrennt – hier also befand sich die strategische Grenze zwischen den Herrschaftsgebieten des Kaisers und des Sultans. Daher war es für Karl V. und damit auch für den Orden von äußerster Wichtigkeit, daß die Landpfosten dieser Trennlinie im eigenen Einflußbereich blieben.

Die Ordensflotte fuhr sofort nach Malta zurück. Hier erfuhren die Ritter aber als erstes, daß ihr verehrter Großmeister d'Isle Adam inzwischen verstorben war. Die Bestürzung war groß, und tiefe Trauer erfaßte jedes Ordensmitglied über den Tod des verehrten Großmeisters.

Zugleich nahmen die Sorgen vor einem Angriff der Türken zu, und die Ritter schlossen in ihre Gebete um das Seelenheil des Verstorbenen die flehentliche Bitte ein, daß der erwartete Angriff erst erfolgen möge, wenn die Verteidigungsvorbereitungen für die Insel abgeschlossen seien. Soliman zeigte jedoch merkwürdigerweise noch keine Eile, den unliebsamen christlichen Orden, der ihm so viel Ärger bereitete, jetzt schon zu zerschlagen. Er konzentrierte sich im Mittelmeer weiter auf Nordafrika und war im übrigen auch in Europa und in Persien gebunden. Eine Bedrohung sah er im Orden jedenfalls nicht. Hatte er ihn nicht auf Rhodos gründlich genug zerschlagen? Würde es nicht noch vieler Jahre bedürfen, bevor die Ritter sich von dem fürchterlichen Schlag, den sie erlitten hatten, erholen und seinen Seelenfrieden wieder stören könnten?

Immer deutlicher zeigte sich nunmehr, daß die eigentlichen Gegner im Mittelmeer Soliman und Karl V. waren. Der Kaiser entschloß sich zu dieser Zeit, im Mittelmeer klare Verhältnisse zu schaffen und plante eine größere Aktion zur Rückeroberung von Tunis. Die

Sorgen, die die Türken ihm an seinen östlichen Grenzen und die Lutheraner in Deutschland bereiteten, stellte er dabei zunächst einmal zurück und bewies, daß ihm kühne militärische Planungen keineswegs fremd waren.

Auf Malta war inzwischen ein neuer Großmeister gewählt worden: Pietro del Ponte, ein siebzigjähriger Italiener, der bisher Prior in Kalabrien gewesen war. Del Ponte befand sich noch in Kalabrien, als er zugleich die Mitteilung über seine Ernennung und die Neuigkeiten über den Fall von Tunis erhielt. Eine seiner ersten Amtshandlungen bestand deshalb darin, den Kaiser eindringlich um Hilfe für die Verteidigung von Tripoli zu bitten, da Khair ed Din nur wenig Zeit verloren hatte, um mit Hilfe seiner Gefolgsleute Hassan Agha und Chasse Diable in der Stadt selbst Unruhen anzuzetteln. Obwohl es der Garnison gelungen war, den Aufstand niederzuschlagen, entschied sich der neue Großmeister, dem Gouverneur von Tripoli Verstärkungen zu schicken. Karl V. reagierte allerdings nicht und schickte keinerlei Hilfe.

Nachdem die Galeeren die Verstärkungen in Tripoli gelandet hatten, gingen sie unter dem Kommando ihres Kommandeurs, des »Generals der Galeeren« Aurelio Botigella, der früher Prior von Pisa gewesen war und seit 1534 die Galeeren führte, sofort auf Kaperfahrt vor der nordafrikanischen Küste. Wie diese Kaperfahrten und die Vernichtung feindlicher Schiffe aussahen, zeigt ein Bericht, dessen Einzelheiten dem Ordensarchiv entnommen worden sind:

Anfang 1535 segelte die Ordensflotte zwischen Sizilien und Malta, als ihr eine Galleone der nordafrikanischen Korsaren begegnete. Botigella gab Befehl, ihr den Weg abzuschneiden und sie zu kapern. Aber die Strömung lief gegen die Galeeren und war so stark, daß diese die Entfernung zu dem gejagten Schiff nicht verringern konnten. Nacheinander fielen alle Galeeren zurück, und Botigella befahl, den Angriff abzubrechen. Aber eine der Ordensgaleeren, die »Gallo« unter dem französischen Ritter de la Valette, setzte den Angriff unverzagt fort. Valette, der sich später als Großmeister noch einen Namen machen sollte, ließ aus seinen Rudersklaven das Letzte herausholen, und es gelang ihm tatsächlich, nicht nur den Abstand zu der Beute zu verringern, sondern sich auf die andere Seite des Gegners zu setzen. Nun brauchte er nur noch zu wenden, hatte die Strömung damit im Rücken und konnte mit äußerster Geschwindigkeit auf den Gegner zupreschen, um ihm mit voller Wucht den Rammsporn in den Schiffsbauch zu stoßen.

Kurz vor dem Zusammenprall eröffneten die Piraten zwar das Feuer auf die Galeerenbesatzung, aber da war es bereits zu spät: Auf ein Kommando, wie um der todgeweihten Beute einen letzten Salut zu erweisen, gingen die Ruder der Ordensgaleere hoch und verharrten, während der Rammsporn krachend in das Holz der Galleone fuhr. Die Galeere erbebte, während von der Galleone das Rauschen des durch das Loch hereinströmenden Wassers, das Gepolter herumgestoßener Gegenstände und die Schreie der angeketteten Sklaven ertönten. Indessen fuhren die Langruder der Ordensgaleere wieder ins Wasser, um mit rückwärts gerichteten Ruderbewegungen den Rammsporn, der sich im Holz des gegnerischen Schiffes verkeilt hatte, aus dessen Schiffskörper herauszureißen. Es bedurfte keines Ansporns und keiner Peitsche der Aufseher, daß die Sklaven des Äußerste an Kraft aufwanden, um die Schiffe voneinander loszureißen, wollten sie nicht von dem untergehenden Piratenschiff mit in die Tiefe gerissen werden und das Schicksal der christlichen Sklaven auf dem Piratenschiff teilen. Es gab nur 17 überlebende Piraten, die sofort an die Ruderbänke gekettet wurden. Sie sagten aus, daß ihr Schiff dem berüchtigten Piratenführer Chasse Diable, dem Herrscher von Tagiora, gehört habe.

Die Zeit verging. Ende Mai verließen die Kracke »Santa Anna« und die Galeeren den Hafen von Malta, um nach Cagliari auf Sardinien zu fahren, wo sich die Ordenseskadra mit der spanischen Flotte unter Andrea Doria treffen sollte. Winkend standen auf den Mauern von Birgu die Frauen und Liebsten der maltesischen Seeleute und manch ein hübsches Mädchen, das insgeheim einen der schönen, jungen Ritter in ihr Herz geschlossen hatte. Etwas abseits davon eine Gruppe von Rittern, die meisten von ihnen schon etwas älter, die die Ausfahrt ihrer Kameraden beobachteten und Gottes, der Jungfrau Maria und des Heiligen Johannes Segen auf sie herabflehten.

Neben der Kracke waren es jetzt immerhin schon sieben Galeeren, die der Orden aufbringen konnte und die sich in Cagliari mit der spanischen Flotte trafen, die aus dreihundert Segeln, 20 000 Mann und 2000 Pferden bestand. Am 13. Juni fuhr die gesamte Flotte von Cagliari zum Hafen von Goleta, einer Stadt mit einer starken Seefestung, hinter der sich, durch einen schmalen Kanal verbunden, die Stadt Tunis befand. Dieser Kanal war nicht breit genug, um den Galeeren mit ihren weit herausragenden Rudern die Durchfahrt zu erlauben. Kein Weg nach Tunis führte deshalb von See her an Goleta vorbei – das quadratische Fort war der Schlüssel nach Tunis.

Kaiser Karl, der nun auch vor Goleta eintraf, ordnete als erstes die Beschießung der Festung von den Schiffen her an, unter deren Schutz die Landungstruppen den Uferstreifen gewinnen sollten. Innerhalb der Reichweite der Waffen der Verteidiger verschanzten die Angreifer dort ihre ans Ufer gebrachten Geschütze, und wehrten die ersten Ausfälle der unter dem Kommando von Chasse Diable und Sinan Pascha, einem zum Islam übergetretenen Juden aus Smyrna, stehenden Korsaren ab. Währenddessen befahl der Kaiser, daß alle Galeeren einzeln unter den Mauern der Festung vorbeifahren und diese unter Feuer nehmen sollten. Dabei wurden sie von einem heftigen Dauerfeuer der Kracke überschossen. Diese Kanonade dauerte von Mitternacht bis zum nächsten Mittag. Dann, unter der vollen Hitze der Julisonne, begann der Sturmangriff auf die Festung.

Die Ehre, diesen Angriff anzuführen, fiel dem Orden zu, der von Antoine de Grolée von der Zunge der Auvergne geführt wurde. Die Ordensbrüder landeten mit flachen Booten, die allerdings unglücklicherweise weit vor dem Strand auf Grund liefen, so daß die Angreifer ins Wasser springen und in ihren Rüstungen und Waffen zum Strand waten mußten. Während die Ordensritter und ihre Gefolgsleute so landeten, bereiteten die italienischen und deutschen Kontingente des Kaisers Angriffe an anderen Stellen vor.

Doch es bedurfte nur eines kurzen, heftigen Angriffs, um Goleta zu erobern, und damit gelangte nicht nur die Festung in Karls Besitz, sondern auch ein riesiges Arsenal an Rüstungsgütern: mehr als hundert Schiffe und dreihundert Geschütze aller Kaliber.

Nach dem Fall von Goleta sah sich Khair ed Din gezwungen, sein Glück in der offenen Schlacht zu suchen. Zur Sicherheit wollte er die 7000 Christensklaven, die sich in der Stadt befanden, umbringen lassen, doch hielten ihn die muslimischen Bewohner der Stadt, die ihm ohnehin nur gezwungenermaßen gehorchten, davon ab. Seine Truppen bestanden aus 9700 Mann, darunter drei Viertel Asiaten und ein Viertel aus der Stadt Tunis. Außerhalb der Stadt brachte er seine Soldaten dann an einem geeigneten Ort in Stellung, um die kaiserlichen Truppen zu überfallen.

Aber erneut traf ihn ein Mißgeschick: In der Zitadelle von Tunis war es einem Gefangenen, einem italienischen Ritter namens Simeoni, gelungen, sich und andere Gefangene zu befreien, die wenigen, in der Festung verbliebenen Wachen zu überwältigen, sich der Rüstungskammer zu bemächtigen und die Stadtmauern zu besetzen. Daraufhin schickte Simeoni einen Boten zum kaiserlichen Heer, und der Kaiser konnte kurze Zeit später kampflos die Stadt betreten, wo er Simeoni dankbar in seine Arme schloß. Die Korsaren dürften wohl reichlich erstaunt gewesen sein, als sie vor den verschlossenen Stadttoren anlangten und in die Kanonenrohre auf den Stadtmauern starrten.

Khair ed Din, der sich ausgeschlossen sah, ergriff mit seinen Korsarenhauptleuten Sinan, dem Verteidiger Goletas, und Chasse Diable die Flucht ins Gebirge. Kaiser Karl verließ Tunis schon am 1. August wieder, um nach Goleta zurückzukehren.

Am 8. August wurde zwischen Karl V. und Muley Hassan ein Vertrag unterzeichnet, in dem sich der Sultan dem Kaiser unterwarf. Darin verpflichtete sich der Sultan, alle Christensklaven im Hafsidenreich freizulassen und er gelobte, die Städte Bona, Biserta und Mahdia der Gewalt von Khair ed Din zu entreißen und dem Kaiser zu übergeben. Die Festung Goleta sollte ab sofort schon in spanischer Hand bleiben.

Karl V. war zu dieser Zeit erst 35 Jahre alt und sein vorstehendes Kinn sowie sein schlaffer Mund machten aus ihm keine besonders eindrucksvolle Erscheinung. Erfolge wie dieser im Kampf gegen die Ungläubigen, ebenso wie seine Feldzüge in Deutschland und Frankreich, sowie gegen die Türken, Kriege, mit denen er an der Spitze seiner Heere sein riesiges Reich zusammenhielt, machten ihn aber zur herausragenden Herrscherpersönlichkeit seiner Zeit und zum wichtigsten Verbündeten des Ordens.

Nach einer Herrschaftsdauer von wenig mehr als einem Jahr verstarb der Großmeister Pietro del Ponte. Zu seinem Nachfolger wurde Didier de St. Jaille, der bereits bei der Belagerung von Rhodos hervorgetreten war, gewählt. St. Jaille befand sich zur Zeit seiner Wahl in Frankreich und machte sich sofort auf den Weg nach Malta. Er erkrankte unterwegs jedoch, mußte seine Reise in Montpellier unterbrechen und verstarb dort schließlich im September 1536. Während seiner nominell zehn Monate währenden Regierungszeit wurde er in Malta von seinem »Leutnant« Jacques Peliquin vertreten. Während dieser Zeit gab es im Mittelmeerraum ein sicherheitspolitisches Ereignis, das die bisherige Geschlossenheit der Christenheit gegenüber dem Islam in Frage stellte und den inneren Zusammenhalt des Ordens einer ernsten Belastungsprobe aussetzte.

Auf der Suche nach Verbündeten gegen das Habsburger Reich hatte sich Frankreich an das Osmanische Reich gewandt und schloß 1536 mit der Hohen Pforte einen Vertrag, der als »Handelstraktat« in die Geschichte einging und der Vorläufer einer Jahrhunderte währenden Verbindung beider Mächte wurde. Später folgten diesem Vertrag die sogenannten »Kapitulationen«, die ein französisch-osmanisches Freundschaftsverhältnis begründeten. In dem Handelstraktat wurde Vorsorge getroffen für die freie Schiffahrt und den freien Handel der beiderseitigen Untertanen und für eine unbeschränkte Gerichtsbarkeit der Konsuln beider Mächte. Außerdem wurde vereinbart, daß die Sklaven des jeweils anderen Vertragspartners freigelassen würden und zukünftig keine der beiden Seiten Untertanen des anderen Vertragspartners versklaven durfte. Dem Malta unmittelbar berührenden Geschehen wieder etwas vorausgreifend, sei an dieser Stelle bereits angedeutet, wie sich diese französisch-türkische Annäherung auf die Machtverhältnisse und die militärischen Auseinandersetzungen im Mittelmeerraum auswirken sollte:

1542, als der bereits früher erwähnte Aragonier Juan d'Homedes Großmeister der Johanniter war, versuchte die Pforte, Venedig an der Seite Frankreichs in den Krieg gegen Spanien zu ziehen. In diesen Bemühungen spielte vor allem der französische Botschafter in der Türkei, Paulin, ein ehemaliger Seeoffizier, eine herausragende

Rolle. Paulin operierte aber nicht nur als Diplomat gegen Spanien, sondern auch in seiner Eigenschaft als seemännischer Fachmann: Gemeinsam mit dem inzwischen bekanntlich zum türkischen Kapudan-Pascha avancierten Piraten Khair ed Din Barbarossa führte er 1542 einen türkischen Flottenverband von 110 Galeeren und 40 weiteren kleinen Schiffen in die südfranzösischen Gewässer. In Marseille wurde Khair ed Din von den Franzosen ein glanzvoller Empfang bereitet. 22 Französische Galeeren und 18 größere Segelschiffe schlossen sich unter dem Herzog von Enghien der türkischen Flotte an; die gesamte Flotte segelte nun nach Nizza, das von den Spaniern beherrscht wurde. Die Stadt Nizza ergab sich nach kurzem Widerstand den Angreifern, aber die Zitadelle wurde unter Führung des Johanniters Paolo Simeoni, der sich schon durch seinen Aufstand in Tunis einen Namen gemacht hatte, heldenhaft verteidigt. Die türkisch-französische Flotte mußte unverrichteter Dinge wieder abziehen. Der Anschlag auf Nizza war dennoch von allergrößter Bedeutung: Zum erstenmal hatte Frankreich das unwürdige Schauspiel des gemeinsamen militärischen Vorgehens eines christlichen Landes mit den Türken gegen die Einheit der Christenstaaten gegeben. Auch für den Johanniter-Orden war dies katastrophal, denn die französischen Ordensbrüder, die durch ihr Gelübde zum Kampf gegen die muslimischen Verbündeten ihres Königs verpflichtet waren, gerieten in einen Loyalitätskonflikt zwischen den Verpflichtungen gegenüber dem Orden und gegenüber Frankreich, während die spanischen Ritter begannen, ihren französischen Ordensbrüdern zu mißtrauen. Doch zurück zum Jahr 1536 und den Geschehnissen, die Malta unmittelbar betrafen:

In der kurzen Zeit, die Peliquin Leutnant des Großmeisters war, wurde der Kaperkrieg an der nordafrikanischen Küste mit unverminderter Härte fortgesetzt, und es wurden auch mehrere Korsarenschiffe aufgebracht. Bei den Kapitänen dieser Schiffe handelte es sich überwiegend um Renegaten, also um Christen, die zum Islam übergetreten waren. Sie wurden, einer unverbrüchlichen Ordensregel folgend, an der Galgenstätte, die sich deutlich sichtbar an der Einfahrt zum Grand Harbour befand, aufgehängt.

Einen großen Erfolg konnte während dieser Zeit Botigella verzeichnen: Ihm gelang es, in einem erbitterten Gefecht mit 150 Rittern und 700 maltesischen und kalabrischen Soldaten El Khaid, das gefährliche Eingangsfort zum Hafen Tripoli, zu erobern. Der Erfolg war aber noch höher einzuschätzen, weil der grausame Chasse Diable, seinerzeit mehr als jeder andere Pirat der Schrecken des Mittelmeers, dabei tödlich verwundet wurde. Dies hatte nämlich zur Folge, daß sich auch seine Piraten, soweit sie nicht getötet oder gefangen genommen wurden, führerlos zerstreuten und vorläufig keine Gefahr mehr darstellten.

Gouverneur von Tripoli war zu dieser Zeit der Deutsche Georg Schilling von Cannstatt, einer der größten Deutschen, die jemals im Orden gedient haben. Von Schilling war Bailiff der Deutschen Zunge und damit Inspekteur des Festungswesens des Ordens. Als solcher verfügte er über einen besonders geschulten Blick für die Mängel der Befestigungsanlagen von Tripoli, und er war es auch, der immer wieder Geldmittel für die Errichtung wirklich wehrhafter Verteidigungsanlagen forderte. Umsonst, denn bei Kaiser Karl und seinem willfährigen Großmeister d'Homedes stieß er meist auf kein Gehör. Trotzdem wurden die Festungsanlagen unter seiner energischen Leitung erheblich verbessert. Nicht zu spät, denn kaum waren die notwendigsten Arbeiten ausgeführt, als Khair ed Din versuchte, Tripoli zu erobern. Doch gelang es Schilling, mit 40 Rittern und tausend Soldaten, die Festung mit großer Tapferkeit und Ausdauer zu halten.

Georg von Schilling sollte auch künftig im Orden noch eine bedeutsame Rolle spielen, und sein Rat galt viel. 1546 kehrte er nach Deutschland zurück, wo er als Nachfolger von Johann von Hattstein Großprior von Deutschland wurde. Er war so angesehen, daß ihm Kaiser Karl V. auf dem Reichstag von Augsburg 1548 die Reichsfürstenwürde verlieh, eine Ehre, die fortan jedem Großprior des Ordens in Deutschland zuteil wurde. 1554 verstarb er im Alter von 64 Jahren, sein Nachfolger als Großprior wurde sein Neffe Georg von Hohenheim, genannt »Bombast«, der im Orden ebenfalls eine herausragende Rolle spielte. Doch zurück nach Malta:

Die Wahl des neuen Großmeisters Juan d'Homedes war vermutlich auf den Einfluß Karls V. zurückzuführen, der es verhinderte, daß andere aussichtsreiche Kandidaten, zu denen auch Botigella gehörte, an die Macht kamen. D'Homedes sollte 17 Jahre lang regieren. Nach allen Chronisten und Historikern war er aber der unfähigste und ungerechteste aller Großmeister des Ordens. Er galt als einseitig prospanisch, als ehrgeizig, ungerecht und sogar als grausam. Unter seiner Herrschaft wurde der Einfluß der Università von Malta erheblich eingeschränkt. Unter dem Vorwand der großen Entfernung von Birgu und Notabile setzte d'Homedes in Birgu eine zweite Zivilverwaltung ein, die für den südlichen Teil von Malta und für Gozo zuständig war. Für die einheimische Bevölkerung erhob er zusätzliche Steuern und verringerte deren Einkünfte.

Die Repräsentanten der Bevölkerung appellierten deswegen an den Kaiser und baten um dessen Eingreifen. Kaiser Karl stand aber ganz und gar auf der Seite von d'Homedes und gab den Bitten der Bürger nicht statt. Ihm war der Großmeister als zuverlässiger Verfechter spanischer Interessen wichtiger. Karl erlaubte d'Homedes sogar, eigene Münzen zu prägen – ein Privileg, das er dessen Vorgänger St. Jaille erst kürzlich noch verwehrt hatte. Für den Orden am verhängnisvollsten war jedoch, daß sich d'Homedes von Karl zahlreiche risikoreiche Unternehmungen in Nordafrika aufzwingen ließ, die ausschließlich in spanischem Interesse, nicht aber so sehr im Interesse der gesamten Christenheit lagen, als deren Werkzeug sich der Orden verstand.

Auch in der Leitung der Galeeren gab es einen Wechsel: Botigella, bei der Wahl zum Großmeister ein Konkurrent von d'Homedes, wurde als General der Galeeren von dem jugendlichen Prior von Capua, Leone Strozzi, abgelöst. Strozzi, der einer der bekanntesten Florentiner Adelsfamilien entstammte, wurde zu einer der schillerndsten Gestalten in der Geschichte des Ordens und bewährte sich als kühner und fähiger Seemann. Er war mit Katharina von Medici verwandt und ebenso mit Papst Clemens, der ihm das Priorat von Capua verschafft hatte. Strozzi bekleidete jedoch sein ehrenvolles Amt nicht lange: Bei der Rückkehr von einer der zahlreichen Karawanen der Galeeren wurde ihm mitgeteilt, daß sein Vater, Filippo Strozzi, von Cosimo de Medici, dem Herzog der Toscana, gefangen genommen worden sei. Dies war Grund genug für ihn, sein Kommando niederzulegen und nach Italien zurückzueilen, um sich an den Macht- und Familienkämpfen in Florenz zu beteiligen. Er sollte später aber noch einmal in die Ordensgeschichte zurückkehren.

Sein Nachfolger wurde 1537 der schon wiederholt erwähnte Held von Tunis und Nizza, Paolo Simeoni, der damit einen Beweis dafür gab, daß nicht nur Angehörige des europäischen Hochadels Zugang zu den Spitzenämtern des Ordens hatten, sondern auch einfache Ritter, wenn sie sich nur besonders bewährt hatten. Er war inzwischen Prior der Lombardei geworden und sollte die Ordensgaleeren in den nächsten stürmischen Monaten führen. Den nächsten Sturm löste dabei wieder einmal die militärische Unternehmungslust Kaiser Karls aus:

Karl hatte unter erheblichen diplomatischen Schwierigkeiten ein Bündnis gegen die immer beängstigender werdende osmanische Seeherrschaft geschlossen, die »Heilige Liga«, der Spanien, Deutschland, Venedig, der Papst, fast alle italienischen Fürsten und natürlich wieder der Orden von Malta angehörten. Karl zielte dabei darauf ab, mit Hilfe der Bündnisgenossen Istanbul zu erobern und sich selber die griechische Kaiserkrone aufs Haupt zu setzen.

Es war ein schöner Spätsommertag, als die Ligaflotte am 25. September 1538 unter dem Befehl von Andrea Doria mit 140 Galeeren und 70 Lastschiffen die Adria hinuntersegelte. Alle waren siegesgewiß, und niemand ahnte, wie nahe der Feind war. Denn die türkische Flotte, um fast ein Viertel schwächer als die Ligaflotte, hatte sich geschickt in der Bucht von Preveza, einer der tiefsten und unübersichtlichsten Buchten des ganzen Mittelmeers, verborgen. Als nun die Ligaflotte, an der Spitze Andrea Doria mit seinen 30 spanischen Galeeren, am Ende die Venezianer mit 81 Galeeren und dazwischen die päpstlichen und alle anderen fürstlichen Schiffe sowie die Ordensschiffe, Preveza passiert hatten und sich der Insel Lefkada näherten, stießen die Türken aus der Bucht hervor, formierten sich zur Schlachtordnung und fielen über die letzten Schiffe der Liga her.

Andrea Doria beging nun offenbar einen entscheidenden Fehler: Anstatt das letzte Treffen, die Venezianer, kehrtmachen zu lassen, um die Türken zu stellen, und mit den vorderen Schiffen an der Ligaflotte vorbei nach hinten zu eilen und den Türken in die Flanke zu fahren, fuhr er, vermutlich von Ehrgeiz verblendet, mit seinen Spaniern durch die gesamte Ligaflotte auf kürzestem Wege zurück, um den Türken als erster entgegenzutreten. Damit verursachte er jedoch nur eine heillose Unordnung, und Khair ed Din brauchte nur noch das Knäuel durcheinanderfahrender Schiffe auseinanderjagen. Dabei gelang es ihm sogar noch, zwei venezianische und eine päpstliche Galeere sowie fünf spanische Segelschiffe zu kapern. Die Liga hatte sich gründlich blamiert, und der Traum von der Wiedererstehung des christlichen Kaiserreichs Byzanz war ausgeträumt.

Es sollten nur wenige Jahre vergehen, bis es zu einem weiteren Fiasko für die christlichen Seestreitkräfte kam; diesmal allerdings nicht aufgrund taktischer Fehler, sondern als Folge unvorhersehbarer Wetterverhältnisse:

Im Herbst 1541 unternahm Kaiser Karl den Versuch, Khair ed Din Algier abzujagen – sicher kein leichtes Vorhaben, wenn man bedenkt, daß der Korsar die Stadt schon seit 1519 innehatte und seither gut befestigen konnte.

Die kaiserliche Flotte segelte, natürlich wieder unter Einschluß eines Kontingents von Ordensgaleeren der Johanniter, bei gutem Wetter los, und das Unternehmen schien durchaus erfolgversprechend zu sein. Doch vor Erreichen des Ziels wurde die Flotte von einem gewaltigen Sturm erfaßt, dessen Wucht so groß war, daß ein großer Teil der Schiffe zerschmettert wurde oder kenterte, und viele Soldaten ertranken. Aber damit nicht genug: Als die überlebenden Soldaten schließlich völlig erschöpft an Land gingen, konnten sie sich auf dem von sturzflutartigen Regengüssen aufgeweichten Boden kaum bewegen und wurden von den Verteidigern leicht überwältigt und getötet. Auch der Orden erlitt dabei große Verluste, obwohl die Ritter sich auch bei diesem Kampf mit Bravour schlugen.

Algier und damit Algerien blieben jetzt für immer in muslimischer Hand, bis 1830 die Franzosen das Land eroberten. Algier wuchs jetzt in die Rolle der Hauptstadt hinein und wurde Regierungssitz der Deis von Algier, osmanischer Statthalter, die sich von der Pforte ziemlich unabhängig und ihr Amt erblich machten. Vor allem aber wurde die Stadt ein Zentrum der Seeräuberei und der Hauptumschlagplatz für weiße Sklaven. Die algerischen Seeräuber wurden der wahre Schrecken des Mittelmeers, denn die Piraterie war die Existenzgrundlage eines ganzen Staates.

Dragut

Auch alternde Piraten wissen die geregelte Lebensweise und soziale Absicherung höherer Beamter zu schätzen. Der ehrwürdige kaiserliche Kapudanpascha war nicht mehr der ungezügelte Korsar von ehedem. Khair ed Din steuerte am Ende seiner Laufbahn die osmanischen Seeoperationen aus einem bequemen Istambuler Serail und wurde im unruhigen westlichen Mittelmeer nicht mehr gesehen. Ein neuer Stern, ein Ziehkind des Rotbarts, war statt seiner am Korsarenhorizont aufgetaucht: Torghud, von westlichen Chronisten als »Dragut« in die Geschichte der Seeräuberei eingeführt. Er sollte Khair ed Din an seemännischen Fähigkeiten und menschlicher Grausamkeit nicht nachstehen und den machtpolitischen Interessen der Hohen Pforte im westlichen Mittelmeer nicht weniger gewalttätig Geltung verschaffen. Für den kaiserlichen Admiralissimo Andrea Doria und die Ordensflotte der Malteser sollte er während der nächsten zwei Jahrzehnte zu einem der gefährlichsten Gegner werden. Bevor deswegen auf ihn näher eingegangen wird, sei aber erst einmal das Ausmaß der Piraterie im Mittelmeer in der Mitte des 16. Jahrhunderts kurz umrissen:

In den zurückliegenden Jahrhunderten hatten die Korsaren des Mittelmeers recht einträglich am Indien- und Fernost-Handel der seefahrenden Mächte der Region partizipiert. Scharenweise fuhren ja Schiffe von Venedig, Genua, Marseille und Barcelona nach Alexandria, wo ihre Waren, vor allem Stoffe und andere Fertigprodukte, auf Nil-Felludschen geladen und nach Kus am Mittleren Nil verschifft wurden. Dort wurden die Güter auf Kamelrücken umgeladen und durch die Arabische Wüste nach Kusair und Sawakin am Roten Meer transportiert, wo sie wieder auf Schiffe verladen und in den Mittleren und Fernen Osten befördert wurden. Auf gleichem Wege gelangten Edelhölzer und Gewürze, Elfenbein, Arzneien, Weihrauch und Edelmetalle aus Asien auch nach Europa.

Nutznießer dieses Transits waren natürlich die Mameluken Ägyptens, deren Sultane auf alle Güter unverschämte Zölle erhoben. Aber auch die Seeräuber, die den Handelsschiffen im Mittelmeer auflauerten, profitierten davon, wenn sie deren Waren als Beutegut verkauften und die Besatzungen ebenso wie erbeutete christliche Pilger auf dem Weg ins Heilige Land, auf den Sklavenmärkten Nordafrikas, Kleinasiens und der Levante, gelegentlich übrigens auch in Venedig, zum Kauf anboten.

Dies alles änderte sich im Jahr 1498: Vasco da Gama hatte den Seeweg um das südliche Afrika erschlossen und fortan liefen die Handelsrouten nach Indien und Fernost um das Kap der Guten Hoffnung. Mußte daran nicht die Piraterie im Mittelmeer zugrundegehen?

Keineswegs, denn das Piratenunwesen des 16. und 17. Jahrhundert im Mittelmeer war in zweifacher Hinsicht anders, als es gelegentlich dargestellt wird: einsame, sturmzerzauste Segelschiffe mit dem Totenkopf als Wahrzeichen, Kaperkapitäne mit rotem Stirnband und schwarzer Augenkappe, verwegene Seeleute unter bunten Kopftüchern, mit Enterhaken und Beilen. Vielmehr durchkreuzten jetzt große Korsarenflotten das Mittelmeer, die in militärischer Ordnung operierten und deren Kapitäne hervorragende navigatorische und taktische Kenntnisse besaßen. Die Befehlshaber dieser Flotten waren mächtige Warlords und Vasallen des türkischen Sultans in nordafrikanischen Städten und Küstentrichen oder auf Inseln der Ägäis. Und ihr Gewinn bestand nicht mehr aus der Ladung venezianischer oder sonstiger Kauffahrtschiffe, sondern aus der Beute von großangelegten Raubzügen, die sie im Auftrag des osmanischen Herrschers und seines Großwesirs gegen ganze Landstriche oder Städte Italiens, Südfrankreichs und des östlichen Spaniens unternahmen. Die Korsaren zählten jetzt zum strategischen Potential des Sultans im Mittelmeer.

Dabei waren die meisten Piratenkapitäne, die als Namensbestandteil oft die Titel »Rais« (aus dem Arabischen: Kapitän) oder »Kaid«

(=Oberst) führten, keine gebürtigen Moslems und Türken und nur ganz selten Nordafrikaner. Nach einer für das Jahr 1581 von dem spanischen Ordensritter Diego de Haedo in der »Topographia e Historia general de Argel« erstellten Übersicht waren von 35 Kapitänen algerischer Piratengaleeren nur 13 gebürtige Türken und damit Moslems. Aber 22 waren christlich-muslimische Renegaten, davon alleine 6 Genuesen, die übrigen Italiener anderer Herkunft, Griechen, Albaner und Spanier sowie je ein Jude, Korse, Franzose und Ungar.

Viele dieser Kapitäne standen auch in festem Sold des Sultans. Denn nach wie vor beabsichtigten dieTürken, die Südflanke des Abendlandes zu beunruhigen und Ansatzpunkte für die südliche Umfassung Europas zu ertasten. Denn die Zeichen für eine beiderseitige Umfassung des Abendlandes standen immer noch günstig: Im Norden hatten die Türken 1529 zum erstenmal Wien belagert, bevor 1541 sogar Teile Ungarns als osmanische Provinz fester Bestandteil des Sultanreichs geworden waren. Zuletzt hatte das osmanische Heer 1543 Stuhlweißenburg erobert. Doch zurück zu der schillerndsten Räuberfigur seiner Zeit, zu Dragut dem Piraten:

Dragut war als Sohn eines christlichen Bauern in einem Dorf Anatoliens geboren und war, ebenso wie sein Bruder, Seesoldat geworden. Dabei wurde er nach Ägypten verschlagen. Irgendwann, mittlerweile osmanischer Seeoffizier, hatte er das Geld beisammen, um sich eine eigene Galeere zu kaufen, und bald schon standen mehrere Schiffe von Freibeutern unter seinem Kommando. Mit diesen unternahm er die ersten Raids zur Plünderung der Küsten von Neapel und Sizilien. Spätestens zu diesem Zeitpunkt wird Khair ed Din auf ihn aufmerksam geworden sein.

1540 segelte Dragut aber mit 13 Schiffen in den Gewässern vor Korsika, wo er einem spanischen Geschwader von 40 Galeeren unter dem Kommando von Gianettino Doria, einem Neffen von Andrea Doria, in die Arme lief. Er wurde überwältigt, gefangen genommen und an eine der Ruderbänke des jungen Doria angeschmiedet. Davon befreite ihn später erst eine Drohung Khair ed Dins, die ganze Riviera di Genua zu verheeren, wenn er nicht freigelassen würde.

Kaum wieder in Freiheit, landete er mit 25 Schiffen im Meerbusen von Neapel, überfiel Castellamare und schleppte von dort und aus den umliegenden Orten reiche Beute fort. Bald darauf gelang es ihm auch, sich einer Malteser Galeere zu bemächtigen, die 70000 Dukaten nach Tripoli bringen sollte. Kurz darauf wurde Dragut zur Hohen Pforte eingeladen, wo er vom Sultan gnädig aufgenommen und als Bey mit dem Sandschak einiger Ägäisinseln belehnt wurde.

Aber Draguts Wünsche gingen weiter. Seit seiner Befreiung aus der spanischen bzw. genuesischen Gefangenschaft hatte er den Wunsch, sich wie sein Vorbild Khair ed Din bleibenden Besitz an der nordafrikanischen Küste zu schaffen. Er verjagte mit entschlossenen Angriffen die spanischen Besatzungen aus den ehemals zu Tunis gehörenden Städten Susa (heute Sousse) und Monastir und bemächtigte sich durch Verrat der auf einer felsigen Landzunge gelegenen Stadt Mahdia, die in der Vergangenheit auch Afrikiyya genannt worden war.

Mahdia war für Draguts weitere Unternehmungen eine ausgezeichnete Basis. Die Stadt war an der äußersten Spitze der Landzunge von einer gewaltigen Zitadelle, an der Landseite der Halbinsel durch die altarabische Festung Skifa el Khala geschützt und besaß einen schon in der Antike in den Fels geschlagenen Hafen, der einstmals punischen und römischen Galeeren Unterschluß geboten hatte.

Lange sollte Dragut nicht im Besitz der Stadt bleiben, denn schon bald sollte sie ihm wieder entrissen werden. Zunächst aber ging er wieder auf Kaperfahrt und bedrohte mit 47 Schiffen die spanischen Küsten, Sizilien und Neapel. Daraufhin sandte Kaiser Karl eine Flotte nach Nordafrika unter Don Garcia von Toledo, dem Sohn des Vizekönigs von Neapel, unterstützt von Schiffen des Ordens von Malta unter dem Kommando von Claude de la Sengle, einem französischen Ritter, der später noch Ordensgroßmeister werden sollte. Während Dragut die spanische Küste bei Alicante, Valencia und die Balearen heimsuchte, gelang es den vereinigten Spaniern und Ordensrittern, Monastir zu erobern und dabei 200 Gefangene zu machen. Sodann fuhren sie nach Mahdia, wo auf See noch Juan de Vega, der Vizekönig von Sizilien, zu ihnen stieß, in dessen Begleitung sich Muley Hassan von Tunis befand, der inzwischen von seinem

Sohn Hamid vom Thron gestürzt und geblendet worden war. Über Muley Hassan gelang es, den Emir von Kairuan, Sayid Arif, mit seinen Araberstämmen auf die Seite der Belagerer zu ziehen.

Die Belagerung von Mahdia dauerte ungefähr einen Monat und während dieser Zeit, im Juni 1550, versuchte Dragut, der aus den spanischen Gewässern herbeigeeilt war, Verstärkungen nach Mahdia hereinzubringen. Aber der Versuch mißlang, und Dragut mußte sich zurückziehen. Inzwischen erhielten die Spanier weitere Verstärkungen aus Sizilien, darunter 22 Geschütze. Und mit diesen gelang es, die doppelten Mauern der Stadt sturmreif zu schießen, wobei angeblich 7000 Kugeln verschossen wurden. Dann endlich konnte die Stadt gestürmt werden, und 7000 Gefangene wurden unter den Siegern als Beute verteilt.

Nur einer fehlte unter den Gefangenen: Dragut. Nach seinem mißlungenen Versuch, Mahdia zu entlasten, war er zur Insel Djerba, einem schon fast traditionellen Piratenunterschlupf, weitergesegelt, wohin ihm Doria nach der Einnahme von Mahdia folgte. Bevor dort das Geschehen weiter verfolgt wird, sei aber erst kurz nach Malta und Tripoli zurückgeblendet, wo sich die Ereignisse inzwischen ebenfalls überschlagen hatten.

Im Sommer 1544 bedrohten die Korsaren Malta und Tripoli, und es gab Anzeichen eines unmittelbar bevorstehenden Angriffs. Glaubwürdige Meldungen von Spionen, gezielte Fehlinformationen und Gerüchte kursierten und machten es schwer, die Absichten des Gegners, hinter dem natürlich in jedem Fall die Hohe Pforte stand, zu durchschauen. Großmeister d'Homedes hatte inzwischen nur sehr wenig getan, um die Verteidigungsanlagen von Birgu zu verbessern, sondern sich vor allem um den Bau neuer Gebäude innerhalb der Stadt gekümmert. Dorthin waren auch die wenigen verfügbaren Geldmittel geflossen, die zu dieser Zeit aus den europäischen Großprioraten gesandt wurden, gewandert. D'Homedes entschied, daß der Schwerpunkt der Verteidigung der Insel, wenn sie denn notwendig werden sollte, auf die Inselhauptstadt Notabile gelegt werden solle.

Glücklicherweise wurde Malta dann doch nicht angegriffen und die Aufmerksamkeit des Generalkonvents richtete sich nun auf

Tripoli, wo inzwischen der Großbailiff der Kastilischen Zunge, Ferdinand de Bracemonte, Gouverneur war. Bracemonte sah die Möglichkeiten einer Verteidigung jedoch als so gering an, daß es ihm gelang, den Großmeister davon zu überzeugen, ihn abzuberufen: »Es ist keine Ehre dabei zu gewinnen, einen solchen Platz zu verteidigen«, sagte er mit der damals von jedermann verstandenen ritterlichen Auffassung, daß die persönliche Ehre noch vor der Pflicht rangiere. Er wurde durch einen anderen Spanier, Christophoro Solifafan, den Ordenskanzler, ersetzt, während er selber den hoch angesehenen Posten des Generals der Galeeren erhielt.

Es zeigte sich jedoch bald, daß Solifafan nicht der geeignete Befehlshaber für Tripoli, den wichtigsten und zugleich verwundbarsten Außenposten des Ordensstaates, war. Unter seiner Leitung herrschten in Tripoli bald Schlamperei, Disziplinlosigkeit und Korruption. Man darf dabei auch nicht vergessen, daß unter der dünnen Oberschicht des Ordens eine einheimische arabische Bevölkerung lebte, die über vielfältige Stammesverbindungen zu den Beduinenstämmen der Umgebung und den teilweise feindlichen Nachbarstädten verfügte. Tripoli war eine typisch orientalische Stadt mit morgenländischem Schlendrian und unverändert schwachen Verteidigungsanlagen. Sollte die Stadt von dem wichtigsten Gewaltherrscher der Gegend Murat, seinem Agha-Titel nach ein ehemaliger Kommandeur der Janitscharen, angegriffen werden, bestand wenig Aussicht, sie halten zu können.

Anfang 1546 trat deshalb der Generalkonvent erneut zusammen, um einen neuen Komtur für das Kommando in Tripoli zu suchen. Dies war nicht einfach, denn wie schon Bracimonte hielten auch andere herausragende Ritter, die dafür in Frage kamen, Tripoli für einen verlorenen Posten. Zudem wußte jedermann, daß sich auch der Kaiser, dem doch so viel an einer beiderseitigen Überwachung der Mittelmeerenge zwischen dem östlichen und dem westlichen Mittelmeer lag, bisher gescheut hatte, Kapital in ein Objekt zu investieren, das er auf Dauer nicht für haltbar hielt. Es mußte ein Ritter gesucht werden, der über höchste militärische Qualitäten und viel Erfahrung verfügte, zugleich aber auch bereit war, im Falle des Mißlingens der Verteidigung die persönlichen Konsequenzen zu tragen. Dieser Ritter wurde in dem den Lesern bereits bekannten Seeoffizier Jean de la Valette, einem Angehörigen der Zunge der

Provence, gefunden. Einem Ritter aus der Gascogne, der jetzt 52 Jahre alt war und, anders als es bei den Ordensrittern sonst üblich war, seine ganze Ordenskarriere im Konvent, d. h. im unmittelbaren Ordensdienst, verbracht hatte. Mit einer Ausnahme: einer über einjährigen Gefangenschaft als Rudersklave auf der Galeere eines der grausamsten Korsarenkapitäne Nordafrikas, Kust Ali Abdul Rahman, in dessen Hände er bewußtlos bei einem Seegefecht gefallen war. Monat für Monat hatte er, an die Ruderbank geschmiedet, zwischen anderen christlichen Gefangenen und muslimischen Schwerstverbrechern geschuftet, bis sein Aufenthalt im Orden bekannt wurde und es dem Deutschen Georg von Schilling, der zu dieser Zeit General der Galeeren war, gelang, Valette gegen den Vater von Kust Ali, Ibrahim, auszutauschen.

Es waren zwei Umstände, die es verhinderten, daß Tripoli schon in diesen unruhigen Jahren an die Korsaren bzw. an die Türken fiel: Zum einen befand sich Dragut zu dieser Zeit immer noch als Galeerensklave des jüngeren Doria auf dessen Flaggschiff. Zum anderen trugen jetzt zwei besonders herausragende Männer auf verschiedenen Posten die Verantwortung für die Verteidigung von Tripoli: von Schilling, der früher, wie wir gesehen haben, selber einmal Gouverneur von Tripoli gewesen war und danach als General der Galeeren sein besonderes Augenmerk auf die seeseitige Verteidigung dieser so wichtigen Stadt legte, und de la Valette, der trotz der wenigen Mittel, die ihm zur Verfügung standen, die Befestigungswerke von Tripoli mit ungeheurer Energie instand setzte, die verlotterte Garnison zu Disziplin und Ordnung zurückführte und sich darüber hinaus die Araberstämme der Umgebung von Tripoli mit großem diplomatischen Geschick zur Loyalität verpflichtete. Hinzu kam, daß sich der neue Gouverneur, wie keiner der Kommandanten vor ihm, einen Spionageapparat aufbaute, durch dessen Effizienz er die zahlreichen Mängel des Verteidigungssystems von Tripoli ausglich. Zwei bedeutsame militärische Ereignisse der nächsten Jahre sollen zeigen, wie Valette sich mit Hilfe seines Agentennetzes vor gegnerischen Überraschungen schützte, beziehungsweise selber seine Gegner überraschte. Zugleich verdeutlichen sie, wie schwierig es für diesen Außenposten des Ordens war, sich in dem Labyrinth arabischer Intrigen und Unzuverlässigkeiten zu behaupten:

Es war im Frühjahr 1546, als Valette sich entschloß, etwas gegen den Agha Murat zu unternehmen. Denn der Agha stellte eine ständige Bedrohung für Tripoli dar, und wie wohl kein anderer Ordensbefehlshaber vor ihm, hatte der Gouverneur ein Gespür für die strategische Dimension des Meerengenriegels Sizilien-Malta-Tripoli, der seines Erachtens halten mußte, um das westliche Mittelmeer vor der Überflutung durch die türkische Flotte zu schützen. Tagiora, der gut befestigte Sitz des Agha, war ihm deshalb ein besonderer Dorn im Auge.

Von seinen Spionen wußte Valette, daß der Agha in Tagiora zwei Galleonen liegen hatte, von denen der Ordensritter zumindest eine mit einem Überraschungsangriff zu vernichten beabsichtigte. Damit wollte Valette die unmittelbare Bedrohung für die Stadt, deren Gouverneur und Komtur er war, verringern, zugleich aber seiner eigenen Garnison durch einen Erfolg Mut und Zuversicht für die kommenden schweren Zeiten geben.

Von seinen Agenten wußte Valette, daß eine der beiden Galleonen direkt unterhalb der Festung von Tagiora festgemacht war. Dieses Schiff schien von seiner Lage her am verwundbarsten; es war aber nur von der offenen See her erreichbar. Dieser Zugang war aber dadurch erschwert, daß jeder Angreifer, der sich von See her Tagiora näherte, in den Feuerbereich der Festungsartillerie des Agha kam. Valette entschloß sich deshalb zu einem Ablenkungsmanöver − zu einer kombinierten Operation zu Wasser und zu Lande.

Es war eine stille Nacht und der Mond schien auf die ruhige See. Endlos dehnte sich die Wüste von Tripoli nach Süden aus, schemenhaft unterbrochen nur von wenigen Palmengruppen. Aus der Ferne ertönte das langgezogene Geheul herumstreunender Hunde. Die Araberviertel von Tripoli lagen in tiefem Schlaf.

Lautlos wurde das Osttor der Stadtmauer von Tripoli geöffnet. Dort befand sich auch die Zitadelle, von deren Mauer der Gouverneur den Beginn der Aktion beobachtete. Unter dem Kommando des Ritters Marsille trabte unter geraunten Befehlen eine Reiterabteilung in die Nacht und wurde von der Dunkelheit verschluckt.

Zur gleichen Zeit verließen zwei Fregatten des Ordens den Hafen von Tripoli, steuerten auf die offene See und wendeten außerhalb der Sichtweite der Küste nach Osten. Bei gutem Wind segelten sie bis auf die Höhe von Tagiora, wo sie auf die Hafeneinfahrt eindrehten.

Valettes Absicht war es, die Kavallerieabteilung unter dem Schutz der Dunkelheit einen Scheinangriff auf Tagiora durchführen zu lassen und damit die Aufmerksamkeit der Verteidiger auf die Westmauer der Stadt zu richten. Vor allem sollten die Verteidiger ihre Geschütze dorthin richten, was immer etwas Zeit erforderte. Erst dann sollten die beiden Fregatten in den Hafen einbrechen und mit raschem Zugriff die Galleone unter der Zitadelle in Brand setzen oder versenken.

Valette konnte sich als Komtur der Stadt an dem Angriff selber nicht beteiligen – sein Platz war in der Stadt. Aber man kann sich vorstellen, mit welcher Ungeduld er Stunde um Stunde in dieser Nacht auf die ersten Anzeichen eines Erfolges wartete – auf den Kampflärm unterhalb der Mauern von Tagiora, Feuerschein über dem Hafen von Tagiora, die Rückkehr der Reiterkavalkade und der beiden Schiffe. Endlich, im Osten graute bereits der Morgen, sah er über Tagiora am Himmel den Widerschein von Feuer und hörte dann Kampflärm von der Stadt. Aber hatte die Reihenfolge nicht umgekehrt sein sollen? Und warum nahm der Lärm kein Ende?

Die Sonne brach durch, und gegen das Morgenlicht erkannte man von den Mauern von Tripoli aus zwei Staubwolken, die sich rasch der Stadt näherten. Aus der vorderen ragte das Banner mit dem achtzackigen Ordenskreuz heraus. Dicht gefolgt von der zweiten Staubwolke, des Aghas türkischer Kavallerie und Beduinen auf ihren wendigen Vollblütern. Irgendetwas war falsch gelaufen, es hätte nicht zu dieser Verfolgungsjagd kommen dürfen. Das Stadttor war geöffnet, um die Ordenreiter einzulassen, aber die Gefahr war groß, daß auch die Verfolger dabei in die Stadt gelangten.

Marsille, der Führer der Abteilung, mochte diese Gefahr erkannt haben und wendete sein Pferd, um die Gegner dadurch auf Abstand zu halten. Dabei wurde jedoch sein Pferd von einem Geschoß getroffen und brach unter ihm zusammen. Sofort wurde er von den Verfolgern ergriffen und fortgezerrt. Zwei andere Ritter, Argat und de Gobien, versuchten mit einem verzweifelten Ausfall, ihren Kommandeur zu befreien und fanden dabei den Tod. Bei alldem waren Verfolgte und Verfolger endlich in die Reichweite der Geschütze und der Arkebusiere auf den Mauern von Tripoli gekommen, die nun das Feuer eröffneten und Türken und Wüstenreiter zurück nach Tagiora oder in den Tod schickten. Was war geschehen?

Der Angriff hatte offenbar Erfolg gehabt und die Galleone war vernichtet. Auch die beiden eigenen Fregatten steuerten bald in voller Fahrt unversehrt auf die Hafeneinfahrt von Tripoli zu. Dennoch konnte der Gouverneur mit dem Erfolg der Aktion nicht zufrieden sein: Marsille hatte es eigenmächtig nicht bei dem befohlenen Scheinangriff bewenden lassen und, um Beute zu machen, den offenen Kampf gesucht. Mit dem Erfolg, daß zwei tapfere Ritter den Tod gefunden hatten und er selber in Gefangenschaft geraten war. Erst gegen ein hohes Lösegeld, für das alle Ordensbrüder in Tripoli sammelten, wurde er vom Agha freigelassen. Sein Fehlverhalten aber wog schwer, denn Ungehorsam zählte im Orden zu den schlimmsten Verfehlungen eines Ritters. Die Opfer waren unnötig gewesen.

Ein anderes Ereignis zeigt noch einmal, welche Bedeutung ein zuverlässiger Spionagedienst für den Komtur hatte – zugleich aber auch, wie kompliziert die Bündnispolitik war, die Valette, weit ab vom Konvent und auf sich alleine gestellt, zu verantworten hatte. Das Schicksal von Tripoli hing nämlich weniger von seiner militärischen Stärke bzw. Schwäche ab, sondern vor allem von der Befähigung des Befehlshabers, die Kräfte des Umfeldes der Enklave für sich zu gewinnen oder gegeneinander auszuspielen. Dies war Ende der vierziger Jahre wichtiger als je zuvor: Dragut war, wie früher bereits erwähnt, auf Betreiben von Khair ed Din von Gianettino Doria freigelassen worden und hatte bereits die von den Spaniern gehaltenen Städte Monastir, Sfax und sogar Tunis angegriffen. Es konnte nur noch eine Frage der Zeit sein, daß er sich Tripoli zuwenden würde. Für den Gouverneur dieser Stadt kam es deshalb darauf an, die feindlichen Kräfte der unmittelbaren Nachbarschaft zu schwächen, denn weiterhin hatten weder der Kaiser noch der Großmeister die dringend erforderlichen Gelder zur Verbesserung der ärmlichen Verteidigungsanlagen zur Verfügung gestellt. Tripoli blieb in höchstem Maße gefährdet.

Es war im Frühjahr 1549, als Valette von einem seiner Spione die Information erhielt, daß Agha Murat die Absicht habe, den Scheich des Stammes der Beni Zuzana damit zu ehren, daß er an dem Beschneidungsfest für seinen neugeborenen Sohn teilnehmen wolle. Valette wußte, daß die Zuneigung des Scheichs zu dem Agha nicht sonderlich groß war und daß das Stammesgebiet des Scheichs nur schwach verteidigt war. Er hielt deshalb einen Überfall seiner Kavallerie während des Festes für lohnend, vor allem, wenn es dabei gelingen sollte, seinen Erzfeind, den Agha, gefangenzunehmen. Den Scheich würde man schnell wieder freilassen, wenn dieser sich dafür ein für allemal von den Türken und von den Korsaren trennen würde.

Valette, der während seiner Zeit als Galeerensklave neben Türkisch auch Arabisch gelernt hatte, verbündete sich mit einem anderen Scheich, dem Stammesoberhaupt von Zerzia, um mit diesem gemeinsam vorzugehen. Der bald darauf erfolgende Überfall war insgesamt erfolgreich, aber das wichtigste Ziel, die Gefangennahme des Agha, mißlang. Mit wenigen seiner Getreuen konnte Murat während des Überfalls in die Wüste entkommen. Nur der Scheich der Beni Zuzana und einige andere harmlose arabische Würdenträger waren in die Hände des Ordens gefallen und wurden erst einmal mitsamt ihren umfangreichen Familien nach Tripoli gebracht.

Hier stellte sich dem Gouverneur die Frage, was er mit den würdigen Honoratioren und einer großen Zahl weiterer arabischer Gefangener machen sollte und er bat den Großmeister in Malta um dessen Entscheidung. D'Homedes war damit einverstanden, die Stammesführer gegen die Zusicherung, ihre Verbindung zum Agha zu lösen, freizulassen, und die Scheichs sagten dies in feierlicher Form zu. Inzwischen hatte sich aber Agha Murat von dem Schrecken des Überfalls erholt und einen anderen Araberscheich, einen ehemaligen Verbündeten des Ordens namens el Mansar, durch Bestechung auf seine Seite gezogen. El Mansar setzte nun das Gerücht in die Welt, daß die beiden anderen Scheichs nur zum

Schein ihre Allianz mit dem Agha gelöst hätten und, während sie sich als Gäste bzw. Gefangene des Komturs in Tripolis aufhielten, dort einen Aufstand der arabischen Einwohnerschaft vorbereiteten. Zu all dieser Verwirrung kamen noch Meldungen der Agenten aus Tagiora, daß der nimmermüde Agha das allgemeine Durcheinander von Bündnissen und Feindschaften nutzen wollte und einen Überfall auf Tripoli plante.

Valette schickte daraufhin die Scheichs mit ihrem gesamten Anhang an Erwachsenen nach Malta und behielt nur die Kinder unter 14 Jahren in Tripoli, die er kurzerhand zu Christen taufen ließ. Nachdem er sich so als christlicher Wohltäter bewährt hatte, bereitete er sich auf den angekündigten Angriff des Agha vor, der aber, es handelte sich ja nur um eine Fehlinformation, nicht stattfand. Später stellte sich dann auch heraus, daß die Scheichs den Gouverneur nicht hintergangen hatten. Sie wurden daraufhin wieder nach Nordafrika zurückgebracht, ihre Kinder durften sich wieder zum Islam bekennen, und alle, der Agha natürlich ausgenommen, vertrugen sich wieder – ein schönes Beispiel für die wundersame Welt des Orients!

Zu dieser Zeit kriselte es an der ganzen nordafrikanischen Küste und rund um den maltesischen Ordensstaat. Ein besonderer Krisenherd war dabei die Insel Djerba, wohin Dragut nach seinem vergeblichen Entsatzversuch von Mahdia gesegelt war und wohin der jüngere Doria ihm mit seinen Verbündeten gefolgt war.

Der Pirat verlor auf Djerba keine Zeit. Sofort nach seiner Ankunft ließ er Erdwälle aufwerfen und brachte die von seinen Schiffen abmontierten Geschütze dahinter in Stellung, um sich damit Dorias Galeeren auf Abstand von der Insel zu halten. Seine eigenen Schiffe brachte er in einem Kanal bei dem Damm von El Kantara (»Die Brücke«), unter, wo sie einigermaßen geschützt vor der Artillerie der Flotte von Admiral Doria waren. Außerhalb der Schußweite der Piratengeschütze wartete Doria und überwachte die vom Festland und der Insel umrandete Bucht, damit ihm ja keine der Piratengaleeren entkomme. Er erwartete auch noch Verstärkungen aus Sizilien und hoffte, nach deren Eintreffen die Insel von allen Seiten gleichzeitig angreifen zu können und dabei auch des Korsarenführers habhaft zu werden.

Doria hatte aber nicht mit der List und Tatkraft Draguts gerechnet. Dieser tat nämlich, was in der Antike schon die Griechen so oft vorexerziert und die Türken bei der Eroberung von Konstantinopels mit Erfolg vorgemacht hatten: Er ließ in den folgenden Nächten auf dem Land Rollbahnen aus Bohlen anfertigen und auf diesen mit Hilfe der einheimischen Bevölkerung die Galeeren von der Ostküste zur Westküste ziehen. Das alles war natürlich nicht ganz einfach, denn Holz war auf Djerba knapp und die Bohlen mußten immer wieder in kurzen Etappen vorverlegt, das Holz außerdem mit tierischen Fetten gleitfähig gemacht werden. Den bei all diesen mühsamen Arbeiten unvermeidlichen Lärm ließ Dragut durch ein heftiges Feuer seiner Geschütze übertönen, so daß Dorias Schiffsbesatzungen abgelenkt wurden. Gianettino Doria merkte den ganzen Schwindel erst, als die erwarteten Verstärkungen aus Sizilien zu seinem großen Erstaunen auf offener See von Draguts Schiffen angegriffen wurden. Rund um das Mittelmeer wurde das gerissene Husarenstück Draguts belacht, und Doria brauchte sich um den Spott nicht zu sorgen.

In diese spannungsgeladene Zeit platzte ein Brief des Osmanischen Herrschers an Kaiser Karl, in dem Soliman den Habsburger aufforderte, ihm die Städte Sfax, Sousse, Monastir und Mahdia auszuliefern. Natürlich lehnte der Kaiser dies ab und begründete seine Weigerung damit, daß die genannten Städte überhaupt nicht sein Besitz, sondern von dem hafsidischen Sultan von Tunis abhängig seien. Ein offener Konflikt schien jetzt unvermeidlich zu sein.

Admiral Doria erbat deshalb auf Weisung seines Souveräns vom Großmeister von Malta die Hilfe der Ordensgaleeren, um Sizilien und Neapel zu schützen. Die Entscheidung darüber fiel dem Konvent nicht leicht, denn viele der »Großkreuze« waren der Auffassung, daß Malta jetzt mindestens genauso gefährdet sei wie Süditalien und sich selber schützen müsse, ja sogar, daß Malta, Gozo und Tripoli sofort in die höchste Verteidigungsbereitschaft versetzt werden müßten. Am Ende aber setzte sich d'Homedes durch, dessen Haltung von seiner bekannten Hörigkeit gegenüber dem Kaiser geprägt war, und im Frühjahr 1551 verließen die Ordensgaleeren Malta zur Unterstützung der spanischen Flotte.

Kurz darauf erreichten den Orden aus der Levante Nachrichten, die besagten, daß eine große Flotte von Korsaren unter Sinan

Pascha, Dragut und einem Ägypter, Salah Rais, sich auf eine größere Operation vorbereite. Etwa zur gleichen Zeit kam ein französischer Ritter namens George St. Jean mit einem eigenen Schiff von der Peloponnes mit sicheren Informationen, daß die erwähnte Korsarenflotte dazu bestimmt sei, Malta und Tripoli anzugreifen. Aber der Großmeister, nachlässig, rechthaberisch und stets im Sinne Spaniens agierend, verfälschte alle Informationen und informierte den Staatsrat, daß die Korsarenflotte unterwegs sei, um sich mit der französischen Flotte vor der Küste der Provence zu vereinigen, von wo aus beide Flotten Spanien angreifen sollten. Und er bezichtigte jeden französischen Ordensritter, der eine andere Information verbreitete, der Lüge und des Verrats am Orden. Vergeblich versuchten die französischen Ritter, ihren Großmeister davon zu überzeugen, daß ihre Loyalität zum Orden außer Zweifel stünde und daß die Berichte über den geplanten Angriff der Korsaren ernst zu nehmen seien. Wie schon früher, zeigte sich bei dieser Gelegenheit wieder, welche Spannungen zwischen den verschiedenen Nationalitäten es trotz der stets beschworenen Neutralität geben konnte, wenn die Ordensspitze nicht völlig integer war.

Es gab bald weitere Warnungen: Im Juni des gleichen Jahres erhielt der Großmeister einen Brief vom Komtur von Messina, de Villegagnon, der eine Warnung des französischen Hofes vor einem größeren Korsarenangriff auf Malta erhalten hatte. Diese Warnung stammte vom Konstabler von Frankreich, Anne de Montmorency, dem Neffen des früheren Großmeisters de l'Isle Adam, von dem schon im Zusammenhang mit dem römischen Exil des Ordens die Rede war. Alarmierende Meldungen kamen auch von Francois de Lorraine, dem erst 16jährigen Großprior des Ordens in Frankreich. Aber d'Homedes weigerte sich weiter, all diesen Warnungen Glauben zu schenken. Die einzige Konzession, zu der er sich bereitfand, bestand in der Verstärkung der Garnison von Tripoli um zweihundert Männer. Dabei handelte es sich aber nicht um ausgebildete Soldaten, sondern um Bauernjungen aus Kalabrien, die noch nie in ihrem Leben eine Arkebuse oder gar eine Kanone gesehen hatten.

Was kommen mußte, geschah: Am 16. Juli segelte die Flotte von Sinan Pascha und Salah Rais ungehindert in den Marsamxett-Hafen von Malta ein. Die Bevölkerung und die Ordensmitglieder waren völlig überrascht. Am meisten überrascht war aber wohl der

Großmeister, der nach zeitgenössischen Berichten zeitweise völlig fassungslos und handlungsunfähig war. Immerhin raffte er sich dann aber auf, die Kavallerie des Ordens unter dem Turkopilier Sir Nicolas Upton um die beiden Häfen herum zu schicken, um den Korsaren bei ihrer Anlandung entgegenzutreten. Zur glcichen Zeit wurden Ritter und Soldaten des Ordens auf Fähren und Booten über den Grand Harbour gesetzt, um die Halbinsel Mont Skiberras zu besetzen oder auch die Korsaren, wenn sie dort schon gelandet sein sollten, zu vertreiben.

Die Korsaren waren mit insgesamt 12 000 Mann gelandet. Aber trotzdem hatte die energische Reaktion Uptons mit seinen Reitern und der Soldaten unter dem spanischen Komtur de Guimerans auf dem Mont Skiberras Erfolg: Die Korsaren stellten ihren Angriff auf die Häfen ein. Aber es gelang nicht, sie auf ihre Schiffe zurückzutreiben, und sie zogen nun, während die Ordensmitglieder in aller Eile ihre Verteidigungsabschnitte in Birgu besetzten, ins Landesinnere nach Notabile, wo sich nur eine sehr schwache Garnison des Ordens unter Führung von Georges Ardone, dem der Italienischen Zunge angehörenden Bailiff von Genua, befand.

Glücklicherweise hatte bei all den Plänkeleien des Tages bisher nur ein einziger Angehöriger des Ordens sein Leben verloren: Sir Nicolas Upton. Der schwergewichtige Ordensritter war aber nicht im Kampf gefallen, sondern auf Grund der Hitze des Tages, des anstrengenden Ritts und der Aufregungen einem Schlaganfall erlegen. Aber trotz der bis dahin günstigen Verlustbilanz war die Gefahr groß, daß zumindest Notabile an die Korsaren verloren gehen würde. Nur ein Wunder konnte jetzt noch helfen, und dieses Wunder kam aus Sizilien.

Der dortige Prior des Ordens hatte inzwischen von dem Überfall auf Malta erfahren und geistesgegenwärtig eine schnelle Fregatte mit der Botschaft nach Malta in Marsch gesetzt, daß Doria ganz in der Nähe von Malta sei und demnächst dort mit starken Kräften landen werde. Nichts war weiter von der Wahrheit entfernt als diese Nachricht. Aber der Prior hatte es geschickt eingefädelt, daß seine Botschaft in die Hände der Korsaren fiel und diese daraufhin sofort von der Belagerung von Notabile abließen und sich auf ihre Schiffe zurückzogen.

Die Gefahren für den Ordensstaat waren aber damit noch nicht gebannt, denn nun fuhren die Korsaren nach Gozo, wo sich eine Tragödie allergrößten Ausmaßes abspielte.

In der Inselhauptstadt von Gozo gab es eine altersschwache Zitadelle mit einer nicht minder altersschwachen Kanone, dem einzigen Geschütz auf der Insel. Dieses Geschütz wiederum wurde von dem einzigen Kanonier, den es auf der Insel gab, einem Engländer, bedient. Und das Unglück wollte es, daß dieser Kanonier gleich zu Anfang der Belagerung fiel, womit auch die Kanone ihren Wert verloren hatte. Aber das war nicht der einzige Mangel: Zu den vielen Versäumnissen des Großmeisters d'Homedes hatte insgesamt die Vernachlässigung der Verteidigungsbemühungen um die Insel gehört, und hinzu kam – Soldaten müssen nicht zwangsläufig Helden sein –, daß der Gouverneur der Insel sich lieber in seiner Wohnung versteckte, als die Verteidigung der Zitadelle zu leiten. Kläglich bat Galatian de Sesse, das war der Name dieses Helden, Sinan, ihm die Bedingungen für eine kampflose Übergabe der Festung zu nennen. Aber der Pascha ließ ihm antworten, mit Feiglingen verhandle man nicht über Kapitulationen. Er nahm die Zitadelle auch ohne Verhandlungen in Besitz und führte die gesamte, nach Tausenden zählende Bevölkerung der Insel einschließlich de Sesse, in die Sklaverei. Nach Plünderung und Brandschatzung bestand die Insel nur noch aus Ruinen. Der Pirat Dragut, dessen Bruder vor einigen Jahren bei einem Überfall auf Gozo getötet und danach verbrannt worden war – was nach islamischer Vorstellung einer unerhörten Leichenschändung gleichkommt – hatte dabei mit der Verbrennung der Hauptstadt eine ihm angemessene Genugtuung für die Verbrennung seines Bruders erhalten.

Inzwischen war es selbst d'Homedes klar geworden, daß das nächste Ziel der Korsaren, die selbstverständlich im Auftrag des Sultans handelten, Tripoli sein würde. Dort war inzwischen Gaspard de Vallier, der Bailiff der Auvergne und damit Großmarschall des Ordens, Gouverneur geworden, ein vornehmer und frommer Ritter, von dem viele Ordensritter einmal angenommen hatten, daß er anstelle von d'Homedes Großmeister werden würde. Dies allein hatte später d'Homedes wohl bewogen, ihn weit fort nach Tripoli zu versetzen. Für dieses Amt war der vornehme Edelmann jedoch vermutlich nicht geeignet, denn es erforderte eine gehörige Portion an Robustheit und auch Rücksichtslosigkeit sowie Durchsetzungsvermögen und Tatkraft. Jedenfalls geriet die Garnison von Tripoli schnell wieder in den verlotterten und schlampigen Zustand, der dort vor der Zeit von de la Valette geherrscht hatte. D'Homedes weigerte sich weiterhin, Tripoli irgendeine nennenswerte Unterstützung zukommen zu lassen.

In diesen kritischen Tagen erhielt Malta unerwarteten Besuch. Der französische Botschafter in der Türkei, Baron d'Aramon, erschien auf der Durchreise mit seinem Schiff in Malta und machte dem Großmeister seine Aufwartung. Dabei machte er d'Homedes den Vorschlag, in Tripoli zwischen dem Orden und Sinan Pascha zu vermitteln. Er ließ dabei keinen Zweifel daran, daß er seine Vermittlungsdienste vor allem aus Hochachtung vor der früheren Größe des Ordens, aber auch, um die Ehre französischer Ordensritter zu wahren, anbot. Vor allem ging es ihm auch um den armen Vallier, den er in Tripoli in hoffnungsloser Lage sah. Als er schließlich davonsegelte, waren die Ritter allerdings entsetzt darüber, daß man ihnen zumutete, kampflos Tripoli preiszugeben. Wie weit war der stolze Orden gekommen, daß er, anstatt um Tripoli zu kämpfen, schon vorher kapitulieren sollte!

Aber die Ritter brauchten sich nicht mehr lange Gedanken über ihre Ehre zu machen. Es kam alles viel schlimmer und schneller, als sie erwartet hatten:

Inzwischen waren nämlich die Türken und Korsaren in gewaltiger Übermacht rund um Tripoli aufmarschiert und hatten begonnen, die Stadt zu beschießen. Die Lage schien aussichtslos. De Vallier, vollkommen auf sich alleine gestellt, entschied sich, vermutlich, um Zeit zu gewinnen und in der Hoffnung auf baldige Unterstützung aus Malta, mit dem Gegner in Verhandlungen zu treten. Hieran scheint auch d'Aramon beteiligt gewesen zu sein, der allerdings das türkische Lager nicht verlassen durfte. Die Verhandlungen führten jedenfalls zu keinem Erfolg, und der Gouverneur kehrte in die Zitadelle zurück, um den Kampf fortzusetzen. Hier aber verweigerten ihm seine spanischen Ritter den Gehorsam und die kalabrischen Bauernsöhne, die schon bei der Beschießung in Panik geraten waren, weigerten sich zu kämpfen und drohten, die Festung in die Luft zu sprengen. Panik machte sich breit und auch ein Aufruhr der einheimischen Bevölkerung lag in der Luft. In dieser Situation war es für die Türken und die Korsaren ein Leichtes, Stadt und Festung zu überwältigen. Sie fiel am 15. August 1551. Der französische Botschafter d'Aramon hatte in der Zwischenzeit sein Bestes versucht, und ihm war es gelungen, wenigstens de Vallier und seine Ritter gegen ein hohes Lösegeld freizukaufen. Das Lösegeld stammte von der französischen Krone und war ursprünglich bestimmt gewesen, dem Sultan für ein völlig anderes Geschäft übergeben zu werden.

Wenige Tage später kamen d'Aramon und die Ordensritter auf mehreren Schiffen vor Malta an und glaubten, ihren Augen und Ohren nicht trauen zu können: Rasselnd wurde die große Kette, die den Galeerenhafen vor Feinden schützte, vor ihrer Einfahrt in das Hafenbecken gespannt, und drohend richteten sich die Geschütze von St. Angelo auf die Schiffe – nicht etwa um, wie sonst üblich, Salut zu schießen, sondern um gegebenenfalls die erste Salve auf die Schiffe abzufeuern. Wie Feinde wurden der Botschafter und die eigenen Ordensbrüder empfangen.

Inzwischen hatte der Großmeister, der durch seine zahlreichen Versäumnisse, den Verlust von Tripoli zu verantworten hatte, gegenüber dem Generalkonvent, der jetzt unablässig tagte, behauptet, daß der französische Botschafter de Vallier beeinflußt habe, in eine unehrenvolle Kapitulation von Tripoli einzuwilligen. Und er schrieb Briefe an den Kaiser und an die spanischen Vizekönige in Italien, in denen er den unglücklichen Vallier und den französischen Botschafter des Verrats bezichtigte. Gegenüber den Würdenträgern des Ordens bestand d'Homedes darauf, daß weder der Botschafter noch die aus Tripoli zurückgekehrten Ordensritter das Recht erhalten sollten, an Land zu gehen. Ja, er versuchte sogar zu verhindern, daß die Schiffe aus dem Hafen mit Lebensmitteln und Wasser versorgt wurden – ein in der christlichen Seefahrt wohl einmaliger Vorgang! Ebenso lehnte er es ab, dem Franzosen das Lösegeld für die Ordensritter zurückzuerstatten.

Die Verhandlungen gingen hin und her, bis sich schließlich die maßvolleren Ritter des Generalkonvents durchsetzten und wenigstens die Ordensmitglieder den Boden von Malta, ihre Ordensheimat, wieder betreten durften. Nicht jedoch d'Aramon, der Malta daraufhin ergrimmt verließ und nach Istanbul weitersegelte. Indessen bahnte sich für die Tripoli-Heimkehrer und besonders für de Vallier in Malta noch ein besonderes Trauerspiel an, das den ganzen Orden in Mitleidenschaft zog:

D'Homedes schrieb erneut an den Kaiser, erhob wieder böse Vorwürfe gegen de Vallier und d'Aramon und behauptete, daß sich im Zusammenhang mit der ganzen Affäre mehrere französische Ordensritter gegen ihn erhoben hätten. Obwohl sich diese Briefe wie die Phantastereien eines Paranoiden lesen mußten, wurden sie in Europa weitgehend geglaubt und schürten an den Fürstenhöfen den Argwohn, daß alle französischen Ordensritter Verräter seien.

Inzwischen war im Konvent das Verfahren gegen Vallier und seine beiden Stellvertreter, die Ritter de Herrera und de Fusta, eröffnet worden. Aber das Verfahren verlief nicht wunschgemäß:

Eine Kommission von mehreren Rittern, die d'Homedes und ein vom Großmeister bestimmter weltlicher Richter namens La Coombe ausgewählt hatten, hatte die Anklage formuliert und sorgfältig drei geeignet erscheinende Zeugen gegen Vallier ernannt. Dabei handelte es sich um Kreaturen des Großmeisters: Domingo Cabrilla, einen Spanier der schon einmal wegen einer Fälschung bestraft worden war; einen weiteren Spanier, der als konvertierter Moslem seine eigenen Kinder in die Sklaverei verkauft hatte, sowie einen Kanonier, der in Tripoli verhaftet worden war, als er zu den Türken überlaufen wollte und der deshalb der Todesstrafe entging, weil er als Zeuge gegen Vallier nützlich zu sein schien. Diese drei Zeugen sagten nun gegen de Vallier aus, daß er in das türkische Lager gegangen sei – was zutraf – und daß er gemeinsam mit Baron d'Aramon bei Sinan Pascha die Kapitulation von Tripoli vereinbart habe – was nicht zutraf. D'Homedes, der genau wußte, wie oft und nachdrücklich er von den Gouverneuren von Tripoli und anderen Würdenträgern vor den Gefahren für Tripoli gewarnt worden war, unterließ nun nichts, um die Verantwortung für den Verlust von Tripoli von seinen Schultern abzuwälzen.

Aber das Verfahren nahm, wie schon erwähnt, einen anderen Verlauf, als es sich der Großmeister vorgestellt hatte. Denn mehrere Mitglieder des Großen Rats durchschauten das Spiel des Großmeisters und wollten nicht zulassen, daß de Vallier, der als Großbailiff der Zunge der Auvergne und als Ordensgroßmarschall zur Ordensspitze gehörte, das Opfer von Intrigen des Großmeisters wurde, und forderten Gerechtigkeit. Es war dann de Villegagnon, der Komtur von Messina, der sich zu dieser Zeit auf Malta befand und dessen Warnungen d'Homedes stets geflissentlich überhört hatte, der sich als Sprecher dieser Gruppe mutig dem Großmeister entgegenstellte.

La Coombe, obwohl dem Großmeister hörig, beging nun aber den Fehler, nicht nur de Valliers Degradierung und Entfernung aus dem Orden zu fordern, sondern auch die Bestrafung der beiden spanischen Stellvertreter. Er begründete dies damit, daß die beiden spanischen Ritter über den angeblich beabsichtigten Verrat ihres Gouverneurs vollständig informiert gewesen seien. Dies aber mißfiel d'Homedes, der nicht zulassen wollte, daß spanische Ritter mit irgendeinem Makel behaftet würden. Er erklärte deshalb vor dem Großen Rat, daß La Coombe das Urteil gegen die drei Ritter zu hastig gefällt habe und daß deshalb neue, aber getrennte Verfahren notwendig seien. Gehorsam erklärte nunmehr La Coombe, daß die Verbrechen von de Vallier und seinen beiden Stellvertretern unterschiedlicher Art seien.

Dieser feige Rückzug La Coombes brachte neue Unruhe in die Ratsversammlungen und führte zu einem scharfen Angriff Georg Schillings von Cannstatt, des ehemaligen deutschen Großbailiffs und Gouverneurs von Tripoli und jetzigen Großpriors des Ordens in Deutschland, der sich gerade auf Malta aufhielt. Jetzt aber zeigte sich La Coombe standhaft und weigerte sich, sein Urteil noch einmal zu ändern.

Die allgemeine Verwirrung und Entrüstung hielt an. Sie steigerte sich noch, als ein Brief des Königs von Frankreich eintraf, in dem dieser ankündigte, daß er die vom Großmeister erhobenen Vorwürfe gegen den Botschafter d'Aramon selber untersuchen wollte. Der Brief wurde von einem Gesandten des Königs namens Nicholas du Belloy überbracht, der im Auftrag des Königs mehrere Fragen an den Orden richtete. Man kann sich leicht vorstellen, wie lebhaft in dieser gespannten Atmosphäre Meinungen und Gerüchte in der kleinen ritterlichen Gemeinschaft von Malta ausgetauscht

wurden. Noch nie hatte der Orden vor einer solchen inneren Zer-
reißprobe gestanden, und vor allem die französischen Ritter wurden zwischen ihrem Gehorsam zu dem spanischen Großmeister
und der ritterlichen Solidarität zu den Franzosen de Vallier und
d'Aramon hin- und hergerissen. Viele »Großkreuze« auch anderer
Zungen waren der Meinung, daß die Antwort an den König keine
Vorwürfe gegen d'Aramon enthalten sollte, sondern, im Gegenteil,
seine Verdienste um die Sicherheit der Ordensangehörigen in Tripoli hervorzuheben seien. In diesem Sinne entwarfen sie eine Antwort an den König.

Als der Großmeister von diesem Entwurf erfuhr, gab er den Mitgliedern des Großen Rats zu verstehen, daß er eine eigene Antwort
entworfen und seinen Sekretär angewiesen habe, diese vor Belloy
und Villegagnon geheimzuhalten. Villegagnon indessen, der dem
Großmeister immer mehr mißtraute, nährte jetzt unter den Rittern
den Argwohn daß d'Homedes außerordentlich hinterhältig handele und daß etwas getan werden müsse, um Vallier zu retten. Inzwischen stellte Belloy, ein Mann mit großem Gerechtigkeitssinn,
der nicht die Vorurteile und Loyalitätsverpflichtungen der Ordensritter besaß, fest, daß d'Homedes La Coombe dazu gebracht hatte,
das Todesurteil gegen de Vallier zu verhängen und zugleich eine
Unschuldserklärung für die beiden spanischen Ritter abzugeben.
Dazu wurde jetzt auch noch bekannt, daß de Vallier durch die
Folter zu dem Geständnis gezwungen werden sollte, daß er ein
geheimes Abkommen mit Sinan Pascha über die bedingungslose
Kapitulation von Tripoli geschlossen habe. Dieses »Geständnis«
wollte der Großmeister anstelle eines Antwortschreibens an den
König von Frankreich schicken.

Im Großen Rat forderte daraufhin der mutige und nimmermüde
Villegagnon vom Großmeister eine Stellungnahme zu diesen schweren Vorwürfen – ein in der Ordensgeschichte bisher noch nie da-
gewesener Vorgang«. D'Homedes wies daraufhin alle Vorwürfe
entrüstet zurück. Dann jedoch, mit dem direkten Vorwurf der Täuschung konfrontiert, verfärbte sich sein Gesicht zu tödlicher Blässe
– das Gesicht eines Großmeisters, der vor seinen Ordensbrüdern
den letzten Rest ritterlicher Ehre verloren hatte. Mit einem wüsten
Ausbruch von Anschuldigungen wandte er sich an Villegagnon.
Er schien nicht mehr recht bei Sinnen zu sein, aber in dem Tumult

und in der allgemeinen Empörung, die jetzt folgte, konnte der Große Rat den Entschluß fassen, daß dem König ein Brief des Inhalts geschickt werde, daß de Vallier und d'Aramon unschuldig seien. Dieser Brief wurde nun durch Villegagnon und Belloy an den König übermittelt.

Es folgte ein neues Verfahren, in dem de Vallier nun zu lebenslanger Haft und Entlassung aus dem Orden verurteilt wurde, während die beiden Spanier freigesprochen wurden. In dieser alles in allem immer noch unbefriedigenden Situation beendete das Verfahren eine der beschämendsten Episoden in der Geschichte des Ordens. De Vallier wurde nun eingesperrt und erst viele Jahre später, unter dem Großmeister de la Sengle, freigelassen und nach Frankreich abgeschoben. Erst unter dem Großmeister de la Valette wurde in einem neuen Verfahren seine völlige Unschuld festgestellt und seine Ehre wiederhergestellt.

D'Homedes starb zwei Jahre später im September 1553. Sogar in seinem Nachlaß zeigte er sich noch als Betrüger, denn im Widerspruch zu den Regeln des Ordens hatte er all seinen Besitz nicht dem Orden, sondern seiner Familie vermacht. Außerdem wurde festgestellt, daß er schon seit Jahren insgeheim Vermögenswerte seiner Familie zukommen ließ. Er war im Orden so verhaßt und verachtet, daß einige Ritter forderten, seinen Leichnam wie den eines Verbrechers in einen Sack eingenäht im Hafen zu versenken. Besonnenere Ritter, die Rückwirkungen auf das Verhältnis der spanischen Krone zum Ordensstaat fürchteten, setzten sich jedoch durch, und d'Homedes wurde mit dem üblichen Zeremoniell für die Bestattung eines Großmeisters beerdigt.

Nach 17 Jahren einer mehr als verworrenen und ungerechten Herrschaft hatte d'Homedes gegen Ende seines Lebens aber doch noch etwas Positives vollbracht: Er hatte offenbar aus seinem Versagen bei der Verteidigung von Tripoli gelernt und vor seinem Tod noch die Stärkung der Verteidigungsanlagen der Ordenshauptstadt in die Wege geleitet. Ihm war es zu verdanken, daß an der Spitze der Halbinsel des Mont Skiberras der Grundstein für ein Fort, Sankt Elmo, gelegt wurde, von dem die Einfahrten in die beiden großen Häfen überwacht werden konnten. Er ließ das Fort Sankt Angelo auf der Halbinsel Birgu weiter ausbauen und St. Angelo und Birgu durch einen Kanal mit Zugbrücke trennen. Außerdem ließ er auf der Halbinsel an der anderen Seite des Galeerenhafens den Bau eines weiteren Forts, Sankt Michael, beginnen. Damit hatte er den Grundstein für die spätere erfolgreiche Verteidigung des Grand Harbour gegen die Türken gelegt.

Nachfolger von Juan d'Homedes wurde der bereits bei der Eroberung von Monastir hervorgetretene Franzose Claude de la Sengle, der von 1553 bis 1557 regieren sollte. Zur Zeit seiner Wahl war er der Botschafter des Ordens beim Heiligen Stuhl. Er galt als ein frommer und gerechter Mann. Obwohl er die Rechte der einheimischen Bevölkerung Maltas, insbesondere die Vorrechte der Università, weiter einschränkte, galt er als großzügig und fürsorglich. Er baute die Halbinsel mit dem von d'Homedes begonnenen Fort St. Michael weiter aus und umschloß damit das Kernstück der Militärmacht des Ordens, den Galeerenhafen, neben Birgu mit einer zweiten befestigten Stadt, die nach ihm den Namen »Senglea« erhielt.

Vorboten des Orkans

Im Zusammenhang mit den erwähnten inneren Spannungen des Ordens und dem Fortgang der maritimen Operationen, kommt nun wieder der florentinische Aristokrat und Feind der Medici Leone Strozzi, der 1537 sein Amt als General der Galeeren aufgegeben hatte und nach Italien zurückgekehrt war, in den Blick. Während der Orden weiter auf die unvermeidliche große Auseinandersetzung mit dem Osmanischen Reich zusteuerte, sorgte er für neue Verwirrungen, die über seinenTod hinaus anhielten und wieder einmal deutlich zeigten, wie sehr sich alle machtpolitischen und dynastischen Erschütterungen in West- und Südeuropa wie auf einem Seismographen im Orden niederschlugen.

Im Herbst des ereignisreichen Jahres 1551 kehrte Leone Strozzi nach Malta zurück. Er kam von Frankreich, wo er zuletzt General der Galeeren des Königs gewesen war. Wegen seiner Verbindungen zu Frankreich wurde ihm jedoch das Betreten Maltas verweigert. Enttäuscht segelte er deswegen nach Frankreich zurück, wo ihm jedoch noch vor Betreten des Festlandes mitgeteilt wurde, daß er sofort verhaftet würde, wenn er sein Schiff verließe. Heimatlos und geächtet wie er nun war, wandte er sich jetzt nach Sizilien, wo er auf Sympathie und Unterstützung hoffte, und erklärte dort gegenüber den Spaniern, daß er sich von Frankreich völlig losgesagt habe. Zur gleichen Zeit schickte er an den Konvent in Malta als Geschenk einen Altar mit dem Bibelzitat »Er kam zu den Seinen und die Seinen erkannten ihn nicht«.

Da er in der Vergangenheit immer ein erklärter Gegner der Spanier gewesen war, begegnete man Strozzi auch auf Sizilien nicht mit Sympathie, und, arbeitslos, wie er nun war, ging er für einige Zeit dem Gewerbe der Piraterie nach; dabei ist nicht überliefert, ob er sich nur auf nichtchristliche Schiffe als Opfer beschränkte. Schließlich erhielt er aber doch aus Malta den Hinweis, daß er wieder willkommen sei – schließlich war er ja immer noch ordentlicher Ordensritter und Komtur von Capua. Er landete im Januar 1552 auf Malta, und er war es, der den Großmeister d'Homedes davon überzeugte, endlich etwas für die Befestigungen des Grand Harbour zu tun. Gemeinsam mit Georg Bombast von Hohenheim, dem Großbailiff der Deutschen Zunge, und dem Auvergner Louis de Lastic, die zusammen eine Kommission bildeten, konzipierte er den bereits früher erwähnten Ausbau der Forts St. Elmo, St. Angelus und St. Michael rund um den Grand Harbour.

Zu diesem Zeitpunkt war nicht mehr daran zu denken, Tripoli, wo inzwischen Agha Murat die Herrschaft übernommen hatte, zurückzuerobern. Deshalb wurde im Großen Rat beschlossen, die Stadt Zoara (heute Zuwarah), die sich etwa auf halbem Weg zwischen Tripoli und der Insel Djerba befand, in Besitz zu nehmen. Dies würde den Prestigeverlust, den der Orden mit der Preisgabe von Tripoli erlitten hatte, ausgleichen, Tripoli könnte von dort aus einigermaßen kontrolliert werden und die Meerenge zwischen Sizilien, Malta und Nordafrika ließe sich wieder besser überwachen.

Strozzi, inzwischen als General der Galeeren wieder in seiner alten Funktion, wurde mit der Leitung des Unternehmens beauftragt, und im August 1552 verließ eine Eskadra mit 300 Rittern und 1200 Bewaffneten, überwiegend Maltesern, den Galeerenhafen, um nach Nordafrika zu segeln. Sicher keine sehr große Streitmacht, aber sie wurde als ausreichend erachtet, Zoara im Handstreich zu nehmen. Angeführt wurde der Verband von der Galeere Strozzis, die an ihrem Mast jetzt die drei Laternen des Generals der Galeeren führte. Es wehte ein guter Nordwestwind und schon nach zwei Tagen erreichte die Eskadra die Küste Nordafrikas.

Hier aber war der Wind so stark, daß die Galeerenkapitäne es nicht wagen konnten, näher an das Ufer heranzugehen, wollten sie es nicht riskieren, daß ihre Schiffe an den Klippen zerschellten. Also warteten sie auf See etwa eine Woche, bis der Wind endlich nachließ.

Dann aber, es war in einer dunklen Nacht, konnten sie endlich landen. Nun mußten sie aber feststellen, daß sie infolge der durch die Dunkelheit erschwerten Navigation etwa 14 Kilometer östlich von Zoara gelandet waren. Ein längerer Fußmarsch durch die Dunkelheit der afrikanischen Nacht war deshalb unvermeidlich.

Strozzi teilte nun seine Streitmacht in drei Abteilungen ein: Ein Vorauskommando bewährter Ritter und ausgesuchter Soldaten stand unter dem Befehl des Spaniers de Guimerans, der sich bekanntlich schon im Juli 1551 bei der Landung Sinan Paschas im Hafen von Marsamxett hervorgetan hatte. Die Hauptabteilung führte de la Valette, der frühere Gouverneur von Tripoli, und die Nachhut führte Strozzi selber. Die Galeeren sollten an der Küste entlang nach Zoara fahren und sich dabei auf Höhe der Landmacht halten. Einige Gefangene, die man früher gemacht hatte und die die Gegend kannten, mußten als Kundschafter vorausgehen, und ihnen war der sofortige Tod angedroht worden, für den Fall, daß sie die Angreifer in die Irre leiten würden.

Der Morgen graute schon, als die Kundschafter meldeten, daß sich vor Zoara und außerhalb der Stadtmauern ein Lager befände, und die Ritter glaubten, daß es sich um ein Beduinenlager handele. Um unnötigen Lärm und die vorzeitige Alarmierung der Einwohner von Zoara zu vermeiden, umging man das Lager – man konnte sich damit ja noch später befassen. Guimerans und Valette befahlen anstelle dessen sofort den Angriff auf die Stadt, und jetzt ging alles sehr schnell und lautlos: Innerhalb kurzer Zeit waren die Angreifer in die Stadt eingedrungen und hatten alle Schlüsselpositionen besetzt. Schnell wurden auch die überraschten Einwohner zusammengetrieben und alle Männer zu Gefangenen gemacht. Dann aber gaben sich die einfachen Soldaten, ohne daß die Ritter dies verhindern konnten, ihrer gewohnten Lieblingsbeschäftigung nach einem geglückten Angriff hin, der ausgiebigen und gründlichen Plünderung aller Häuser und Hütten. Dabei ging jede Ordnung und Disziplin verloren, und die Ritter hatten Mühe, wenigstens die Gefangenen zusammenzuhalten.

In dieses Durcheinander platzte ein vertrauenswürdiger Araber mit der Nachricht, daß es sich bei dem Lager außerhalb der Stadt keineswegs um einen Beduinenstamm handele, sondern um ein

Feldlager des Agha Murat, der sich mit 4000 Reitern auf dem Weg nach Gabes befand. Der Schreck war groß: Sicher hatte der Agha schon von den Geschehnissen in Zoara erfahren und konnte jetzt zu jeder Minute mit seinen Reitern über die jeder Kontrolle entglittenen Plünderer herfallen und die Ordensstreitmacht buchstäblich in Stücke hauen. Bestürzt ordnete Strozzi den sofortigen Rückzug aus Zoara an. Valette sollte zum Ufer vorauseilen und dort die rasche Einschiffung der Gefangenen in die Wege leiten, während die beiden anderen Führer, Strozzi und Guimerans, versuchen sollten, die Horden der Plünderer unter Kontrolle zu bringen und dann den Rückzug der Ordensstreitmacht zu decken.

Die Evakuierung hatte gerade begonnen, als die Befehle der Ordensritter von dem Gepolter von Pferdehufen und dem heiseren Kriegsgeschrei der Reiter des Agha übertönt wurde. Jede Ordnung ging jetzt verloren und alles rannte jetzt zum Ufer, während die Säbel und Keulen der Reiter auf die Flüchtenden niederhieben. Strozzi wurde verwundet und bewußtlos auf eine der Galeeren gebracht. De la Valette kümmerste sich jetzt natürlich nicht mehr um die Verschiffung der Gefangenen, sondern deckte mit anderen beherzten Rittern den Rückzug der Ordenskämpfer auf die Galeeren, während zwei andere junge Ritter, Jean l'Evesque de la Cassière und Hugues Loubenx de Verdalle, beide ebenso wie Jean de la Valette zukünftige Großmeister, tapfer die Ordensfahne hochhielten.

Die allerschlimmsten Verluste konnten so vermieden werden und die Galeeren vermochten schließlich die Küste Nordafrikas zu verlassen, um zunächst zur Insel Lampedusa zu fahren, wo die zahlreichen Verwundeten versorgt wurden. Eine schnelle Galeere wurde nach Malta vorausgeschickt, um den völligen Mißerfolg des Unternehmens zu melden. Im Orden, der in seiner Geschichte so viele Siege errungen hatte, machte sich Trauer über die erneute Niederlage breit, die – es war das letzte Regierungsjahr von d'Homedes – mit der inneren Zerrissenheit des Ordens einherging.

Strozzi erholte sich schnell von seiner Verwundung und wurde 1553 einer der aussichtsreichsten Kandidaten als Nachfolger von d'Homedes. Er mußte aber de la Sengle weichen, weil viele Würdenträger befürchteten, daß eine Wahl von Leone Strozzi den Orden in die inneritalienischen und toskanischen Machtkämpfe ziehen würde. Möglicherweise war Strozzi über seine Nichtwahl sehr enttäuscht. Jedenfalls bot er nun Frankreich erneut seine Dienste an und verließ den Orden wieder – ein schillernder Wanderer zwischen den Welten, zugleich aber sicher auch ein begabter Seemann und Admiral.

Letzteres dürfte aber kaum die Entscheidung Frankreichs, ihn wieder in französische Dienste aufzunehmen, beeinflußt haben. Wichtiger war zweifellos die Macht, die die Familie Strozzi verkörperte. Denn das Oberhaupt der Familie Strozzi, Leones Bruder Piero, ein Maréschal de France, war der florentinische Hauptgegner der Familie Medici, die fest auf Seiten Karls V. stand. Grund genug, Bruder Leone seine Wechsel zwischen den Fronten gnädig nachzusehen.

Aber Leone sollte den Frontwechsel nicht lange überleben. Bei dem Versuch, den zum Vizekönigreiche Neapel gehörenden Hafen von Scarlino einzunehmen, wurde er tödlich verwundet. Seine Männer beerdigten ihn daraufhin in der Kirche von Port Ercola. Aber der haßerfüllte Herzog Cosimo Medici der Toskana ließ seinen Leichnam wieder ausgraben und ins Meer werfen. Damit war die Angelegenheit aber noch nicht beendet, denn dieser persönlichen Tragödie des florentinischen Prinzen folgte noch ein Nachspiel, an dem viele Parteien teilhatten und das für die Politik und Diplomatie der Hochrenaissance typisch war:

Nach dem Tod von Leone hatte dessen älterer Bruder Piero, der Familienchef der Strozzi, die Galeeren Leones in Besitz genommen. Er selber war aber kein Seemann und außerdem mit dem Kampf gegen die Medici, bei dem es in diesen Tagen vor allem um den Besitz der Stadt Siena ging, beschäftigt. Deshalb vertraute er die Schiffe dem Ordensprior der Lombardei, einem Mitglied der Familie Sforza, den Herzögen von Mailand, an. Aber dieser Prinz, bisher ein Verbündeter von Frankreich, wandte sich kurz danach Spanien zu und stellte die Galeeren der Strozzi in den Dienst dieses Landes. Um nun die Rückgabe der Galeeren unter französische Kontrolle zu erzwingen, ließ der im Sinne Frankreichs agierende Papst einen Bruder des Prinzen Sforza, der bei ihm als Kardinal und Großkämmerer Dienst tat, einsperren. Mit der Folge, daß der Großprior nicht nur die Galeeren an die Familie Strozzi zurückgab, sondern dem tüchtigen Makler mit der päpstlichen Tiara auch noch 30 000 Kronen für die Freilassung seines Bruders zahlte.

Der erneute Loyalitätswechsel des Sforza-Priors verärgerte nun aber die Anhänger Spaniens, und sie beauftragten einen Piedmonteser Seeräuber, der den Schutz der spanischen Krone genoß, einen gewissen Moretto Nissardo, eine der Strozzi-Galeeren, die sich in einem Hafen des Heiligen Stuhls befand, zu kapern. Die wiederum führte zu einer gewissen Verärgerung König Heinrichs von Frankreich, der dem Papst mangelnde Wachsamkeit oder gar ein geheimes Einverständnis mit den Spaniern vorwarf. Moretto stellte sich nun unter den Schutz des Herzogs von Savoyen, während Piero Strozzi und ein weiterer Kardinal, Caraffa, ein Neffe des Papstes, einem französischen Kapitän – möglicherweise aber auch einem Korsar namens Fournoux den Auftragt erteilten, Moretto zu fangen und vor ein Gericht zu bringen.

Soweit der zweite Akt dieses verworrenen mittelalterlichen Kriminalstücks, dessen Höhepunkt damit jedoch noch nicht erreicht war. Denn Fournoux, dem es nicht ganz geheuer war, Moretto alleine gegenüberzutreten, segelte erst einmal nach Malta, wo er vorgab, den Aufenthaltsort einiger Piratenschiffe zu kennen. Dies erfreute natürlich die Ordensritter, und man fuhr gemeinsam los, um die muslimischen Piraten zu suchen, wobei Fournoux gestattet wurde, die Ordensflagge auf seinem Schiff zu führen.

Was man schließlich fand – ganz wie es Fournoux beabsichtigt hatte –, waren nicht muslimische Piraten, sondern der christliche (und damit natürlich hochachtbare) Seeräuber Moretto, der nichtsahnend das Schiff von Fournoux mit der Ordensflagge zu einem Höflichkeitsbesuch betrat und sofort verhaftet wurde.

Dies empörte natürlich die Kapitäne der beiden Ordensgaleeren, die ihre Flagge mißbraucht sahen und den Ärger der Souveräne Spaniens und Savoyens fürchten mußten, unter deren Schutz Moretto stand. Sie nahmen die Schiffe von Moretto und Fournoux in die Mitte und zwangen sie zur Fahrt nach Malta. Dort würde dem noch nichts ahnenden Großmeister sicher schon eine gute Lösung des Problems einfallen. Was mit dem Mißbrauch einer Leihgabe begonnen hatte, hatte sich nun zu einer internationalen Staatsaffäre zwischen Frankreich und Spanien, mit dem Heiligen Stuhl, den Medici, Strozzi, Sforza und Savoyen als Randfiguren entwickelt. Die unglücklichste Rolle spielte allerdings wieder einmal der Orden, in dem natürlich auch gleich wieder die Zungen Frankreichs und Spaniens alarmiert waren. Die spanischen und piedmontesischen Ritter forderten denn auch sofort die Freilassung von Moretto, während die französischen Ritter auf seiner Bestrafung bestanden. Die Kronen Spaniens und Savoyens schickten Brandbriefe an den Großmeister zugunsten Morettos, der Papst und der König von Frankreich zugunsten von Fournoux. Auch die Ordensritter waren sich in nur einem Punkt einig – in dem Vorwurf an ihren Großmeister, die Ordensgaleeren überhaupt eingesetzt zu haben. Aber schließlich einigten sich die Beteiligten auf eine relativ unkonventionelle Lösung: Um den Papst und König Heinrich von Frankreich zufriedenzustellen, wurde Moretto eingesperrt. Aber um auch der Gegenseite zu genügen, ergriff man sofort Maßnahmen, um Moretto eine gefahrlose Flucht zu ermöglichen. Über den anfänglichen Gegenstand des ganzen Streits, die gestohlene Galeere, sagen die Archivunterlagen am Ende nichts mehr aus – vermutlich war sie bei all den Prestigefragen schlicht und einfach vergessen worden. Doch nun soll sich unser Blick wieder dem neuen Großmeister, de la Sengle, zuwenden:

Dieser war am 1. Januar 1554 auf Malta angekommen. Zuvor hatte er auf der Durchreise in Messina einen wahrhaft königlichen Empfang durch die spanisch-italienischen Behörden erhalten. Aus gutem Grund: Die Spanier boten dem Orden, nachdem er Tripoli verloren und in Zoara keinen Erfolg gehabt hatte, nunmehr Mahdia als nordafrikanischen Stützpunkt an. Sie selber, d.h. der dafür zuständige Vizekönig von Sizilien, waren aufgrund der vielen sonstigen spanischen Verpflichtungen nicht in der Lage, diesen Außenposten zu besetzen und zu verteidigen.

Der Orden schickte eine Kommission mehrerer Ritter nach Mahdia, die die Stadt und vor allem die Verteidigungsanlagen gründlich inspzierte. Die Ritter kamen am Ende aber zu dem Ergebnis, daß der Orden angesichts seiner finanziellen Schwierigkeiten nicht in der Lage sei, die Verantwortung für die Stadt zu übernehmen. Das Angebot des Kaisers mußte deshalb zurückgewiesen werden. Sicher sehr zum Ärger des Vizekönigs von Sizilien, Don Juan de

Vega, der 1550 die erfolgreiche Belagerung von Mahdia geleitet hatte und dem damals auch das Ordenskontingent unter Claude de la Sengle unterstand. De Vega ließ den Orden seine Verstimmung über die Zurückweisung des spanischen Angebots zukünftig noch deutlich spüren, indem er dem Orden, der zur Ernährung der Bevölkerung Maltas auf Getreidelieferungen aus Sizilien angewiesen war, bei der Versorgung Schwierigkeiten bereitete.

Ganz verständlich konnte de Vega die Entscheidung des Ordens wohl auch kaum finden, wenn er bedachte, daß der Orden noch kurz zuvor Zoara erobern wollte, und einen Vergleich zwischen Zoara und Mahdia und der strategischen Lage beider Städte anstellte: Zoara, weit entfernt von Malta und in der gefährlichen Nähe von Tripoli, schlecht befestigt, und mit unfruchtbarer Wüste als Hinterland. Dagegen Mahdia, in kürzester Entfernung zu Malta, auf dem Seeweg in halber Entfernung die Insel Lampedusa, die Schiffen bei schlechtem Wetter einen Unterschlupf gewähren konnte. Eine gut zu verteidigende Landzunge mit erstklassigen Befestigungs- und Hafenanlagen. Dazu ein fruchtbares Hinterland mit einer Bevölkerung, die zum Herrschaftsbereich der den Spaniern und dem Orden loyal gegenüberstehenden Dynastie der Hafsiden gehörte. Aber es mag wohl sein, daß gerade zu dieser Zeit wieder einmal die Zahlungen der europäischen Großpriorate ausgeblieben waren und dies die Entscheidung des Ordens beeinflußt hatte. Im übrigen richtete der Orden jetzt all seine Anstrengungen auf den erneuten Ausbau der Flotte, der zu diesem Zeitpunkt nur vier Galeeren angehörten, während sich eine fünfte noch im Bau befand. In dieser kleinen Flotte bewährte sich gerade ein provencalischer Kapitän namens Matherin d'Aux de Lescaut, genannt Romegas, der sich später noch, vor allem in der Schlacht von Lepanto, als besonders fähiger Seeoffizier hervortun sollte.

In der Zwischenzeit hatte der Korsar Dragut seine Aktivitäten wieder verstärkt. Mit 50 Galeeren war er in den Golf von Venedig gesegelt, wo er weite Landstriche verwüstete. Der ältere Doria, inzwischen 88 Jahre alt, wurde beauftragt, ihn zu suchen und zu stellen. Der Admiralissimus schrieb deshalb an den Großmeister und bat um die Unterstützung durch die Ordensgaleeren. Für den Orden war die ganze Angelegenheit jedoch äußerst problematisch, denn Draguts Flotte wurde von französischen Galeeren begleitet, gegen die der Orden natürlich nicht kämpfen durfte und wollte. Der Orden entsandte zwar seine Galeeren zur Unterstützung der spanisch-italienischen Flotte, aber der neue General der Galeeren, de la Valette, hatte den strikten Auftrag, jeden Konflikt zu vermeiden, der des Ordens Neutralität gegenüber christlichen Staaten verletzen konnte. Trotz dieser Auftragsbeschränkung wurde die kleine Ordenseskadra bei ihrer Ankunft im Hafen von Gallipoli an der Südostküste von Kalibrien von den Spaniern herzlich empfangen. Alle Schiffe waren vor dem Hafen aufmarschiert und die Kanonen schossen zur Begrüßung Salut.

De la Valette vereinbarte mit Doria, gemeinsam auf die Suche nach Dragut zu gehen. Dies aber führte zur Entrüstung bei einigen französischen Rittern auf den Ordensgaleeren und auch bei einigen französischen Rittern, die, aus welchen Gründen auch immer, bei Andrea Doria Dienst taten. Es entstanden auch Spannungen innerhalb der französischen Ritterschaft und Fraktionsbildungen quer durch beide Flotten. Einige Franzosen waren für die Suche und Verfolgung Draguts, andere dagegen. Das alles hatte Verzögerungen zur Folge. Die verbündeten Flotten liefen zwar schließlich aus, aber einige wertvolle Tage waren nun verloren gegangen. Dragut, der inzwischen 3000 Gefangene gemacht hatte, konnte sich ungeschoren nach Istanbul davonstehlen. Enttäuscht kehrte die Flotte der christlichen Verbündeten nach Messina zurück.

Dort zeigte sich die Bevölkerung der Stadt, die von den Querelen der französischen Ritter gehört hatte, sehr unzufrieden mit der zögerlichen Haltung des Admiralissimus und feindete die französischen Ritter an. Gerade die Bevölkerung von Messina hatte ja schon so oft unter den Überfällen und Grausamkeiten der Piraten gelitten und mußte nun besonders enttäuscht sein, daß der gefährlichste Pirat, Dragut, den christlichen Streitkräften wieder mal entwischt war. Wie schon so oft!

Unruhe und Unzufriedenheit machten sich aufgrund der Verbitterung der Bevölkerung auch auf den Galeeren breit. Für den General der Ordensgaleeren war dieser Zustand unbefriedigend, und er mußte sich Sorgen um die Moral seiner Besatzungen machen. Er untersagte den Galeerenbesatzungen, an Land zu gehen und bat Doria darum, mit seinen Schiffen die alliierte Flotte verlassen zu dürfen, um mit seinen Schiffen alleine auf Korsarensuche zu gehen. Doria war damit einverstanden, und die Ordensgaleeren fuhren nun zu den Inseln von Lipari. Hier jedoch fanden sie keine Piratenschiffe und fuhren deshalb nach Messina zurück, wo sich aber auch Dorias Flotte inzwischen aufgelöst hatte. Daraufhin setzte die Ordenseskadra Segel für den Rückmarsch nach Malta.

Am frühen Morgen des folgenden Tages, als die Galeeren gerade an Kap Passero, dem Südzipfel von Sizilien, vorbeifuhren, entdeckten die Ordensleute ein feindliches Fahrzeug, das sie unverzüglich angriffen. Die Besatzung des Korsarenschiffs, das schnell gekapert war, wurde überwältigt und de la Valette entdeckte dabei einen alten Bekannten: Kust Ali Abdul Rahman, einen der grausamsten Seeräuber des Mittelmeers, auf dessen Ruderbänken der nunmehrige Galeerengeneral einst als Galeerensklave ein Jahr seines Lebens gepeinigt worden war. Kust Ali Abdul Rahman wußte, daß er von dem französischen Ritter keine Gnade zu erwarten hatte. Er wurde sofort an eine der Ruderbänke des Schiffes, das ihm bis jetzt gehört hatte, geschmiedet. Das Schiff wurde als Lockvogel für andere Piratenschiffe benutzt, und Kust Ali trug unter den Peitschenhieben des Aufsehers mit der Muskelkraft seiner Arme dazu bei, seine Piratenkumpane in die Falle zu locken. Er war den Anstrengungen am Sklavenruder aber nicht lange gewachsen, erlag den Erschöpfungen und wurde über Bord geworfen – das übliche Schicksal älterer Rudersklaven, deren Kräfte verbraucht waren.

Insgesamt waren die Galeerenaktionen jetzt wieder erfolgreicher. Sie richteten sich sowohl gegen feindliche Kriegsschiffe, wie auch gegen Kauffahrtschiffe, waren somit also auch reine Piratenakte. Eine solche Korsarenunternehmung sei hier kurz geschildert:

Auf Malta fürchtete man wieder einmal eine größere Invasion der Türken und Seeräuber, und der stets sehr umsichtige Großmeister de la Sengle hielt es für angebracht, größere Vorräte an Getreide einzulagern. Deshalb gab er dem General der Galeeren eine größere Menge Geldes und beauftragte ihn, damit in Sizilien oder Neapel, oder wo sonst immer sich eine Möglichkeit bot, Weizen einzukaufen und nach Malta zu transportieren. Sollten die spanischen Vizekönige Schwierigkeiten machen, war er ermächtigt, jede andere Möglichkeit zum Kauf wahrzunehmen. De la Valette hatte aber offenbar keine Lust, sich in Italien als Weizeneinkäufer zu betätigen und hielt es für einfacher, feindliche Getreideschiffe zu kapern. Er wußte, daß zu dieser Jahreszeit größere Konvoys von Kauffahrtschiffen entlang der nordafrikanischen Küste fuhren, auf denen aus der Türkei Getreide nach Tripoli, Gabes, Algier und anderen Vasallenstädten des Osmanischen Reichs transportiert wurde. Obwohl es für ihn äußerst riskant war, den Auftrag des Großmeisters zu mißachten, und er im Falle eines Mißerfolgs mit härtester Bestrafung wegen Ungehorsams rechnen mußte, fuhr de la Valette in südöstlicher Richtung davon und erreichte bald den Golf von Syrte.

Auf der Höhe von Misurata, also weit östlich von Tripoli, fing er zwei große Kauffahrtschiffe ab, die beide Weizen, Reis und obendrein noch schwere Waffen geladen hatten. Um sein Glück nun nicht noch weiter herauszufordern, machte de la Valette sofort mit der Beute kehrt und fuhr nach Malta zurück. Kurz vor der Insel liefen der Ordenseskadra aber noch zwei weitere türkische Kauffahrtschiffe über den Weg, die offensichtlich vom Kurs abgekommen und daher in gefährliche Nähe zur Ordensinsel geraten waren. In dem Gefecht, das nun folgte, wurde eines der Schiffe versenkt, das andere der bisherigen Beute hinzugefügt.

In Malta wurde die um drei Beuteschiffe vergrößerte Ordensflotte mit Jubel empfangen. Der Wert des erbeuteten Getreides war größer als der Geldbetrag, den der Großmeister dem General mitgegeben hatte – dazu kamen noch die Schiffe, das Geld, das die türkischen Kapitäne mit sich führten und die kostbaren Gefangene, die als Sklaven benötigt wurden. Niemand machte de la Valette seine Eigenmächtigkeit zum Vorwurf. Ein Flottenchef konnte sich alles erlauben – nur Erfolg mußte er dabei haben.

Aber es gab auch Schreckenstunden für die Ordensflotte. Am 24. Oktober 1555 ereignete sich ein Unglück, das für die Ordensflotte schlimmer als eine verlorene Seeschlacht war. Am Abend dieses Tages brach über die Insel ein fürchterliches Unwetter, wie die Malteser es seit Jahrhunderten nicht erlebt hatten, herein. Der Sturm war so stark, daß befürchtet werden mußte, daß die Galeeren sich von ihren Verankerungen und Vertäuungen reißen und in dem engen Galeerenhafen gegenseitig zerschlagen würden. Deshalb wurden rasch alle greifbaren Besatzungen zusammengerufen und die Schiffe in den größeren Grand Harbour hinausgerudert.

Hierher gelangte jedoch plötzlich von der offenen See eine haushohe Sturmflutwelle, die die Galeeren wie Nußschalen in die Höhe schleuderte, zerschlug und kentern ließ. Inzwischen war es stockdunkel, und die Katastrophe schien vollkommen. Erst am nächsten Morgen konnten Bergungsarbeiten eingeleitet werden, die den ganzen Tag über andauerten. Bis zum Abend konnten drei der gekenterten Galeeren, wenn auch stark beschädigt, geborgen werden. Eine vierte, sowie mehrere Galleonen und Brigantinen, waren vollkommen zerstört. Zwei Ritter und 600 Mann, darunter vor allem die angeketteten Rudersklaven, waren ertrunken.

Die Ordensflotte schien damit für eine Zeitlang außer Gefecht gesetzt und schnelle Hilfe war notwendig, wollte der Orden nicht die Kontrolle über die umliegenden Gewässer verlieren. Der Großmeister kündigte sofort an, daß er aus eigenen Mitteln eine Galeere bauen werde, der Papst schickte eine große Anzahl Galeerensklaven und Philipe de Broc, der Großprior der Provence, schenkte dem Orden eine große Galleone. Außerdem traf kurz nach der Katastrophe der bereits früher genannte Großprior des Ordens in Frankreich, der Prinz Francois de Lorraine, auf Malta ein und brachte zwei eigene Galeeren mit, die er unter die Verfügungsgewalt des Ordens stellte, auch wenn sie sein Eigentum blieben. Dafür wurde er sofort zum General der Galeeren ernannt, während de la Valette bald zum Leutnant des Großmeisters, d.h. zum Stellvertreter des kränkelnden Claude de la Sengle aufstieg.

De la Sengle starb am 18. August 1557 in Notabile, wo er in der gesünderen Höhenluft die letzten Wochen seines Lebens verbracht hatte. Drei Tage später wurde Jean de la Valette im Alter von 63 Jahren, zu seinem Nachfolger gewählt. Er sollte elf Jahre regieren, und in seine Herrschaftszeit sollte die größte Bewährungsprobe für den Orden, die sogenannte »Große Belagerung« von 1565 fallen. Bevor es dazu kam, gab es jedoch noch andere wichtige Ereignisse.

Valette setzte gegenüber der einheimischen Bevölkerung von Malta die Politik seines Vorgängers fort und schränkte die Vorrechte der Università weiter ein. Zugleich erkämpfte er dem Orden aber ein größeres Maß an Unabhängigkeit gegenüber der spanischen Krone. Dort, in Spanien, hatte Kaiser Karl V. der Macht entsagt und sich in ein Kloster zurückgezogen. Seine Nachfolger waren im Deutschen Kaiserreich und Österreich, sein Bruder Ferdinand und in Spanien Philipp II. Valette setzte es durch, daß den spanischen Vizekönigen von Sizilien das Investiturrecht gegenüber dem Ordensgroßmeister entzogen wurde, der Orden damit unmittelbar vom spanischen Souverän abhängig war.

Ein anderes Problem, mit dem der neue Großmeister sich von Anfang an auseinandersetzen mußte, war das schwierige Verhältnis zwischen Staat und Kirche: Zweimal während der Herrschaftszeit von Valette versuchte die Kongretation beim Heiligen Stuhl vergeblich, ein Inquisitionstribunal auf Malta einzurichten. Erst später, während der Herrschaft eines anderen Großmeisters, sollte die Kirche sich damit durchsetzen.

Viel Mühe und diplomatisches Geschick, aber auch seine ganze Autorität, mußte Valette aufwenden, um die Großpriorate in Europa wieder zu bewegen, ihren Zahlungsverpflichtungen nachzukommen. Er sah sich gleich nach seinem Machtantritt gezwungen, streng formulierte Briefe an die Priore von Böhmen und Venedig zu schreiben, die schon seit Jahren die Forderungen seines Vorgängers de la Sengle mißachtet und keinerlei Abgaben mehr geleistet hatten. Die beiden beschuldigten Priore rechtfertigten sich damit, daß sie schon anderweitig hohe Steuern hätten zahlen müsse: Böhmen an den Kaiser, das Priorat Venedig an die Republik. Erst bei einem Generalkapitel, zu dem Valette 1558 auf Malta einberief, erkannten die beiden Priore, daß sie bei weiterer Zahlungsunwilligkeit bald mit ihrer Amtsenthebung rechnen mußten und lenkten ein. Auf diesem Generalkapitel setzte der Großmeister auch eine Ergänzung der Statuten durch, mit der die Priore und Komture persönlich verantwortlich für die Einhaltung der Zahlungsverpflichtungen gemacht wurden: »...wenn die Priorate, Balleien und Komtureien es nach Ablauf eines Monats versäumt haben, die geforderten Beträge auszuhändigen, sind die dafür Verantwortlichen verpflichtet, ihren persönlichen Besitz auszuhändigen. Sollte dieses nicht innerhalb von neun Monaten geschehen, hat der betreffende Prior, Bailiff oder Komtur im Konvent zu erscheinen, wo er enteignet (vermutlich gemeint: seines Amtes enthoben) wird ...« Nach dieser Neuerung und in Kenntnis der Unnachsichtigkeit des neuen Großmeisters verbesserte sich die Zahlungmoral schlagartig – erst später sollte der alte Schlendrian wieder einkehren.

Große Aufmerksamkeit verwandte der Großmeister zu Beginn seiner Herrschaft und auch in der Zukunft auf die Flotte, die er weiter als das Kernstück des Ordens ansah. Neuer General der Galeeren war jetzt Pietro del Monte, ein Italiener, der später Valette als Großmeister folgen sollte.

Valette, der mehrere Sprachen sprach, nämlich Lateinisch, Italienisch, Spanisch, Türkisch, Arabisch, Griechisch sowie natürlich seine Muttersprache Französisch, war ein aufmerksamer Zeitzeuge, der alle Ereignisse rund um das Mittelmeer interessiert beobachtete. Dabei diente ihm ein von ihm mit großem Aufwand verbesserter Spionagedienst, den er persönlich überwachte. In der sehr modern anmutenden Erkenntnis, daß gute Agenten billiger sind als umfangreiche Verteidigungsanstrengungen und nur zuverlässige Spione in der Lage sein würden, ihm vor einem türkischen Großangriff genügend Vorwarnzeit zur Mobilisierung Maltas und zur Einberufung der europäischen Ritter in das Konventsland zu schaffen, warb er vor allem venezianische Kaufleute, die der Hohen Pforte nahestanden, für seine Zwecke an. Die Kaufleute, die oft mit ansehnlichen Bestechungsgeldern Zugang zu den Häusern hoher osmanischer Würdenträger hatten, schrieben ihre Beobachtungen mit der damals schon bekannten unsichtbaren Tinte auf Frachtbriefe und dergleichen Handelspapiere, die sie den venezianischen Kauffahrern auf ihrem Weg nach Venedig mitgaben. Dort wurden die Nachrichten entschlüsselt und auf kürzesten Wegen nach Malta weitergesandt.

Valette trat auch als Diplomat hervor. Zu Beginn seiner Herrschaft gab es im Mittelmeer mit Korsika einen neuen Krisenherd, wo Spanien und Frankreich um die Vormacht stritten. Spanien unterstützte dabei die »Bank von St. Georg«, eine mächtige genuesische Gesellschaft, die die Insel beherrschte, während Frankreich auf der Seite der ausgeplünderten und unterdrückten Aufständischen stand – natürlich nicht selbstlos, denn auch Frankreich hatte Appetit auf die vor seiner Haustür liegende Insel. Valette nun, der seit dem Verlust von Tripoli Malta stets besonders gefährdet sah, bot sich den beiden Mächten als Vermittler an. Dazu bewogen ihn zwei Überlegungen: Erstens hoffte er als christlicher Europäer mehr als jeder andere christliche Fürst seiner Zeit, daß die beiden Großmächte sich endlich im Kampf gegen den Islam vereinigen mögen. Es gibt aber auch Anzeichen dafür, daß er, ein überaus weitsichtiger und vorsichtiger Stratege, in Korsika eine Rückfallposition für den Fall sah, daß Malta vom Orden nicht gehalten werden könnte. Ihm kam es darauf an, beide Großmächte dafür zu gewinnen, den neutralen Orden und ehrlichen Vermittler als zukünftigen Herrn von Korsika zu akzeptieren. In diesem Sinne beauftragte er den bewährten Komtur de Guimerans mit einer Mission zum spanischen Hof, die sich dann allerdings als erfolglos erwies. Valette stellte dieses Projekt deshalb zurück. Es gab auch genug andere Probleme, die jetzt seine volle Aufmerksamkeit erforderten; vor allem die unmittelbare Bedrohung aus Tripoli.

Dort herrschte jetzt Dragut, den Sultan Soliman, nachdem der Pirat auf französische Veranlassung, nämlich auf Verlangen des hier wieder in Erscheinung getretenen Botschafters Baron d'Aramon, den Golf von Neapel heimgesucht und 1554 erobert hatte, mit Tripoli belehnte. Valette mußte nun damit rechnen, daß diese wichtige Festungs- und Hafenstadt die Basis eines zukünftigen türkischen Großangriffs auf den Ordensstaat, der Ausgangspunkt einer gegen Malta gerichteten Offensive werden würde. Nachrichten von dort besagten, daß Dragut, der sich nun wohl am Ziel seiner Wünsche, als Begründer einer ziemlich unabhängigen Lehensdynastie sah, die Festungsanlagen von Tripoli erheblich verstärkte und die Stadt damit für die Zukunft möglicherweise unangreifbar machte. Sollte eine militärische Unternehmung gegen diesen Piratenvorposten des Islam und des Osmanischen Reiches noch Erfolg versprechen, so mußte sie vor dem Abschluß der Festungsbauarbeiten erfolgen und dies, das war Valette klar, erforderte ausreichend starke Kräfte auf Seiten der Angreifer. Der Großmeister entschloß sich zum Handeln.

Valette schrieb an König Philipp II. von Spanien, schlug ihm den von ihm erwogenen Angriff auf Tripoli vor und bot dafür die Unterstützung einer großen Anzahl von Ordensrittern für jede spanische Armee, die diesen Feldzug durchführen würde, an. Er schrieb diesen Brief im Juli und erwartungsgemäß bedurfte es einiger Wochen, bevor eine Antwort Malta erreichte – diese war positiv: Der König begrüßte Valettes Vorschlag und ernannte den Vizekönig von Sizilien, den Herzog von Medina Celia, zum Oberbefehlshaber des Unternehmens. Diesem sollten neben spanischen Truppen noch päpstliche, Genueser, Florentiner, sizilianische, neapolitanische Kontingente und eine Abteilung des Herrn von Monaco angehören. Valette, der in seiner Eigenschaft als Großmeister den Ordensstaat nicht verlassen konnte, aber über hervorragende Kenntnisse vom Angriffsziel und der ganzen Region verfügte, sollte der wichtigste militärische Berater des Unternehmens sein. Aber weder Philip II. noch Valette hatte zu diesem Zeitpunkt eine Ahnung, wie Medina Celi zu dem Vorhaben stand. Dieser gehörte einer der mächtigsten spanischen Familien an und konnte es sich durchaus leisten, die Weisungen des Königs zu umgehen.

Inzwischen war es Herbst geworden und zu spät, um noch mit dem Unternehmen zu beginnen. Viel Zeit war damit vergangen, die verschiedenen Führer der spanischen und italienischen Streitkräfte mit ihren Armeen zu versammeln, den Gouverneur von Mailand, Herzog von Sesse; den Vizekönig von Neapel, Herzog von Alcan; und Gianettino Doria, der seinem inzwischen 93jährigen Großonkel Andrea als Admiralissimus der spanischen Marine gefolgt war. Im Dezember schrieb Valette an Medina Celi und riet dem Herzog, in Sizilien zu überwintern und im Frühjahr so früh wie möglich aufzubrechen. Die damit eingeleitete Korrespondenz zwischen den beiden Staatsmännern offenbarte bald, daß Medina Celi ein sehr starrsinniger Mann war, dabei aber unaufrichtig und verschlagen. Es zeigte sich auch bald, daß er über keinerlei militärische Erfahrung verfügte, trotzdem aber nicht bereit war, sich dem militärischen Rat von Valette zu fügen. Sein erster Versuch, die Autorität des Ordensgroßmeisters zu untergraben, bestand darin, daß er noch Ende Dezember mit seiner Flotte nach Malta segelte. Wie groß auch immer die Verärgerung Valettes darüber gewesen sein mag, er verbarg sie hinter der Maske weltmännischer Diplomatie und hieß die Verbündeten auf der Insel herzlich willkommen. Es war Weihnachten, jedermann war gehobener Stimmung, aber unter der Oberfläche gegenseitiger Höflichkeitsbezeugungen nahmen die beiden unterschiedlichen Männer gegenseitig Maß.

Zu den zahlreichen Zeremonien dieser Tage gehörte auch eine große Truppenschau, bei der die beiden Herrscher ihr Gesamtaufgebot inspizierten. Die spanisch-italienische Armee zählte 25000 Mann. Der Orden, der rechtzeitig aus Europa zahlreiche Ritter einberufen hatte, stellte für die Invasionstruppen 400 Ritter und 1500 sonstige Kämpfer, die unter dem Kommando des nunmehrigen Generals der Galeeren Charles d'Urre de Tessières standen. Aufgrund der Verstärkungen aus den europäischen Großprioraten würden genug Ritter und sonstige Kämpfer auf Malta zurückbleiben, um auch die Insel noch für eine begrenzte Zeitspanne verteidigen zu können.

Es war nicht lange nach Weihnachten, als unter den Spaniern eine Seuche, vermutlich Typhus, ausbrach, die von den spanischen Schiffen schnell auf das Festland übergriff und die Ritter und Soldaten in Birgu erfaßte. Schnell war das Hospital überfüllt, und die Ritter, allen voran der Großmeister, gingen nun Tag für Tag ihrer traditionellen zweiten Aufgabe, der Krankenpflege, nach. Die Seuche breitete sich aber so weit aus, daß der Großmeister anordnete, daß ein ganzes Dorf, Birkirkara am Marsamxetthafen, für die Kranken evakuiert und unter Quarantäne gestellt werde.

Der Winter ging allmählich vorüber und die Seuche ließ nach. Es war Zeit, an die Planung der Invasion an der nordafrikanischen Küste zu gehen. Die Führer der spanischen und italienischen Streitkräfte und des Ordens traten zu einer Konferenz zusammen, die in höchstem Maße dramatisch verlief. Denn jetzt offenbarte Medina Celi, daß er die Absicht habe, nicht Tripoli, sondern die Insel Djerba anzugreifen.

Alles blickte nach dieser überraschenden Eröffnung auf Valette, der sich erhob und dem stolzen Spanier Ignoranz und mangelndes strategisches Verständnis vorwarf. Natürlich sei es einfacher, Djerba zu erobern – genauso einfach sei es aber auch für Dragut, die Insel später wieder zurückzuerobern. Die Bevölkerung von Djerba stehe außerdem zu Dragut und würde sich bei erstbester Gelegenheit gegen eine spanische Garnison erheben. Überdies gebe es auf Djerba nur wenig Wasser, das also vom Festland aus einer feindlichen Umgebung mühsam herangeschafft werden müsse.

Ruhig aber fest schloß er mit der Ankündigung, daß der Orden sich an einer Invasion gegen Djerba nicht beteiligen werde.

Die Atmosphäre war geladen, und das Ansehen des Herzogs stand auf dem Spiel. Aber der Spanier wußte, daß er auf den Orden als Speerspitze seiner Invasionstruppen nicht verzichten konnte, und gab nach. Wahrscheinlich nur dem Schein nach, denn Doria warnte später den Großmeister, daß Medina Celi unverändert sein Ziel verfolge, Djerba anzugreifen, diese Entscheidung aber erst auf hoher See bekanntgeben werde. Argwohn machte sich unter den Verbündeten breit, und der Großmeister schärfte Tessières ein, ihn mit schnellen Schiffen sofort zu unterrichten, wenn der Vizekönig sich nicht an die Absprachen hielte, und die alliierte Flotte zu verlassen, wenn Medina Celi auf Djerba zusteuern sollte.

Was der Großmeister befürchtet hatte, geschah: Schon kurze Zeit nach der Abfahrt der Flotte kam von Tessières die Nachricht, daß der Vizekönig mit der Begründung, Wasser aufnehmen zu wollen, auf Djerba zusteuerte. Zu allem Unglück war der Flottenaufmarsch auch noch von einigen Galeeren Draguts, die sich der Verfolgung hatten entziehen können, beobachtet worden, so daß jetzt Gefahr bestand, daß Dragut die Alliierten angreifen würde. Jedes Schiff würde dann gebraucht werden. Trotz des Wortbruchs des Vizekönigs mochten sich die Ritter in dieser Situation nicht dazu entschließen, ihre Verbündeten im Stich zu lassen.

Medina Celi versuchte nun, auf Djerba zu landen, was aber, vermutlich wegen ungünstiger Windverhältnisse, nicht gelang. Nun erst, nach diesem ersten Mißerfolg, segelte er mit der Flotte nach Tripoli, wo Dragut, von seinen Galeeren gewarnt, in voller Verteidigungsbereitschaft auf ihn wartete. Ohnehin führte Medina Celi nun nur einen halbherzigen Angriff durch, der mißlang. Dann machte er wieder kehrt in Richtung Djerba, mußte aber unterwegs an der Küste Frischwasser aufnehmen. Dafür aber hatte Dragut, der erfahrene und gerissene Seemann, der die Reichweite von Wasservorräten einer Flotte abschätzen konnte, schon gründlich vorgesorgt: Alle Brunnen waren vergiftet und die nichtsahnenden christlichen Seefahrer und Soldaten litten bald auf ihren Schiffen unter entsetzlicher Ruhr und Fieber. Dennoch setzte der Vizekönig den Seemarsch fort und ließ Djerba, diesmal unter besseren Wind- und Wetterbedingungen, angreifen. Erwartungsgemäß hatte der Angriff Erfolg.

Wie aber hatten de la Valette und de Tessières auf den bisher letzten Akt dieser Tragödie reagiert?

Beide standen in ständiger Verbindung und teilten die Ansicht, daß die Spanier nach der Eroberung von Djerba von Dragut und Piali, einen neuen Stern am osmanischen Horizont, angegriffen werden würden. Dies würde, alleine schon des Wassermangels wegen, für die Alliierten auf Djerba tödlich sein. Valette schrieb an König Philip und beschrieb dabei Medina Celis Handelns seit seiner Ankunft auf Malta und betonte dabei die schweren Gefahren, die der Vizekönig für die christlichen Armeen heraufbeschworen hatte. Er schrieb auch an den Herzog selber und hoffte, ihn bewegen zu können, Djerba sofort aufzugeben. In einem weiteren Brief befahl er Tessières, nun endgültig den Vizekönig zu verlassen, wenn dieser auch jetzt noch an seiner Strategie festhalten sollte.

Wenige Tage später erhielt der Großmeister von seinen Spionen die Nachricht, daß die Flotten von Piali und Dragut im Anmarsch auf Djerba seien. Wieder ließ er sofort Medina Celi über Tessières vor den sich deutlich abzeichnenden Gefahren warnen. Der stolze Spanier weigerte sich jedoch weiter, Djerba aufzugeben und schalt den Ordenskomtur einen Neider, der ihm den Ruhm der Eroberung der Insel vergönnte und ständig versuche, ihm diesen durch den Rückzug von Djerba zu nehmen. Für Tessières war die Sachlage damit klar, er ließ die Anker der Ordensgaleeren lichten und segelte nach Malta zurück.

Inzwischen war Piali, der Schwiegerenkel des Sultans, mit seinen Schiffen in den Gewässern von Malta aufgetaucht, nach christlichen und den Ordensquellen mit 80, nach orientalischen Quellen mit 120 Galeeren. An der Küste von Gozo nahm er Frischwasser auf, dann fuhr er weiter in Richtung Djerba. Auch jetzt schickte der Großmeister sofort wieder eine schnelle Galeere zu den Verbündeten an der nordafrikanischen Küste – doch wieder umsonst: Medina Celi blieb weiterhin auf der Insel.

Angesichts der Katastrophe, die nun auf Djerba zwangsläufig folgte, konnte Valette eigentlich froh sein, daß er seine Galeeren rechtzeitig nach Malta zurückgerufen hatte. Denn Medina Celis Flotte wurde nun gänzlich zerschlagen, und die durch die immer wiederkehrenden Seuchen ohnehin schon kaum noch kampffähigen spanischen Soldaten verbluteten im heißen Sand von Djerba, während Medina Celi sich noch rechtzeitig mit einem Schiff nach Sizilien absetzen konnte. Aber bei Valette überwog natürlich die Trauer über den Mißerfolg des Unternehmens, das er in die Wege geleitet hatte, bei dessen Durchführung er aber hintergangen worden war. Traurig mußte er auch darüber sein, daß die Besatzungen seiner Galeeren ebenfalls krank waren, und auch Tessières, wie viele andere, wenige Tage nach der Rückkehr noch an den Folgen der Seuche starb.

Der Großmeister, der trotz aller Enttäuschungen immer noch loyal zu dem Vizekönig hielt und vermutlich zu diesem Zeitpunkt auch noch nichts von dessen unrühmlicher Flucht nach Sizilien wußte, schickte unter dem Kommando des neuen Generals der Galeeren, de Moldonat, sofort drei Galeeren und ausgeruhte neue Truppen nach Djerba, um den Verbündeten zu helfen, soweit dies überhaupt noch möglich war. Es war nicht mehr möglich: Schon nach wenigen Tagen tauchte am Horizont vor Malta der traurige Rest der alliierten Flotte auf: Neben den drei Ordensgaleeren die stark beschädigten achtzehn Galeeren der Verbündeten, denen es Dank des Könnens eines hervorragenden maltesischen Lotsen gelungen war, dem Durcheinander der Vernichtungsschlacht und den gefährlichen Gewässern mit zahlreichen Untiefen zu entkommen. Siebenundzwanzig Galeeren und fünfzahn andere Schiffe waren versenkt worden. Von den 25 000 Mann der Invasionsarmee waren Dreiviertel tot – viele als Opfer der Epidemien.

Die Katastrophe von Djerba war einer der schwersten Schläge, den die Christenheit während der letzten Jahrzehnte im Mittelmeer erlitten hatte – im Europa der damaligen Zeit, und merkwürdigerweise auch in den heutigen Geschichtsbüchern, überhaupt nicht wahrgenommen. Den unmittelbar Betroffenen machte die Niederlage aber sehr deutlich die Gefahr bewußt, die jetzt von Tripoli ausging. Jedermann rechnete nun mit einem Angriff der Türken – die Frage war nur noch, wann dieser erfolgen würde.

1561 wurde Gonzon de Melac, ein Provencale, General der Galeeren, und Valette hielt die Zeit reif für den Angrif auf Tripoli, den er seit der Niederlage von Djerba im Auge hatte. Aber die Galeerenbesatzungen, die von ihren »Karawanen« an die nordafrikanische Küste zurückkehrten, berichteten, daß Dragut keinerlei Anzeichen für irgendwelche kleineren Unternehmungen zeigte. Es schien, daß er sich auf größere Aktionen vorbereitete, und die Spione des Ordens gaben Hinweise darauf, daß Malta das Ziel sei. Der Großmeister entschied deshalb, daß die Galeeren in der nächsten Zeit nur noch in der Nähe von Malta operieren sollten. Die Situation änderte sich auch nicht im folgenden Sommer: Valette und Dragut beobachteten sich gegenseitig, und jeder wartete darauf, daß der andere den ersten falschen Schritt machen würde. Valette baute nun auf eigene Kosten zwei Galeeren, die er unter das Kommando von Romegas stellte. 1552 machte der Großmeister Birgu zur reinen Ordensstadt, d. h., er errichtete, so wie es auf Rhodos gewesen war, ein reines »Collagio« für die Ordensangehörigen. Sein Hauptinteresse galt jedoch weiter den großen strategischen Fragen seiner Zeit und besonders des Mittelmeers.

Inzwischen hatte Spanien eine weitere Niederlage erlitten: Ende des Sommers hatten die Piraten an der algerischen Küste Oran belagert. Um den Belegerungsring zu durchbrechen, hatten die Spanier im November ein größeres Flottenkontingent nach Oran geschickt. Dieses geriet jedoch in einen fürchterlichen Sturm und 25 neue Galeeren wurden an den Felsen von Kap Ferrat zerschmettert.

Zu Beginn des darauffolgenden Jahres bat Spanien den Orden um Hilfe für einen erneuten Versuch, Oran zu entsetzen. Der Orden folgte dieser Aufforderung, ließ auf den Inseln genug Männer zur Verteidigung von Malta und Gozo zurück und schickte seine Flotte nach Oran. Diesmal hatten die Verbündeten Erfolg, und die Ordensgaleeren konnten unbeschädigt zurückkehren. Aber während die Ordensgaleeren nach Malta zurückkehrten, wurde bekannt, daß Dragut mit einer überlegenen Streitmacht die Galeeren der Ritter abfangen wollte. Mit höchster Wachsamkeit gelang es den Rittern aber, Dragut zu entkommen.

Dragut, der offenbar wütend über das Mißlingen seines Plans war, beabsichtigte nun, in gewohnter Weise sein Mütchen an der Insel

Gozo zu kühlen. Schon einmal hatten die Piraten dort ja leichtes Spiel gehabt. Warum sollten sie diesmal nicht wieder so erfolgreich sein?

Wie 1551 landete er auf der Insel und marschierte auf die Inselhauptstadt mit ihrer weithin sichtbaren Zitadelle zu. Wieder, wie damals, fand er unterwegs keinen Widerstand und nahm an, daß Stadt und Festung ihm erneut ohne große Anstrengung in die Hand fallen würden und er die inzwischen neu angesiedelte Bevölkerung wieder in die Sklaverei führen könne. Siegesgewiß stand er mit seinen Piraten schon kurz vor dem Hang, der zur Zitadelle hinaufführte, als sich plötzlich die Mauerzinnen bevölkerten und in den Mauerscharten Kanonenrohre sichtbar wurden, die sich schnell in Feuer- und Rauchschlünde verwandelten. Reihenweise wurden die Piraten unter dem gezielten Feuer der Verteidiger niedergemäht, und schweren Herzens mußte Dragut den Befehl zum Rückzug auf seine Schiffe geben.

Die Freude über diesen Ausgang war auf Malta groß. Endlich einmal wieder ein Erfolg der Christenheit! Der Sieg beflügelte den Orden zu dem Plan, die Festung Malvasia am Südostzipfel der Peloponnes, die die Venezianer erst vor kurzem infolge eines Verrats an die Türken verloren hatten, anzugreifen und in Besitz zu nehmen. Dort befand sich nur eine kleine türkische Garnison und der Orden konnte auf die Unterstützung der einheimischen Bevölkerung rechnen. Unter dem Kommando von Romegas wurden die beiden Galeeren des Großmeisters und zwei Ordensgaleeren, dazu noch eine Galleone, dorthin entsandt. Der Angriff, als Überraschung gedacht, mißlang aber infolge von Witterungsschwierigkeiten und mußte abgebrochen werden. Für die Hohe Pforte bedeutete er aber die überraschende Erkenntnis, daß der winzige Ordensstaat sich jetzt sogar schon erdreistete, ohne fremde Hilfe Territorien des riesigen und mächtigen Osmanischen Reichs direkt anzugreifen und den mächtigsten Großherrn des Islam herauszufordern. Was würden die Ungläubigen sich denn noch alles erlauben?

Die Antwort ließ nicht lange auf sich warten. Ermutigt durch den Erfolg, setzte der Orden seine Politik der schmerzhaften Nadelstiche gegen die Türken fort. Anfang 1564 kehrte Romegas mit zwei erbeuteten Galleonen aus den Gewässern von Alexandria nach

Malta zurück. Auf der einen befand sich als Gefangener der Gouverneur von Alexandria, auf der anderen eine alte Frau von über hundert Jahren, die als ehemaliges Kindermädchen der Lieblingstochter des Sultans, Mihramar, am Sultanshof höchstes Ansehen genoß und auf der Rückkehr von einer Pilgerreise nach Mekka gewesen war. Der Gouverneur und die alte Frau wurden auf Malta bequem und standesgemäß untergebracht, während mit der Pforte Verhandlungen über ein hohes Lösegeld aufgenommen wurden. Kurz nach diesem erfolgreichen Piratenakt gelang es einer Eskadra von sieben Galeeren, darunter wieder die zwei Galeeren des Großmeisters unter Romegas, das prachtvollste Schiff der Türken, die mit 20 schweren und zahlreichen leichten Geschützen bewaffnete »Sultana«, die den Damen des Harems gehörte und mit zahlreichen wertvollen Waren beladen war, zwischen Kefallonia und Zakynthos (vor dem Golf von Patras) auszumachen und in fünfstündigem, blutigem Handgemenge gegen den Widerstand von 200 Janitscharen zu kapern.

Schlechte Nachrichten für den Sultan, denn erst kurz zuvor war es einer spanisch-maltesischen Flotte unter dem Spanier Garcia de Toledo gelungen, den gegenüber von Malaga an der afrikanischen Küste gelegenen Piratenhafen und die Festung von Penon de Gomera, auch Pignon de Vellez genannt, zu erobern und damit der osmanischen Oberherrschaft zu entreißen. Der Erfolg der Christen zeigte dem Sultan erneut, wie eng Spanien und der Orden im Kampf gegen das Osmanische Reich zusammenarbeiteten. Denn tatsächlich gab es auch während der Herrschaft von König Phillip II., wie schon zur Zeit Karl V., kaum eine größere Unternehmung der Christen im Mittelmeer, bei dem das mächtige Spanien sich nicht schützend an die Seite des Ordens stellte oder der kleine Orden nicht die scharfe Speerspitze der Streitkräfte des Königs darstellte. Und das, obwohl Philip II. für den Orden viel unbequemer war als sein kaiserlicher Vater, da er nicht dessen militärisches Talent und die erforderliche Entscheidungsfreude besaß. Im Gegenteil: Als unschlüssiger Zauderer und starrsinniger Dogmatiker ist er in die Geschichte eingegangen. Dennoch blieb Spanien unter seiner Herrschaft der Hauptrivale der Türken im Mittelmeer.

Wie lange würde sich aber der Sultan nach dem Raub der »Sultana« die Herausforderungen der »Ungläubigen« noch gefallen lassen? Seine Berater, vor allem seine fromme Tochter Mirahmar, bedrängten den Herrscher, daß die Zeit für den Djihäd reif sei, den »Heiligen Krieg« gegen die Feinde des Glaubens. Und die Mullahs in der Großen Moschee, der ehemaligen christlichen Hagia Sophia, hetzten die Gläubigen zur Vernichtung des christlichen Wespennestes auf.

Der türkische Aufmarsch

Sultan Soliman war jetzt siebzig Jahre alt. Er war immer noch ein großer Kriegsherr, aber auch der Prachtentfaltung und dem Luxus verfallen. Um sich von der Pracht seiner Hofhaltung ein Bild machen zu können, muß man sich sein Serail vorstellen, das mit zahlreichen Höfen, Gärten, Galerien, Häuserreihen und Esplanaden am Meer eine eigene Stadt innerhalb seiner Hauptstadt bildete. Insgesamt diente ihm hier ungefähr 35000 Menschen: Mutafarriks (Wachsoldaten), Silihdare (Waffenträger), Kapudschis (Pförtner) und Janitscharen. Dazu kamen die zahlreichen Beamten, Eunuchen, Sklaven Edelknaben, Zwerge, Mohren, dreihundert Frauen und ungezählte Sklavinnen. Für die Frauen gab es ein eigenes Serail, einen eigenen Stadtteil in der Herrscherstadt, in dem die legitimen und illegitimen Frauen des Herrschers, seine Söhne und Töchter sowie deren zahlreiche Sklavinnen wohnten. Hierher kam Soliman, um durch den Wink mit einem seidenen Tüchlein einer seiner Sklavinnen, die ihm dann zugeführt wurde, seine Gunst für eine Nacht zu bezeigen. Aber wenden wir uns von dem prachtliebenden, verwöhnten Lebemann wieder dem Herrscher Soliman und seinem Reich zu:

Nach der Eroberung von Gran und Stuhlweißenburg war in Solimans militärischen Unternehmungen eine fünfjährige Pause eingetreten. In dieser Zeit spitzten sich die Beziehungen zu Persien zu, während der Krieg in Ungarn mit einem siebenjährigen Vertrag mit Kaiser Ferdinand von Österreich, der jährlich 30000 Dukaten an die Hohe Pforte zu entrichten versprach, beendet wurde. 1548/49 unternahm der Sultan einen Feldzug gegen Persien, einen anderen nach weiteren fünf Jahren. Im Mai 1555 wurde zwischen der Türkei und Persien Friede geschlossen.

Die bisher errungenen Erfolge beruhten auf der Autokratie des Sultans und auf der Schlagkraft seines Heeres, für das jährlich 25 000 russische und afrikanische Sklaven als Ersatz eingeführt wurden. Dazu kam noch der sogenannte Sklavenzins, d. h. die Aushebung jedes fünften Christenknaben in den eroberten christlichen Ländern, als Nachwuchs für das Janitscharenkorps. Das ganze Reich war jetzt in Militärlehen aufgeteilt, die den Paschas und Beilerbeys zur Ausplünderung überlassen waren. Der Sultan verlangte dafür nur hohe Steuern und seine Beamten angemessene Bestechungsgelder.

Wieder einmal herrschte Kriegsstimmung in der Hauptstadt, der Haß der Gläubigen gegen die Erzfeinde des Islam, die Ritter von Malta, nahm innerhalb weniger Tage fanatische Formen an. Sie wurden von den Mullahs daran erinnert, daß der Orden alleine während der letzten fünf Jahre ungefähr 50 türkische Schiffe gekapert oder versenkt hatte – von den zahlreichen vernichteten oder erbeuteten Piratenschiffen ganz zu schweigen. Und viele Moslems erinnerten sich jetzt der Worte Draguts, der vor einigen Jahren gesagt hatte: »Bevor dieses Vipernest nicht ausgerottet ist, wird es nirgendwo Frieden geben«.

Am 6. Oktober 1564 ließ Soliman seinen Rat, den Diwan, zusammentreten und verkündete seine Kriegsabsicht gegen Malta. Da gab es jedoch einen Mann, der schon seit undenklicher Zeit in der Hauptstadt lebte, türkisch sprach und sich türkisch kleidete. Er war bei der Ratsversammlung zugegen und niemand erinnerte sich, daß er ein gebürtiger Venezianer war, dessen Geburtsname Giovanni Borelli lautete. Borelli stand als Spion in Großmeister de la Valettes Diensten.

Nach dem Diwan barst die Hauptstadt vor Aktivität. Alle verfügbaren Schiffe aus der nördlichen Ägäis und dem Schwarzen Meer wurden zusammengezogen und in den Werften an der Meerenge wurde Tag und Nacht gearbeitet, um letzte Reparaturen und Schiffsüberholungen zu Ende zu bringen. Von allen Seiten strömten Truppen herbei und mußten versorgt werden. Währenddessen wurden Verpflegung und Kanonen verladen – viele Kanonen, denn die Türken wußten, daß sie auf dem felsigen Boden von Malta nicht, wie auf Rhodos, die Mauern des Gegners unterminieren könnten, sondern durch Artillerie sturmreif schießen müßten. Und der Sultan traf sich mit den Oberbefehlshabern zur Besprechung des Kriegsplans: mit dem alten Mustapha Pascha, der schon auf Rhodos eine führende Rolle gespielt hatte, und dem wesentlich jüngeren Piali Pascha, den man als Bauernburschen bei der Belagerung von Belgrad aufgegriffen hatte und der sich seither in die Spitze des Reichs und als Schwiegerenkel in die Familie des Herrschers emporgearbeitet hatte. Letzterer sollte die Schiffe führen, während Mustapha für die Angriffstruppen zu Lande verantwortlich war. Beide, das war allen Würdenträgern der Pforte und auch dem Herrscher bekannt, verstanden sich nicht sonderlich gut. Aber sie würden bei jedem Streit einen gemeinsamen Herrn über sich haben, der jetzt noch fehlte: Dragut. Ihm, dem Beilerbey von Tripoli, vertraute der Sultan am meisten, und er legte den beiden Oberbefehlshabern ans Herz, mit dem Generalangriff auf Birgu und den Grand Harbour erst nach Draguts Eintreffen auf Malta zu beginnen.

Am 1. April lief die für die Eroberung Maltas bestimmte Flotte unter großem Gepränge und unter Anteilnahme der ganzen Bevölkerung aus. An der Spitz der Kapudanpascha Piali, auf einem anderen Schiff dann Mustapha Pascha, der jetzt den Titel eines »Serasker« (Heerführer) trug. Die Flotte fuhr zunächst nach Modon (jetzt Methonis) im Süden der Peloponnes, wo der Serasker seine Truppen musterte. Das Heer bestand nach türkischen Quellen aus 7000 Spahi aus Kleinasien, 500 von Karaman und 400 von Mitylene; dazu kamen 4500 Janitscharen und 13 000 unregelmäßige Truppen sowie 1200 Spahi und 4500 unregelmäßige Truppen aus Rumelien. Die Flotte bestand aus 130 Galeeren und 22 großen Versorgungsschiffen, von denen eines, das 600 Spahi, 6000 Pulverfässer und 13 000 Kugeln an Bord hatte, bei Modon mit Besatzung unterging. Dazu kamen noch zehn Galeeren unter dem Galeerenbefehlshaber von Rhodos sowie ca. 20 kleinere Schiffe aus Algerien. Alles in allem waren es also etwa 180–200 Schiffe mit 30 000–32 000 Männern – Zahlen, die sich in etwa mit den Angaben des Ordensarchivs (130 Galeeren, 30 Galeassen bzw. Galleonen und eine große Zahl kleinerer Schiffe mit 30 000–40 000 Soldaten) decken.

Am 19. Mai ereichte die Flotte, nachdem sie einen Seeweg von insgesamt ca. 1500 Kilometern zurückgelegt hatte, Malta. Zum Schein

– um den Orden zu täuschen, aber vermutlich auch als Folge erster Spannungen zwischen den beiden Oberbefehlshabern – umrundeten die Türken erst einmal die östliche Hälfte der Insel und setzten an der Südküste ein Aufklärungskommando an Land. Inzwischen war es Nacht geworden und die Schiffe gingen vor Anker.

Als aber der neue Tag graute, lichteten die Schiffe wieder die Anker und fuhren den halben Weg zurück bis zur Bucht von Marsaxlokk, einer großen Bay im Südosten der Insel, die eigentlich aus zwei kleineren Buchten bestand. Gegen den Rat des Kapudanpascha, der seine Schiffe lieber in den Hafen von Marsamxett, der größeren Schutz vor der Witterung bot, gefahren hätte und riet, die Ankunft des Beilerbey von Tripoli und seiner Piraten abzuwarten, begann der Serasker, hier seine Truppen an Land zu bringen.

Der Orden war auf die Landung wohl vorbereitet. Denn sofort, nachdem die ersten Meldungen seiner Spione aus der Metropole des Sultans über die türkischen Angriffsvorbereitungen in Malta eingetroffen waren, hatte der Großmeister mit der allgemeinen Mobilisierung begonnen. Diese glich in vielem der, die Valette als junger Ritter seinerzeit auf Rhodos miterlebt hatte: Wieder wurden die Bauern aufgefordert, ihre Ernte so früh wie möglich einzubringen und die Vorräte in der Stadt aufzufüllen. Hinzu kamen wieder Getreideeinkäufe aus dem Ausland. Der Generalkonvent traf Vorbereitungen, Greise und schwangere Frauen auf das europäische Festland zu evakuieren. Tag und Nacht arbeiteten jetzt die Pulvermühlen unter dem Fort St. Angelo und ertönte das Hämmern aus den Waffenschmieden. In der Niederung der Marsa, die für die Türken als Lager in Frage kam, wurden die Brunnen vergiftet.

In dieser Zeit erschien Don Garcia de Toledo, der neue Vizekönig von Sizilien, zu einem dreitägigen Besuch, bei dem er seinen Sohn Frederic mitbrachte. Don Garcia unterschied sich wohltuend von seinem Vorgänger Medina Celi, verfügte über hohen militärischen Sachverstand und sagte dem Großmeister 15000 Soldaten zu. Als Bürgen für die Einhaltung dieser Zusage ließ er seinen Sohn zurück, als er wieder abreiste. Bald danach trafen auch schon zwei Kompanien spanischer Soldaten unter den Hauptleuten de Medran und de la Cerda ein sowie die ersten Ritter aus Italien, die der Einberufung durch den Großmeister gefolgt waren.

Für alle wichtigen Verteidigungsabschnitte ernannte der Groß-meister jetzt besondere Kommandeure. Die Halbinsel Senglea stell-te er unter das Kommando des Ordensadmirals Pietro del Monte, die Stadt Notabile vertraute er dem portugisischen Komtur Pedro de Mezquita an. Für St. Elmo, in Valettes Augen das mit Abstand wichtigste Fort nach St. Angelo, dem Großmeistersitz, wählte er Luigi Broglia aus, einen älteren Veteranen, der schon unter Botigel-la als Galeerenkommandant gedient hatte. Zur Unterstützung er-hielt Broglia 200 Spanier unter dem Kommando des Hauptmanns de la Cerda. Abschnittskommandeur von St. Angelo wurde der aragonische Komtur Galceran Ros, und mehrere Ritter wurden zu Stoßtruppführern für den Fall feindlicher Einbrüche bestimmt: Ro-megas, der zugleich auf Birgu eine Batterie von Geschützen zur Überwachung des Eingangs des Grand Harbour kommandierte und vor Beginn der Belagerung weiter für die beiden Galeeren des Großmeisters verantwortlich blieb; de Mendoza, d'Auderbert, de Giou und de Medina. Daneben gab es natürlich noch die Verant-wortung der Großbailiffs für die äußeren Verteidigungsabschnitte der einzelnen Zungen.

Wie sah es zu dieser Zeit in der Deutschen Zunge aus? Der Bericht eines gewissen Hieronymus zu Graven in lateinischer Sprache, dessen deutsche Übersetzung von Hieronymus Zöber unter dem Titel »Warhafftige/vollkommene und grundeliche beschreybung derer geschichten so sich mit der gewaltigen und grausamen Kriegsübungen/Belagerung/Scharmützeln und Stürmen des Tür-kischen Kriegsvolkes gegen und wider die Inseln Maltam im Jar 1565 verloffen und zugetragen« erschien, vom 1. Januar 1567 ver-mittelt uns folgende Einzelheiten: Von der Deutschen Zunge be-fanden sich 13 Ritter und ein sogenannter Sergeant auf der Insel, von denen nur sechs die Belagerung überleben sollten. Fünf Ritter – Walther Hans von Heuneck, Johann von Hassemburg, Florian Stezel von Otmut, Tuerich von Duelen, Telman von Eyssembach – sollten alleine bei dem mörderischen Kampf um das Fort St. Elmo fallen. Drei andere – Georg von Hassemberg, N. von Retz, Hiero-nymus von Rekuk – auf Birgu und St. Michael. Zu diesen deut-schen Kämpfern kamen später im Zuge des sogenannten »kleinen Entsatzes«, auf den zu gegebener Zeit noch eingegangen wird, drei Landsknechtführer, von denen einer, Georg von Bes, ebenfalls noch fallen sollte.

Mit dem sogenannten »großen Entsatz« im September kamen noch zwei weitere deutsche Ritter und kurz danach, aber schon nach Ende der Belagerung, noch Adam von Schwalbach, der Großbailiff der Deutschen Zunge, der sich während der Kampfeshandlungen in Deutschland befunden hatte, um Geld für die Belagerung zu sammeln, und 3000 goldene Scudi mitbrachte. Während seiner Abwesenheit hatte sein Namensvetter (möglicherweise sein Bruder) Konrad von Schwalbach als Leutnant (Stellvertreter) die Deutsche Zunge geführt, beide Schwalbachs sollten ab 1567 noch gemeinsam die deutschen Ritter des Ordens führen – Adam als Großprior in Deutschland, Konrad als Großbailiff auf Malta. Der Verteidigungsabschnitt der Deutschen Zunge lag an der Rückwand des Ordenshospitals, am Nordostufer von Birgu mit Blick auf die Einfahrt des Grand Harbour. Rechts von den Deutschen war der Abschnitt der Zunge von Kastilien, links die englische Zunge, deren Abschnitt auch nach der Auflösung des Ordens in England aufrechterhalten wurde, obwohl es auf Malta nur noch einen einzigen englischen Ritter, de la Valettes persönlichen Freund und späteren Sekretär Sir Oliver Starkey, gab und der Abschnitt von den Angehörigen anderer Zungen verteidigt werden mußte.

Der Großmeister plante, den Verteidigungskampf aus dem Uhrturm, der sich auf dem Hauptplatz von Birgu befand, zu leiten. Von dort hatte er einen guten Blick über die Halbinsel, aber auch auf die Landzunge von Senglea und das auf der anderen Seite des Grand Harbour liegende Fort St. Elmo. Für die Verbindung zwischen Birgu und Senglea ließ er Pontons bereitstellen, die schnell zu einer Verbindung zwischen den beiden Landzungen zusammengefügt werden konnten.

Am 6. Mai ließ Valette eine Musterung aller Kämpfer und ihrer Waffen abhalten. Die Deutsche Zunge wurde dabei von ihrem Leutnant, Konrad von Schwalbach, und dem französischen Komtur von Marseille, Baldassere de Ventimille, inspiziert. Die Ritter hatten jetzt ihre Verteidigungsvorbereitungen abgeschlossen. Insgesamt befanden sich nach E. Bradford jetzt 541 Ritter und Sergeanten auf Malta, die sich folgendermaßen aufgliederten:

	Ritter	Dienende Brüder/ Sergeanten
Provence	61	16
Auvergne	25	14
Frankreich	57	24
Italien	164	5
England	1	–
Deutschland	13	1
Kastilien	68	6
Aragon	84	?

Dazu kamen nach anderen Quellen noch 1000 spanische Fußsoldaten (tatsächlich wohl nur 400) sowie 3000–4000 maltesische irreguläre Einheiten. Demnach standen den 30000–40000 türkischen Angreifern also etwa 5000 Verteidiger gegenüber. Die Zahlen der verschiedenen Quellen sind allerdings sehr unterschiedlich. So betrug z.B. die Streitmacht des Ordens, nach Forschungen des Historikers J. Galea, die 1965 im Auftrag der Regierung im maltesischen Ordensarchiv angestellt wurden, 592 Ordensritter (dienende Brüder oder Waffenknechte sind nicht angeführt), 6368 wehrfähige Malteser und 2150 angeworbene Soldaten. Nach Olivier aber 482 Ritter, 60 Sergeanten, 43 Kapläne des Ordens, 150 Angehörige des großmeisterlichen Hofstaats, 700 Seeleute, die Söldner von de Medran und de la Cerda und eines provencalischen Ritters, Pierre de Massuez, genannt »Obrist Mas«, sowie Freiwillige aus der Bevölkerung – zusammen 9121 Mann.

Am 8. Mai ließ der Großmeister die Kette, die den Galeerenhafen vom Grand Harbour trennte, spannen. Sie sollte nur noch kurzfristig für die Galeeren geöffnet werden, die die Ankunft der Türken beobachten und ihren Landeplatz feststellen sollten. Denn für die Türken konnte es nur zwei Alternativen geben. Im Nordwesten die Mellieha- und St.-Pauls-Bucht, im Südosten die Marsaxlokk-Bucht. Der Großmeister hoffte inständig, daß die Türken in der letzteren landen würden, damit über den westlichen Teil der Insel sowie über die anschließende Insel Gozo die Verbindung nach Sizilien aufrecht erhalten werden konnte und der Entsatz aus Sizilien, auf den der Orden nun dringend wartete, in der Mellieha- und St.-Pauls-Bucht an Land gehen könnte.

Die große Belagerung – Sankt Elmo

Was nun während der nächsten vier Monate folgte, sollte sich zum Höhepunkt der ganzen bisherigen 450jährigen und der künftigen Ordensgeschichte entwickeln und den Stoff für ein Epos von Heldenmut und Opferbereitschaft, wie die Geschichte ihn nur ganz selten liefert, darstellen.

Es war ganz offensichtlich, daß der Orden, im Grunde genommen also der Großmeister und sein Staatsrat, der Generalkonvent, den Angriff der Türken gewollt, die ihnen unausweichlich erscheinende Entscheidung über die Vorherrschaft im westlichen Mittelmeer gesucht hatte. Anders sind die dem osmanischen Aufmarsch vorausgegangenen Provokationen durch die Ordensgaleeren jedenfalls kaum zu verstehen. Offenbar war der Orden auch sehr zuversichtlich, was den Ausgang der Auseinandersetzung anbetraf. Diese Zuversicht gründete allerdings auch auf der Annahme, daß der Herzog von Toledo so früh wie möglich die versprochenen Verstärkungen aus Sizilien schicken würde.

Darüber hinaus mußte der Rat bei der Entwerfung des Schlachtplans noch drei weitere Überlegungen berücksichtigen: Einerseits stand den Türken, wie schon seinerzeit auf Rhodos, für ihre Invasion wieder nur die Zeit bis zum Spätsommer zur Verfügung – nur waren sie diesmal von ihrer Basis viel weiter entfernt. Sie mußten also ohne Rücksicht auf Verluste schnell zum Erfolg kommen. Andererseits mußte der Orden dem entgegenwirken und eine schnelle Entscheidung zu verzögern versuchen, um Zeit für den Anmarsch der spanisch-sizilischen Verstärkung zu gewinnen. Denn die Verstärkungen sollten, da die Spanier auch einen Angriff auf Sizilien nicht ausschließen konnten, erst dann in Marsch gesetzt werden, wenn die Türken auf Malta gelandet und dort den Kampf gegen den Orden aufgenommen hätten. Und schließlich mußten, um den Feind zu lähmen und die Verbindung zum Westen offen zu halten, die Zitadellen von Notabile und Gozo so lange wie möglich besetzt gehalten werden. Besonders Notabile war von großer Bedeutung, da der Großmeister einen Großteil seiner Kavallerie dorthin beordert hatte, damit sie dem Feind, wenn er vor dem Grand Harbour stünde, in den Rücken falle.

Die türkische Armada wurde am frühen Morgen des 18. Mai das erste Mal von Malta aus gesichtet – ein Wald von Masten, Segeln und bunten Bannern, der langsam über der Kimm auftauchte. Mit drei Kanonenschüssen vom Fort St. Angelo und einer Rauchsäule über Notabile wurde die Inselbevölkerung gewarnt und aufgefordert, die für die Verteidigung vorgesehenen Plätze aufzusuchen. Der Großmeister ordnete an, daß alle Kirchen für Gebete zu öffnen seien. Romegas erhielt den Befehl, mit den Galeeren auszulaufen und die Türken zu beobachten. Der Ordensmarschall, Guillaume de Coupier sollte sich mit der in Birgu verbliebenen Kavallerie bereithalten, auf der Landseite den Flottenbewegungen der Türken folgen, um den Landeplatz auszumachen und die ersten Landungen zu verzögern. Denn mehr als eine Verzögerung war auf Malta außerhalb der Festungsbereiche des Grand Harbour und Notabiles nicht geplant und hätte angesichts der Kräfteverhältnisse auch keinen Erfolg versprochen.

Die Masten, Segel und Fahnen wurden langsam größer, bald waren auch die Schiffsrümpfe zu erkennen. Sie bewegten sich auf Marsaxlokk zu, und der Großmeister frohlockte. Dann aber erreichten ihn Meldungen, daß die Flotte die Einfahrt in die große Bucht passiert habe, ohne beizudrehen und auf die Südküste zusteuere. Seine Befürchtungen schienen sich zu bestätigen und der Kapudanpascha an der südlichen Steilküste, die für eine Landung ungeeignet war, vorbei auf die Nordwestküste zuzusteuern. Aber der folgende Morgen brachte bessere Nachrichten: An der Südküste hatten die Türken nur Kundschafter an Land gesetzt und waren dann über Nacht vor Anker gegangen. Dann hatten sie kehrt gemacht und waren zur Bucht von Marsaxlokk zurückgefahren, wo sie unverzüglich mit der Ausschiffung begannen.

Die Ordenskavallerie hatte inzwischen die Kundschafter verfolgt und einige von ihnen gefangengenommen, leider dabei aber auch zwei eigene Leute verloren, die von den Türken gefangen genommen worden waren – den jungen französischen Ritter de la Rivière und einen Novizen namens Faraone. Beide würden sicher unter der Folter gezwungen werden, alles, was sie über die Verteidigung Maltas wußten, preiszugeben.

Ungestört landeten die Türken und zogen dann in die Marsa, wo sie ihr Feldlager errichteten. Wie Pilze schossen die farbenprächtigen Zelte empor, und brokatbestickte, seidene Banner entfalteten sich in der abendlichen Brise. Ihr Geknatter wurde übertönt vom Gesang der Derwische und von den Gongs und Flöten der Musikanten. Als Antwort erschallten bald darauf die dumpfen Trommelschläge der Christen aus St. Angela und St. Michael, und auf den Mauern stiegen die Fahnen mit dem Ordenskreuz und den Symbolen der einzelnen Zungen auf.

Der Serasker verlor keine Zeit. Sofort nach der Ankunft in der Marsa befahl er den Angriff auf den Verteidigungsabschnitt der Zunge von Kastilien, der stärksten Verteidigungsstellung an der Landseite der Landzunge von Birgu. Es war jedermann in der Festung sofort klar, daß die beiden christlichen Gefangenen Mustapha Pascha getäuscht und ihm die Verteidigungsanlagen als besonders schwach geschildert hatten. Ebenso klar war allerdings auch allen, daß die beiden Gefangenen, wenn der Serasker seinen Irrtum bemerkt hätte, einen besonders qualvollen Foltertod erleiden würden. Die Türken rannten sich denn auch an den Mauern beiderseits des Haupteingangstors die Köpfe ein und erlitten hohe Verluste, besonders als einige Ritter, siegestrunken von dem ersten Erfolg, eigenmächtig einen Ausfall machten und ihre Schwerter und Keulen auf den Gegner niedergehen ließen. Erst auf Befehl des Großmeisters kehrten sie wieder in den Schutz der Mauern zurück, aber die Freude über diesen Anfangserfolg war groß und überschwenglich. Sie schmolz am Abend allerdings schnell dahin, als die Ritter die Schreie der beiden Gefangenen hören mußten, die der rachsüchtige und als grausam bekannte Serasker bis zum Tode einer grausamen Bastonade unterziehen ließ.

Bald gab es jedoch wieder gute Nachrichten: Ein Renegat – der erste von vielen, die noch folgten sollten – berichtete, daß zwischen dem Kapudanpascha und dem Serasker ein heftiger Streit entbrannt sei. Mustapha, der über ein höheres Maß an geostrategischem Verständnis verfügte, wünschte, den Nordwesten von Malta zu besetzen. Piali dagegen beabsichtigte, die Schiffe von ihrem derzeitigen Ankerplatz in der Marsaxlokk-Bucht in die wesentlich geschütztere Marsamxett-Bucht zu verlegen. Dies aber würde voraussetzen, zunächst das die Bucht überragende Fort St. Elmo zu nehmen. Schließlich setzte er sich gegenüber dem Serasker mit dem Argument durch, die Eroberung eines so kleinen Forts könne doch nur einige Tage in Anspruch nehmen. Er konnte wohl nicht ahnen, wie sehr er damit die Karte des Großmeisters spielte, dem es um den Preis von St. Elmo darum ging, Zeit zu gewinnen und St. Angelo als Letztes dem Angriff des überlegenen Gegners auszusetzen. Während die Türken ihre Angriffstruppen neu gliederten, schickte er den »Obrist Mas« mit zweihundert Spaniern auf Booten zu dem Fort auf der anderen Seite des Grand Harbour. Gleichzeitig gelang es, eine Galeere unter dem Kommando eines Neffen des Großmeisters, Jean de Conusson, aus dem Hafen und durch die türkische Seeüberwachung zu schleusen, die dem Vizekönig von Sizilien die Ankunft der Türken und ihre geschätzte Stärke mitteilen sollte. »Wir erwarten Eure Hilfe!«, schloß der Brief Valettes hoffnungsvoll.

Die Belagerung von St. Elmo begann am 24. Mai, als die Türken mit einer gewaltigen Beschießung begannen, die zwei Tage anhielt und die starken Mauern mit tödlicher Bestimmung in Schutt legte. Die Verluste der Verteidiger waren hoch, eine Unterstützung von der anderen Seite des Grand Harbour fast unmöglich. Die Verbindung konnte nur im Schutze der Nacht aufrecht erhalten werden. Dann erst konnten die Verwundeten auf Booten von St. Elmo nach Birgu befördert und umgekehrt Verpflegung und Munition nach St. Elmo gebracht werden. Auch weitere Verstärkungen wurden so nach St. Elmo befördert und landeten in einer Höhle unter dem Fort.

Aber trotz dieser Hilfe verschlechterte sich die Lage für die Verteidiger. Es war zu Beginn der Nacht des 25. August, als der Großmeister sich mit dem Großen Rat über den Fortgang der Kampfführung beriet – da plötzlich platzte Juan de la Cerda, der Führer der 200 spanischen Soldaten auf St. Elmo, der von St. Elmo entsandt worden war, in die Ratsversamlung und forderte dringend weitere Verstärkungen. Ohne des Großmeisters Genehmigung zum Sprechen abzuwarten, schloß er ungestüm mit der Feststellung, daß St. Elmo unter keinen Umständen zu halten sei.

Ein solcher Ausbruch gegenüber dem Großmeister war im Orden ungewöhnlich und, auch wenn de la Cerda kein Ordensmitglied war, unverzeihlich. Und Valette war fest entschlossen, St. Elmo bis zum Letzten, koste es was es wolle, zu halten. Überdies war er nicht bereit, auch nur die geringste Aufweichung der Kampfmoral der Verteidiger zu akzeptieren. »Wie hoch sind die Verluste, die Euch zu solchem Schluß veranlassen?«, fragte er mit Eiseskälte. Der Spanier kannte den Großmeister nicht gut genug und überhörte den gefährlichen Unterton Valettes und antwortete: »St. Elmo, Hoheit, ist ein kranker Mann, erschöpft und in den letzten Atemzügen«.

Für den Großmeister war dies zu viel. Unfähig, seinen Ärger länger zurückzuhalten, sprang er auf und rief wütend und herrisch. »Gut, dann werde ich der Arzt sein, und ich werde nach St. Elmo gehen und Euch beweisen, daß ich, wenn Ihr und die jetzige Garnison nicht mehr heilbar seid, mit anderen Kämpfern, aber nicht mit Feiglingen, das Fort davor bewahren werde, ehrlos in die Hände der Ungläubigen zu fallen!« Der Großmeister hatte es ernst gemeint, aber die anderen Ratsmitglieder überzeugten ihn, daß er sein Leben nicht in St. Elmo riskieren dürfe, sondern auf Birgu bleiben müsse. Valette fügte sich dem Rat, hatte aber sein Ziel erreicht und de la Cerda als unzuverlässig angeprangert. Die zweite spanische Kompanie unter ihrem Hauptmann de Medran wurde nun nach St. Elmo beordert und der seiner Ehre beraubte de la Cerda mußte mit seiner Einheit nach St. Elmo zurückkehren. Nach einer anderen Version ist de la Cerda angeblich kurz danach verwundet worden und wurde nachts nach Birgu zurückgebracht. Im Hospital stellte man aber nur eine geringfügige Verletzung fest, woraufhin Valette ihn in den Kerker werfen ließ. Für diese wie für viele andere farbige Einzelheiten läßt sich im Ordensarchiv jedoch kein Beleg finden.

Einen Tag später traf den Orden der nächste Schlag. Das Antwortschreiben Don Garcias traf nämlich ein, in dem der Vizekönig erklärte, daß er angesichts der Stärke der Türken nicht in der Lage sei, sofort eine angemessene Verstärkung zu schicken. Überdies forderte er den Großmeister auf, alle noch beim Orden befindlichen Galeeren (zwei befanden sich in Messina) nach Sizilien zu senden – sei es, um sie vor der Vernichtung zu schützen, sei es, um mit ihnen später die Verstärkungen nach Malta zu transportieren.

Für die Verteidiger von Malta war diese Botschaft eine schreckliche Offenbarung: Der Vizekönig, vor allem sein ewig zögerlicher Herrscher Philip II., waren angesichts der türkischen Übermacht möglicherweise nicht mehr bereit, spanische Soldaten für die Verteidigung des Ordensstaates zu opfern. Und der Vorschlag, die Galeeren nach Sizilien zu schicken, sollte vermutlich nur als Vorwand dienen, die Verstärkung weiter zu verzögern. Denn es war klar, daß auch Don Garcia wußte, daß Malta jetzt vollständig blockiert war und kein Schiff den Hafen mehr verlassen konnte. Abgesehen davon, daß die kostbaren Galeeren, um sie vor Beschuß zu schützen, in dem flachen Kanal der St. Angelo von Birgu trennte, versenkt worden waren. Die Sorge wuchs im Orden, daß bald von der nordafrikanischen Küste die Verstärkungen der Türken durch die Piratenstaaten eintreffen würden. Und tatsächlich vergingen nur wenige Tage bis el Louck Ali, ein neuer Stern am Himmel so illustrer Piraten wie Barbarossa und Dragut, ein kalabrischer Renegat, der als Rudersklave auf einem Piratenschiff seine Wandlung vollzogen und seither eine glänzende Korsarenkarriere gemacht hatte, mit ägyptischen Sappeuren und Mineuren auf Malta auftauchte.

Der Großmeister antwortete Don Garcia und lehnte es ab, die Galeeren fortzuschicken. Die Botschaft, die diese Mitteilung enthielt, wurde auf einem Weg befördert, der während der ganzen Zeit der Belagerung die Verbindung zwischen dem Ordensstaat und Sizilien darstellen sollte, und von einem Malteser, Toni Bajada, der einer der vielen großen Helden der Belagerung war; ein Schwimmer und Reiter, ein Spion und – ein Fuchs. Auf geheimen Wegen verließ er Birgu und schlug sich zum Meer durch, wo er bis zu einem sicheren Landeplatz hinter den türkischen Linien schwamm. Von dort schlug er sich an den türkischen Soldaten in Marsa vorbei nach Notabile durch, wo seine Botschaft einem anderen wagemutigen Boten übergeben wurde, der zur Südküste eilte und von dort mit einem Boot nach Gozo fuhr. Während Bajada sich in Notabile erholte und auf die Antwort wartete, wurde von Gozo ein Schiff nach Sizilien losgeschickt. Die Antwort wurde dann in umgekehrter Reihenfolge auf dem gleichen Weg befördert und erreichte stets zuverlässig den Konvent.

Gelegentlich kamen aber auch Schiffe durch und erreichten unter dem Schutz der Dunkelheit Malta. So auch am 31. Mai, als eine Antwort des Vizekönigs auf die letzte Botschaft des Großmeisters eintraf. Auch diese war wieder enttäuschend und enthielt nur höfliche Ausflüchte. Valette rief den Staatsrat zusammen und versuchte, seine persönliche Enttäuschung zu verbergen: »Wir können nichts dabei gewinnen, wenn wir weiterhin auf fremde Hilfe vertrauen. Wir können nur noch auf Gott und unsere eigenen Waffen vertrauen, seitdem klar ist, daß keine Hilfe von außen kommt. Ich möchte Euch mit diesen Worten nicht entmutigen, sondern unsere Lage nur offen darlegen und daran erinnern, daß wir es auf uns genommen haben, die Ehre christlicher Ritter und unseren Glauben zu verteidigen. Gott alleine ist unsere Hoffnung und darüber hinaus nur die Kraft unserer Arme, die Stärke unseres Geistes und die Reinheit unserer Herzen«.

Die nächste Wende des immer härter werdenden Kampfes erfolgte am 2. Juni, dem Tag, als der nunmehr bereits achtzigjährige Beilerbey Dragut mit 13 Galeeren und 600 Mann auf Malta eintraf. Nicht weniger erfahren als der Serasker und der Großmeister des Ordens, mißbilligte er sofort, daß die Türken all ihre Anstrengungen bisher fast nur auf St. Elmo konzentriert hatten, setzte das begonnene Werk nun fort – allerdings mit neuer Energie und neuen Ideen. Gleich nach seiner Ankunft gliederte er die Artillerie um. Beiderseits der Häfen, des Grand Harbour und Marsamxetts, ließ er gegenüber St. Elmo Kanonen in Stellung bringen, die sofort wieder ein mörderisches Feuer begannen. Geschütze kamen jetzt auch auf den Mont Skiberras, von wo jetzt sowohl St. Elmo wie auch das Fort St. Angelo an der Landspitze von Birgu beschossen werden konnte. Vor allem aber wies Dragut die Kanoniere an, den nächtlichen Bootsverkehr zwischen St. Elmo und Birgu zu unterbinden, was allerdings auf Grund der Dunkelheit nicht vollständig gelang.

Unter dem Kommando von Dragut begann am 3. Juni ein erneuter Angriff auf das Fort. Seine Kundschafter hatten dem Piratenführer gemeldet, daß die Besatzung eines vorgeschobenen Ravelins, eines nach vorne spitzwinkligen und nach hinten offenen Vorwerks, entweder tot oder vor Erschöpfung eingeschlafen war, und es gelang den Angreifern, sich in den Besitz dieses wichtigen Festungsteils zu setzen. Aber nicht nur das – trotz des verzweifelten Widerstandes der Ritter gelang es den Türken auch, die Verbindungsbrücke zwischen dem Ravelin und dem Hauptfort zu überwinden und die Ordenskämpfer von der äußeren Umfassungsmauer zu werfen. Der erste Schritt zum endgültigen Fall des Forts war damit getan. Jetzt überschlugen sich die Ereignisse: Welle um Welle brandeten die Janitscharen und die unter Opiumeinfluß stehenden todesverachtenden »Renner« heran, deren fliegende orientalische Gewänder sich unter dem »Griechischen Feuer« der Verteidiger immer wieder entzündeten. Gefürchtet waren dabei vor allem mit Stoff verkleidete Eisenkugeln, die, in einer brennbaren, feuersprühenden Flüssigkeit getränkt und dann entzündet, mit Zangen in die dichtgedrängten Pulks der Angreifer geworfen wurden. Urplötzlich brachen die Türken den Angriff dann wieder ab, und sofort, oft ehe die Ordenskämpfer wieder Schutz finden konnten, setzte das Bombardement wieder ein. Es waren nicht nur die hohen Verluste, die nur mühsam Nacht für Nacht durch Ersatz aus Birgu ausgeglichen werden konnten, und die Zerstörung der Verteidigungsanlagen, die die Verteidigung schwächten, sondern auch die zermürbende Nervenanspannung der unvorhersehbaren Einschläge der Kanonenkugeln, des Geschreis der plötzlich angreifenden Janitscharen und des fehlenden Schlafes. Dazu kamen unablässig neue Überraschungen und Aufregungen.

Der Morgen graute am 4. Juni, und ein neuer heißer Tag kündigte sich an. übermüdet starrten die Wachen auf das Meer und nach links und rechts auf die benachbarten Landzungen, von denen aus in jedem Moment die von Dragut dort in Stellung gebrachten Geschützbatterien beim ersten Sonnenstrahl das Feuer wieder aufnehmen würden. Hinter ihnen, jenseits des Forts, zeichneten sich die Umrisse des kürzlich verloren gegangenen Ravelins ab, den die Türken jetzt Meter um Meter mit dem sandgelben Stein der Insel erhöhten, und von dem aus sie demnächst direkt in das Fort hineinschießen könnten. Vor ihnen, noch in der Dunkelheit und im Morgennebel verborgen, wußten sie die vor Anker liegenden türkischen Schiffe, die die Hafeneinfahrt überwachten und es keinem gegnerischen Schiff erlauben würden, in den Hafen einzudringen oder den Hafen zu verlassen. Die Blockade schien vollkommen.

Plötzlich aber hörten die Wachen das Klatschen von Ruderschlägen, und aus dem Nebel vor ihnen schälte sich ein Ruderboot heraus. Schon wollten sie Alarm schlagen, als sie durch gedämpfte italienische Rufe aus dem Boot daran gehindert wurden. Durch Winken und Rufe dirigierten sie das Boot an den Felsen von St. Elmo, wo zwei Ritter heraussprangen und von den Hauptverantwortlichen im Fort, Broglia, Obrist Mas und Hauptmann de Medran, empfangen wurden. Mit den beiden Ordensgaleeren, die in Messina von den Ereignissen in Malta überrascht worden waren, hatten sie im Schutz der Dunkelheit den Belagerungsring der Türken durchbrochen und, während die Galeeren sofort nach Sizilien zurückfuhren, mit einem Ruderboot die Küste erreicht. Bei den beiden Rittern handelte es sich um de Miranda, einen kriegserfahrenen Spanier und um den italienischen Ordensritter Salvago (im Ordensarchiv Saluag genannt), die Don Garcia nach Malta entsandt hatte, um dem Großmeister wieder eine Botschaft zu schicken und um ihm, dem Vizekönig, einen authentischen Bericht über die Verteidigungsmöglichkeiten des Ordensstaates zukommen zu lassen – nach dem sofort angetretenen Rückmarsch der Ordensgaleeren natürlich nur noch über den bewährten Meldeweg über Notabile und Gozo.

Die beiden Ritter inspizierten während des Tages unter dem Hagel der türkischen Geschosse, dem Kampfgeschrei der Türken und dem dumpfen Dröhnen der Trommeln die Trümmer der Festung und ihre Verteidiger, von denen kaum einer noch ohne Verletzungen war. Ihr Eindruck muß niederschmetternd gewesen sein. In der folgenden Nacht ließen sie sich nach St. Angelo hinüberrudern, wo sie sofort vom Großmeister empfangen wurden. Ihr Bericht über den Zustand der Verteidigung des Forts war deprimierend. Aber noch viel deprimierender war die Botschaft, die sie vom Vizekönig von Sizilien mitbrachten: Dieser ließ nämlich dem Großmeister ausrichten, daß mit der spanischen Verstärkung erst um den 20. Juni zu rechnen sei. Voraussetzung für den Entsatz aus Sizilien sei aber, daß sich St. Elmo dann noch in der Hand des Ordens befinde und die Flotte des Vizekönigs damit in den Grand Harbour eindringen könne. Jetzt war erst der 4. Juni und fast stündlich mußte mit dem Fall des Forts gerechnet werden! Der Orden konnte den Wettlauf mit der Zeit nicht mehr gewinnen. Die Hoffnungen des Konvents konnten sich nur noch darauf richten, solange auf Malta auszuharren, bis die fortgeschrittene Jahreszeit, bis Kälte und Seuchen sowie die Unterbrechung des Seenachschubs durch die Herbststürme den Serasker zur Aufgabe der Belagerung zwingen würden. Nur drei Ziele konnte der Großmeister jetzt noch haben: Zeit gewinnen, Zeit gewinnen und noch einmal: Zeit gewinnen. Dazu mußte St. Elmo so lange wie möglich gehalten werden – so lange, wie dort auch nur ein einziger Mann noch kampffähig war. Von dem winzig kleinen Fort hing die Existenz des Ordensstaates, ja vielleicht die Existenz Südeuropas ab.

Auch wenn die Botschaft, die Miranda mitgebracht hatte, enttäuschend war, machte der Spanier auf den Großmeister einen hervorragenden Eindruck, und Valette bot ihm an, das Kommando auf St. Elmo zu übernehmen. Dort hatte bis jetzt Broglia die Verantwortung getragen, der zwar ein tapferer Mann war, infolge seines hohen Alters aber überfordert war. Miranda lehnte die hohe Ehre ab, bat aber Valette, als einfacher Ritter auf St. Elmo mitkämpfen zu dürfen. Dies gewährte ihm der Großmeister, und der Spanier kehrte mit dem nächsten nächtlichen Bootstransport zu dem todgeweihten Fort zurück, das am nächsten Morgen wieder unter den Kanonenschlägen erzitterte und bebte.

Die Verluste stiegen und konnten durch den nächtlichen Ersatz aus Birgu nicht mehr ausgeglichen werden. Denn Birgu würde nach St. Elmo das nächste Angriffsziel des Seraskers sein und konnte sich deshalb einen stärkeren Aderlaß nicht mehr erlauben. Schweren Herzens und eingedenk der Demütigung, die sein Kamerad de la Cerda hatte hinnehmen müssen, entschloß sich nun auch de Medran zur nächtlichen Überfahrt nach St. Angelo, um den Großmeister um die Aufgabe von St. Elmo zu bitten. Im Gegensatz zu dem unglücklichen de la Cerda wurde Medran entgegenkommend aufgenommen und die Würdenträger des Rats hörten seinen Bedenken aufmerksam zu. Am Ende wurde jedoch auch ihm beschieden, daß es unumgänglich sei, das Fort weiter zu halten. Die Entscheidung kam einem Todesurteil gleich, und jeder wußte das.

Aber nicht alle Ritter waren bereit, sich in das von ihrem Herrscher verordnete Schicksal zu fügen und sich in den Trümmern abschlachten zu lassen. Lieber wollten sie Auge in Auge im Kampf mit dem Feind sterben und dabei soviele Ungläubige wie möglich mit in den Tod nehmen. 53 jüngere Ritter machten einen der Ihren, den Italiener Vitellino Vitallesci, zu ihrem Sprecher und setzten einen Brief an den Großmeister auf, der folgenden Inhalt hatte: »Als die Türken hier ankamen, gaben Eure Hoheit uns den Befehl, dieses Fort zu verteidigen. Willig folgten wir und haben bis jetzt alles in unserer Macht Stehende dazu getan. Eure Hoheit wissen dies und daß wir uns nicht geschont haben. Aber der Feind hat uns nun so geschwächt, daß wir nicht die Mauer und den Graben halten können, und hat jetzt eine Brücke zu den Mauerzinnen gebaut. Die Mauer ist unterminiert, so daß wir jederzeit in die Luft gesprengt werden können, und der Ravelin ist jetzt so hoch, daß wir auf unseren Posten abgeschossen werden können. Unsere Ausfälle, um die Absichten des Feindes festzustellen, erliegen im Geschoßhagel feindlicher Heckenschützen. Nirgendwo, nicht einmal im Zentrum des Forts, nur noch in der Kapelle, sind wir sicher. Die Offiziere können ihre Leute nicht mehr länger zum Kämpfen zwingen, diese wollen sich nur noch in Sicherheit bringen. Wir sind deshalb und weil das Fort nicht mehr länger gehalten werden kann, entschlossen, einen Ausfall zu machen und ritterlich zu sterben, sofern Eure Hoheit uns nicht Boote zum Rückzug schicken. Schickt uns bitte keine Verstärkungen mehr, denn sie müssen bereits zu den Toten gezählt werden. Mit dieser Entscheidung all derer, deren Unterschrift Euer Hoheit unten finden, möchten wir Eure Hoheit noch darüber informieren, daß türkische Galleonen schon vor dieser Stelle operieren. Wir küssen Eure Hände. Von diesem Brief bewahren wir eine Zweitschrift. Datiert St. Elmo, den 8. Juni 1565.«
Es folgten 53 Unterschriften.

Man kann sich vorstellen, daß dem unglücklichen Vitallesci nicht sehr wohl in seiner Haut war, als er dem Großmeister diesen Brief übergab. Auch er wußte, wie seinerzeit de la Cerda abgefertigt worden war und welche Anforderungen an Opferbereitschaft Valette an seine Ritter stellte. Und mit Eiseskälte erklärte de Valette dem Italiener dann auch: »Sagt Euren Brüdern, daß unsere Gesetze Gehorsam fordern, und daß sie kein Recht haben, einen Ausfall zu machen, nur weil sie sich dazu in der Lage sehen!« Dann zögerte er und befahl Vitellesci, zu warten. Daraufhin berief er drei andere Ritter zu einer Kommission, der er befahl, nach St. Elmo hinüberzurudern, den Stand der Verteidigungsmöglichkeiten zu studieren und ihm dann sofort Bericht zu erstatten.

Es dauerte mehrere Stunden, bevor die drei Ritter zurückkehrten und ihm Bericht erstatteten. Zwei von ihnen teilten die Auffassung der 53 Dissidenten und hielten eine weitere Verteidigung für völlig aussichtslos. Aber der dritte, wiederum ein Italiener, namens Castriotta, war der Auffassung, daß das Fort noch gehalten werden könne und bot an, dafür genug Freiwillige zu finden. Valette dankte Castriotta für sein Angebot, und tatsächlich fand der Italiener bis zum Abend 600 Freiwillige, die bereit waren, nach St. Elmo zu gehen und dort zu sterben. Aber der Großmeister ließ diese Abteilung noch nicht aufbrechen, sondern schickte einen Brief nach St. Elmo, in dem zu lesen war:»…unter dem Komtur Constantino Castriotta wurde eine Freiwilligen-Abteilung zusammengestellt. Deshalb kann ich Eure Forderung erfüllen. Ihr könnt heute abend, sowie diese Abteilung gelandet ist, zurückkehren. Also, meine Brüder, kehrt zurück in die größere Sicherheit des Konvents und gebt mir damit größere Sicherheit, daß das Fort, von dem die Rettung der ganzen Insel abhängt, in den Händen von Männern ist, denen ich vertrauen kann!« Kaum hatten die 53 Dissidenten diesen Brief voller wohlberechnetem Zynismus gelesen, war unter ihnen keine Rede mehr von einer Rückkehr nach Birgu. Keiner dieser Ritter war bereit, die Schmach auf sich sitzen zu lassen, von einem Mann wie dem Großmeister als Feigling angesehen zu werden.

Der schrecklichste aller bisherigen Angriffe erfolgte eine Woche nach diesen Ereignissen. Am 16. Juni schien es, daß die Janitscharen, Renner und Draguts Piraten das Fort in endlos anbrandenden Wellen überrennen würden. Aber als die Türken endlich zum Rückzug bliesen, ließen sie etwa tausend Tote zurück, die in der heißen Junisonne schnell verwesten und die Luft verpesteten. Der Serasker war wütend, daß es immer noch nicht gelungen war, dieses winzige Fort einzunehmen. Neue Pläne wurden gemacht, um die Geschützbatterien in St. Angelo daran zu hindern, auf die Angreifer vor St. Elmo zu schießen. Die höchsten Würdenträger in ihren farbenprächtigen Gewändern wiesen die Baumeister am

Ufer von St. Elmo in den Bau einer Sichtblende ein, als ein einsames Geschoß in der unmittelbaren Nähe der Gruppe auf den Felsen schlug und einen Hagel von Steinsplittern verursachte. Einer davon traf den Agha der Janitscharen tödlich. Ein anderer traf Dragut am Kopf oberhalb des rechten Ohrs. Schwer verletzt wurde der Beilerbey in sein Zelt in der Marsa getragen, wo er nach wenigen Tagen starb. Etwa zur selben Zeit unternahm die Kavallerie des Ordens einen Ausfall auf die Landzunge südöstlich von St. Elmo, den »Galgenplatz«, von dem sonst erhängte Piraten, Verräter der Christenheit und Kriminelle die einlaufenden Schiffe grüßten; überfielen dort die türkische Batterie und machten 200 Gefangene. Auch die türkischen Streitkräfte wurden erschüttert, und auch ihr Durchhaltewillen wankte.

Aber pausenlos krachten weiter die Kanonenkugeln auf die Trümmer von St. Elmo – jetzt auch von den türkischen Schiffen abgefeuert, die sich in die nächste Nähe des Forts wagen konnten. 200 Tote gab es mittlerweile am Tag. Nur ein Schwimmer konnte es jetzt noch wagen, den Grand Harbour zu überqueren und berichtete, daß die Kämpfer sich auf den Tod vorbereiteten.

Dann kam der letzte Sturm. Selbst schwerverwundete Ritter verteidigten noch mit letzter Kraft die Ordenskapelle. Zwei Ritter, die nicht mehr stehen konnten, ließen sich auf Sessel heben und fochten sitzend bis zum Tod. Dann verebbte der Kampflärm. Es war der 23. Juni, drei Tage nach der von Don Garcia versprochenen Ankunft der Verstärkung aus Sizilien, als die Ritter auf Birgu und Senglea beobachteten, wie die Ordensflagge von St. Elmo niederging und sich an ihrer Stelle der türkische Halbmond in der Brise entfaltete. War dies der Anfang vom Ende?

Die Ritter starrten jetzt sicher aufs Meer, ob sich nicht endlich der Entsatz aus Sizilien zeigte. Noch am 17. Juni hatte der Großmister den Ritter Salvago mit einem dringenden Hilferuf an Don Garcia nach Sizilien zurückgeschickt, am 20. Juni einen weiteren Brief an den Papst gerichtet.

Die wenigen Überlebenden unter den Verteidigern von St. Elmo wurden von den Türken sofort umgebracht. Nur die Piraten ließen eine Handvoll Ordensbrüder überleben, deren Spuren sich aber in der Sklaverei verloren. Einige Malteser konnten sich schwimmend nach Birgu retten. Inmitten der Leichenberge stand der Serasker und blickte zu den drohend aufragenden Mauern von St. Angelo hinüber und soll gesagt haben:»Da der Sohn schon so teuer, was wird uns erst der Vater kosten?« Von den Türken waren vor St. Elmo 8000 ihrer wertvollsten Elitetruppen gefallen. Unter den Verteidigern hatte es nach Scicluna 1500 Tote gegeben, darunter 123 Ordensbrüder. Voll Haß und Ingrimm ließ Mustapha die Leichen der Ritter vierteilen, auf Kreuze nageln und in die Fluten des Grand Harbour werfen. Vier der Leichen trieben in St. Angelo an, zwei davon wurden von ihren ehemaligen Kameraden identifiziert. Ohnmächtiger Zorn erfaßte den Großmeister über diese Barbarei und, jedes christliche Erbarmen vergessend, er befahl, alle türkischen Gefangenen zu enthaupten und die abgeschnittenen Köpfe anstelle von Kugeln zu Mustapha Pascha hinüberzuschießen.

Die Große Belagerung –
der Galeerenhafen

D er Fall von St. Elmo hatte die Lage rund um das Zentrum des Konvents, das Fort St. Angelo als Sitz des Ordensgroß- meisters, grundlegend verändert. Die beiden Landzungen von Birgu und Senglea und der dazwischenliegende Galeeren- hafen waren jetzt zu Wasser und zu Lande von den Türken einge- kreist. Diese konnten und mußten nun, wollten sie den Erfolg von St. Elmo ausweiten, ihre Truppen umgliedern und ihre Artillerie neu in Stellung bringen. Dies erforderte angesichts der schweren, unbeweglichen Geschütze immer viel Mühe und Zeit. Diese Un- terbrechung des Kampfes erlaubt es, das zögerliche Verhalten des Vizekönigs von Sizilien, das von vielen Historikern als unzuver- lässig und wortbrüchig verurteilt wird, kritisch zu analysieren. Hatte Don Garcia mit seinen Versprechungen den Orden leichtfer- tig getäuscht?

Seine Zusage, im Bedarfsfalle 16000 Mann nach Malta zu schicken, konnte unter den Bedingungen der damaligen Zeit, das wußte natürlich auch Valette, niemals verbindlich sein. Denn im 16. Jahr- hundert verfügte kein Fürst über ein größeres stehendes Heer, das jederzeit sofort verfügbar war. Bestenfalls verfügten in Italien die Condottiere, professionelle Söldnerführer, über einen bewaffneten Anhang; eher mußten Landsknechte aber erst bei Bedarf angewor- ben werden. Vor dieser Aufgabe, deren Erfolg niemals vorherseh- bar war, wird auch Don Garcia gestanden haben, als die erste Mel- dung über das Eintreffen der Türken auf Malta zu ihm gelangte. Und es ist auch fraglich, ob er von seinem zögerlichen und wan- kelmütigen König die Vollmacht hatte, den Türken ohne weitere Rücksprache entgegenzutreten, wenn deren Stärke die bisherigen Annahmen übertraf. Noch wichtiger aber als diese Hemmnisse wird für den Vizekönig die Sorge um die Sicherheit Siziliens und

Süditaliens (Königreich Neapel) gewesen sein – beides wichtige Vorposten Spaniens. Auch um die Sicherheit Nordafrikas mußte er fürchten, und es gibt eindeutige Hinweise, daß er zeitweise annahm, der Aufmarsch der Türken über die Ägäis richte sich nicht gegen Malta, sondern gegen Tunis mit seiner so oft umkämpften und strategisch so bedeutsamen Seefestung La Golette. Auch als die Türken dann schließlich doch auf Malta gelandet waren, wäre es gefährlich gewesen, seine eigenen schwachen Truppen dorthin in Marsch zu setzen: Wie leicht hätte der Kapudanpascha Piali ihn mit seinen überlegenen Seestreitkräften auf offenem Meer abfangen und die spanischen Truppentransporter mitsamt allen Soldaten auf den Meeresgrund schicken können. Danach wäre es dann für Mustapha Pascha ein Leichtes gewesen, die Schlacht um Malta abzubrechen, auf Sizilien zu landen und ohne größeren Widerstand Süditalien aufzurollen. Es waren also sicher nicht Feigheit und Unzuverlässigkeit des Vizekönigs, die das Verhalten der Spanier bestimmten. Sicher hat Don Garcia, vor dessen militärischer Kapazität gerade de la Valette allerhöchste Achtung hatte und der immerhin seinen eigenen Sohn, der übrigens noch auf Malta fallen sollte, auf der Insel als Bürgen zurückgelassen hatte, hart mit sich selber ringen müssen, um sein Zögern zu rechtfertigen. Es waren nachvollziehbare Vernunftgründe, die ihn zur Vorsicht bewogen. Die Kritik der Historiker sollte sich deshalb eher auf Frankreich, den Verbündeten des Osmanischen Reichs, der sich in dieser Stunde des türkischen Ansturms auf das vorderste Bollwerk der Christenheit völlig indifferent verhielt, richten. Und Tadel verdient auch der Papst, der es versäumt hatte oder zu machtlos war, die Christenheit des Mittelmeerraums rechtzeitig zu einer neuen Heiligen Liga aufzurufen, um so der Bedrohung des Islam wirksam entgegenzutreten.

Es war der 30. Juni. Der Tag hatte mit einem undurchdringlichen, dichten Nebel, der schon am Vorabend aufgekommen war und für diese Jahreszeit völlig untypisch war, begonnen. Es herrschte Schirokko und den zahlreichen Verwundeten auf beiden Seiten schmerzten die Wunden. An diesem unerfreulichen Morgen bewegte sich, unbemerkt von den Türken und vom Orden, eine Truppe von christlichen Kämpfern hinter den türkischen Linien von den großen Buchten im Nordwesten Maltas auf das Kampfgebiet um den Grand Harbour zu. Was war geschehen?

Während die Türken noch dabei waren, ihre Truppen und ihre Artillerie vom Mont Skibberas östlich von Birgu und Senglea zu verlegen und bei dem dichten Nebel nur mühsam vorwärts kamen, waren vier Galeeren aus Sizilien vor der Nordwestküste der Insel angelangt. Zwei unterstanden dem Vizekönig von Sizilien, bei den anderen beiden handelte es sich um die Ordensgaleeren aus Messina, die zuletzt in Syrakus gelegen und dort 400 Landsknechte aufgenommen hatten. Ihr Führer war Henri de la Valette, der Neffe des Großmeisters. Insgesamt befanden sich auf den vier Schiffen, die unter dem Kommando des Spaniers Don Juan de Cardona standen, etwa 700 Mann, darunter 42 überwiegend weltliche Ritter, vor allem aus Italien. Aber auch zwei Engländer befanden sich darunter sowie drei Deutsche (neben dem bereits früher genannten Georg von Bes, der bald den Tod finden sollte, Hieronymus Huch und Matthies Alderich Schwartz). Cardona hatte den Auftrag, die Soldaten nur abzusetzen, wenn St. Elmo sich noch in der Hand des Ordens befände und hatte einen Ritter mit der Erkundung des Kampfgebietes beauftragt. Dieser wird zweifellos bemerkt haben, daß St. Elmo bereits von den Türken erstürmt worden war, verschwieg dies aber gegenüber Cardona; nicht aber gegenüber dem spanischen Ritter Don Melchior de Robles, der für die Führung der Landungstruppe vorgesehen war. Cardona ließ also die Truppe an Land gehen und verließ daraufhin sofort mit den vier Galeeren die gefährlichen Gewässer, um nach Sizilien zurückzukehren.

Währenddessen marschierte de Robles mit seinen 700 Leuten hinter den Linien der Türken und deren Lager in der Marsa und wandte sich dann nach Nordosten auf eine dritte Landzunge im Grand Harbour, die sich nordwestlich von Senglea und Birgu befand. Es muß in dem dichten Nebel ein gespenstiger und gefährlicher Marsch gewesen sein – dicht hinter den türkischen Belagerern, deren Stimmen man hören konnte, und immer in der Gefahr, erkannt zu werden, ohne Fluchtmöglichkeit auf der Insel. Das Ganze war ein Glücksspiel mit einem sehr hohen Einsatz – aber es gelang.

De Robles hatte einen Kundschafter vorausgeschickt, der auf dem geheimen Weg, den sonst der gewitzte Toni Bajada benutzte, in die Festung von Birgu gelangte. Und zur verabredeten Zeit wurden von Birgu Boote zu einer bestimmten Stelle gegenüber dem Verteidigungsabschnitt der Deutschen Zunge geschickt, die dort die Verstärkung aufnahmen und nach Birgu brachten. Der Ärger des Seraskers dürfte groß gewesen sein, als er am nächsten Morgen die neuen Banner auf den Mauern von Birgu entdeckte. Die Freude im Orden über das Husarenstück, das in die Geschichte der Belagerung als »Piccolo Soccorso« (kleine Unterstützung) eingehen sollte, war natürlich entsprechend groß. Zahlenmäßig war die Verstärkung zwar nicht allzu bedeutsam. Aber den Türken ein Schnippchen geschlagen zu haben, richtete die Verteidiger auf, und sie wußten nun auch, daß Don Garcia sie noch nicht gänzlich vergessen hatte. Und de la Valette war von dem Unternehmen so beeindruckt, daß er de Robles, der sich im übrigen auch früher schon einen guten Namen als Soldat gemacht hatte, zum Kommandanten des Forts St. Michael auf der Halbinsel Senglea ernannte.

Auch auf den Serasker hatte der gelungene Piccolo Soccorso Eindruck gemacht. Jedenfalls schickte er jetzt eine Parlamentär, der dem Großmeister eine ehrenvolle Aufgabe wie seinerzeit in Rhodos anbot. Valette reagierte darauf jedoch bewußt provozierend – wohl auch, um Mustapha Pascha dadurch Stärke zu demonstrieren. Der Serasker intensivierte daraufhin seine Angriffsvorbereitungen und ließ jetzt, um Senglea und Birgu auch vom Wasser her angreifen zu können, vom Marsamxett-Hafen Galeeren und Boote über den Mont Skiberras zum Grand Harbour transportieren. Draguts Unternehmung seinerzeit auf Djerba mag ihm dabei als Muster gedient haben.

Währenddessen fiel Schuß auf Schuß von den Höhen von Skiberras und östlich des Galeerenhafens auf die beiden Halbinseln und die Forts St. Michael und St. Anglo. Aber auch andere Geräusche waren bald von Skiberras zu hören: das Knirschen und Ächzen von Holz auf Holz, das Brüllen von Ochsen und das Geschrei der Sklaventreiber. Von Valettes Beobachtungsturm im Zentrum von Birgu war bald zu erkennen, daß die Boote der Türken die Höhen von Skiberras erreicht hatten und jetzt nur noch den leichten Hang zum Grand Harbour heruntergezogen werden mußten. Damit zeichnete sich für den Großmeister die Absicht des Gegners klar ab: In den Galeerenhafen konnten die Türken mit ihren Booten nicht eindringen, weil dieser durch die große Kette versperrt war. Auf die andere Seite von Birgu konnten sie nicht fahren, weil sie dann dem Artilleriefeuer von St. Angelo ausgesetzt waren. Blieb also nur eine Invasion des schlecht befestigten Zipfels der Landzunge von Senglea am Grand Harbour. Ein Überläufer, ein zum Islam übergetretener Nachkomme der ehemaligen byzantinischen Kaiserfamilie Lascaris, der es im osmanischen Heer zum hohen Offizier gebracht hatte, bestätigte diese Annahme. Mustapha Pascha plante, Senglea von der Wasserseite und zugleich das Fort St. Michael von der Landseite her anzugreifen. Und die Zeit drängte für den Serasker – zuviel Zeit war schon ohne wirklich durchschlagende Erfolge vergangen, die Verluste von St. Elmo hatten an der Moral der Türken gezehrt, das Leben der Belagerer unter der glühenden Sonnenhitze des Lagers in der Marsa, wo die Ruhr und andere Krankheiten grassierten, waren unerträglich geworden, und im Rücken erlitten die Türken ständige schmerzhafte Nadelstiche durch die Ordenskavallerie, die von Notabile aus Ausfälle unternahm.

In dieser Lage traf es sich für den Serasker gut, daß er erneute Verstärkungen erhielt. Am 12. Juli traf Hassan, der Beilerbey von Algier, mit 27 Schiffen und 2500 Mann auf Malta ein. Hassan, der Sohn von Khair ed Din Barbarossa und Schwiegersohn von Dragut, fühlte sich dem Ruf seiner Familie, die man inzwischen wohl mit einigem Recht schon als Piratendynastie bezeichnen konnte, verpflichtet, und bot großsprecherisch an, gemeinsam mit seinem Stellvertreter, dem im Korsarendienst ergrauten griechischen Renegaten Candelissa, die Operation gegen Senglea zu leiten. Mustapha Pascha war damit einverstanden und unterstellte dem Beilerbey alle Piraten, die Dragut und andere Korsarenführer schon nach Malta geführt hatten, sowie 6000 Türken.

Auch der Orden war angesichts der sich abzeichnenden Gefahren nicht untätig geblieben. Der Großmeister hatte die schon lange vorbereitete Pontonbrücke über den Galeerenhafen zusammensetzen lassen, so daß es jetzt möglich war, im Falle eines Angriffs auf Senglea schnell Verstärkungen von Birgu auf die gefährdete andere Halbinsel zu verlegen. Und der Ordensadmiral del Monte, der später noch Großmeister werden sollte und jetzt Gouverneur von Senglea war, ließ in dem Wasser vor der Landspitze gegenüber von Skiberras Palisaden aus Stangen und Gestrüpp anbringen, um eine Anlandung der Boote, die jetzt die andere Seite des Grand Harbour erreicht hatten, zu erschweren. Beide Seiten hatten die Schlacht um Senglea so gut wie möglich vorbereitet. Sie kündigte sich mit einem aufregenden Vorgefecht an:

Am 15. Juli morgens herrschte im Lager von Marsa größere Aktivität als sonst üblich. Schon die ganze Nacht war von dorther der Lärm der orientalischen Musikinstrumente zu hören gewesen – ein untrügliches Zeichen, daß die Türken sich auf eine größere Unternehmung vorbereiteten. Am Morgen wurde von dem Beobachtungsturm auf Birgu aus beobachtet, wie lange Kolonnen von Marsa auf das Gebiet des Grand Harbour zogen. Dann sah man, wie sich am Ufer des Mont Skiberras nackte Männer mit Beilen und Messern ins Wasser stürzten und über den Grand Harbour zu den Palisaden schwammen. Ihr Ziel war es, diese zu zerschlagen, um so eine Landung von Booten auf Senglea zu ermöglichen. Aber die Schwimmer hatten die Rechnung ohne die Malteser gemacht, die damals als die besten Schwimmer des ganzen Mittelmeers galten. Del Monte hatte, als er die Absicht der türkischen Schwimmer erkannte, schnell unter ihnen Freiwillige gesammelt, die sich nun, Messer und Dolche zwischen den Zähnen, ebenfalls nackt ins Wasser warfen und über die Türken herfielen.

Was nun folgte, war ein erbarmungsloser Kampf Mann gegen Mann im Wasser ringender, tauchender, sich gegenseitig untertauchender und aufeinander einstechender Schwimmer, die in zunehmendem Maße Blutspuren im Wasser hinter sich herzogen. Aber die besseren Schwimmer waren die tapferen Malteser, und die Türken mußten sich schließlich zurückziehen. Aber nur für kurze Zeit, denn bald kamen sie mit Booten zurück, um an den Palisaden Seile zu befestigen, deren Enden sie nach Skiberras zurückbrachten. Dort waren inzwischen Vorbereitungen getroffen worden, um mit Kolonnen von Sklaven die Palisaden, vor allem die tief in den Hafenboden eingerammten Stangen, herauszureißen. Aber wieder waren es die tollkühnen Malteser, die das Unternehmen vereitelten. Wieder sprangen sie mit langen Messern ins Wasser, schwammen zu den Palisaden und zerschnitten die Seile. Man kann sich vorstellen, daß der Serasker jetzt allmählich vor Ingrimm mit den Zähnen knirschte. Jedenfalls setzte er jetzt alles auf eine Karte und befahl den Hauptangriff. Plötzlich beobachteten nämlich die Verteidiger, wie sich am Mont Skiberras ungezählte Boote, die mit Soldaten vollbesetzt waren, lösten und auf Senglea zufuhren. Es muß ein prachtvoller und zugleich furchteinflößender Anblick gewesen sein, wie unter dem Getön der Musikinstrumente die Boote eine Schlachtordnung entfalteten – vorneweg die Boote mit den muslimischen Geistlichen in ihren schwarzen Roben und den mit blitzenden Juwelen geschmückten Offizieren, unter ihnen Candelissa, der den Seeangriff führte, während Hassan das Kommando vor St. Michael hatte.

Dort war der Angriff zur gleichen Zeit mit einer gewaltigen Explosion unter der Außenmauer eingeleitet worden, die eine gefährliche Bresche schlug, durch die die Algerer und Türken jetzt eindrangen. Ihnen stemmten sich unter Führung von de Robles die Verteidiger entgegen, denen es in blutigem Handgemenge gelang, den Einbruch der Feinde abzuriegeln. Inzwischen hatten die Boote die Palisaden am Ende der Landzunge erreicht,»ein wirklich prachtvoller Anblick – wenn es nicht so gefährlich gewesen wäre«, wie ein ritterlicher Chronist, der dort eingesetzt war, Francisco da Corregio Balbi, bemerkt. Mit verstärktem Ruderschlag versuchten sie, die Barriere zu durchbrechen. Umsonst – die Malteser hatten ganze Arbeit geleistet, und je mehr die Ruderer sich anstrengten, um so mehr verfingen sich die Boote in dem mit Ketten und Seilen zwischen den Stangen befestigten Gestrüpp. Bewegungslos lagen die Boote jetzt im Feuer der Arkebusen und Musketen der Verteidiger und ein schneller Entschluß war notwendig. Beherzt sprang daraufhin der alte Candelissa ins Wasser, und seine Algerer und die Türken taten es ihm nach. Schwimmend und watend erreichten sie das Ufer, wo jetzt ebenfalls ein erbitterter Kampf entbrannte.

Der Kampf wogte nun an beiden Kampfabschnitten hin und her, und Valette hielt den Zeitpunkt für gekommen, alle Reserven aus Birgu über die Pontonbrücke nach Senglea zu schicken. Dort sollten sie zunächst einmal den Feind am Grand Harbour ins Wasser zurückwerfen. Aber auch der Serasker hatte von der anderen Seite des Grand Harbour her den Kampfverlauf beobachtet und entschieden, daß jetzt der richtige Zeitpunkt war, seine letzte und stärkste Karte ins Spiel zu werfen: zehn Galeeren, besetzt mit je 100 Mann, die mit energischen Ruderschlägen auf den Galeerenhafen zufuhren und dort, wo die Hafenkette befestigt war, anlanden sollten. Weit auseinandergezogen jagten die Galeeren unter dem lärmenden Getöse von Trompeten und Tschinellen über den Grand Harbour. Voraus ein langer Nachen, voll von Imamen, die, den Koran lesend und die Christen verwünschend, zugleich beteten und fluchten.

Der Großmeister, der diese Operation des Seraskers sicher beobachtet hatte, wird eher erfreut als besorgt gewesen sein. Da er in kluger Voraussicht für fast jeden Eventualfall beizeiten Vorsorge getroffen hatte, hatte er schon vor Jahren auf dem Fort St. Angelo auf der Seite des Galeerenhafens eine Batterie von vier Geschützen in Stellung bringen lassen, deren Aufgabe es war, die Unversehrtheit der Hafenkette zu überwachen. Dort führte ein kastilischer Ritter, de Guiral, der sich bisher in der blutigen Schlacht um Malta wohl eher gelangweilt haben muß, das Kommando. Jetzt kam seine große Stunde. Still verharrte er mit seinen Kanonieren, bis die Boote näher kamen. Dann verharrten sie. Kommandos erklangen. Die Boote schlossen dicht auf und änderten die Richtung, um geschlossen auf das Kettenende auf Senglea zuzurasen. Jetzt – Guiral hatte das Feuerkommando gegeben und die erste Salve fuhr mitten in den Pulk.

Eine Wolke von Gischt versperrte die Sicht, aber das Geschrei von Verwundeten und Ertrinkenden zeigte den Kanonieren an, daß sie den Feind voll getroffen hatten. Aber sie ließen sich keine Zeit zum Triumph – schon fuhr die zweite Salve in die Schreckensszene, und als sich der Gischt legte, sahen sie, daß neun Galeeren untergingen oder schon untergegangen waren und die Überlebenden, da sie gewöhnlich nicht schwimmen konnten, überwiegend ertranken. Die wenigen, die dennoch das Ufer von Senglea erreichten, wurden dort ohne viel Federlesens von den Einwohnern, die das Spektakel genüßlich betrachtet hatten, totgeschlagen. Nur einer einzigen Galeere gelang es, dem Massaker zu entkommen.

Der Erfolg war entscheidend, die Freude im Orden groß. Mustapha Pascha scheint weniger erbaut gewesen zu sein, brach das Gefecht ab und zog die auf der Landzunge gelandeten Türken und algerischen Piraten zurück. Die Boote ließ er daraufhin auf demselben Weg, auf dem sie zum Grand Harbour gelangt waren, wieder in den Marsamxett-Hafen transportieren. Senglea konnte von der Wasserseite nicht mehr kurzfristig bedroht werden. Gegen nur 200 Verteidiger sollen die Türken an dieser Stelle an diesem einzigen Tag 4000 Mann verloren haben – eine Zahl, die möglicherweise zu hoch angesetzt ist, dennoch aber erahnen läßt, wie blutig der Kampf gewesen sein muß.

Der Kampf um das Fort St. Michael hielt noch etwas länger an – es sollte insgesamt fünf Stunden dauern, bis die Angreifer wieder über die Mauerbresche zurückgeschlagen waren. Die Freude über die beiden Siege des Tages wurde allerdings durch die Trauer über die eigenen Verluste gedämpft. Nach Bradford sollen alleine in St. Michael 250 Ordensleute und 3000 Türken gefallen sein. Besorgniserregend war besonders der Tod Frederic de Toledos, des Sohnes des Vizekönigs von Sizilien, der dem Großmeister zum Schutz anbefohlen war und, solange er lebte, eine gewisse Gewähr dafür geboten hatte, daß Don Garcia den Orden am Ende nicht gänzlich der wütenden Barbarei der Türken aussetzen würde. War durch den Tod seines Sohnes allen Hoffnungen auf Hilfe aus Sizilien der Boden entzogen worden? Gerade zu dieser Zeit schien sich aber unter dem anhaltenden Druck von Gianettino Doria und dem Großprior der Auvergne, de Lastic, ein Sinneswandel des Vizekönigs anzubahnen, der dem Ordensstaat nun doch noch zu Hilfe zu kommen wollte, bevor es zu spät sein würde.

Valette machte sich aber offensichtlich keine großen Hoffnungen mehr auf eine Verstärkung und setzte ganz auf den Durchhaltewillen seiner Besatzung, die Abnützung der Türken und auf die Zeit, die für ihn arbeitete. In seinen Appellen wandte er sich nicht mehr, wie sonst in diesem extrem standesbewußten Orden üblich, nur an den Staatsrat, der Nacht für Nacht zur Erörterung der Lage in St. Angelo zusammentrat, sondern an alle erreichbaren Männer in Birgu und ließ seine Aufrufe auch in Senglea verbreiten:»Ohne Zögern sage ich Euch, daß wir auf keine Hilfe außer der des Allmächtigen Gottes, der uns bisher beschützt hat, vertrauen können. Er aber wird uns nicht in die Hände der Barbaren fallen lassen. Wir alle sind, jeder von uns, Diener Gottes und wenn es sein soll, daß ich und alle Eure Kommandeure fallen sollten, bin ich sicher, daß Ihr nicht weniger entschlossen den Kampf für die Freiheit und Ehre unseres Ordens und unserer heiligen Kirche fortsetzen werdet.

Sollte andererseits unser Feind uns überwältigen, können wir keine andere Behandlung erwarten als diejenigen unserer Brüder, die in St. Elmo waren«.

Die Türken verstärkten jetzt ihr Bombardement, bald bemächtigte sich ihrer sogar eine Art von Angriffsraserei, eine Folge der ununterbrochenen Attacken. Diese begannen am 2. August mit einer gewaltigen Kanonade auf Senglea, die infolge des Südwindes sogar noch in Syrakus und Catania auf Sizilien zu hören war. Auf Senglea sah es danach wie nach einem Erdbeben aus und das Hospital und die provisorischen Feldscherunterkünfte waren völlig überfüllt. Dennoch brachte der folgende Sturm dem Serasker keinen Erfolg, und er mußte den Rückzug anordnen. Aber nach fünftägigem Beschuß der Festungsmauern ließ er erneut angreifen – diesmal Birgu und Senglea zur gleichen Zeit. Unerschöpflich brandeten die Massen seiner Kämpfer gegen die beiden Festungen, und auf Birgu gelang es seinen Janitscharen, die äußere Umfassungsmauer zu gewinnen. Jetzt aber, in dieser kritischen Situation, scharte der 70jährige Großmeister alle verfügbaren Reserven um sich, stürmte den Türken entgegen, und es entbrannte ein stundenlanger Kampf Mann gegen Mann. Doch auch Piali Pascha, der vor der Landmauer von Birgu das Kommando hatte, führte neue Reserven heran, während zur gleichen Zeit vor St. Michael der ebenfalls 70-jährige Mustapha Pascha persönlich neunmal an der Spitze seiner Janitscharen gegen die Mauern anrannte und dabei langsam an Boden gewann. Die Lage wurde für den Orden wieder kritisch, und auf keiner der beiden Landzungen konnte noch daran gedacht werden, den Kameraden auf der anderen Halbinsel zu helfen. Doch dann geschah plötzlich etwas Unglaubliches: Die Ritter und Soldaten, die auf den Bastionen von St. Michael und der Zunge von Kastilien in Birgu kämpften, vernahmen türkische Trompetensignale und bemerkten, wie sich ihre Gegner, die sie eben noch so hart bedrängt hatten, plötzlich zur Flucht wandten. Auch von dem Beobachtungsturm in Birgu aus war zu sehen, daß die Türken überall aus ihren Kampfpositionen fortrannten, ihre Geschütze dabei im Stich ließen und sich zu ihren Schiffen im Marsamxett-Hafen drängten. Und mehr noch: Über ihrem Lager in Marsa lagen dichte Rauchwolken. War doch noch die Verstärkung aus Sizilien eingetroffen? Als Schreckensruf und Jubelschrei erschallte der Ruf »Die Verstärkungen« bei Freund und Feind, und löste bei diesen

Panik und bei jenen Erleichterung und Freude aus. Was war geschehen?

Von der Höhe von Notabile hat man eine hervorragende Sicht auf die Landzungen um den Grand Harbour. Dort hatte die Besatzung von den Mauern her die Einschläge im Hafengebiet beobachten und den sich steigernden Kampflärm vernehmen können. Der Gouverneur, de Mezquita, konnte sich denken, daß die beiden Festungen in großer Bedrängnis waren und schickte seine Kavallerie los, um das Lager in der Marsa zu überfallen und die Türken damit von ihren Angriffszielen im Hafengebiet abzulenken. Und dies gelang gründlich: Wie die Berserker fielen die Ordensreiter über das nur schwach gesicherte türkische Lager her, töteten wahllos alle Wachen, Kranken und Verwundeten, zerschnitten die Zelte, verwüsteten die Vorräte und steckten alles in Brand. Wie ein Lauffeuer verbreitete sich unter Freund und Feind der völlig falsche Eindruck, der Vizekönig von Sizilien sei mit den erwarteten Verstärkungen eingetroffen, habe Marsa zerstört und werde nun den Türken in den Rücken fallen und den Weg zu ihren Schiffen abschneiden. Natürlich klärte sich bald für jedermann die Lage auf. Der Serasker, der sich vermutlich schon dem endgültigen Sieg greifbar nahe geglaubt hatte und nicht nur diesen nun verspielt sah, sondern auch sein Basislager verloren hatte, raste vor Zorn; die Ordenskämpfer hingegen wußten, daß sie wieder einmal mit einem blauen Auge davongekommen waren.

Aber wieder handelte es sich nur um eine Atempause. Eine Atempause, derer die Verteidiger auch dringend bedurften und die man auch nur als Atempause bezeichnen konnte, wenn man das sofort wieder aufgenommene Bombardement vergaß. Eine Atempause, die weiter ihre Opfer forderte. In dieser Zeit fiel auch de Robles, und später sollte der Großmeister auch seinen Neffen, Henri de la Valette, betrauern müssen. Eine Atempause, in der unter dem Feuer der Türken die Straßen verbarrikadiert wurden; Arbeiten, bei denen der Orden rücksichtslos seine Sklaven einsetzte, die genauso rücksichtslos von ihren eigenen Landsleuten unter Feuer genommen wurden.

Trotz der Erschöpfung, die sich bei dieser mörderischen Schlacht auch bei den Türken und Algerern zeigte, deutete ab Mitte August alles auf einen neuen Großangriff hin. Wieder sollte der Serasker St. Michael angreifen, während der Kapudanpascha das Kommando vor Birgu hatte und Candelissa mit den Seestreitkräften vor den Häfen patrouillierte und die Anmarschwege von Sizilien überwachte. Mit dem Mute der Verzweiflung setzten die Türken jetzt alles auf eine Karte und scheuten keinerlei eigene Verluste mehr. Am 19. August begann der blutigste und härteste aller bisherigen Angriffe mit einer ohrenbetäubenden Kanonade, die während des ganzen Tages anhielt und, wie sich später herausstellen sollte, wohl annähernd die ganze Munitionsreserve der Invasionsarmee verbrauchte. Dann, am folgenden Tag, griff Mustapha Pascha wieder St. Michael an und Valette, der fühlte, daß auch ein Angriff auf Birgu wieder unmittelbar bevorstand, weigerte sich, noch irgendwelche Verstärkungen über die Pontonbrücke nach Senglea bzw. St. Michael zu schicken. Er hatte ohnhin den Eindruck, daß die kastilische Bastion an irgendeiner Stelle unterminiert war und jederzeit in die Luft gesprengt werden könne.

Und richtig, der Großmeister befand sich gerade zu einem kurzen Gebet in der St. Lorenz-Kirche, als eine gewaltige Explosion das ganze Gebäude erschütterte. Ohne erst seinen Küraß, den er zum Gebet abgelegt hatte, wieder anzulegen, eilte er zur kastilischen Bastion, in die bereits die Janitscharen hereinbrachen, und sammelte alle verfügbaren Soldaten zu einem Gegenstoß. Fünf Stunden wogte der Kampf hin und her, und Valette wurde dabei verwundet. Nur notdürftig ließ er sich verbinden, folgte nicht dem Rat seiner engsten Mitkämpfer, das Leben des Großmeisters, von dem alles abhing, zu schonen, sondern kämpfte weiter und spornte damit seine Mitkämpfer zu fast übermenschlichen Leistungen an. Er wußte, nur mit dem Beispiel seiner alles überwältigenden Persönlichkeit konnte er den Fall der Bastion noch verhindern; und tatsächlich brach Piali Pascha schließlich den Angriff ab.

Aber Valette wußte, daß auch für die Türken jetzt alles auf dem Spiel stand und sie nach einer kurzen Ruhepause und Auffrischung ihrer stark dezimierten Kräfte erneut angreifen würden. Dafür hatte er als einzige Reserve nur noch die Kranken und Verwundeten im Hospital und dorthin, selber verwundet, ging er mit durchblutetem Verband und forderte alle, die noch von ihrem Bett aufstehen konnten, auf, sich um ihn zu sammeln. Dann wandte er sich an sie:»Obwohl ich selber schwer verwundet bin und der Ruhe und ärztlicher Behandlung bedarf, versuche ich angesichts unserer gefährlichen Lage, meine Pflicht zu tun. Viele Ritter und Soldaten tun das Gleiche und stehen an den Mauerzinnen, obwohl fast alle verwundet und erschöpft sind und am Ende ihrer körperlichen Kräfte. Dennoch bleiben sie standhaft und voller Kraft in dem Bewußtsein, daß es besser ist, kämpfend mit der Waffe in der Hand zu sterben als unwürdig im Hospitalbett von den Barbaren massakriert zu werden, denen es bestimmt ist, nicht eine einzige Seele zu schonen«. Es gab nicht einen einzigen seiner Zuhörer, der danach nicht sofort zur Bastion der kastilischen Zunge oder zum Fort St. Michael zurück kehrte. Valette selbst gönnte sich jetzt nur eine kurze Ruhepause, wurde aber bald wieder vom nächsten Alarm hochgeschreckt.

Wieder war es dem Feind gelungen, die Mauerzinnen zu erklimmen und trotz seiner Ermüdung und Verwundung leitete der Großmeister wieder den Gegenstoß. Es wurde das schlimmste aller Gefechte. Sagra, ein Ritter, der sich gerade erst von seiner Wunde, die er in St. Elmo erhalten hatte, erholt hatte, wurde erneut verwundet. Romegas wurde verwundet, kämpfte aber weiter. Buenensena, der Komtur der Bastion, wurde neben Valette niedergeschlagen und verlor ein Auge – der Großmeister leistete ihm Erste Hilfe, bevor er nach hinten getragen wurde. Der Standartenträger, St. Ramon, wurde neben Valette getötet.

Aber die ärgste Überraschung stand den Verteidigern noch bevor: Piali Pascha hielt den Zeitpunkt für gekommen, einen großen Belagerungsturm mit einer justierbaren Rampe an der Mauer in Stellung zu bringen. Die Plattform war angefüllt mit Janitscharen und mit Scharfschützen, die jeden Verteidiger, der seine Deckung verließ, sofort unter Beschuß nahmen. Es würde jetzt nur noch Minuten dauern, bis der Turm längsseits der Bresche stehen und die Rampe auf die Höhe der Bresche herabgesenkt werden würde. Dann würden die Janitscharen von der Bastion herunter und in die Stadt stürzen – ungehindert durch die Verteidiger, die von den Scharfschützen niedergehalten würden. Eine schnelle Gegenmaßnahme war notwendig, sollte die Katastrophe jetzt nicht über Birgu hereinbrechen.

In höchster Eile rissen die Ordensbrüder jetzt gegenüber dem Belagerungsturm einen Teil der Mauer ab und brachten in der Lücke ein Geschütz in Stellung. Dann verschossen sie eine an ihren Enden mit Gewichten versehene Kette, die einen der schwachen Träger umschlang, der daraufhin einknickte, so daß die Janitscharen auf ihrem hohen Thron mit entsetzten Gesichtern ins Schwanken gerieten. Ein zweiter Schuß folgte, und die ganze kunstvolle Konstruktion des Belagerungsturms brach in sich zusammen. Der Jubel auf Seiten der Ordenskämpfer war groß, während Piali Pascha es an der Zeit fand, den Angriff einzustellen.

War dies der letzte Angriff der osmanischen Streitmacht gewesen? Der unermüdliche Großmeister bereitete sich auf den nächsten Versuch der Türken vor, doch noch eine Wende herbeizuführen und zeigte sich entschlossener denn je, den Kampf mit aller Härte fortzusetzen. Aber würde die kastilische Bastion überhaupt noch einem weiteren Bombardement standhalten können? Es gab Stimmen im nächtlichen Staatsrat, die dafür eintraten, die Verteidigung auf St. Angelo zu beschränken, d.h. Birgu aufzugeben. Zumindest sollte sich dorthin der Großmeister als Sinnbild des Ordens zurückziehen, und auch die Reliquien des Ordens sollten dorthin gebracht werden, um dem Gegner nicht bei einer Eroberung von Birgu in die Hände zu fallen. Aber Valette lehnte diese Vorschläge alle ab. Er wollte inmitten seiner Ritter sterben. Zudem war er der Auffassung, daß wenn Birgu aufgegeben werde, sich auch Senglea nicht mehr halten könne. Auf keinen Fall wollte er auch die tapferen Malteser in Birgu der Wut der Türken aussetzen und sie alleine in der Stadt zurücklassen – für eine Evakuierung aller in das Fort von St. Angelo würden dort aber die Wasservorräte nicht reichen. Um seinem Entschluß, der vom Staatsrat akzeptiert wurde, Gewicht zu verleihen, ließ er die Brücke, die St. Angelo mit Birgu verband, abreißen und schloß damit auch für die Zukunft jede Möglichkeit eines Rückzuges aus.

Ein Rückzug hätte aber auch nicht mehr erwogen werden müssen. Der Serasker resignierte vor dem Ordenssitz. Völlig erfolglos mochte er aber später seinem Herrscher nicht gegenübertreten – das konnte sogar seinen Kopf kosten. Er zog deshalb seine Truppen von dem Hafengebiet zurück und schickte sie in langen Kolonnen ins Landesinnere. Sein Ziel war jetzt die Stadt Notabile, die er nur schwach verteidigt wähnte.

Dort sah Mezquita die Kolonnen auf sich zumarschieren, elend und zerlumpt, aber in einer solchen Überzahl, daß die Zitadelle jetzt schon verloren zu sein schien. Nur eine List konnte noch helfen.

Der Gouverneur ordnete daraufhin an, die bescheidenen Munitionsvorräte seiner Artillerie aus allen Rohren zu verschießen, um dem Gegner den Eindruck zu vermitteln, Notabile verfüge über unermeßliche Vorräte oder gar, die Verteidiger könnten sich einen leichtfertigen Umgang mit den Vorräten erlauben, weil sie sichere Nachrichten hätten, daß der Vizekönig von Sizilien jetzt endlich im Anmarsch sei. Nichts war der Wahrheit natürlich ferner. Außerdem ließ er alle Einwohner von Notabile in martialischer Aufmachung auf den Mauern aufmarschieren – Kochtöpfe wie Helme tragend und Knüppel halbverborgen unter Umhängen Säbel andeutend. Mustapha Pascha war beeindruckt. Lag der Kern der Verteidigung des Ordensstaates vielleicht überhaupt nicht im Hafengebiet, sondern in der alten Hauptstadt Notabile? Waren St. Elmo, Birgu, Senglea und St. Michael vielleicht nur schwache Kostproben dafür gewesen, was der türkischen Armee vor Notabile bevorstehen würde? Desillusioniert und eingeschüchtert, wie man es dem alten Haudegen vor Monaten bei seiner Ankunft auf Malta nie zugetraut hätte, ließ er seine Truppen kehrtmachen und in die Marsa, die notdürftig wiederhergerichtet war, zurück marschieren. Von hier aus schickte er, nun wohl völlig konfus, seine Soldaten zu einem neuen Angriff gegen Birgu und Senglea, der aber erwartungsgemäß schon bald in sich zusammenbrach und nicht mehr den gewohnten Schwung zeigte. Es war klar, daß die Invasion gescheitert war. Der Ordensstaat war gerettet. Es war jetzt Ende August und die Vorräte der Türken, vor allem das Mehl, reichten kaum noch für die Rückfahrt zum Bosporus. Es war auch Zeit, an die Einschiffung für den Rückmarsch zu denken, wenn vermieden werden sollte, daß die Flotte in die Herbststürme geriet. Zeit auch für die beiden Paschas, sich darüber abzustimmen, wie Soliman das Scheitern der Invasion begründet werden sollte.

Allerdings blieb nicht viel Zeit, um Trübsal zu blasen. Wieder einmal wurden die beiden Paschas durch Meldungen aufgeschreckt, daß Don Garcias Verstärkung aus Sizilien auf Malta gelandet sei. Und diesmal, beim Barte des Propheten, war es sogar wahr!

Nach langem Zögern und unter dem ständigen Drängen zahlreicher Ritter, die darauf brannten, dem Orden endlich zu Hilfe zu kommen, war Don Garcia am 25. August mit 28 Galeeren aus Syrakus aufgebrochen. Auf den Schiffen befanden sich neben einigen Angehörigen des Johanniterordens zahlreiche freiwillige Söldner aus ganz Italien sowie, unter dem Spanier Alvarez de Sandé, ein Söldnerregiment aus dem Königreich Neapel. Befehligt wurde diese Landmacht von dem Spanier Ascanio de la Corna, insgesamt, die Angaben der Chronisten schwanken, 8000 bis 12000 Mann – also weit weniger als die ursprünglich von Don Garcia zugesagten 16000 Mann. Infolge schlechten Wetters war diese Flotte zunächst zu der winzigen Insel Linosa, die sich westlich von Malta befindet, abgetrieben worden und hatte dort festgelegen. Dann waren die Galeeren in Richtung Malta gefahren, wo Don Garcia aber erst einmal unschlüssig zwischen der Hauptinsel und Gozo umherkreuzte, bis er endlich am 6. September in der Mellieha-Bucht im Nordwesten von Malta vor Anker ging und die ungeduldigen Ritter, unter ihnen auch zwei Deutsche (Sebastian von Panoutz, Hieronymus von und zu Eliz), sowie die Söldner an Land gehen ließ.

Am Morgen des 7. September beobachteten die nichtsahnenden Ordensbrüder in Birgu und Senglea, wie bei der ganzen türkischen Armee und den Algerern eine allgemeine Panik ausbrach. Plan- und ziellos schienen die Soldaten hin und her zu laufen. Dann kam ein Bote de la Cornas, staubig und verschwitzt, und meldete dem Großmeister die Ankunft der Verstärkung. Der Jubel im Orden und in der Bevölkerung war groß, und Valette erwartete einen sofortigen Angriff der Verstärkung auf die völlig zerrütteten Türken. Aber er täuschte sich. De la Corna zögerte, denn er hatte den Befehl des Vizekönigs, den Kampf nur aufzunehmen, wenn er von den Türken angegriffen würde. Diese aber hatten den Befehl zum Rückzug und zur Einschiffung auf ihre Schiffe erhalten und strömten in mehr oder weniger wilder Flucht zum Marsamxett-Hafen, während die ersten Ordensritter auf den Mont Skiberras und zu den Ruinen von St. Elmo zurückkehrten und dort die Ordensbanner wieder aufrichteten. Von dort konnten sie auf den Marsamxett-Hafen herunterblicken und sehnsüchtig nach Westen schauen, ob dort nicht endlich de la Corna auftauchte, zwischen die Türken fuhr und ihnen wenigstens noch die kostbaren Geschütze, die nun auf die Schiffe gebracht wurden, abnahm. Aber ungehindert konnte die ganze Invasionsarmee bzw. das, was von ihr noch übrig war, verladen werden, und am 10. September verließen die letzten Schiffe den Hafen.

Aber nicht nur die Christen hatten in diesen Tagen mit ihrer Zurückhaltung einen unverzeihlichen Fehler gemacht. Auch bei den Türken gab es ein großes Maß an Verwirrung, die aus dem allgemeinen Durcheinander und mangelnder Aufklärung des Gegners resultierte: Der Serasker war schon auf hoher See, als sich bei ihm aufgrund letzter Meldungen der Galeerenkapitäne und einiger Kundschafter, deren Meldungen er erst jetzt erhielt, der Eindruck durchsetzte, daß die Flotte aus Sizilien kleiner und das Landungskorps somit schwächer als ursprünglich angenommen war. Nach all den Mißerfolgen der letzten Monate offenbar zu keiner vernünftigen Lagebeurteilung mehr fähig, ließ er deshalb die Schiffe wieder zur Küste fahren und die völlig demoralisierten Soldaten an Land gehen, um die Schlacht gegen de la Cornas Truppen zu suchen.

Der Zeitpunkt der Entladung der Türken, wäre der nächste günstige Augenblick für den Angriff der spanisch-italienischen Streitmacht gewesen, aber immer noch zögerte de la Corna. Das aber verstanden die ihm unterstehenden Ritter, allen voran die Ordensritter, nicht mehr. Aus eigener Initiative stürzten sie bei dem Ort Naxxar auf die sich gerade formierenden Türken los, während zur gleichen Zeit aus Notabile, von wo der ganze Vorgang beobachtet worden war, die Ordenskavallerie losstürmte und den Türken in die Seite fuhr. De la Corna, der das Ganze beobachtet hatte, blieb jetzt nichts anderes übrig, als auch de Sandé mit seinen Napolitanern den Angriffsbefehl zu geben. Ein unbeschreibliches Massaker setzte nun unter den Türken und Algerern ein, und der Serasker hatte Mühe, seine Leute wieder auf die Schiffe zurückzubringen. Dabei bewährte sich insbesondere Hassan, der Beilerbey von Algier, mit seinen Piraten, weil er tapfer den Rückzug deckte.

Damit war das endgültige Ende der Großen Belagerung erreicht, das Ende einer Schlacht, die in ihrer Unerbittlichkeit und beiderseitigen Opferbereitschaft mit den späteren großen Schlachten von Verdun und Stalingrad durchaus in einem Atemzug genannt werden kann. Mit 25000 Toten hatten die Türken als Opfer des Kampfes und der Seuchen siebzig Prozent ihrer Soldaten verloren. Bei den Verteidigern betrugen die Verluste 7000 Mann, darunter 250 Ritter. Auch unter den Überlebenden gab es kaum jemand ohne Verwundung, und viele von diesen waren für ihr Leben lang Krüppel. Die Verlierer segelten in ihre Heimat zurück, wo die beiden Paschas dem Sultan, der ihnen dennoch – ilhamdulillah (gelobt sei Allah) – ihre Köpfe beließ, ihre Niederlage beichteten. Und Don Garcia kehrte am 14. September nach Malta zurück und fuhr am Abend dieses Tages unter dem Donner von Salutschüssen in den Grand Harbour ein. Der Großmeister, jetzt durch und durch Diplomat, hieß ihn herzlich willkommen, und Don Garcia genoß es, wie ein Befreier geehrt zu werden und etwas von dem Glanz, der jetzt auf de la Valette fiel, Anteil zu haben. Denn der Großmeister war jetzt der Held Europas und der Christenheit.Die Fürsten des Abendlandes überschütteten ihn mit Ehren und Dankbezeugungen, und der Heilige Vater bot ihm die Kardinalswürde an, die Valette allerdings ablehnte, da sie ihn zu häufig aus Malta fortgeführt hätte. Was ihm viel wichtiger war: Europa schickte Geld und die besten Baumeister, um die Insel wieder aufzubauen.

Die Seeschlacht von Lepanto

Im Arabischen heißt das Mittelmeer »das weiße, mittlere Meer« (il bahr il abiyad il mutawassita). Besser hätte es im 16. Jahrhundert »das rote, blutige Meer« geheißen. In keiner nach einem Gewässer benannten Region hat es soviel Blutvergießen wie in der Mittelmeer-Region gegeben. War nun, nach dem Ende der Belagerung von Malta, die stete Gewaltanwendung, war die Bedrohung der westlichen Welt durch das Osmanische Reich beendet? Keineswegs!

Die Türkei befand sich zu dieser Zeit auf dem Höhepunkt ihrer militärischen Erfolge, der Sultan auf dem Höhepunkt seiner Macht. Obwohl auch er mittlerweile siebzig Jahre alt war, befriedigte ihn die Ausdehnung seines Reichs im Norden immer noch nicht. Im Jahr 1565 begannen von neuem Feindseligkeiten mit Österreich, die den Christen einige Erfolge brachten. Dies war für den bejahrten, aber immer noch tatkräftigen Sultan der Anlaß, sich noch einmal an die Spitze seiner Truppen zu stellen. Am 1. Mai 1566 verließ er seine Hauptstadt in der Absicht, die Stadt Erlau in Ungarn anzugreifen; jedoch kam er nur bis zur Festung Szeged, die er belagerte. Diese nahmen seine Truppen am 8. September im Sturm, aber Soliman erlebte die Einnahme nicht mehr. Er war in der Nacht vom 5. auf den 6. September im Feldlager gestorben.

Sein Nachfolger wurde Selim II., dessen Beiname »Mest« (Trunkenbold) schon fast alles über seine Persönlichkeit und seine Herrschaft aussagte. Nach der Beschreibung des venezianischen Bailo Andrea Badoer (nach Zorzi) war er ein Gewohnheitstrinker »von grauenhaftem Aussehen … sein Gesicht ganz entstellt und verbrannt – sowohl vom maßlosen Weingenuß wie von der großen Menge von Schnäpsen, die er für seine Verdauung zu trinken pflegt«. Selim sollte von 1566 bis 1574 regieren und den allmählichen Niedergang des Osmanischen Reichs einleiten.

Dennoch beherrschten die Türken unter der Herrschaft dieses Sultans anfangs noch das östliche Mittelmeer. Der Grund dafür war unter anderem, daß Piali Pascha die türkische Flotte klug aus der Niederlage von Malta herausgehalten und unversehrt zu den Dardanellen zurückgeführt hatte. Die Türken konnten deshalb auch nach dem Schicksalsjahr 1565 noch weitere griechische Inseln in venezianischem beziehungsweise genuesischem Besitz überfallen und ihrem Reich einverleiben. Erst sechs Jahre später, in der berühmten Seeschlacht von Lepanto, sollten sie auch ihre Seeherrschaft verlieren. Die Schrecken, die sie bis dahin weiter im Mittelmeer verbreiteten, sollten aber die verbündeten christlichen Flotten erst zu ihrem Sieg im Jahr 1571 beflügeln:

1566 eroberten die Türken Naxos, das »Herzogtum der zwölf Inseln«, das sich einstmals der Abenteurer Marco Sanudo, der der venezianischen Kolonie von Konstantinopel entstammte, unter der losen Lehnshoheit der Markusrepublik zum Besitz gemacht hatte und das inzwischen als mütterliches Erbe auf die Familie Crispo übergegangen war. Hier setzte Selim II. einen Günstling, den über Venedig aus Portugal geflohenen reichen Juden Josef Nassi, zum neuen Herzog ein – vermutlich den ersten bedeutsamen Zionisten der Welt, dem ein »Reich der Juden« mit ihm als König unter osmanischer Oberherrschaft auf Zypern vorschwebte und der mit seinen Überlegungen möglicherweise bei Selim den ersten Keim für die spätere Eroberung der Insel legte.

Im gleichen Jahr eroberten die Türken auch Andros, die Nachbarinsel von Naxos, und die seit fast 200 Jahren von der genuesischen Familie Giustiniani beherrschte Insel Chios. Drei Jahre später, im Jahre 1569, begannen sie die mühsame Eroberung von Kreta, die sich, von zahlreichen Aufständen der tapferen Bevölkerung unterbrochen, über Jahrzehnte hinziehen sollte. Ab 1570 verbissen sich Piali Pascha und der besonders grausame Lala Mustapha Pascha, ein ehemaliger osmanischer Prinzenhofmeister, geradezu in die Insel Tenos, die bei den Venezianern Santa Elena hieß und die seit einem Überfall Khair ed Dins im Jahre 1536 schon elf- oder zwölfmal angegriffen worden war, sich aber während der Zeit von

1390 bis 1718 von allen griechischen Inseln am längsten in venezianischem Besitz halten sollte. Und 1571 tauchte el Louck Ali, der inzwischen neuer Beilerbey von Algier geworden war, bei den Türken Uludsch Ali genannt wurde und 1562 schon einmal Kreta überfallen hatte, wieder auf der Insel auf und versuchte mit seinen Piraten, den Venezinaern die Stadt Rethymnon zu entreißen. Überall gab es die gleichen Bilder an Grausamkeit – Totschlag und Folter, Vergewaltigung, Brandschatzung und Verschleppung in die Sklaverei. Am schlimmsten aber sollte es auf Zypern sein, wo der schon erwähnte Serasker Lala Mustapha Pascha mit geradezu teuflicher Grausamkeit 1570 die Einwohner von Nikosia quälen und auspeitschen ließ. Ähnlich verfuhr er ein Jahr später nach der Einnahme von Famagusta nachdem er dem venezianischen Gouverneur Marco Antonio Bragadino nach dessen tapferer aber zuletzt aussichtslos gewordener Verteidigung mit ausgesuchter Freundlichkeit die Kapitulation schmackhaft gemacht hatte. Anschließend ließ er aber Bragodino peinigen und ihm bei lebendigem Leibe die Haut abziehen. Auch den übrigen Christen begegnete er mit außerordentlicher Grausamkeit.

Natürlich waren es nicht diese letzten Scheußlichkeiten im Sommer 1571, die die Seeschlacht von Lepanto im Herbst des gleichen Jahres herbeiführten – die christlichen Seeleute erfuhren schließlich erst davon, als sie sich gemeinsam mit den vor allem betroffenen venezianischen Soldaten schon auf dem Weg nach Korfu befanden. Aber der Ruf nach Rache für Famagusta und für Nikosia, wo die Türken nach zeitgenössischen Berichten alleine schon etwa 20 000 Menschen hingemetzelt oder in die Sklaverei geführt hatten, peitschte die Soldaten der »Heiligen Liga« zu todesverachtenden Anstrengungen auf und hat den Ausgang der Schlacht ganz gewiß entscheidend beeinflußt.

Unmittelbar verursacht wurde die Neuauflage der »Heiligen Liga«, die die Schlacht von Lepanto bestritt, durch die strategische Gesamtlage im Mittelmeer. Denn es zeigte sich für die christlichen Staaten immer mehr, daß das Osmanische Reich, nachdem es vor Malta versagt hatte, nun zum Sprung auf die drei großen Mittelmeerinseln ansetzte, neben Zypern noch Kreta und Korfu. Doch wußte man in Europa nicht, wo sich zu dieser Zeit die osmanische Flotte befand.

Gerüchte in den Häfen des Mittelmeers im Februar 1571 besagten, daß am Goldenen Horn 250 Galeeren und 100 weitere Schiffe ausgerüstet würden. Später hieß es, daß 200 Galeeren Kurs auf Korfu genommen hätten. Im Juni waren es dann plötzlich 300 Schiffe, die angeblich nach Kreta unterwegs waren. Und im Spätsommer lagen am Golf von Patras, auf der Reede von Lepanto (dem heutigen Naupaktos) 230 Galeeren und 70 weitere kleine Schiffe mit etwa 90000 Mann, davon die Hälfte etwa Sklaven, und 750 Geschützen an Bord. Geführt wurde diese riesige Flotte von dem Kapudanpascha Ali und dem Serasker Pertev Pascha, der für die Landtruppen verantwortlich war. Bei ihnen befanden sich außerdem die illustren Piratenführer el Louck Ali alias Uludsch Ali Pascha und Hassan Pascha, der Sohn Barbarossas, sowie 15 weitere Sandschak-Beys, darunter Djaafer Pascha, der Beilerbey von Tripoli und Schuluk Bey, der Gouverneur von Negroponte (Euböa). Sollte es zur Schlacht kommen, war Ali Pascha als Führer des Zentrums der türkischen Schlachtordnung vorgesehen, während Mohammed Schuluk das rechte und Uludsch das linke Treffen kommandieren sollte. Die Türken waren auf die große und entscheidende Auseinandersetzung um die Herrschaft im Mittelmeer gründlich vorbereitet. Ebenso die sie unterstützenden»Barbaresken«, wie die inzwischen fest etablierten Korsarenstaaten in Anlehnung an die nordafrikanischen Berberstämme, deren Bezeichnung auf die römische Einordnung als»Barbaren« zurückgeht, jetzt genannt wurden. Aber bevor diese Auseinandersetzung nun beschrieben wird, soll sich der Blick erst noch einmal Malta zuwenden. Wie sah es dort zwischen den großen Schlachten von 1565 und 1571 aus?

Valette war zu alt und zu selbstlos, als daß all die Ehrungen, die ihm nach der Belagerung zuteil wurden, ihm besonders geschmeichelt hätten. Er wußte aber, daß alle diese Ehrungen auch Ehrungen seines Ordens darstellten, und er empfing die Gesandten der europäischen Höfe, die ihm jetzt ihre Aufwartung machten, mit königlicher Würde. Was ihm aber jetzt wichtiger war, war der rasche und gründliche Wiederaufbau von Malta.

Bekanntlich hatte der Großmeister in der Vergangenheit oft Ausschau nach einem anderen Land als Ordensstaat gehalten. Nun aber war keine Rede mehr davon. Nachdem so viele Ordensbrüder auf Malta ihr Leben gelassen hatten, hielt er es für eine Schande, an einem anderen Ort zu sterben. Er stieß damit allerdings auf unerwarteten Widerstand. Malta sei völlig ruiniert, wurde ihm vorgehalten, und es wäre besser, jetzt nach Sizilien oder anderswohin zu gehen. Viele europäische Fürsten würden sich glücklich schätzen, den jetzt zu so großer Berühmtheit aufgestiegenen Orden aufnehmen zu dürfen.

Aber der Großmeister setzte sich mit seiner Meinung durch, und vom Konvent ergingen Briefe an die Herrscher Europas, in denen diese um Unterstützung für den Aufbau der Insel gebeten wurden. Dabei ging es nicht um den Wiederaufbau der drei Forts und der beiden Städte Birgu und Senglea, sondern um eine völlig neue Stadt, die, von den beiden großen Häfen wirksam geschützt, auf dem Mont Skiberras entstehen sollte.

Der Papst machte dem Orden sofort die Zusage für 15000 Kronen und schickte seinen Architekten Francesco Laparelli de Cortona, einen Mann von außergewöhnlicher Begabung. Laparelli war die Verkörperung der Renaissance und die Idee eines universalen Mannes: Soldat, Architekt, Ingenieur, Städteplaner, Dichter und Stratege. Auf ausdrücklichen Wunsch von Michelangelo hatte er einst an der Konstruktion des Domes von St. Peter in Rom mitgearbeitet. Unterstützt wurde Laparelli von Gabrio Cerellono, einem Festungsbaumeister, den König Philipp II. von Spanien schickte. Es kamen auch noch weitere Gelder aus aller Welt; am meisten stifteten aber die Ordensmitglieder der europäischen Großpriorate. Der Großbailiff der Deutschen Zunge, Adam v. Schwalbach, brachte aus Deutschland, wie schon an anderer Stelle erwähnt, 3000 goldene Scudi mit.

Am 28. März 1566 wurde in einer großartigen Zeremonie der Grundstein für die neue Hauptstadt auf dem Mont Skiberras gelegt. Sie wurde auf den Namen»Humillime Civitas Vallettae« (Die allerdemütigste Stadt von La Valette) – kurz Valletta genannt – getauft. Ihr Bau erfolgte nach den Plänen von Laparelli, nach denen die Halbinsel durch einen tiefen Graben vom dahinter liegenden Land getrennt und rundum mit Bastionen zur Verteidigung versehen wurde. Im Inneren wurden die Straßen nach einem streng geometrischen Gittersystem, wie es die Griechen und Römer in ihren Städten bevorzugt hatten, angelegt, und in schneller Folge entstanden die Herbergen der Zungen, Kirchen, Paläste und ein riesiges Hospital am Grand Harbour.

Jean de la Valette starb am 21. August 1568 und wurde in der von ihm gebauten kleinen Kirche »Unsere Jungfrau der Siege« beerdigt. Sein Nachfolger wurde Pietro del Monte, der die Bautätigkeit Valettes fortsetzte. Er verlegte 1571 den Konvent von der Halbinsel Birgu, die inzwischen den Namen »Vittoriosa« erhalten hatte, nach Valetta und begann ein Jahr später mit dem Baumeister Girolamo Cassar den Bau des Großmeisterpalastes. Um den Palast sowie die neue Konventkirche »Sankt Johannes«, die nach dem Tode del Montes im Jahr 1572 dessen Nachfolger Jean de la Cassière auf eigene Kosten vom gleichen Baumeister bauen ließ, entwickelte sich die Stadt Valeta, so wie sie ihr Aussehen bis heute fast unverändert bewahrt hat. Aber sie wuchs im Laufe der Zeit über ihre damaligen Grenzen hinaus und machte immer neue Verteidigungsringe und verbesserte Befestigungsanlagen erforderlich. Der Abfolge der geschichtlichen Ereignisse vorauseilend sei hier zur Erleichterung der Übersicht die gesamte Expansion der Befestigungsanlagen von Malta kurz skizziert: Im zweiten Viertel des 17. Jahrhunderts fürchtete man einen neuen Krieg, und die Festungsfachleute des Ordens glaubten, daß die von Valette geschaffene landwärtige Verteidigung Vallettas den Anforderungen der moderneren Kriegführung nicht mehr genügen würde. Papst Urban VIII. schickte daraufhin einen berühmten Festungsbaumeister, Pietro Floriani, der südlich der alten Wallanlagen einen weiteren Befestigungskranz baute und damit die Stadt Valletta um die Vorstadt Floriana erweiterte. Hier entstanden dreißig Bastionen, und zu ihrer Bestückung schenkten die Herzöge von Toskana, Savoyen und Lothringen dem Orden 46 Kanonen, deren Zahl 1595 auf 150 erhöht wurde. Natürlich wurden während dieser Bauzeit auch an den Hafenseiten von Valletta hochwandige Befestigungen angelegt und wie auf Rhodos und auf Birgu wurde auch hier der gesamte äußere Verteidigungsring der Landzunge in Verteidigungsabschnitte der einzelnen Zungen eingeteilt. Einige Jahre später, im Jahre 1638, richtete ein weiterer italienischer Baumeister, Firenzuola, die Aufmerksamkeit des damaligen Großmeisters Jean Paul Lascaris Castellar auf die Verwundbarkeit der Nebenbassins des Grand Harbour, also des ehemaligen Galeerenhafens und der äußeren Wasserseiten von Senglea und Vittoriosa. Dies hatte den Bau einer

Befestigungslinie, die sowohl die Nebenhäfen als auch die Landseiten von Senglea und Vittoriosa schützen sollte, zur Folge. 1687 wurde die Verteidigung von Floriana durch Gregorio Carafa noch weiter verbessert, und im Dienste des spanischen Königs schuf der Militär- und Festungsexperte Karl von Grunemberg 1690 drei große Batterien über dem Grand Harbour. Die Bauwut der damaligen Großmeister steckte offenbar an und einer von ihnen, Nicholas Cotoner, setzte vor die Befestigungskette bei Senglea und Vittoriosa noch einen weiteren Festungskranz, die nach ihm »Cotoner-Linie« und auch »Cottonera« benannt wurde. Für diese sich über 4½ Kilometer hinziehende Festungsanlage, die von dem Conte Valperga gebaut wurde, wurde 1670 der Grundstein gelegt. Sie war vorbereitet für die Aufnahme von 1500 Kanonen, und niemand schien in dieser Zeit danach zu fragen, woher eigentlich die Soldaten für die Besetzung dieser jetzt schon sehr umfangreichen Befestigungsanlage und für die Bedienung so vieler Waffen kommen sollten. Die Festung konnte immerhin 40 000 Flüchtlingen Schutz bieten.

Zur gleichen Zeit wurde östlich des Eingangs zum Grand Harbour, also gegenüber dem Fort St. Elmo, ein weiteres umfangreiches Befestigungswerk angelegt, das weitgehend von dem Bailiff Francesco Ricasoli finanziert und deswegen nach ihm benannt wurde. Aber was der einen Hafenseite von Valletta recht war, sollte der anderen Seite billig sein: Der Marsamxetthafen wurde jetzt zum Kriegshafen ausgebaut und erhielt ein Arsenal und eine Dockanlage. In der ersten Hälfte des 18. Jahrhunderts ließ Großmeister Manoel de Vilhena außerdem auf einer Insel des Hafens das nach ihm benannte Fort Manoel bauen, und der Großmeister de Rohan ließ 1792 am selben Hafen 1792 gegenüber St. Elmo durch den Chevalier Tigné das nach diesem benannte Fort Tigné errichten. Damit waren beide Hafeneinfahrten gesichert.

Während all dieser Bautätigkeiten zur Erhöhung der militärischen Sicherheit Vallettas entstanden noch viele andere Bauwerke. Großmeister Alof de Wignacourt ließ von 1610 bis 1616 einen Aquaedukt von Notabile nach Valletta bauen, und in Valletta wurden neben den prachtvollen Herbergen der einzelnen Zungen, die für die Unterbringung und Verpflegung nur jüngerer Ritter vorgesehen waren, zahlreiche Adelspaläste für die Komture, Bailiffs und sonstigen Würdenträger des Ordens errichtet. Die Stadt ist heute noch voll von vornehmen Häusern mit in Stein gehauenen Wappen alter Geschlechter, wie die Paläste Dorell, Pereira, Parisio und Correa. Und auch außerhalb der Stadt erhoben sich prachtvolle Paläste wie die von Stagno, Spinola, Armeria, Casa Leone und Selmun; das Armutsgelübde des Ordens wurde so immer wieder mißachtet.

Damit nicht genug, entstanden bis zum 18. Jahrhundert auf der ganzen Insel und vor allem an der Küste ungezählte weitere Forts und Batterien. Ganz Malta wurde im Laufe dieser Jahrhunderte eine einzige große Festung – uneinnehmbar, wenn es die zur Verteidigung notwendigen Soldaten besaß. Vorläufig spielte diese letzte Überlegung aber keine Rolle, denn die Staaten der Christenheit suchten ab 1570 die maritime Entscheidung, die Vernichtung der türkischen Seestreitkräfte. Die Schlacht von Lepanto warf auch bei ihnen ihre Schatten voraus.

Es war der 16. September 1571, als die Flotte der vom Papst endlich wieder zusammengeschmiedeten »Heiligen Liga« Messina, den fast schon traditionellen Sammelplatz christlicher Seestreitkräfte vor jeder größeren Unternehmung gegen die Welt des Islam, verließ. Viel Zeit war hingegangen mit Festen und Empfängen, Zeremonien und Truppenrevuen. Aber hinter dieser schillernden Fassade drängten sich die Probleme einer großen Koalition: Fragen der gemeinsamen Strategie und der Finanzierung eines teuren Kriegszuges, der gegenseitigen Rüstungshilfe und Versorgung, die Ausleihung von Kanonen und Soldaten, um alle Schiffe einsatzbereit zu machen, sowie die Abwicklung von Kriegsanleihen durch die italienischen Bankhäuser. Vor allem aber erhob sich der unvermeidliche Streit um die Führungspositionen und die ehrenvollsten Plätze in der zukünftigen Schlachtordnung, die so wichtig waren, daß sie jetzt schon, um das ganze Unternehmen später nicht zu gefährden, verbindlich festgelegt werden mußten, obwohl man noch keine Ahnung hatte, wo die Schlacht stattfinden und wie der Gegner aussehen würde.

Denn der Armada gehörten zahlreiche Fürsten und hohe Würdenträger an, die allesamt mit ihren Schiffen protokollgerecht eingeordnet werden wollten, was zu Spannungen und endlosen Verhandlungen, zu Versprechungen und Erpressungen führte. Da stand Franziskus von Savoyen an der Spitze der Piemontesen, Alessandro Farnese, der Herzog von Parma sowie der Herzog von Urbino. Angehörige der Familien Doria und Spinola sowie der Fürstenfamilien Grimaldi und Malaspina und der Marquese von Carraca, ebenso ein Fürst Colonna, ein Orsini und ein Caetani. Und auch die norditalienischen Fürstenfamilien Sforza und Gonzaga waren angemessen vertreten. Aus Venedig waren Repräsentanten der vornehmsten Patrizierfamilien, die normalerweise die Dogen zu stellen pflegten, wie der Contarini, Venieri und der Loredan gekommen – ebenso die kämpferischen Monsignores des Heiligen Stuhls. Nicht zu vergessen aber auch ein armer spanischer Ritter namens Cervantes, der später als Verfasser eines Buches über die Erlebnisse des Ritters Don Quichotte Berühmtheit erlangen sollte, vorher aber noch in der bevorstehenden Schlacht einen Arm verlieren und in der Gefangenschaft zum Sklaven werden sollte.

Die Armada, die nun Kurs auf Igumenitza an der Küste von Epirus nahm, wurde von Juan d'Austria, dem jugendlichen Halbbruder des Königs von Spanien geführt, der aus einer illegitimen Verbindung Kaiser Karl V. mit der Regensburger Bürgerstochter Barbara Blomberg stammte. Sie sollte ursprünglich 108 venezianische Galeeren und 6 riesige Galeassen der Markusrepublik mit je 22 Kanonen umfassen, dazu 77 spanische, 12 päpstliche, 6 maltesische und 3 savoyische Galeeren mit insgesamt 80000 Mann – davon, wie bei den Türken, etwa die Hälfte Rudersklaven, die sich aus türkischen Gefangenen und Kriminellen rekrutierten. Drei der sechs Ordensgaleeren waren aber noch kurz vor dem Koalitionsunternehmen in einem Gefecht mit nordafrikanischen Piraten verloren gegangen, wofür der Ordensadmiral Saint Clement wegen Feigheit aus dem Orden ausgestoßen, von einem Zivilgericht zum Tode verurteilt und sein Leichnam, in einen Sack eingenäht, im Hafen versenkt worden war, was bekanntlich als besondere Schande galt.

Die zwischen den großen Herren schon in Messina aufgekommenen Spannungen setzten sich in Igumenitza fort. Don Juan, der Generalissimus, beging dort den Fehler, den spanischen Admiralissimus Gianettino Doria mit der Inspektion der venezianischen Galeeren zu beauftragen, worüber der venezianische Generalkapitän

Sebastiano Veniero, ein Man von höchstem Ansehen in der Markusrepublik und Admiral des größten Flottenkontingents der Armada, zutieft beleidigt war. Schon vorher hatte er akzeptieren müssen, daß seine nicht ausreichenden Galeerenmannschaften durch andere italienische und spanische Soldaten verstärkt wurden. Dann brach auch noch auf dem Schiff eines Kapitäns aus Candia (Kreta) ein Streit zwischen spanischen Arkebusieren und venezianischen Matrosen aus. Die Offiziere, die Veniero daraufhin entsandt hatte, um Frieden zu stiften, wurden angegriffen und verletzt. Daraufhin fuhr Veniero mit seiner Galeere an das meuternde Schiff heran und drohte, es mit allen Insassen zu versenken. Schließlich aber gelang es ihm, alle Streithähne festzunehmen und ihnen im Schnellverfahren den Prozeß zu machen. Einen Offizier aus Cortona und drei seiner Leute ließ er am Hauptmast aufhängen. Dies aber erzürnte Don Juan, der sich als Generalissimus das alleinige Recht anmaßte, Herr über Leben und Tod und oberster Gerichtsherr der Flotte zu sein. Es kam zu einem Zerwürfnis zwischen den beiden Admiralen. Don Juan weigerte sich, mit Veniero noch jemals zu sprechen und an allen Besprechungen und Kriegsräten mußte Venieros Vertreter Barbarigo teilnehmen, der allerdings später bei der Schlacht fiel, so daß die ursprüngliche Situation wiederhergestellt war.

Schließlich aber war es soweit. Der Kapitän einer zur Erkundung in den Golf von Patras geschickten Fregatte kam zurück und meldete, daß die türkische Armada ihre Liegplätze vor Lepanto verlasse, worauf auch Don Juan den Befehl gab, die Anker zu lichten, und die Schiffe sich in Richtung auf die Insel Kephalenia in Marsch setzten. Sie fuhren bis auf die Höhe der Insel Ithaka und drehten dort in den Golf ein.

Eine gespannte Atmosphäre lag am Morgen des 7. Oktober über den rund 500 Schiffen beider Seiten, die hier zur größten Seeschlacht der Geschichte langsam aufeinander zufuhren und deren Besatzungen – Fürsten und Paschas, Ritter und Beys, Janitscharen und Matrosen, Söldner und Sklaven – unruhig zum Horizont starrten und nicht wußten, ob sie den Untergang der gerade im Osten aufgehenden Sonne noch erleben würden. Denn jedermann war es klar, daß eine entscheidende Vernichtungsschlacht bevorstand, daß keine Seite einen leichten Sieg erringen könnte.

Die christliche Armada passierte gerade die Mündung des Ache-
loos, als in der Ferne die Masten der osmanischen Flotte auftauchten, die sich jetzt unter den staunenden Augen der Christen langsam zum Angriff aufstellte. Auch Don Juan befahl jetzt mit einem
Flaggensignal, die schon in Messina ausgehandelte Schlachtordnung einzunehmen: Das Haupttreffen unter dem italienischen
Grafen Caracciola mit 66 Galeeren in der Mitte, links davon der
Venezianer Barbarigo mit 53 Galeeren, rechts Gianettino Doria mit
54 Galeeren und als Hintertreffen der spanische Marchese Don
Alvaro di Santa Croce mit 30 Galeeren. In allen vier Treffen waren
die Galeeren der verschiedenen Nationen gemischt, was eine Streit-
kräfteintegration darstellte, wie man sie danach erst in den großen
Bündnissen der zweite Hälfte des 20. Jahrhunderts wieder finden
sollte. Nur die Schiffe des Ordens von Malta, die unter dem Kommando des Chevalier Carafa als Speerspitze auf dem rechten Flügel vorgesehen waren, hatte man unter sich gelassen – ein besonderer Achtungserweis an die Helden der Belagerung von 1565, die
niemand vergessen hatte.

Vor dem Haupttreffen plazierten sich, wie es damaligen Ehrbegrif-
fen entsprach, die wichtigsten Admirale der Armada – in der Mitte
Don Juan, gefolgt von dem Großkomtur von Kastilien; links davon der Venezianer Veniero, gefolgt von dem Fürsten von Urbino;
rechts der päpstliche Oberbefehlshaber Fürst Marcantonio Colonna,
dahinter Spinola und der Herzog von Parma; etwas abgesondert
die venezianischen Galeassen mit ihrer Schlachtschiff-Artillerie
(Ambroso Bragadin, Antonio Bragadin, Andrea de Pesaro, Fren-
cesco Duodo, Jacoveo Guovo, Piero Pisani), die vorausfuhren.

Stunde um Stunde ging nun mit den Manövern zum Einnehmen
der Schlachtaufstellung dahin. Dann aber, am frühen Nachmittag,
eröffnete der Kapudanpascha die Schlacht mit einem Schuß ohne
Kugel, um dem Gegner anzuzeigen, auf welchem Schiff er sich befand und Don Juan aufzufordern, sich ebenfalls durch einen Schuß
zu erkennen zu geben. Mit dessen höflicher Erwiderung war der
seemännischen Ritterlichkeit Genüge getan und das weniger ritterliche Gemetzel konnte beginnen.

Es begann am linken christlichen Flügel, der von dem rechten osmanischen Flügel unter Schuluk Bey angegriffen wurde. Kurz dar-

auf, es war inzwischen etwa halb fünf am Nachmittag, fuhr der Kapudanpascha Ali auf Don Juans Schiff zu, legte sich an dessen Seite und versuchte, das christliche Admiralsschiff zu entern. Er wurde aber sogleich von Veniero abgelenkt, der sich Schiff an Schiff auf die andere Seite des türkischen Flaggschiffs legte, so daß der osmanische Flottenchef Mann gegen Mann an beiden Schiffseiten kämpfen mußte. Dabei verlor Ali Pascha sein Leben und ein christlicher Soldat hieb ihm seinen Kopf ab und brachte ihn Don Juan als Trophäe. Dieser aber fuhr den Überbringer mit Abscheu an und befahl, den Kopf ins Meer zu werfen. Dennoch aber wurde der Kopf des Kapudanpascha auf eine Stange gesteckt und damit in dem Kampfgewoge der drei aneinander befestigten Schiffe Freund und Feind sichtbar gemacht.

Inzwischen waren die Haupttreffen der beiden Gegner ineinander gefahren und hatten sich auf engstem Raum miteinander verkeilt, so daß die Schiffe nicht mehr manövrieren konnten. Die meisten Ruder der Galeeren waren beim Längsseitsgehen der Schiffe zerborsten, auf allen Decks wurde erbittert gekämpft, und die Sklaven versuchten sich zu befreien und ihren bisherigen Herren in den Rücken zu fallen. Aber nicht nur auf den Decks wurde gekämpft; auch auf den schlüpfrigen Kielseiten gekenterter Galeeren blitzten die Dolche und sogar im Wasser. Dort schwammen zwischen großen Blutlachen immer mehr Leichen und verstümmelte Verwundete, die sich an zerschlagenen Holzplanken und abgebrochenen Masten festzuhalten versuchten.

Dies war der Zeitpunkt für Santa Croce, das Hintertreffen nach vorne zu führen und damit das unsichere Kräfteverhältnis im Schlachtzentrum zugunsten der christlichen Armada zu verändern. Dabei griff er die Galeere des osmanischen Seraskers an, und Pertev Pascha konnte sich nur noch auf einem Nachen an Land retten.

Währenddessen griff auf dem rechten Flügel der Christen Uludsch Pascha an, durchstieß die Verbindung zwischen dem christlichen Haupttreffen und dem Treffen von Doria und versuchte mit kühnem Schwung, den Christen in den Rücken zu fallen. Dabei enterte er das Flaggschiff des Johanniterordens und schnitt dessen Befehlshaber, dem Ordenskomtur von Messina, eigenhändig den

Kopf ab. Die Galeere wurde später von anderen Ordensmitgliedern wieder zurückerobert – auf ihr fand man zwischen Bergen von insgesamt 300 Leichen nur noch zwei bewußtlose Ritter und einen schwerverletzten Kaplan. Wie hoch die Verluste des Ordens insgesamt waren, ist nicht bekannt. Der Fürst-Großprior des Ordens in Deutschland, Adam von Schwalbach, kann nicht zu den Opfern gezählt haben, da er nach gesicherten Zeugnissen bis 1573 herrschte. Allerdings dürfte der Großbailiff der Deutschen Zunge auf Malta, Joachim von Sparr, bei der Schlacht zu Tode gekommen sein, da er 1571 durch Philipp Flach von Schwarzenberg ersetzt wurde.

Mit seinem Vorstoß gelang Uludsch der Durchbruch, sicherlich begünstigt von der zögerlichen Haltung Gianettino Dorias, der möglicherweise seine an den König von Spanien verpachteten Galeeren, die er auf dem rechten Christenflügel führte, schonen wollte. Dies jedenfalls wurde ihm später vorgeworfen, und scheint auch nicht völlig ausgeschlossen zu sein. Denn in dieser Zeit sahen sich die großen Kriegsherren, gleichgültig ob Fürsten oder Condottiere, ob zu Lande oder zur See, in erster Linie als eine besondere Art kaufmännischer Unternehmer mit hohem persönlichen Kapitaleinsatz, die ihre Ware, Menschen, Kanonen oder Schiffe, stets sehr vorsichtig gegen den Gewinn, die mögliche Kriegsbeute, aufrechneten.

Doch zurück zu Uludsch Pascha: Um den Christen in den Rücken zu fallen, war es mittlerweile zu spät, denn die Schlacht war am Abend entschieden. Sie hatte nur etwa drei Stunden gedauert. Uludsch, der später noch osmanischer Kapudanpascha werden sollte, suchte deshalb, nachdem er die Lücke zwischen dem christlichen Haupttreffen und dem rechten Treffen durchstoßen hatte, mit ca. 40 Galeeren das Weite und entging damit der allgemeinen Vernichtung der osmanischen Seemacht. Denn deren Vernichtung war vollkommen: Die Türken verloren 224 Schiffe, von denen mehr als hundert gekapert, der Rest versenkt oder an die Küste getrieben und dort verbrannt wurde. 130 Galeeren teilten die Verbündeten als Beute unter sich auf, dazu 17 größere und 256 kleinere Kanonen, ebenso 3468 Gefangene, die nun der christlichen Sklaverei anheimfielen. Der Gesamtverlust der Türken an Menschen wurde auf 30000 Mann geschätzt. Überdies wurden etwa 15000 christliche Sklaven von ihren Galeerenbänken befreit, die nun die Heimreise auf das griechische Festland und die Inseln antreten konnten. Die Christen hatten demgegenüber nur 10, nach anderen Quellen 15 Galeeren verloren und 8000 Tote sowie 20000 Verwundete zu beklagen.

Der Sieg der Christenheit war übewältigend und löste in Europa allgemeinen Jubel aus. Don Juan, Veniero und Colonna galten als die Helden des Abendlandes. Niemand ahnte zu diesem Zeitpunkt, wie schnell dieser große Sieg, der, wenn er konsequent ausgenutzt worden wäre, die Türkengefahr ein für allemal hätte beseitigen können, von den Zauderern und Neidern, die es in der Weltgeschichte immer gegeben hat und immer wieder geben wird, verspielt wurde. Einer dieser Zauderer war Philipp II., der seinem Halbbruder den Ruhm des Sieges mißgönnte.

Die Verbündeten der Türken, die algerischen Piraten, machten auch nach der Schlacht noch, wie bisher, die nördlichen Küsten des Mittelmeers unsicher. Nur die Adria verschonten sie jetzt; und ein Blick auf die Karte verrät auch warum: Operierten sie nämlich dort, konnten sie in der Straße von Otranto allzu leicht bei der Rückkehr von einem Raid abgefangen werden. Diese Gefahr drohte nicht an den West- und Südküsten von Italien und Frankreich. So hatte der umtriebige Louck Ali erst wenige Jahre vor der Schlacht von Lepanto die Ligurgische Küste heimgesucht. Eine Gedenktafel an einem Wehrturm in Torrazza (zwischen Genua und Nizza) erinnert daran, daß dieser Turm, in den sich die Ortsbewohner gedrängt hatten, in der Nacht des 18. März 1562 gegen die Piraten des Uludsch Ali (Louck Ali) verteidigt wurde. Mit welcher Dreistigkeit die Piraten dabei vorgingen, läßt sich übrigens auch daran ermessen, daß sie mit Sicherheit wußten, daß sich nur vier Kilometer entfernt, in Dolcedo, eine heute noch erkennbare Burg des Johanniterordens befand, von der sie leicht hätten angegriffen werden können. Und nicht weit von Torrazza entfernt lag auch die befestigte Stadt Cervo mit Burg, Hospital und Kirche des Ordens, die am 21. Mai 1557 selber auch schon einmal von 700 Piraten ohne Erfolg angegriffen worden war. Die heute noch bewohnten, zum Teil aus dem 16. Jahrhundert stammenden zehn Palazzi lassen erkennen, daß es sich hier um einen bedeutenden Stützpunkt des Ordens handelte – möglicherweise verfügte man in Cervo sogar über

Schiffe, mit denen man die Piraten hätte bedrohen können. Die Palazzi lassen übrigens auch den Schluß zu, daß die adligen Rentiers, die hier ihren Lebensabend verbrachten, trotz Armutsgelübde nicht geneigt waren, ein bescheidenes Leben zu führen – ungeachtet des Gelübdes hielt man auf Standeswürde.

Der Sprung in die Neuzeit

Die Johanniter waren ein konservativer Orden, der den Sprung in die Neuzeit mit einiger Verzögerung vollzog. Während der Beginn der Neuzeit allgemein durch die Entdeckung überseeischer Gebiete, die Verlagerung der politischen und wirtschaftlichen Interessenspären nach dem atlantischen Westen hin und die Befreiung des Menschen durch den Humanismus und die Reformation aus den mittelalterlichen Ordnungsprinzipien gekennzeichnet wurde, galten für den Orden von Malta mit seiner insularen und sozialstrukturellen Abgeschiedenheit ganz andere Wegmarken als Beginn der Neuzeit. Da waren einmal die beiden großen Schlachten, die Belagerung von Malta und die Seeschlacht von Lepanto, die die Machtverhältnisse im Mittelmeer nachdrücklich verändert hatten. Denn das Osmanische Reich war nun entscheidend geschwächt, der christliche Westen gestärkt worden. Innerhalb des christlichen Westens hatte der Orden an Einfluß gewonnen, andere christliche Staaten hatten wiederum an Einfluß verloren. Dies galt für Frankreich, das als Verbündeter des Osmanischen Reiches jetzt in eine gewisse Isolierung geraten war. Dies galt aber auch für Venedig, das, obwohl es entscheidend zu dem Sieg von Lepanto beigetragen hatte, nach der Seeschlacht zugunsten Spaniens und des Papsttums im Mittelmeerraum an Gewicht verlor.

Eine weitere Wegmarke des Ordens auf dem Sprung in die Neuzeit war der Umzug der Ordensbrüder von Birgu nach Valletta. Denn die Verlagerung des Konvents war mehr als nur der Gefechtsstandwechsel eines Hauptquartiers. Valletta wurde viel großzügiger errichtet als das eher spartanische und enge Birgu, und die Lebensansprüche der Ritter stiegen mit dem Ortswechsel augenblicklich. Die Ordensbrüder wandelten sich von den bescheidenen, frommen Rittern zu stolzen, höfischen Edelleuten.

Bevor nun das weitere Leben auf Malta und die unmittelbaren Folgen der Seeschlacht von Lepanto beschrieben werden, sei der Blick erst noch einmal auf das Osmanische Reich gerichtet. Denn hier geschah nun das fast Unglaubliche: Die sonst so trägen Türken verstanden es, innerhalb eines einzigen Winters, 1571/1572, eine neue Flotte buchstäblich aus dem Boden zu stampfen, d.h. im Goldenen Horn neu zu bauen. Piali Pascha hatte im Herbst 1571 aus der Katastrophe von Lepanto 120 kleinere Schiffe und 13 Galeeren in den Bosporus zurückgebracht. Und kurz danach lief Uludsch Pascha mit den von ihm aus der allgemeinen Niederlage geretteten Galeeren und anderen Piratenschiffen, die er aus den Häfen der Ägäis an sich gezogen hatte, insgesamt mit 87 Schiffen, in den Hafen der Hauptstadt ein. Sultan Selim, offenbar froh, daß nach der Katastrophe von Lepanto überhaupt noch einige Schiffe des Osmanischen Reiches die Schlacht überstanden hatten, ernannte ihn zum neuen Kapudanpascha und beauftragte ihn, gemeinsam mit dem Großwesir sofort eine neue Flotte zu bauen. Wie Pilze schossen daraufhin acht neue Schiffswerften aus dem Boden und innerhalb eines einzigen Winters wurden darin 150 Galeeren und 8 Galleonen gebaut. Im Juni 1572 war die neue Flotte ausgerüstet und ging mit mittlerweile 250 Schiffen in See, um die verbündeten Christen, die nach langem Zögern der Spanier endlich wieder zusammengekommen waren, zu stellen. An Zahl war die christliche Flotte der türkischen Armada überlegen, aber auch an Uneinigkeit ihrer Führer. Zweimal begegneten sich die Flotten vor der Insel Cerigo (jetzt Kythera), aber es kam zu keinem entscheidenden Gefecht, und den Türken gelang es, sich unbeschädigt in die geschützte Reede zwischen Modon und Navarino (jetzt Pylos) an der Südwestküste der Peloponnes zurückzuziehen. Hier sollte sie der Herzog von Parma eigentlich belagern. Das mißlang jedoch, und Uludsch konnte sich mit seinen Schiffen unbehelligt nach Istanbul zurückziehen.

Venedig, das, wie schon erwähnt, nach der Schlacht von Lepanto an Einfluß im Mittelmeer verloren hatte, mischte nach diesem christlichen Mißerfolg seine Karten neu. Unter Vermittlung des französischen Botschafters an der Hohen Pforte schloß die Markusrepublik nun einen Vertrag mit dem Sultan, der den französischen »Kapitulationen« glich. Zwar mußte sich Venedig verpflichten, die türkischen Kriegskosten für den Raub Zyperns zu erstatten, dafür waren seine zahlreichen Handelsniederlassungen im Mittelmeer aber nicht mehr den Schikanen und Drangsalierungen durch die Türken ausgesetzt.

Neben dem Wiederaufbau der Flotte hielt sich der militärische Betätigungsdrang Selims II. in Grenzen. Nur an der Moldau fanden größere Auseinandersetzungen mit den Polen statt, und mit Österreich wurde der bestehende Friede im November 1574 trotz zahlreicher Unruhen an der gemeinsamen Grenze und trotz mancher Querelen um die Krone von Siebenbürgen erneuert. 1574 starb Selim II. und sein Nachfolger wurde sein Sohn Murad III., der bis 1595 herrschen sollte. Das denkwürdigste Ereignis seiner von Höhen und Tiefen freien Herrschaft ereignete sich gleich zu Beginn: Um seine Herrschaft zu sichern, ließ er nach seiner Thronbesteigung getreu bewährter osmanischer Tradition seine fünf noch unmündigen Brüder erdrosseln. Er galt als melancholisch und mürrisch und mußte während seiner Herrschaft mehrere Aufstände der mit ihm unzufriedenen Janitscharen blutig unterdrücken. Weiterhin ließ der neue Sultan die türkische Flotte an den Küsten Italiens und Spaniens operieren, und 1576 unternahmen die Türken sogar wieder einmal eine Landung an der Küste Kalabriens.

Alle diese maritimen Aktionen stellten keine Bedrohung des westlichen Mittelmeers mehr dar. Es gab keine Anzeichen mehr dafür, daß das Osmanische Reich nach der Niederlage von Lepanto noch die Absicht oder die Macht hatte, Europa von Süden her ernsthaft anzugreifen. Alle diese Aktionen im westlichen Mittelmeer stellten aber Nadelstiche dar, die umso schmerzhafter waren, als nun auch die Barbareskenstaaten, d.h. die inzwischen etablierten Piratenstaaten Nordafrikas, an Souveränität und Macht gewonnen hatten. War die Schlacht von Lepanto also doch nicht der große und durchgreifende Erfolg gewesen, als der er in Europa gefeiert worden war? Um diese Frage zu beantworten, sei der Blick auf Spanien und dessen Verbündete gerichtet:

Am Abend der Schlacht von Lepanto war Don Juan d'Austria der Held des Tages gewesen. Unter dem Jubel der anwesenden Führer der Verbündeten und der spanischen Admirale, allen voran des Vertreters von Don Juan, des Fürsten Luis de Requesenz, sowie des

Marchese Santa Croce, boten die Vertreter des Papstes und des Dogen von Venedig, Marcantonio Colonna und Sebastiano Veniero, Don Juan die Königskrone von Morea (Peloponnes) an. Alle waren einverstanden, daß man auf der Insel Korfu, die sich in Venedigs Besitz befand, einige Wochen zur Ergänzung der Mannschaften und zur Reparatur der Schiffe verweilen werde, um dann zum nächsten Schlag gegen das Osmanische Reich auszuholen. Morea würde nur ein Zwischenziel sein, das Endziel war die Hauptstadt der Türken, wo das christliche Kaiserreich Byzanz wieder aufgerichtet werden sollte, sei es unter Philip II von Spanien oder unter dem allseitig vergötterten jugendlichen Helden Don Juan d'Austria.

Es gab aber jemanden unter den begeisterten Würdenträgern, der dem allgemeinen Jubel skeptisch gegenüberstand: Gianettino Doria, der sich mit seinen unentschlossenen Manövern während der Schlacht und weil er schließlich auch noch Uludsch Pascha hatte entkommen lassen, die Kritik der anderen, ja, sogar den Vorwurf der Feigheit hatte gefallen lassen müssen. Er war der erste, der dem König von Spanien einen Bericht über den Ausgang der Schlacht schickte − vor allem aber einen Bericht über die moreanischen Throngelüste von Don Juan und die Möglichkeit, daß dieser am Ende auch noch Kaiser von Byzanz werden könne.

Philip II. ist als ein Kleingeist in die Geschichte eingegangen. Don Juan, das Produkt eines illegitimen Seitensprungs seines kaiserlichen Vaters, König von Morea und vielleicht gar Kaiser von Byzanz?! Das überstieg sein königliches Toleranzvermögen. Kleinliches Krämerdenken verhinderte die Chance der Stunde; die Möglichkeit, dem angeschlagenen türkischen Koloß den Todesstoß zu versetzen.

Philip II. schickte an seinen Halbbruder die strikte Anweisung, unverzüglich nach Messina zu segeln und dort erst einmal zu überwintern. Die Heilige Liga war damit, auf der Höhe ihres Erfolges, auch schon wieder am Ende: Don Juan segelte mit Colonna nach Messina und Veniero kehrte nach Venedig zurück. Dort wurde er auf Betreiben des Königs von Spanien aber bald von seinem Amt abberufen − erst später gelangte er wieder zu Macht und Würde und wurde auch noch Doge.

Don Juan erreichte in Messina der Befehl seines königlichen Halbbruders, sich auf einen Angriff auf Tunis vorzubereiten und sich auf gar keinen Fall auf irgendein anderes Abenteuer einzulassen. Ihn und den Dogen erreichten in dieser Zeit aber auch noch Botschaften der Griechen von Morea, die Don Juan zur Annahme der Krone Moreas aufforderten.

Die Serenissima fühlte sich jetzt zwischen den Fronten, fügte sich aber schließlich schweren Herzens den Wünschen des Königs von Spanien. Aber resignierend ging Venedig noch weiter und leitete jetzt erst Friedensverhandlungen mit dem Bosporus ein. Schließlich war die Markusrepublik in erster Linie eine Handelsmacht und sah sich nicht dazu auserlesen, Vorkämpfer der Christenheit in der Auseinandersetzung mit den ungläubigen Feinden des rechten Glaubens zu sein. Die Zukunft der überseeischen Besitzungen war allemal wichtiger!

Hier nun setzt die Entwicklung wieder ein, in der wir die Beschreibung von Uludsch Paschas Zug nach Cerigo und seines Entkommens aus der Reede von Modon/Navarino verlassen haben: Vergeblich hatten die Päpstlichen unter Colonna und die Venezianer unter Venieros Nachfolger Foscarini versucht, Uludsch noch abzufangen und zur Schlacht zu stellen. Und auch Don Juan hatte noch, entgegen den Weisungen seines Bruders, gemeinsam mit den Galeeren des Ordens Messina verlassen und war dem Korsaren nachgefahren. Aber umsonst: der Vorsprung war nicht mehr aufzuholen, Uludsch konnte entkommen. Wieder war eine Chance verpaßt, und Juan kehrte nach Messina zurück, wo er noch einen weiteren Winter verbrachte und dann im folgenden Frühjahr gegen Tunis auslief.

Die Zeitverschwendung war symptomatisch. Insgesamt büßte Spanien zu dieser Zeit mit von seiner Macht ein, weshalb auch der Malteser Ritterorden an Rückhalt verlor. Zwar konnte Philip II. 1580 noch die Vereinigung Portugals mit Spanien erreichen, und 1584 kam es zu einem bedeutsamen Bündnis mit der katholischen Partei Frankreichs. Die ersehnte Eroberung Englands scheiterte jedoch, und 1588 wurde die große Armada Spaniens zunächst von England in einer Seeschlacht und dann infolge eines Unwetters vernichtet. 1595 kam es erneut zum Krieg mit Frankreich, 1598 mußte Spanien in einem Frieden auf jede Einmischung in die Angelegenheiten seines nördlichen Nachbarn verzichten. Das Land war mittlerweile von den Macht- und Glaubenskriegen erschöpft, verlor seine Vormachtstellung und trieb in diesem Zustand in die Epoche des 30-jährigen Krieges.

Doch zurück zu der geplanten Eroberung von Tunis: Dort herrschten die Spanier und die Türken: Die Stadt befand sich in der Hand von Uludsch Pascha, nicht aber die Seefestung La Golette. Und dort versammelte Don Juan die Besatzungen und Mannschaften von 99 Galeeren, darunter die des Johanniterordens, um die Stadt zu erobern. Jedoch schon auf die Nachricht von Don Juans Ankunft hatten die Türken die Stadt verlassen, die nun mit 33 Kanonen die Beute der Spanier wurde.

Hamid, der grausame Hafsidenprinz, der seinen Vater hatte blenden lassen, flehte nun um die Wiedereinsetzung als Fürst von Spaniens Gnaden. Aber vergebens. Der Marchese di Santa Croce nahm Besitz von Stadt und Zitadelle und der Bruder Hamids, Mohammed, wurde mit dem Titel eines Infanten und Vizekönigs als Herrscher eingesetzt. Hamid wurde mit seiner Familie nach Neapel ins Exil geführt, wo sich seine Spuren verloren.

Mit dieser Exkursion nach Tunis hatte der Orden zum letzten Mal den Boden Nordafrikas betreten; die Beschreibung der weiteren Ereignisse in Afrika könnte eigentlich abgebrochen werden. Da jede Veränderung an der nordafrikanischen Küste aber das Bedrohungsscenario für den Orden veränderte, sei doch noch der Fortgang und das unrühmliche Ende des Tunis-Abenteuers geschildert:

Die Spanier errichteten vor ihrem Abzug aus Tunis zwischen der Stadt und dem bei der Stadt gelegenen Binnensee noch ein großes Fort mit sechs Bastionen. In diesem, in der Stadt und in der Festung La Golette ließen sie unter dem Befehlshaber Gabrio Zerbelloni viertausend Italiener und viertausend Spanier zurück – erstere unter dem Kommando eines weiteren Angehörigen der Fürstenfamilie Doria namens Pagano.

Natürlich erregte die Eroberung von Tunis durch die Spanier und die zusätzliche Befestigung der Stadt den Unwillen der Mächtigen in der türkischen Kapitale, vor allem aber von Uludsch Pascha, der die Stadt schon einmal den Händen der Spanier entrissen hatte. Anderthalb Jahre nach der Einnahme von Tunis durch die Spanier, am 15. Mai 1574, lief deshalb von Istanbul eine Flotte von 268 Galeeren und 30 größeren Schiffen mit insgesamt 40000 Mann, darunter 7000 Janitscharen und 7000 Spahi aus. Die Stadt Tunis wurde sofort angegriffen und genommen und drei Tage zu einer gründlichen Plünderung freigegeben. Dann wurde La Golette belagert und schließlich gestürmt, wobei den Eroberern 200 Kanonen und der Infant Mohammed in die Hände fielen. 5000 der Verteidiger wurden bei dem Angriff getötet, 2000 gefangen. Die Festung wurde daraufhin, um den Spaniern nie wieder als Brückenkopf dienen zu können, in die Luft gesprengt.

Schwieriger gestaltete sich die Eroberung des neu erbauten Forts, das von Pagano Doria tapfer verteidigt wurde. Die Türken boten ihm schließlich das Leben und den freien Abzug an, wenn er kapituliere. Doria aber hatte guten Grund, keinem türkischen Wort zu vertrauen und bot lieber einigen Arabern an, sich von ihnen gegen eine hohe Geldsumme in Sicherheit bringen zu lassen. Was lediglich zur Folge hatte, daß die Araber ihm nun den Kopf abschnitten, diesen den Türken präsentierten und dafür von dem türkischen Befehlshaber noch einmal eine ansehnliche Summe Geldes kassierten. Auch das neue Fort fiel den Türken noch im September in die Hände, und damit beherrschten sie mit Tripoli, Algier und Tunis die ganze Barbareskenküste. Für den Johanniterorden hatte damit, während die Bedrohung aus dem Norden, aus der Türkei, abgenommen hatte, der Druck aus dem Süden, aus den Piratenstaaten, zugenommen.

Außer dem Verlust von Tunis und La Golette, der den Orden zwar nur indirekt, dennoch aber schmerzlich traf, gab es 1574 noch ein weiteres Ärgernis, das die Autorität des Großmeisters betraf: Mit einem päpstlichen Breve vom 20. März 1574 wurde nämlich dem Bischof von Malta das Recht gewährt, in Fällen von Ketzerei selbständig Untersuchungen zu führen. Da schon der Verdacht der Häresie, ob begründet oder unbegründet, ausreichte, als Gerichtsherr tätig zu werden, war dies natürlich ein sehr weitgehendes Recht, das, obwohl für Ordensmitglieder andere Bestimmungen galten, sehr weit in die Gerichtshoheit des Souveräns eingriff. Deshalb forderte Großmeister de la Cassière vom Papst, das Breve wieder zurückzuziehen. Dies geschah dann auch, aber der Heilige Stuhl schlug mit doppelter Wucht zurück: Mit einem neuen Breve vom 8. August 1574 wurde die Inquisition auf Malta eingeführt, und der erste Großinquisitor nahm im Ordensstaat sein Amt auf. Unter ihm gab es in Fällen von Ketzerei auch keine Sonderbestimmungen für die Ordensmitglieder mehr.

Die Bedeutung der Inquisition für den Orden wird oft überschätzt. In Wirklichkeit wußten die Großmeister sich die Großinquisitoren sehr gut auf Abstand zu halten, was schon darin sehr deutlich zum Ausdruck kam, daß der Inquisition ein Palast auf der inzwischen von den Ordensspitzen völlig verlassenen Halbinsel Birgu angewiesen wurde und sie somit vom Konvent fast völlig isoliert war. Im übrigen war der Großinquisitor zugleich päpstlicher Legat und Nuntius, also das Bindeglied zwischen dem Papst und dem Großmeister, und als solcher auch für den Orden von bisweilen unschätzbarem Wert. Nur bedeutende Kirchenmänner wurden auch als Großinquisitoren nach Malta berufen, was sich alleine schon darin zeigte, daß von den 62 Großinquisitoren, die es bis 1798 geben sollte, 2 Päpste und 22 Kardinäle werden sollten.

Noch eine weitere ernste Herausforderung hatte Cassière während seiner Herrschaftsperiode zu bestehen: 1581 gab es eine Hungersnot auf der Insel, die massive Spannungen zwischen Kirche und Staat zur Folge hatte. Viele Ritter waren zu dieser Zeit mit ihrem Großmeister unzufrieden und nutzten die Krise, ihrem Unmut Luft zu machen – ein Verhalten, das zu Zeiten früherer Großmeister, wie de l'Isle Adam oder de la Valette, undenkbar gewesen wäre. Aber die Disziplin hatte seit dem Umzug nach Valletta erheblich gelitten und die Person des Großmeisters war nicht mehr unangreifbar. Ja, es kam sogar soweit, daß sie ihn hinsichtlich seiner Lebensführung und seines Charakters verleumdeten und schließlich unter dem Vorwand, daß er regierungsunfähig sei, in das Fort St. Angelo einsperrten. Dann wählten sie an seiner Stelle einen Leutnant. Dies alles aber führte zu großem Unmut bei der Malteser Bevölkerung, die für den Großmeister Partei ergriff und durch ihren Stadtkapitän dem Großmeister die Unterstützung von 2000 Milizionären anbot. Cassière lehnte dies besonnen ab und wandte sich anstelle dessen mit der Bitte um Intervention an den Papst.

Und tatsächlich beorderte Gregor XIII. den Großmeister und den Leutnant nach Rom, um die Angelegenheit zu untersuchen. Dabei wurde de la Cassières Unschuld festgestellt und seine Ehre wiederhergestellt. Auf Malta konnte er sein Amt aber nicht wieder antreten, da er zuvor in Rom verstarb. Sein Leichnam wurde aber auf die Insel überführt und dort mit allen ihm zustehenden Ehren in der Konventskirche beigesetzt.

Nach den Querelen um Cassière fürchtete man im Orden, bei der Neuwahl des Großmeisters wieder eine falsche Entscheidung zu treffen, und der Rat bat den Papst darum, einen neuen Souverän zu ernennen. Dies lehnte der Papst aber ab, und schließlich wurde Hugues Loubenx de Verdalle gewählt, der bis 1595 regieren sollte. Während seiner Herrschaft wurden die Befestigungen von Malta verbessert und auf Gozo, nachdem 1584 vier Korsarengaleeren aus Bizerta die Insel überfallen, sie geplündert und 60 Einwohner entführt hatten, ein Fort errichtet.

1591 führte die Bevölkerungszunahme zu einer Hungersnot und ein Jahr später wurde Malta von der Pest heimgesucht. Alles wurde noch überschattet von Spannungen im Konvent, dem es zunehmend an einer starken Hand mangelte. Unter Papst Sixtus V. hatte Verdalle noch als erster und einziger Großmeister den Kardinalshut erhalten. Unter dessen Nachfolger Clemens VIII. sah er sich aber schweren Anschuldigungen wegen Ungerechtigkeiten und Amtsmißbrauch ausgesetzt und starb bald darauf. Seine Nachfolger wurden der Aragonier Martin Garzes (1595–1601) und der Franzose Alof de Wignacourt (1601–1622). Diesen folgten der Kastilier Luis Mendes de Vasconcellos (1622–1623), der Franzose Antoine de Paule (1623–1636) und der Provenzale Jean Paul Lascaris Castellar (1636–1657). Schließlich wurde ein Angehöriger der Zunge Aragons Großmeister, Martin de Redin (1657–1660), der bei seiner Wahl Vizekönig von Sizilien war und zuvor schon Admiral der napolitanischen Flotte, General im spanischen Galizien und Präsident der Cortes von Navarra – also eine eher säkulare Karriere bestritten hatte, was durchaus nicht ungewöhnlich bei der Spitzenbesetzung des Ordens war.

Polizeidienst

Von dem arabischen Wort »gharb« (Westen) leitet sich »Maghreb« ab und bezeichnet den nicht nur von arabischer, sondern auch von berberischer Kultur geprägten Westen Nordafrikas. Die Staaten dieser Region sollten, nachdem die Bedrohung aus der Türkei sich verringert hatte, die Frontstellung des Ordens im beginnenden 17. Jahrhundert kennzeichnen. An den Küsten der Maghrebstaaten sollte der Orden nämlich nun vor allem eine Art Polizeifunktion ausüben, um die Piraterie, die nun von Staats wegen immer übermütiger betrieben wurde, einzudämmen.

Denn der ganze Maghreb frönte in dieser Zeit weitgehend der so lukrativen Piraterie und den Überfällen auf die wegen ihres Reichtums so beliebten Landstriche der nördlichen Gegenküste. In Marokko betätigten sich, von Rabat, Sahle und Casablanca ausgehend, die aus Spanien ausgewanderten, später vertriebenen »Morisken« gewinnbringend auf dem Atlantik und forderten ihren Tribut von der Entdeckung des Seeweges um Afrika und von den Fernverbindungen zwischen der Iberischen Halbinsel und Mittel- und Südamerika. In Algerien konsolidierten sich die von den Türken eingesetzten »Deis« (ursprünglich »Exellenzen« der Marine, vergleichbar den »Beys« des Heeres) als erbliche Korsarenherrscher, die so mächtig wurden, daß sie 1710 die türkische Oberhoheit abschütteln konnten. Ähnlich war es in Tunesien, wo sich 1705 der Janitscharen-Agha Hussein ben Ali von seinen Soldaten zum erblichen Bey proklamieren ließ und damit die bis 1957 herrschende Dynastie der Husseiniden, die ebenfalls zunächst einmal der Piraterie nachging, begründete. Weiter östlich blieben Tripoli und Ägypten in türkischer Hand, aber auch von dort nahm das Piratenunwesen weiter seinen Ausgang.

Jahr für Jahr lief die Ordensflotte, die jetzt in aller Regel aus fünf Galeeren und fünf Linienschiffen bestand, zu den sommerlichen Karawanen aus – oft begleitet von privaten Freibeutern, deren Kampfkraft die des Ordens verstärkte, deren Zügellosigkeit und Gewinnsucht für den Orden mit seinen strengen Regeln oft aber auch lästig waren. Jedenfalls ernannte Großmeister de Wignacourt eine Kommission von Rittern, die die privaten Freibeuter unter Kontrolle halten sollte und die Bezeichnung »Magistrato degli Armamenti« führte. Der Name der Kommission zeigt übrigens, daß die Amtssprache des Ordens mittlerweile Italienisch war. Wignacourt verbot den betreffenden Schiffen auch Freibeuterei sowohl unter der Flagge fremder Staaten wie auch unter der des Ordens, soweit dies nicht ausdrücklich vom Rat genehmigt war. Generell verbot er auch, die Schiffe christlicher Fürsten zu belästigen. Was allerdings den interessanten Schluß zuläßt, daß es ihnen offenbar erlaubt war, nichtfürstliche, christliche Schiffe mit aller gebotenen christlichen Demut zu kapern – man gönnte sich in der christlichen Seefahrt ja sonst auch kaum noch eine vernünftige Abwechslung!

Die Kapitäne solcher Schiffe waren sowohl weltliche Ritter wie auch Unternehmer bürgerlicher Herkunft. Ihre Mannschaften bestanden aus Malteser Seeleuten und nur in Ausnahmefällen aus Sklaven als Ruderknechten. 1669 gab es nach den Ordensunterlagen dreißig solcher privater Freibeuterschiffe, die zehn Prozent ihrer Beute an den Orden abführen mußten. Diese privaten Freibeuter gingen alleine auf Raubfahrt, beteiligten sich aber bei Bedarf auch an den Karawanen der Ritter. Selbstverständlich beteiligten sie sich auch daran, den Bedarf des Ordens an Sklaven zu decken. Davon gab es auf der Insel Ende des 17. Jahrhunderts etwa 10 000, deren Zahl im 18. Jahrhundert auf 2000 reduziert wurde. Die Sklaven arbeiteten an den Festungswällen, in den Bäckereien und Seilereien sowie in den Haushalten des Großmeisters und der höheren Würdenträger. Vor allem aber waren sie als Ruderknechte auf den Galeeren eingesetzt. Dabei ist zu bemerken, daß auch freie Ruderknechte gegen Bezahlung auf den Galeeren Dienst taten, Knechte, die bei Bedarf auch die Ruderbänke verließen, ihre Waffen aufnahmen und kämpften. Die folgende Übersicht zeigt, wie sich das Verhältnis solcher »Söldner« zu den Galeerensklaven nach Auskunft der in der Nationalbibliothek von Valletta aufbewahrten Dokumente im Laufe der Jahre veränderte.

1575	40% freiwillige Ruderknechte	60% Sklaven
1590	29% freiwillige Ruderknechte	71% Sklaven
1632	21% freiwillige Ruderknechte	79% Sklaven
1637	25% freiwillige Ruderknechte	75% Sklaven
1669	18% freiwillige Ruderknechte	82% Sklaven

Die Karawanen hatten jetzt bisweilen sehr weite Radien und an die Stelle der Zusammenarbeit mit Spanien und Venedig trat in allmählich zunehmendem Maße Frankreich, das im 17. Jahrhundert erstmals seine Fühler nach Nordafrika ausstreckte, so z.B. bei Raids 1634 und 1664 gegen Tunis und Algier.

In den Gemäldesammlungen von Vallette finden sich zahlreiche Bilder über die Karawanen, Zeitzeugnisse, die, oft einem Heiligen gewidmet, die Begegnungen mit Türken und Piraten beschreiben – darunter 1602 ein Gefecht im Golf von Patras, 1604/1605 Kämpfe bei Mahmudiya, 1631 eine Feindbegegnung des Komturs Girolamo de Gallean vor Castelnuovo, 1638 die Kaperung von drei Kriegschiffen aus Tripoli vor Rocella an der Küste Kalabriens und schließlich 1644 ein Ereignis, das weitreichende Folgen hatte und den Orden wieder in die Konflikte im östlichen Mittelmeer verwickeln sollte:

Am 8. September 1644 kreuzten bei ruhiger See sechs Ordensgaleeren in den Gewässern vor Alexandria. Der Tag war für die Ordensbrüder so langweilig wie so viele vorausgegangene Tage, deren Eintönigkeit nur von den kargen Mahlzeiten und den zahlreichen Messen und Gebeten unterbrochen wurden; seltener von Psalmen, denn die Kehlen waren vom Seewind rauh, und Wasser wurde stets nur in kleinen Mengen verteilt. Aber trotz der ermüdenden Eintönigkeit des Dienstes auf See war höchste Wachsamkeit geboten. Denn Alexandria war der einzige größere Seehafen von Ägypten, und hierher liefen alle Verbindungen von und zur Türkei. Hier lohnte es sich meistens, muslimischen Schiffen aufzulauern – allzuoft aber umsonst. Denn die osmanischen Befehlshaber kannten die Gefahr auf dem Zufahrtsweg zu der Seemetropole, entsandten häufig kampfstarke Seepatrouillen und ließen ihre Frachtschiffe nur in bewaffneten Konvoys fahren.

Plötzlich ein Alarmruf: An der Kimm waren die Masten eines größeren Schiffsverbandes zu erkennen, der offenbar auf Alexandria zusteuerte. Sofort gingen die Galeeren in Angriffsposition und schossen auf die langsameren Segler zu, die das Feuer eröffneten. Es waren türkische Schiffe, die, wie sich später herausstellen sollte, Waren nach Ägypten bringen sollten; aber auch reiche Pilger, die über Alexandria und Kairo ans Rote Meer und von dort nach Mekka gelangen wollten, unter ihnen ein ehrwürdiger, alter Obereunuche des Sultans.

Es entspann sich ein heftiges Gefecht und die Gemälde in Valletta zeigen, daß, während sieben türkische Schiffe entkommen konnten, mindestens eines in Brand geschossen und eine große dreimastige Galleone gekapert und erobert wurde. Nach diesem Erfolg wollten die Ritter mit ihrer Beute nach Malta zurückkehren, wurden aber von schlechtem Wetter überrascht und steuerten deshalb auf die Südküste von Kreta zu, wo sie auf der Reede von Kalismene Anker warfen, die von den türkischen Schiffen befreiten griechischen Rudersklaven an Land setzten und etwa 20 Tage auf besseres Wetter warteten – vielleicht auch auf weitere Beute.

Als die Hohe Pforte von dem Überfall vor Alexandria hörte, war man erzürnt. Als man von dem Unterschlupf der Ordensschiffe an der Küste Kretas erfuhr, war man rasend. War das das Resultat des Friedens, den die Pforte mit Venedig geschlossen hatte, daß die Venezianer dem verhaßten Orden auf Kreta Sicherheit boten, auf Kreta bzw. in kretischen Gewässern gar ein den Türken abgenommenes Schiff und dessen Besatzung vor der Befreiung durch die Türken schützten?!

Aber so echt die Empörung auch war, sie verdeckte nur die schon seit Jahrzehnten verfolgte und immer wieder versuchte Absicht, nach Rhodos, Zypern und Naxos auch Kreta, die vierte große Insel im östlichen Mittelmeer, zu unterwerfen und somit den ganzen östlichen Mittelmeerraum endlich geschlossen unter den türkischen Halbmond zu stellen. Ein unfähiger osmanischer Herrscher, der seit 1640 auf dem Thron saß, war bereit, das Osmanische Reich in einen neuen Mittelmeerkrieg zu führen, der fast ein Vierteljahrhundert dauern und 117000 Türken und 30000 Christen das Leben kosten sollte. Man wollte endlich einmal wieder im Mittelmeer erfolgreich sein, nachdem 1615 ein erneuter, aber halbherziger Angriff mit 60 Galeeren auf Malta und fünf Jahre später auf Manfredonia in Süditalien keinen Erfolg gebracht hatte. Der Herrscher, der dies plante, Ibrahim, war nicht nur unfähig – er ist in die Geschichte auch als der grausamste und verkommenste Angehörige der Dynastie der Osmanen eingegangen. Von ihm wird beispielsweise berichtet, daß ihm einmal das Gerücht zugetragen wurde, eine seiner Haremssklavinnen habe ein Liebesverhältnis mit einem Mann, dessen Name man nicht kenne – ebenso, wie man nicht wußte, welche der jungen Damen diese todeswürdige Sünde begehe. Um dies herauszufinden, ließ Ibrahim einige der jungen Sklavinnen foltern. Aber als dies zu keinem Erfolg führte, ließ er sämtliche 250 Haremssklavinnen in mit Steinen beschwerte Säcke einnähen und im Meer ertränken. Der Sultan konnte beruhigt sein: Die arme Frevlerin war sicher unter den Opfern!

Es scheint, daß Ibrahim zu einem Angriff auf Kreta auch von der französischen Diplomatie ermuntert worden war, möglicherweise auch von einigen einheimischen, kurzsichtigen kretischen Standespersonen. Jedenfalls setzten im Winter 1644/45 in den Arsenalen und auf den Werften am Goldenen Horn umfangreiche Arbeiten ein, und der venezianische Botschafter meldete der Serenissima, daß ein Angriff auf Kreta bevorstünde. Auch der Johanniterorden erfuhr davon, konnte aber auch nicht ausschließen, daß die türkischen Angriffsvorbereitungen sich erneut gegen Malta richteten. Ein derartiges Gerücht versuchte die Hohe Pforte jedenfalls in Umlauf zu bringen. Überall herrschte Unsicherheit, Venedig schickte 3500 Mann Verstärkung nach Kreta, und der Ordensgroßmeister Lascaris Castellar ließ Malta in einen erhöhten Verteidigungszustand setzen und Verstärkungen aus Europa anfordern.

Während dieser Zeit der Täuschungsmanöver, des Zögerns und erhöhter diplomatischer Aktivitäten rund um das Mittelmeer lief die osmanische Flotte am 30. April 1645 mit rund 400 Schiffen und 50 000 Soldaten aus den Dardanellen aus und nahm zunächst Kurs auf Malta. Auf ihrem Weg dorthin lief sie die venezianische Insel Tenos, die, wie schon beschrieben, als uneinnehmbar galt, an, und wurde von den venezianischen Behörden scheinheilig freundlich empfangen. Alle überboten sich an Heuchelei, die Türken wiederholten ihr Märchen von dem geplanten Angriff auf Malta und die Venezianer taten so, als glaubten sie das. Denn immer noch galten ja die türkisch-venezianischen »Kapitulationen«. Dann aber, nach der Abfahrt der Türken aus den Gewässern von Tenos, fielen die Schleier: Ende Juni tauchte die Armada vor Kreta auf und die Soldaten gingen in der Nähe von Kania an Land.

Viel Zeit war seit den ersten Anzeichen für eine bevorstehende türkische Invasion ungenutzt verstrichen, Zeit, in der die Serenissima mit diplomatischem Taktieren und Lavieren versucht hatte, die Türken von einem Angriff auf Kreta abzuhalten. Nun, reichlich spät, versuchte Venedig, noch einmal eine christliche Liga gegen das Osmanische Reich zusammenzubringen. Doch konnte nur ein Teilerfolg erzielt werden: Der Papst schickte fünf Galeeren, fünf weitere schickten jeweils Florenz und Neapel und sechs der Orden von Malta. Für einen schnellen Erfolg war es ohnehin zu spät und die Streitmacht zu schwach. Ein langer Krieg bahnte sich an, der bis 1669 dauerte und an dessen Ende der venezianische Befehlshaber Morosini nach tapferem Kampf kapitulieren mußte. Dazwischen, also zwischen der Eroberung von Kania im Jahr 1645 und der Eroberung von Candia (Heraklion) 1669, kam es zu den schon üblichen Grausamkeiten der Türken, z. B. war das Häuten bei lebendigem Leibe an der Tagesordnung, und griechische Quellen (z. B. Paradissis) berichten, daß die Türken neben der Festung Nea Suda, die sich als einziger Ort über 1669 hinaus (bis 1715) halten konnte, um die Verteidiger zu demoralisieren, einen Berg von 5000 abgeschnittenen Köpfen errichtet hätten.

Während der ganzen Zeit der Belagerung versuchte Venedig, mit dem Osmanischen Reich Frieden zu schließen, ohne Kreta aufgeben zu müssen. Ersatzweise bot es auch Tenos zur Übergabe an. Aber alle Botschafter und Gesandten, die die Serenissima mit entsprechenden Angeboten zur Hohen Pforte schickte, wurden nur mißhandelt und eingesperrt. Schließlich versuchte Venedig auch, Kreta dadurch zu entlasten, daß es an anderer Stelle das Osmanische Reich herausforderte, und so kam es zu einer weiteren Seeschlacht:

Ende Mai 1656 segelte eine vereinigte Flotte, zu der ein Ordenskontingent von sieben Galeeren unter Führung des Ordenpriors von Rocella, Gregorio Carafa, eines späteren Großmeisters, gehörte und das insgesamt aus 28 Linienschiffen, 31 Galeeren und 9 Galeassen bestand, in die Dardanellen, um den Türken, die ihre Truppen auf Kreta mit Nachschubgütern versorgen mußten, aufzulauern. Vielleicht, das war die stille Hoffnung einiger Befehlshaber, konnte man sogar bis an das Goldene Horn vorstoßen und das Serail des Sultans erobern. Endlich, nach langer Wartezeit, tauchten am 23. Juni aus dem Bosporus 28 türkische Segelschiffe, 60 Galeeren und 9 Galeassen auf, und die zahlenmäßig unterlegene christliche Flotte warf sich auf die Türken. Es folgte eines der erbittertsten Gefechte der Seekriegsgeschichte, bei der sich die Ordenseskadra wieder einmal als Speerspitze der christlichen Seefahrt besonders auszeichnete. Nur 14 türkische Galeeren konnten sich aus dieser Schlacht retten, 11 Schiffe wurden gekapert und der Rest versenkt. Ein grandioser Erfolg, der aber an dem Schicksal von Kreta nichts mehr zu ändern vermochte.

Immerhin gelang es den Christen aber in der Schlacht in den Dardanellen, ungefähr 5000 christliche Rudersklaven zu befreien, und es sei hier die Gelegenheit wahrgenommen, einmal einen Blick auf die nationale Zusammensetzung der von den Türken an die Ruderbänke gefesselten Gefangenen zu werfen. Nach einer Untersuchung von Michel Fontenay über die Herkunft von 1483 Galeerensklaven, die vom Orden in den Jahren 1652, 1656 und 1661 aus 15 türkischen Galeeren befreit wurden, ergibt sich folgende Übersicht:

Russen	56,0%	Istrier, Dalmatier	5,2%
Venezianer	10,9%	Franzosen	3,5%
Polen	8,1%	Spanier, Portugiesen	2,1%
Ungarn	7,6%	Sonstige	0,7%
Griechen	5,9%		

Auffallend in dieser Übersicht ist der hohe Anteil der Russen, der die Vermutung zuläßt, daß der Menschenraub der Türken im Schwarzen Meer den im Mittelmeer bei weitem überstieg, während aus der ganzen Zahl der versklavten Griechen offenbar nur ein kleiner Anteil für die Ruderbänke verwendet wurde. Überraschend ist auch, daß sich trotz der türkisch-französischen und türkisch-venezianischen »Kapitulationen« immer noch zahlreiche Sklaven aus diesen Ländern auf den Schiffen der osmanischen Flotte befanden.

Während all dieser äußeren Verwicklungen des Ordens blieben auch innere Probleme nicht aus. Eines davon waren die immer häufiger wiederkehrenden Hungersnöte, und der Besucher, der heute Malta besucht und die dünne, gelbe Mutterbodenschicht der Insel in der Sonne dörren sieht, weiß auch warum. Der Boden trug nie reiche Ernte, und der Ordensstaat war stets auf Getreidelieferungen aus Sizilien sowie auf die Erbeutung türkischer Getreideschiffe, die zur Versorgung der Barbareskenstaaten nach Nordafrika unterwegs waren, angewiesen.

Aber trotz des Hungers und der immer wieder vorkommenden Entführung ganzer Dorfgemeinschaften durch die Piraten nahm die Bevölkerung Maltas zu: Unter Großmeister de Paule fand 1632 eine Volkszählung statt, nach der die Einwohnerzahl knapp 50000 betrug. Andere Quellen sprechen davon, daß die Bevölkerung von ca. 20000 im Jahr 1530 auf ca. 90000 im Jahr 1770 anstieg. Auch wenn diese letzte Zahl weit vorausgegriffen ist, zeigt sie doch sehr deutlich das hohe Wachstum der maltesischen Bevölkerung an. Die Entwicklung war zeitweise so besorgniserregend, daß König Philip II. von Spanien während der Herrschaft von Großmeister Garzes sich um die Wende vom 15. zum 16. Jahrhundert gezwungen sah, einzugreifen und erhöhte Getreidelieferungen an Malta anzuordnen.

Ernste Störungen gab es in der ersten Hälfte des 16. Jahrhunderts auch immer wieder im Verhältnis zur Kirche. Zwar konnten die Großmeister es verhindern, daß die Inquisition sich zu sehr in die Kompetenzen des Souveräns einmischte, dafür gab es aber immer wieder Kontroversen zwischen dem Inquisitionsgericht und dem Gericht des Konvents, das die Gerichtshoheit über Ordensmitglieder für sich alleine beanspruchte. In diese Differenzen mischte sich gerne auch noch der Bischof von Malta ein, und der Papst sah sich schließlich gezwungen, in Rom eine besondere Kongregation unter der Obhut eines Kardinals zu errichten, die das gespannte Verhältnis zwischen Großmeister, Großinquisitor und Bischof überwachen sollte. Dem stellte sich jedoch Philip II. von Spanien vehement entgegen, intervenierte beim Heiligen Stuhl, und am Ende wurde die Überwachungsfunktion der Kongregation wieder bis zur Bedeutungslosigkeit reduziert. Der Jesuitenorden, der bei all diesen Problemen auch oft noch ein unheilvolles Wort mitzureden gehabt hatte, wurde 1768 unter Großmeister Pinto de Fonseca von der Insel vertrieben.

Gegenseitige Nadelstiche zwischen Orden und Kirche gab es aber auch, weil beispielsweise der Bischof einerseits seine Priester vom Wehrdienst in der maltesischen Miliz befreien wollte, der Großmeister hingegen dem in Notabile residierenden Bischof nicht erlaubte, in der Konventstadt Valletta, in der der Prior des Ordens oberster Kirchenfürst war, einen eigenen Bischofspalast zu errichten.

All diese Streitereien, über die am Ende meist der Papst entscheiden mußte, waren allerdings endgültig lächerlich, wenn es um Fragen des Protokolls ging: während der Großmeister bis zum 16. Jahrhundert mit den verschiedensten illustren Titeln wie »Ehrwürdigster Herr«, »Hoheit« und »Erlauchtester Herr« angeredet wurde, verlieh Kaiser Ferdinand II. ihm den Titel »Serenissimus«. Darauf forderte der Großinquisitor für sich den Titel »Erlaucht«, den bisher nur die »Großkreuze« beanspruchen konnten. Aber während der Herrschaft von de Paule schaffte Papst Urban, um den Titelstreit zu entschärfen, die Anrede »Serenissimus« wieder ab, und der Großmeister durfte sich nur noch mit »Eminenz« anreden lassen. Dies aber mißfiel 120 Jahre später dem recht selbstherrlichen Großmeister Pinto, der sich ohne besondere Genehmigung als »Erlauchteste Hoheit« betiteln ließ und sich im übrigen auch als »Fürst von Malta« bezeichnete.

Auch diplomatische Probleme ergaben sich wieder aus den spanisch-französischen Streitigkeiten. Als 1595 ein Krieg zwischen beiden Ländern ausbrach, betraute der König von Frankreich seeerfahrene französische Ordensritter mit dem Kommando über französische Kriegsschiffe. Dies wurde von dem aus der Provence stammenden Großmeister Castellar nicht unterbunden, der König von Spanien beschuldigte ihn deshalb der Parteinahme für Frankreich und ließ Vermögenswerte, die französische Ordensritter in Sizilien angelegt hatten, beschlagnahmen.

Die sechs Großmeister des hier beschriebenen Zeitabschnitts von 1595 bis 1660 waren bei der maltesischen Bevölkerung unterschiedlich beliebt. Allen war aber gemeinsam, daß sie die Rechte der einheimischen Università einzudämmen versuchten. Die von d'Homedes vorgenommene Teilung der Zivilverwaltung von Malta in zwei Munizipien mit getrennter Università wurde 1638 wieder rückgängig gemacht. Die einzige Verantwortung für die danach vereinigte Università bestand schließlich nur noch darin, die gerechte Getreideverteilung für die Zivilbevölkerung sicherzustellen.

Für die einfache, bäuerliche Bevölkerung Maltas war das alles unerheblich. Sie war unter der Herrschaft der Großmeister nicht rechtloser als es zu dieser Zeit die Menschen im übrigen Europa unter ihren Fürsten waren. In ihren Rechten beschnitten sahen sich deshalb vor allem nur die einheimische Kirche und der bodenständige Adel.

Auf den Widerstand des Bischofs gegen den Großmeister wurde schon eingegangen, der maltesische Adel zeigte hingegen eher eine indifferente Haltung gegenüber dem Orden. Denn es gab auf Malta und Gozo etwa dreißig Adelsfamilien mit Titel; je zehn Marquise, Grafen und Barone. Ihre Titel waren überwiegend spanischen und italienischen Ursprungs, und teilweise führten sie ihre Stammbäume bis auf die Normannen zurück und betrachteten deshalb ihre Abstammung als vornehmer als die der Ordensritter. Aber trotz ihres älteren Adels war ihnen der Eintritt in den Orden erschwert. Sie konnten dem Orden überwiegend nur als Geistliche, also als Kaplane, beitreten, und nur wenigen besonders vornehmen und reichen Familien gelang es, ihre Sprößlinge, die dazu in Sizilien geboren sein mußten, in dem Priorat von Messina unterzubringen und von dort als Ordensritter nach Malta schicken zu lassen. Diese Zurückstellung vornehmer Malteser Familien begründete natürlich eine gewisse Abneigung gegen den Orden und hatte in der Vergangenheit schon dazu geführt, daß der maltesische Adel sich während der Großen Belagerung im Gegensatz zu der opferbereiten einfachen Bevölkerung nur wenig engagiert hatte. Natürlich mußte man die Türken ebenso fürchten wie die Ordensritter; aber zugleich sagte man auch, die »Ausländer« sollten die Suppe, die sie der Insel eingebrockt hatten, gefälligst auch alleine auslöffeln! Dennoch mochten die Großmeister auf den Einfluß der mächtigen Landbesitzer nicht ganz verzichten, und es bildete sich ein ambivalentes Verhältnis zwischen dem Orden und dem maltesischen Adel heraus.

Krieg auf der Peloponnes

Immer noch waren die Johanniter ein kriegerischer Militärorden, waren ihre Großmeister vor allem Soldaten und Feldherren. Ein leuchtendes Beispiel war der nächste Herrscher, der Franzose Annet de Clermont de Chattes Gessan, der 1660 auf de Redin folgte, aber schon innerhalb des gleichen Jahres an den Folgen einer Verwundung starb, die er bei der Belagerung von Mahmudiya erhalten hatte. Er war ein Sproß der Viscomte von Clermont gewesen, die früher schon einmal Herrscher in Savoyen und in der Dauphiné gestellt hatten. Vor seiner Ernennung zum Großmeister war er Prior (Bailiff) von Lyon gewesen. Ihm folgte als Großmeister der Bailiff von Majorka, Raphael Cotoner, der der Zunge von Aragon angehörte und für drei Jahre die Macht ausüben sollte. Er war der erste von zwei Brüdern, die nacheinander Großmeister wurden und gehörte einer Familie an, die dem Orden insgesamt in seiner Geschichte zehn Ritter stellen sollte – zuletzt während des Überfalls von Bonaparte den Kommandeur der nach seinem Vorfahren benannten Cotoner-Linie.

Während dieser Zeit war der Krieg auf Kreta auf seinem Höhepunkt. Er hätte vielleicht noch ein erfolgreiches Ende genommen, wenn Venedig das Hilfsangebot von Genua angenommen hätte und die See- und Landmacht beider Staaten den Türken geschlossen gegenübergetreten wären. Die Ordensstreitmacht selbst hat auf Kreta sehr erfolgreich gekämpft und sich bei der Rückgewinnung der Städte Calogero und Calami bewährt. Auch auf See feierte man wieder Erfolge, so z. B. am 24. Januar 1662, als es dem General der Galeeren beim Kap Passero von Sizilien gelang, ein tunesisches Schiff zu erbeuten und dabei 130 Gefangene zu machen, darunter der Sohn des Bey von Tunis.

Raphaels Bruder und Nachfolger Nicholas war ein starrsinniger und harter Herrscher, der wenig beliebt war. Bei der Wahl wurde er, wie er selber einmal zynisch bemerkt haben soll, von niemandem geliebt, aber von allen gewählt. Er neigte zu Luxus und Verschwendung und zog sich deshalb wiederholt den Unmut der Inquisition zu. Auf der anderen Seite war er aber auch ein Mann voller Unternehmungsdrang: Während seiner Herrscherzeit wurden, wie bereits erwähnt, die nach ihm benannte Cotoner-Linie gebaut und das Fort Ricasoli errichtet. Er unterstützte König Ludwig XIV. von Frankreich mit einer Streitmacht von 80 Rittern und 500 maltesischen Soldaten gegen die Piraten der Barbareskenstaaten, die sich erneut an der algerischen Küste etablieren wollten. Weiterhin half er den Venetianern auf Kreta mit 62 Rittern und 400 Soldaten.

Sein bedeutsamstes Werk war aber vermutlich die Fertigstellung des neuen Ordenshospitals im Jahr 1674 – ein Anlaß, bei dieser Gelegenheit ausführlicher auf die Krankenfürsorge des Ordens einzugehen. Der Orden war allerdings, auch wenn manche Historiker gerne seine karitative und humanitäre Rolle betonen, vor allem ein aggressiver Militärorden. Dennoch gehörte die Caritas aber zu den in den Statuten fest verankerten Pflichten und zur Selbstverpflichtung der Ordensbrüder.

Die Krankenpflege hatte im Orden eine lange Tradition. Schon im Heiligen Land, vor allem in Jerusalem, in Akka und an den wichtigsten Pilgerwegen, gab es Hospitäler, die aus Hospizen hervorgegangen waren. Diese Hospize waren Pilgerherbergen, aus deren Einnahmen sich das anfängliche Vermögen des Johanniterordens zusammengesetzt hatte. Die sich aus diesen Herbergen entwickelnden Hospitäler galten als die modernsten und erfolgreichsten im ganzen Nahen Osten. Sie hatten das medizinische Wissen der Araber, das bisweilen auf alten griechischen Quellen beruhte, übernommen und bewahrten es in Mittelalter und Neuzeit. Für die Ordensbrüder stand die Krankenfürsorge anfänglich im Vordergrund ihrer Tätigkeit, und alle Ordensbrüder waren darin ausgebildet. Erst allmählich erfolgte die Unterscheidung zwischen den adligen »Rechtsrittern« und den »Dienenden Brüdern« aus weniger vornehmen Familien, die sich vor allem auf die Krankenpflege konzentrierten. Aber auch jeder Rechtsritter, für den vor allem der

Kampf gegen die »Ungläubigen« im Vordergrund stand, war in der Krankenpflege ausgebildet und war verpflichtet, immer wieder in einem der Hospitäler des Ordens Dienst zu tun.

Die Krankenfürsorge des Ordens genoß im Nahen Osten einen so guten Ruf, daß sie einmal sogar von Sultan Saladin incognito in Anspruch genommen wurde. Nach seiner Entlassung und Rückkehr nach Damaskus schrieb der Herrscher an den Orden einen mit seinem Siegel versehenen Brief. In diesem schrieb er:»… laßt jederman wissen, daß ich, Salah ed Din, Sultan von Babylon, dem Hospital von Akka in Krieg und Frieden jährlich tausend byzantinische Goldstücke in Dankbarkeit vermache, über die der Großmeister, wer immer es sei, wegen seiner und des Ordens wunderbarer Barmherzigkeit verfügen möge«.

Das Hospital auf Rhodos war eines der stattlichsten mittelalterlichen Gebäude der Stadt. Sein Bau wurde 1440 begonnen und 1489 abgeschlossen. Noch heute kann man seinen prächtigen gotischen Eingang und den riesigen, kühlen Krankensaal bewundern. Auch die Ordensbesitzungen außerhalb von Rhodos hatten damals schon ihre eigenen Hospitäler, so z.B. die Festung von Bodrum, ebenso die Festung von Kos, auf der Geburtsinsel des Hippokrates, wo die Ordenbrüder die Tradition des antiken Asklepieions fortsetzten.

Auf Malta und Gozo gründeten die Ritter mehrere Hospitäler und verbesserten frühere Gründungen, wie z.B. Santa Spirito in Notabile. Schon 1532 wurde auf der Halbinsel Birgu ein Konventshospital errichtet, das sich unmittelbar über dem Verteidigungsabschnitt der Deutschen Zunge befand und noch heute zu sehen ist. Nach dem Umzug nach Valletta wurde es durch ein neues Hospital, das 1574 seine Arbeit aufnahm, ersetzt.

Dieses Krankenhaus übertraf alle damals bekannten Dimensionen, stellte das größte seiner Art auf der Welt dar und wird heute noch als Kongreßzentrum und Ausstellungshalle (»Mediterranean Conference Centre«) benutzt. Sein Hauptkrankensaal war 150 Meter lang, 10 Meter breit und 11 Meter hoch. Daneben gab es noch 12 kleinere Krankensäle mit Spezialabteilungen, z. B. für Verwundete, für ansteckende Krankheiten, für Ruhrerkrankungen. Zu dieser Zeit, als es in den meisten Hospitälern noch Gemeinschafts-strohlager für die Kranken gab, verfügte das Hospital von Valletta bereits über 550 Einzelbetten, deren Zahl im Falle eines Notstandes auf 900 erhöht werden konnte. Das Hospital war für alle Ordens-mitglieder zugänglich, ebenso für alle Einwohner von Malta und alle Pilger und Kranken, die aus allen Teilen der Welt nach Malta kamen. Nicht einmal die Ordenssklaven, die auf den Galeeren ge-schunden worden waren, aber hier ihre Mißhandlungen, wenn sie sie überlebt hatten, wie verwöhnte Herren auskurieren konnten, wurden ausgeschlossen. Grundsätzlich wurden zwischen den Kranken kaum Unterschiede gemacht: Alle Kranken wurde mit »Seigneur malade« angeredet, aßen (aus Hygienegründe) von sil-bernen, später zinnernen, Tellern und wurden von Rittern und Dienenden Brüdern bedient, die vor Betreten des Hospitals alle Embleme, die auf ihren Rang oder ihre soziale Stellung hinwiesen, ablegen mußten.

Zehn Prozent der Staatseinnahmen des Ordens wurden regel-mäßig für den Betrieb dieses Hospitals verwendet. Im Ordensar-chiv und in den Berichten von Reisenden dieser Zeit findet man immer wieder die Bestätigung für die strikte Beachtung der Hygie-ne, den regelmäßigen (täglichen) Wechsel der Bettwäsche und die persönliche Fürsorge durch die Großmeister, die häufig ins Hospi-tal kamen, um Kranke selber zu pflegen und zu trösten.

Das Hospital unterstand der Aufsicht des Großbailiffs der Franzö-sischen Zunge, der bekanntlich zugleich der »Großhospitaler« des Ordens war. Ihm unterstanden mehrere Ärzte, aber auch der Prior und der stellvertretende Prior der Ordenskirche sowie vier Hospi-talskaplane; außerdem die Ritter und die Dienenden Brüder der verschiedenen Zungen, die sich von Wochentag zu Wochentag in der Betreuung der Kranken abwechselten.

Die meisten Ärzte und Pfleger kamen auf Vertragsbasis aus Italien und Spanien; viele waren jedoch auch Malteser, die in Salerno, Florenz und Padua ausgebildet worden waren. Mit der Einrich-tung einer eigenen Schule für Anatomie und Krankenpflege durch Großmeister Nicholas Cotoner 1676 konnte das Krankenhaus na-hezu sein gesamtes Personal, das nun fast nur noch aus Einheimi-schen bestand, selber ausbilden.

Auch außerhalb der Inseln Malta und Gozo wurde die medizinische Fürsorge des Ordens wirksam. Schon an früherer Stelle war ja darauf hingewiesen worden, daß der General der Galeeren bei größeren Operationen mit mehreren Schiffen einen Schiffsarzt bei sich hatte und daß jede Galeere einen eigenen Krankenpfleger mit sich führte. Mehr als einmal war es auch schon vorgekommen, daß trotz aller Feindschaft mit den nordafrikanischen Staaten einer der dortigen Beys den Großmeister um die Hilfe und Entsendung eines Malteser Arztes gebeten hatte. Und 1783 schickte Großmeister de Rohan ein ganzes Team von Ärzten und Krankenpflegern als Katastrophenhilfe für die Opfer eines Erdbebens nach Messina und nach Reggio di Calabria.

Vier Pestseuchen zwischen 1592 und 1675 veranlaßten den Orden, ein gut funktionierendes Quarantänesystem aufzubauen. 1642 wurde dazu auf der Manoel-Insel ein Lazarett mit Unterbringungsmöglichkeiten für Schiffspassagiere, Tiere und Waren einkommender Schiffe sowie ein eigenes Krematorium errichtet. Kapitäne, die aus dem Schwarzen Meer und aus der Levante kamen, bevorzugten Maltas Quarantänesystem vor jedem anderen Hafen. Und das Quarantänezertifikat des Ordens genoß in der Alten und in der Neuen Welt einen hohen Stellenwert.

Der Nachfolger von Nicholas Cotoner wurde Gregorio Carafa de Rocella, der von 1680 bis 1690 die Geschicke des Ordens bestimmen sollte. In seine Herrschaftszeit fiel der erneute Ausbruch des Krieges zwischen der Türkei und der österreichischen Monarchie, der in der zweiten Belagerung von Wien vom 13. Juli bis 12. September 1683 seinen Höhepunkt fand. Die Belagerung endete dank des Eingreifens des polnischen Königs Sobieski mit der Flucht der Türken. Dies bedeutete zugleich das Ende der nördlichen Zangenbewegung des Osmanischen Reichs gegen das Abendland. Denn jetzt erlitten die Türken unter dem wenig fähigen und launischen Sultan Mehmed IV., der 1648 dem grausamen Ibrahim gefolgt war, in Ungarn und Dalmatien Niederlage auf Niederlage.

Obwohl Malta von diesem weit entfernten Krieg nicht unmittelbar betroffen war, wurde die maritimen Aktivitäten des Ordens im Rücken des Feindes von Kaiser Leopold von Österreich sehr begrüßt. Die Ritter verlegten während dieser Zeit nämlich ihre Operationen gänzlich an die levantinische Küste, wo sie den Schiffen des Osmanischen Reichs auflauerten und schweren Schaden zufügten. Die Erfolge des Ordens bewiesen einmal mehr, daß seine kleine Flotte immer noch zur Spitze der Seestreitkräfte der Welt zählte.

1684 trat der Orden einer Allianz bei, die zwischen Österreich, Polen und Venedig gegen die Türken geschlossen worden war. Neben seinen Galeeren stellte er 900 Soldaten und 100 Ritter für die Rückeroberung der Peloponnes zur Verfügung. Damit begann ein langer und mühsamer Krieg, der die Johanniter während der nächsten Jahre wieder ganz in Anspruch nahm und erst 1699 mit dem Frieden von Karlowitz endete. Dieser Krieg war aus der Sicht aller italienischen Staaten zwingend notwendig gewesen. Denn seit die Türken auf der Peloponnes saßen, lastete ihr drohender Schatten auf der gesamten Adria und der italienischen Gegenküste. Für die Türken bestand allerdings der Unterschied zwischen Krieg und Frieden in dieser Zeit eigentlich nur darin, daß sie im Krieg ihre eigenen Überfälle und die der Barbaresken besser koordinierten als in Friedenszeiten.

Wieder war es eines der großen Bündnisse, das sich im Mittelmeer gegen das Osmanische Reich zusammengefunden hatte. Nur stand jetzt nicht mehr, wie bisher, Spanien im Zentrum der Allianz, sondern Österreich. Große Erwartungen wurden an dieses Bündnis gerichtet, und man sprach davon, Kreta, Euböa und Zypern zu erobern. Wieder einmal war bei allen Unternehmungen die kleine Ordensstreitmacht als Speerspitze der Christenheit vorgesehen.

Im September 1684 wurden Preveza und Santa Maura erobert. Und bald folgten Koron und Kalamata. Im Laufe der nächsten zwei Jahre fielen alle dalmatinischen Festungen in die Hand der Alliierten, die unter dem Oberbefehl des venezianischen Generalissimus Francesco Morosini und seines Generalkommandanten der Landungstruppen Graf Königsmarck standen. 1686 fielen Modon, Argos und Nauplia auf der Peloponnes. Bei der Eroberung von Navarino taten sich die Johanniter durch besondere Tapferkeit hervor. Ein Jahr darauf fielen Patras und Korinth, kurz darauf folgte Lepanto. Eine so schnelle Folge von militärischen Erfolgen hatte man bei den christlichen Mittelmeermächten schon seit langer Zeit nicht mehr erlebt, und nicht nur die Ritterschaft des Ordens, sondern auch die einheimische Bevölkerung von Malta wurde von Stolz und Freude über die Erfolge erfaßt. Bald fiel das alte Mistra im Süden der Peloponnes, und die Alliierten setzten zum Angriff auf Athen an.

Hier allerdings ereignete sich ein fatales Mißgeschick: Der deutschstämmige Generalkommandant Königsmarck, offenbar ein hervorragender Artillerist, aber nur ein mäßiger Bewunderer der Bauwerke der Antike, ließ die Akropolis beschießen, und ein Schuß traf den Parthenon. Das Unglück aber wollte es, daß die Türken in diesem ihre gesamten Pulvervorräte gelagert hatten und durch den einen Volltreffer nun das herrliche Bauwerk zerstört wurde. Aber es gab auch andere traurige Nachrichten, die Malta bald erreichten: Während der Blockade von Euböa, das sich die Alliierten als nächstes Ziel gesetzt hatten, wurden sie von den Türken vernichtend geschlagen, nachdem sie vorher schon von einer Pestepedemie heimgesucht worden waren. Während dieser Seuche hatte alleine der Orden 400 seiner Soldaten und 26 Ritter verloren.

Das Ende des Krieges fiel bereits in die Herrschaft des nächsten Großmeisters, Adrien de Wignacourt, eines Neffen des früheren Großmeisters Alof de Wignacourt, der bis zu seiner Wahl der Großschatzmeister des Ordens gewesen war und am 24. Juli 1690 gewählt wurde. In seine Zeit wurde die Ordensflotte allmählich von einer Galeeren- zu einer Segelschiffstreitmacht umgestellt. Diese Änderung wurde notwendig, nachdem die Seekriegführung sich mehr und mehr in Artillerieduellen erschöpfte und es immer weniger zum Nahkampf der Galeeren kam. Für die Führung von Artilleriegefechten mit Dutzenden von Kanonen auf jeder Schiffseite, die teilweise sogar in mehreren Etagen gestaffelt waren, waren die Galeeren aber zu klein geworden. Andererseits waren die jetzt erforderlichen Linienschiffe viel zu schwer, um sie noch mit der Muskelkraft von Rudersklaven bewegen zu können. Großflächige Segel und ein Heer von ständig die Takelage verändernden Matrosen stellten jetzt die Beweglichkeit der Schiffe sicher. Ohnehin waren Sklaven zu dieser Zeit im Mittelmeer bereits knapp geworden, was zur Folge hatte, daß der Papst dem Orden zur Bemannung der wenigen noch verbliebenen Galeeren eine große Schar von christlichen Schwerverbrechern schickte.

Unter Wignacourt und dessen Nachfolger, dem Aragonier Ramon Perellos y Roccaful, der von 1697 bis 1720 die Leitung des Ordens innehatte, setzten die Johanniter ihre Polizeirolle auf dem Mittelmeer intensiv fort. Zahlreiche Gemälde in Valetta und in den Kirchen von Malta schildern die beherzten Angriffe von Segelschiffen wie auch noch von Galeeren der Ritter gegen die Türken und Barbaresken, so z. B. den Angriff gegen tunesische Piraten vor der Insel Sapienza im Jahre 1706. Besonders eindrucksvoll ist ein Gemälde, das die Eroberung der türkischen »Sultana Benghem«, eines Prachtstückes der osmanischen Flotte, durch den Bailiff und General Spinola am 8. Oktober 1700 zeigt. Im gleichen Jahr gingen Ritter und Soldaten des Ordens in Algerien wieder an Land, um an der Seite Frankreichs in Oran gegen den Dei von Algier zu kämpfen. Die »Polizeiaktionen« des Ordens im Mittelmeer und vor allem vor der nordafrikanischen Küste setzten sich, wenn man den Gemälden im Großmeisterpalast von Valletta Glauben schenken darf, bis in die dreißiger Jahre des 18. Jahrhunderts fort. Nur wohlhabende Ordensmitglieder hatten allerdings das Geld, ihre Heldentaten in Gemälden zu verewigen – taten dies aber gelegentlich ohne große Bedenken im Übermaß: so wurde z. B. die Sole d'Oro in der Phantasie eines Malers oder seines Auftraggebers im Jahr 1714 versenkt, dasselbe Schiff wurde dann aber 1721 noch einmal heldenhaft gekapert. Aber trotz dieser Ungenauigkeiten vermag eine Übersicht der Seekriegsgemälde den ununterbrochenen Dauerkrieg zur See während des ersten Drittels des neuen Jahrhunderts zu beleuchten:

1707: Begegnungsgefecht der »Santa Caterina« unter Giuseppe di Langon mit sieben algerischen Schiffen.

1709: Gefecht von Giuseppe di Langon mit der »Capitana von Tripoli« vor Kap Santa Maria (Süditalien).

1710: Kaperung des algerischen Flaggschiffs »Calaburna« durch den General der Galeeren Guiseppe di Langon bei Malaga.

1713: Kaperung der algerischen Carasse »Mezza Luna« durch Adrian di Langon.

1714: Versenkung eines algerischen Kriegsschiffs durch Adrian di Langon.

1720: Kaperung von zwei algerischen Caravellen durch d'Allogny de la Grois in den Gewässern von Sardinien

1721: Begegnungsgefecht der »San Giorgio« unter d'Allogny de la Grois mit drei tunesischen Schiffen in der Straße von Malta.

1723: Versenkung eines algerischen Schiffs durch Jaques de Chambray im Golf von Tetuan.

1723: Zerstörung einer algerischen Caravelle durch Jaques de Chambray bei Tanger.

1723: Kaperung der »Padrona von Tripoli« durch Jaques de Chambray bei der Insel Pantelleria.

1729: Kaperung eines algerischen Schiffs durch Scipio Deaux bei der Insel Lampedusa.

1732: Begegnungsgefecht zwischen dem General der Galeeren de Chambray und einem Konteradmiral des türkischen Sultans in den Gewässern von Damiette (Ägypten).

1736: Sieg über drei algerische Schiffe durch den General der Galeeren Tomasi.

1736: Angriff von Giovanni Gaston Laparelli auf drei algerische Schiffe in den Gewässern von Marbella.

Nach diesen Seegefechten der 30er Jahre nahm deren Zahl, wenn man die Bilder zugrunde legt, rapide ab. Nur 1752 wurden durch den General der Galeeren Parisio zwei algerische Schiffe gekapert und 1764 fand ein Begegnungsgefecht zwischen drei Ordensgaleeren und vier Galeeren des Bey von Tunis statt, das auf einem Gemälde dargestellt wurde.

Wie sah es aber zu dieser Zeit im übrigen Mittelmeer aus? Der Blick soll sich dabei wieder den Großmächten zuwenden. Die politische Landschaft im Mittelmeer hatte sich zu Beginn des 18. Jahrhunderts schnell und grundlegend verändert: Die Türkei war jetzt endgültig in ihre Schranken gewiesen worden, aber auch Spanien hatte seine Vormachtsstellung verloren. Was für den Orden besonders wichtig war: Sizilien war jetzt nicht mehr spanisches, sondern habsburgisches Vizekönigtum. Dies aber hinderte den Großmeister Marc Antonio Zondarini, einen aus Siena stammenden Italiener, nicht, auch dem neuen Vizekönig anläßlich seiner Inthronisierung als Großmeister den traditionellen Falken zu schicken, um sich mit dieser klugen diplomatischen Geste der besonderen Unterstützung Österreichs zu versichern. Es war sicher weise, jetzt den Schulterschluß zum Habsburgerreich zu suchen. Denn noch waren die Türken aus dem Mittelmeer nicht vertrieben, und 1714 waren sie immerhin noch in der Lage, Venedig erneut den Krieg zu erklären. Dort galt der Orden inzwischen als der zuverlässigste und geachtetste Verbündete. Die Hochachtung ging so weit, daß die Serenissima, die grundsätzlich allen Angehörigen fremder Staaten das Tragen von Waffen in der Stadt verboten hatte, für die Ordensritter eine Ausnahmeregelung schuf.

Die Kriegserklärung der Türkei führte aber zu keiner neuen Allianz des Westens, und am 8. Juni 1715 mußte Tinos vor den Türken kapitulieren, am 20. Juni landeten die Türken wieder auf der Peloponnes, am 29. Juni fiel Korinth, am 7. Juli folgte die Insel Ägina, am 14. August Rhion, am 16. August Modon und am 7. September fiel sogar die Festung Malvasia, die bisher als uneinnehmbar gegolten hatte. Auch auf Kreta machten die Türken alle Verluste der Vergangenheit wieder wett, und am 15. Juli 1716 standen sie vor Korfu, das von dem Venezianer Andrea Pisani und dem in venezianischen Diensten stehenden deutschen Reichsgrafen Johann Matthias von der Schulenburg verteidigt werden sollte. Während die Türken in Europa hart bedrängt und in der Schlacht von Peterwardein 1716 von Prinz Eugen geschlagen wurden, bäumten sie sich im Mittelmeer noch einmal unter dem seit 1703 herrschenden Sultan Ahmed III auf.

An dem insgesamt nur 44 Tage währenden Kampf um Korfu, der seinen Höhepunkt in einem türkischen Sturmangriff vom 19. August 1716 fand, war der Orden merkwürdigerweise nicht beteiligt. Die Schlacht sei hier trotzdem erwähnt, weil sie einer der wichtigsten Bausteine des gesamten Malta fest umschließenden Scenarios der erneuten und diesmal endgültig letzten Bedrohung der Mittelmeerraums durch die Türkei war. Die Gefahr war wieder einmal emminent gewesen. Denn daß den Türken nach der Eroberung Korfus ganz Italien offen gestanden hätte und sie bis zu den Alpen hätten vordringen können, fürchtete selbst Prinz Eugen. Korfu beherrschte eben nicht nur die Küste von Epirus und Albanien, und damit den Eingang zur Adria, sondern lag weniger als 57 Seemeilen von Otranto entfernt, also in einer Distanz, die selbst ein kleines Boot bei günstigem Wind in einer einzigen Nacht zurücklegen konnte.

Aber die Gefahr wurde trotz einer gefährlichen Unterlegenheit der Verteidiger und der über Jahrzehnte betriebenen Vernachlässigung der Verteidigungsanlagen der Insel abgewendet. Der Erfolg war allerdings nur der überragenden militärischen Autorität Schulenburgs sowie dem Himmelsgeschenk eines Wolkenbruchs, der die Türken buchstäblich im Schlamm versinken ließ, zu verdanken – nicht zuletzt aber auch der deprimierenden Nachricht von der Niederlage von Peterwardein, die die Türken während der Schlacht erhielten. Die Adria war nun endgültig dem Zugriff durch das Osmanische Reich entzogen.

Die Identität des Ordens
in der Krise

D ie geschundene Christenheit pflegte zu sagen: »Wo der Türk' mal war, kehrt er immer wieder zurück«. Diesmal war es aber nicht so. Die türkische Armada war aus dem Mittelmeer in die Meerengen zurückgedrängt worden. Der Pforte entstand im Norden neben Österreich ein zweiter mächtiger Gegner: das russische Zarenreich. Auch innerlich war die Türkei ausgeblutet und infolge der Korruption geschwächt. Unter dem nächsten Herrscher, Mahmud I., sollten sich alleine 16 Großwesire in der Machtausübung ablösen und sich, soweit der Sultan das nicht selbst schon besorgte, gegenseitig umbringen. Das alles hatte natürlich auch zur Folge, daß die nordafrikanischen Barabareskenstaaten sich noch mehr aus ihrer losen Bindung zum »Kranken Mann am Bosporus« lösten. Algerien machte sich 1710 unabhängig, in Tunesien festigte sich die Dynastie der Husseiniden. Beide Staaten lebten aber trotz der sich festigenden eigenen Souveränität weiter einträglich von der Piraterie – man hatte sich daran schon so sehr gewöhnt, daß ein Verzicht einfach schwer fiel. Dem Korsarentum traten neben den Johannitern jetzt aber auch die modernen Seemächte, vor allem Frankreich, entgegen. Hatten die Ritter damit noch eine Existenzberechtigung als Mittelmeer-Seemacht, als kämpferischer Militärorden gegen den Islam? Die Frage ist berechtigt, wenn man bedenkt, daß schon der nun folgende Großmeister, der Portugise Antonio Manoel de Vilhena (1722–1736) beinahe mit dem Sultan einen dauerhaften Frieden geschlossen und die Beziehungen zwischen dem Orden und der Türkei normalisiert hätte. Wie war es zu dieser denkwürdigen, wenn auch letzten Endes unvollendeten Entwicklung gekommen?

In Istanbul hatte ein kürzlich vom Orden freigekaufter Sklave namens Ali dem Großwesir die Information zukommen lassen, daß die Zahl der Sklaven auf Malta so hoch sei wie die Zahl der freien Männer und daß es nur des Auftauchens einer türkischen Flotte bedürfe, um einen Aufstand der Sklaven auszulösen. Diese Information scheint in der Hohen Pforte ernst genommen worden zu sein. Jedenfalls erreichten bald Meldungen über einen bevorstehenden türkischen Angriff den Ordensstaat, und Vilhena, wohl nicht übermäßig besorgt, traf angemessene Verteidigungsvorbereitungen. Nicht umsonst, denn tatsächlich erschien vor Malta bald unter dem Kommando des Admirals Abdi Pascha eine türkische Eskadra, die sich allerdings damit begnügte, einige Schüsse auf die Insel abzugeben. Allerdings schickte Abdi dem Großmeister einen Boten, durch den er dem Herrscher die grauenvollsten Folgen androhte, wenn Vilhena nicht sofort alle muslimischen Gefangenen in Freiheit setzen sollte.

Man hatte in der Vergangenheit schon ganz andere Töne von den Türken gehört, und zwar aus einer Position der Stärke heraus – das Ganze schien eher eine Posse zu sein. Dennoch ergriff Vilhena die Gelegenheit zu einer diplomatischen Initiative. Er ließ dem Sultan seriöse Verhandlungen mit dem Ziel vorschlagen, daß beide Seiten ihre Sklaven gegenseitig austauschten. Und siehe da: Die Pforte akzeptierte diesen Vorschlag nicht nur ohne Bedenken, sondern schlug den Abschluß eines umfassenden Friedensvertrages zwischen dem Sultan und dem Großmeister vor. Als der Großmeister einen solchen Vertrag noch zu günstigeren Bedingungen haben wollte, war der Sultan auch dazu bereit. Nicht so jedoch die Marineführung des Osmanischen Reichs, gegen die der Herrscher sich nicht durchsetzen konnte, so daß das ganze so hoffnungsvoll begonnene Projekt schon bald wieder versandete.

Vilhena war ein Soldaten-Großmeister, der sich auf der militärischen Karriereleiter des Ordens, die jetzt nicht mehr nur durch ritterliche Rangbezeichnungen wie »Prior«, »Komtur« und »Bailiff« markiert war, hochgedient hatte. Er war Kapitän des Ordensflaggschiffs gewesen und zweimal verwundet worden. Dann wurde er Major und Oberst der maltesischen Miliz. Als »Großkreuz« wurde er Marinebefehlshaber und schließlich Kriegsminister. Seit 1713 war er der Großkanzler des Ordens. Aber trotz dieses überwiegend militärischen Werdegangs war er später ein verhältnismäßig »ziviler« Herrscher, der in dieser Eigenschaft auch für seine nächsten Nachfolger prägend war: den Spanier Raimondo Despuig (1736–1741), den unnahbaren und unbeliebten Portugiesen Emanuel Pinto de Fonseca, der bis 1773 ein herrisches Regiment führte, den ebenfalls autokratisch regierenden Spanier Francisco Ximenes de Texada, der bis 1775 folgte, und den eher liberalen französischen Prinzen Emanuel de Rohan Polduc, der von 1775 bis 1797, also bis zur ersten Phase der Französischen Revolution, herrschte.

Sie alle waren Kinder ihrer Zeit und durchdrungen von der Rechtmäßigkeit des Machtanspruchs des Herrschers und des Adels, dem sie selbst angehörten. Keiner von ihnen war in der Lage, die Zeichen der Zeit zu deuten. Alle beschnitten sie – der eine mehr, der andere weniger – die Rechte der einheimischen Università, und keiner von ihnen zog aus den nun aufkommenden sozialen Konflikten und revolutionären Unruhen der Zeitenwende, die auch vor Malta nicht haltmachten, die richtigen Konsequenzen. Die Aristokratie des Ordens und auch der einheimische Adel haben wohl die Gärungen in der einfachen Bevölkerung, unter den Matrosen im Hafen und den Sklaven in den Haushalten und auf den Schiffen nicht einmal richtig wahrgenommen.

Die Bevölkerung Maltas betrug Ende des 18. Jahrhunderts 110000 Einwohner, denen als Herrenschicht jetzt ca. 330 Ordensritter gegenüberstanden. Was taten diese Ritter jetzt auf Malta?

Da es schon seit langem kein Ritterheer mehr gab und auch für die früheren jährlichen Karawanen zur See keine Ritter mehr benötigt wurden, waren sie eigentlich überflüssig. Denn auch in der maltesischen Miliz, die nun eine Art stehendes Heer darstellte, suchten und fanden nur wenige der verwöhnten Adligen, die aus den vermögendsten Familien Europas kamen, eine ihnen zusagende Betätigung. Dort war man längst dazu übergegangen, sich in den großen Militärstaaten des Kontinents tüchtige Berufsoffiziere zu suchen. Auch einheimischen Maltesern gelang gelegentlich der Aufstieg in den Offizierstand. Für die kontinentalen Aristokraten waren gerade die Kommandeurstellen noch gut genug, und die dafür notwendige Erfahrung hatte man sich unter den Standesgenossen der stolzen europäischen Kavallerie- und Garderegimenter erworben. Es konnte also nicht ausbleiben, daß sich aus dem Kreis der Adligen, soweit sie nicht in irgendwelche der immer zahlreicher werdenden Hofämter des Großmeisters aufrückten, bald eine dekadente Herrenschicht von Nichtstuern entwickelte, die, zeitlich befristet oder für ihr ganzes Leben, eine speziell maltesische Form aristokratischen Dandytums hervorbrachte. Geld spielte dabei natürlich keine Rolle, die üppigsten Villen und Paläste schossen aus dem Boden und der Lebensinhalt der Adligen bestand aus Pferdesport, Jagd und zahlreichen Gesellschaften.

Es versteht sich schon fast von selbst, daß dabei auch der Umgang mit den Frauen lockerer wurde. Mochte der Großinquisitor sich auch noch so sehr die Haare raufen – die Huren der Welt trafen sich nicht nur in den Hafenkneipen von Valletta zum Stelldichein, auch in den vornehmen Villen hatten sie ihre Boudoirs. Aus dem 18. Jahrhundert liegt die Schilderung eines Engländers vor, der den Aufbruch dreier Galeeren zu einer Überfahrt nach Tunis miterlebte. Er sah, wie die Geliebten der ausfahrenden Ritter sich winkend und weinend auf den Molen des Hafens drängten und die jungen Ritter ohne Scheu zurückwinkten. Und schon im 17. Jahrhundert hatte Valletta als eine Stadt gegolten, in der es eine Überfülle williger Frauen aus aller Herren Länder gab und in der eine besonders schlimme Form der Syphilis zu Hause war. Ein Reisender berichtete damals, daß es in der Stadt drei Nonnenklöster gab: eines für honorige Jungfrauen, ein zweites für – nicht minder honorig – bußfertige Huren und ein drittes schließlich für deren Bastarde, an denen es offenbar keinerlei Mangel gab, da es den Rittern verboten war, ihre unehelichen Kinder anzuerkennen.

Bei aller Lasterhaftigkeit darf aber nicht übersehen werden, daß Valletta auch einen unerhörten kulturellen Aufschwung nahm, deren deutlichstes Zeugnis die zahlreichen Gemeindekirchen der Inseln Malta und Gozo sind. Manoel de Vilhena schuf das erste nach ihm benannte Theater, in dem anfänglich die Ritter der verschiedenen Zungen als Schauspieler vor der maltesischen Bevölkerung auftraten. Bereits 1650 war das Collegium Melitense entstanden, eine Studieneinrichtung mit dem Format einer Universität. Bei all dem hielt die Bautätigkeit unverändert an. Sie schloß weiterhin den Festungsbau ein, der so gewaltig war, daß die großen Festungsbaumeister der Welt zur Ausbildung nach Malta reisten. Patrick Brydone beschrieb in seinem 1773 in London erschienenen Buch (jetzt Nationalbibliothek Valletta)»A tour through Sicily and Malta«:

»Die Festungen von Malta sind wirklich eine höchst erstaunliche Arbeit. All die stolzen Katakomben von Rom und Neapel sind unbedeutend im Vergleich zu den großartigen Ausgrabungen, die auf dieser kleinen Insel gemacht worden sind. Die Gräben (gemeint sind wohl eher die Festungsgräben vor den Mauern) sind von gewaltigen Ausmaßen und alle aus solidem Fels gehauen. Sie ziehen sich über viele Meilen hin. Es versetzt uns in Staunen, daran zu denken, daß eine so kleine Nation dies alles vollbracht hat.«

Aber all das berührte nicht die soziale Unzufriedenheit in den unteren Schichten der Bevölkerung und den Hauch von Aufruhr, der über dem Ordensstaat in der Luft lag. Während der Herrschaft von Großmeister Pinto gab es einen Sklavenaufstand auf Malta, der vom Orden niedergeschlagen wurde und als dessen Folge der Herrscher 60 Rädelsführer aufhängen ließ. Und 1772 gab es während der Herrschaft Texadas einen Aufruhr von Maltesern unter der Führung eines Priesters namens Gejt Mannarino, dem es sogar gelang, das Fort St. Elmo in seine Gewalt zu bringen und die Besatzung als Geiseln zu nehmen. Das Ziel des Aufstands war die Erringung von mehr bürgerlichen Freiheiten. Texada sagte den Aufrührern diese auch zu und versprach ihnen Straffreiheit. Dann aber, als die Aufrührer nach seinen Versprechungen aufgegeben hatten, wurden sie festgenommen. Einige von ihnen wurden enthauptet und andere, darunter Mannarino, lebenslänglich unter St. Elmo eingekerkert. Der Orden ließ nicht mit sich spaßen.

Das also war die Lage der Johanniter am Ende des 18. Jahrhunderts – ein Militärorden ohne Auftrag und Aufgabe, der sich zum Feudalstaat entwickelt hatte, ohne die dafür notwendigen Ressourcen zu besitzen. Denn das Geld wurde immer knapper. In Frankreich war der Orden im September 1792 von der Revolution hinweggefegt worden, und auch seine Besitzungen in Polen konnte er nur durch Entgegenkommen gegenüber Rußland bewahren. Die Revolution von 1792 warf ihre Schatten auf das Mittelmeer. Der Sturm bahnte sich an. Würde der Orden ihm widerstehen? Die Festung Malta zumindest schien unbezwingbar. Aber hatte die Festung auch Soldaten zu ihrer Verteidigung? Großmeister de Rohans letzte Worte auf dem Sterbebett am 13. Juli 1797 waren:»Ich war in jedem Fall der letzte Großmeister eines Ordens, der so erhaben und unabhängig war«.

Bonaparte

Eine warme Morgenbrise zog am 7. Juni 1798 von See her über die Insel Malta, in deren kleinen Fischerdörfern das Leben erwachte, während in den beiden großen Seehäfen von Valletta sich die riesigen Drei- und Viermast-Segler, auf deren Rahen und in deren Takelagen Hunderte von Matrosen die Segel entzurrten, zum Auslaufen rüsteten, das Lichten der Anker und das Loswerfen der Leinen vorbereiteten. Seit langem waren die Häfen schon Freihandelszonen und wichtigste Umschlagplätze der internationalen Seefahrt. Schiffe aller Herren Länder trafen sich hier und wurden für ihre Weiterfahrt mit Wasser und Lebensmitteln versorgt. Die vom Orden stets hochgehaltene Neutralität Maltas gab den Häfen ihren besonderen Wert. Bugsiere ruderten die Schiffspitzen in Richtung der Fahrrinnen. Die Makler und Agenten kletterten an den mehrstöckigen Handelsschiffen die Fallreeps herunter und ließen sich zu ihren Handelskontoren zurückrudern. Aber keines der Schiffe verließ nun die Häfen – eine Lähmung schien alles erfaßt zu haben. Die Menschen starrten gebannt auf die vor ihnen liegende See, und nur zwei schnelle Korvetten der Ordensflotte verließen ihre Liegeplätze und fuhren zur Aufklärung vor die Küste.

Dort waren etwa 70 Schiffe unter der revolutionären Trikolore der Republik Frankreich aufgetaucht, deren Erscheinen auf Malta sofort eine Generalmobilmachung ausgelöst hatte. Aber die allgemeine Aufregung legte sich bald wieder, und der Alarm wurde widerrufen, als sich herausstellte, daß der Flottenverband offenbar an Malta vorbei in Richtung Ägypten segelte. Es war die Vorhut der Ägypten-Expedition des 29jährigen Revolutionsgenerals Napoléon Bonaparte unter dem Kommando des Generals Desaix.

Drei Tage später erschien aber ein weiterer französischer Flottenverband mit diesmal 400 Schiffen, die 40 000 Soldaten an Bord hatten, am Horizont. Wieder wurden auf Malta die Truppen mobilisiert und die »Kriegskongregation«, eine Art Kriegsrat des Ordensstaates, setzte den Verteidigungsplan, der in seiner letzten Form bereits seit 1716 bestand und die Rundumverteidigung der Inseln vorsah, in Kraft. Die Alternative, wie bei der »Großen Belagerung« von 1565, die Verteidigung auf die Festungen von Valletta und die beiden großen Häfen zu konzentrieren, war nie erwogen oder erprobt worden. Man hatte sich ja schließlich nicht über Jahrzehnte einem Festungsbaurausch hingegeben, um sich am Ende bei einem Angriff in der Enge Vallettas zu verkriechen!

Was war die diplomatische und hinsichtlich der sich bald abzeichnenden Niederlage des Ordens bedeutsame militärische Vorgeschichte zu dem französischen Flottenaufmarsch? Eine kurze Rückschau bis auf den Anfang des 18. Jahrhunderts ist an dieser Stelle angebracht:

Schon im Jahre 1722, bei dem früher erwähnten plötzlichen Auftauchen des türkischen Admirals Abdi Pascha vor Malta, war der Generalmobilmachungsplan des Ordens von Großmeister de Vilhena in Kraft gesetzt worden und spätestens seit diesem Zeitpunkt wußten die Mitglieder der Kriegskongregation, daß die überdimensionalen Befestigungsanlagen des Konvents ziemlich nutzlos waren, wenn nicht genügend Soldaten zu ihrer Bemannung zur Verfügung standen. Damals schon hatten nicht alle Küstenbatterien besetzt werden können. Aber weiter waren eiserne Kanonen gekauft worden, und 1785 enthielten die Küstenbatterien auf Malta und Gozo nach einer Übersicht von S. C. Spiteri 172 weitreichende, schwere Kanonen, die von insgesamt 978 Mann bedient werden sollten, für die aber ständig nur 13 Mann in Bereitschaft standen. Im Fall der Landesverteidigung mußten die Richtkanoniere erst von den Kriegsschiffen, das sonstige Geschützpersonal als Miliz von den Äckern der Dörfer geholt werden. Die Kanonen waren jahrzehntelang nicht in Gebrauch und die Munition (im Durchschnitt 30 Kugeln und einige Kartätschen pro Rohr) war unter Verschluß.

Nicht viel anders sah es in den großen Festungswerken im Innern der Inseln aus – in Valletta (Fort St. Elmo), Floriana, Fort Ricasoli,

Fort St. Angelo, Fort Manoel, Fort Tigné, Vittoriosa, Senglea und Cospicua (Cotoner Linien). Diese Anlagen waren mit fast 2000 kleineren Kanonen bestückt, aber es fehlten ausgebildete Bedienungen. Wo also lag das Rückgrat der Verteidigung?

Früher hatte die jeweilige Ritterschaft den Kern jeder Verteidigung dargestellt. Wo aber waren jetzt diese einstmals schwer gepanzerten und hervorragend bewaffneten Einzelkämpfer, von denen jeder einmal bis zu zehn bewaffnete Gegner wettgemacht hatte. 1798 bestand die Ritterschaft nur noch aus 331 Ordensmitgliedern, und zwar aus 200 Franzosen, 90 Italienern, 25 Spanier, 8 Portugiesen, 4 Deutschen und 5 anglo-bayrischen Rittern. Was aber von größter Bedeutung war: Nur etwa 50 dieser Adligen waren als Offiziere in die Streitkräfte integriert. Viele der Ritter hatten noch nie in ihrem Leben eine militärische Ausbildung genossen, womit der Militärorden nunmehr weit weniger Militanz aufwies, als es damals in den europäischen Standesgesellschaften üblich war. Und wie sah es bei der einfachen Infanterie aus?

Schon 1716 hatte es auf den Inseln zwei Brigaden mit insgesamt sieben Miliz-Regimentern, davon eines auf Gozo, gegeben. Diese Regimenter hatten oft eine Vielzahl von Aufgaben, aber kaum Regimentstärke, und ihre Soldaten waren als Milizionäre nur ungenügend ausgebildet und bewaffnet. Dabei wurden in den Arsenalen des Ordens 35 000 Gewehre gezählt! Das Gozo-Regiment war beispielsweise dazu bestimmt, die Geschützbatterien der Inseln Gozo und Comino zu besetzen, wozu nach Einschätzung einer französischen Militärkommission aus dem Jahr 1761 6050 Soldaten notwendig gewesen wären. Tatsächlich konnten aus der Inselbevölkerung von Gozo aber nur 2300 Mann aufgebracht werden.

Aber es gab gegen Ende des Jahrhunderts auch zwei Infanterieregimenter aus Berufssoldaten, nämlich das Regiment »Cacciatori« (Jäger) mit 1600 hochmotivierten Freiwilligen und das »Malta Regiment«, ein ca 500 Mann starker Haufen disziplinloser korsischer und südfranzösischer Söldner. Dazu kamen noch zwei Marineinfanterie-Bataillone mit zusammen 800 Mann, ein sogenanntes »Palastregiment« zum Schutz des Großmeisters, das wohl eher aus schön anzusehenden Paradesoldaten bestand, und die Schiffsbesatzungen.

Nimmt man alles zusammen, konnte die Kriegskongregation bei vernünftiger Planung einschließlich aller Reserven immerhin 7000 Mann mobilisieren, eine überlegene Artillerie zum Schuß bringen und in den wichtigsten Verteidigungsräumen der Insel Malta die Kräfte so massieren, daß diese sich über Monate hätten halten können. Flankiert von einer behutsamen Außenpolitik wäre Malta also durchaus in der Lage gewesen, die revolutionären Wirren der Jahrhundertwende zu überstehen.

Indessen erwiesen sich auch einige außenpolitische Schritte der Ordensleitung im nachhinein als sicherheitspolitisch unüberlegt. Dazu gehörte die viel zu lang anhaltende Unterstützung der auf verlorenem Posten kämpfenden Krone Frankreichs und eine außenpolitische Hinwendung zum Zarenreich, die das Mißtrauen des revolutionären Frankreich geradezu heraufbeschwören mußte – hatte der Orden dem Zaren doch sogar einmal die Funktion einer Schutzmacht über Malta angeboten. Hinzu kam eine gewisse Unzuverlässigkeit der französischen Ordensritter, von denen einige merkwürdigerweise mit der Revolution in ihrer Heimat sympathisierten – ein unübersehbares Zeichen der zunehmenden Dekadenz des Adels innerhalb des Ordens. Für viele dieser Entwicklungen trugen die letzten Großmeister die Verantwortung, für das Ende vor allem jedoch der letzte Herrscher, der Deutsche Ferdinand Freiherr von Hompesch, der am 17. Juli 1797 gewählt worden war.

Hompesch war der denkbar ungeeignetste Großmeister für eine Verteidigung des Ordens in schwieriger Zeit. Er war alles andere als ein Soldat. Auf zahlreichen Gemälden, Münzen und auf einem Denkmal in dem Städtchen Zabbar ließ er sich – man befand sich immerhin bereits im ausgehenden 18. Jahrhundert – gerne in einer mittelalterlichen Ritterrüstung darstellen, doch fehlte es ihm an fast allen soldatischen Eigenschaften. Schon seit seinem 13. Lebensjahr hatte sich der Sproß einer westfälischen Adelsfamilie, zunächst als Page des Großmeisters Pinto, auf der höfischen und diplomatischen Karriereleiter des Ordens emporgearbeitet. Unter anderem war er Bailiff der Deutschen Zunge und damit der für die Befestigungen des Ordens zuständige Ordensgroßbailli gewesen und hatte 22 Jahre lang als Geschäftsträger der österreichischen Donaumonarchie die Interessen des Kaisers im Orden vertreten. Dies war an sich schon ein Paradoxum, wenn man bedenkt, daß er

Ordensmitglied und Deutscher war. Mit großem Ehrgeiz hatte er schon zu Lebzeiten von de Rohan auf das Amt des Großmeisters hingearbeitet und dafür auch hohe Geldmittel eingesetzt. Bei seiner Wahl war er jedenfalls vollkommen verschuldet.

Von 1797 bis 1799 fand in Rastatt ein Kongreß zur Umgestaltung Deutschlands und zur Beendigung der Feindseligkeiten zwischen dem Deutschen Reich und Frankreich statt. Als Abgesandter des Großmeisters war dort der deutsche Freiherr von und zu Schönau anwesend, der seinem Souverän Hompesch folgende Warnung schickte:

»...Ich habe Sie damit vertraut zu machen, daß die bedrohliche Expedition, die gerade in Touloun ihre Vorbereitung trifft, dem Zwecke dient, Malta und Ägypten einzunehmen. Diese Information habe ich vom Sekretär des Herrn Treilhard, einem der französischen republikanischen Minister auf dem Kongreß. Sie werden mit größter Sicherheit angegriffen werden. Ergreifen Sie alle notwendigen Schritte zu Ihrer Verteidigung. Alle Gesandten der verschiedenen Mächte, die an diesem Kongreß teilnehmen, Freunde des Ordens, haben dieselben Nachrichten, aber sie wissen auch, daß die Feste Malta uneinnehmbar oder zumindest imstande ist, einer dreimonatigen Belagerung standzuhalten. Die Ehre Euerer Eminenz und die Bewahrung des Ordens stehen auf dem Spiel, und wenn Sie sich ergeben, werden Sie in den Augen ganz Europas entehrt sein. Überdies wird diese Expedition hier als eine Schmach gegen Bonaparte angesehen, der zwei mächtige Feinde im Direktorium hat, die ihn fürchten und es so eingerichtet haben, daß er in die Ferne geschickt werde ...«.

Hompesch scheint die Warnung nicht ganz ernst genommen zu haben. Immerhin ließ er aber die Truppen teilweise ausrücken, um die Verteidigungsstellungen einzunehmen.

Das Oberkommando über alle Truppen und die gesamte Verteidigung hatte der Ordensmarschall, der bisweilen noch die alte Bezeichnung »Seneschal« trug und bei dem es sich um den Ritter de Loras von der Zunge der Auvergne handelte. Diesem unterstellt war der Kommandeur der Miliz, Camille de Rohan, ein Neffe des früheren Großmeisters Emanuel de Rohan.

Die Kommandeure bezogen nun mit ihren Truppen die vorgesehenen Verteidigungsstellungen: Der Komtur Bizien in der Millieha-Bucht, der Chevalier de la Perrousse in der St. Pauls Bay, der Chevalier de Preville in der St. Julians Bay. Die beiden letztgenannten Ritter standen unter dem Kommando des Komturs St. Felix, der normalerweise Kommandant eines Kriegsschiffs war. Die St. Thomas-Bucht, zu der das Fort St. Thomas gehörte, wurde von dem Chevalier du Pin de la Gue Rivière verteidigt, der Hafen von Marsaxlokk von dem Komtur de Rozan. In der Vorstadt Floriana führte der Chevalier de Belmont das Kommando und in den Forts entlang der Häfen der Hauptstadt Chevalier de Gournay, der normalerweise der Kommandant der Wachen des Großmeisterpalastes war (St. Angelo), Komtur de Gourecourt (Vittoriosa), Komtur Sabiras, ebenfalls Kommandant eines Kriegesschiffs (Cospicua), Chevalier Suffren Saint Tropez, der wiederum normalerweise ein Kriegsschiff führte (Senglea), de la Tour de Pin (die Cotoner-Linien), de Tillet (Fort Ricasoli), Chevalier Courgean und der Ritter la Tour St. Quentin (Fort Manoel) und Komtur von Reichberg von der anglo-bayrischen Zunge, der sich während der wenigen Kämpfe, die es gab, noch besonders hervortat (Fort Tiné). Das Jägerregiment wurde von dem Deutschen Graf Franz Anton von Neveu, das »Regiment von Malta« von dem Komtur Pfiffer kommandiert. Die Wachen des Großmeisterpalastes und damit der Schutz des Souveräns lagen in der Verantwortung des Chevaliers Guron in Vertretung von de Gournay.

Unübersehbar ist, daß Hompesch die meisten Schlüsselstellungen mit Franzosen besetzte, obwohl zu diesem Zeitpunkt schon klar war, daß einige Franzosen mit Bonaparte sympathisierten und er bei loyal gebliebenen fürchten mußte, daß er sie in einen großen Loyalitätskonflikt stürzen würde. Unsicher war auch die Haltung eines Teils der maltesischen Bevölkerung, der darauf hoffte, mit Hilfe der Französischen Revolution das reaktionäre Ordensregiment abschütteln zu können.

Zwei Tage später, nach dem Auftauchen des zweiten französischen Flottenkontingents, ersuchte der französische Konsul in Malta, Jean André Caruson Hompesch im Auftrag von Bonaparte, die ganze französische Flotte in den Hafen einlaufen zu lassen. Dies aber lehnte der Staatsrat unter Hinweis auf einen Beschluß aus dem jahr 1768, nach dem nur jeweils vier ausländische Schiffe zugleich in den Hafen eingelassen werden durften, und mit Blick auf die dem Orden auferlegte Neutralität ab. Der Orden fühlte sich auch jetzt zur Wahrung seiner Neutralität verpflichtet und Hompesch ließ Bonaparte über Caruson ausrichten, zumindest erbäte er ein schriftliches Gesuch des französischen Generals. Als Bonaparte davon erfuhr, soll er wütend ausgerufen haben: »Sie haben uns das Wasser verweigert. Also werden wir es uns nehmen!«

Am 10. Juni teilte der französische Konsul dem Großmeister daraufhin mit, daß Bonaparte mit Empörung darauf reagiert habe, daß nur vier Schiffe zugleich in den Hafen eingelassen werden sollten und der General nun zur Gewaltanwendung entschlossen sei, um sich zu nehmen, was ihm aufgrund der traditionellen Gastfreundschaft des Ordens zustehe. Im einzelnen schrieb Caruson: »Eminenz, ich wurde zum Flaggschiff bestellt als Überbringer der Antwort, die Euere Eminenz auf die Bitte, die Erlaubnis zur Wasserübernahme für die Schiffe zu erteilen, gegeben haben. Ich hatte festzustellen, daß der Oberkommandierende Bonaparte empört ist, zu erfahren, daß Sie nur vier Schiffen zur gleichen Zeit die Erlaubnis geben wollen. Im Ergebnis: Welch eine Zeit würde benötigt, 500–600 Seeschiffe mit Wasser und Lebensmitteln zu versorgen? – Ich habe die beachtliche Streitmacht gesehen, die unter Befehl von General Bonaparte steht, und ich sehe voraus, daß es für den Orden unmöglich ist, dieser zu widerstehen. Es würde gut sein, wenn Eure Eminenz unter solchen äußersten Umständen, aus Liebe zu Ihrem Orden, zu Ihren Rittern und zur gesamten Bevölkerung Maltas Wege vorschlagen würden, um ein Übereinkommen zu erzielen. Der General wird unter keinen Umständen meine Rückkehr in die Stadt erlauben, da er gehalten ist, die Stadt so zu behandeln, als wenn sie zum Feind gehört; sie kann keine Hoffnung auf Schonung haben, ausgenommen auf die Großzügigkeit Bonapartes, der strikte Befehle gegeben hat, Religion, Gebräuche und Eigentum der Maltesen äußerst gewissenhaft zu respektieren.«

Es liegt auf der Hand, daß es für den Orden ein unannehmbares Risiko dargestellt hätte, alle Schiffe Bonapartes zur gleichen Zeit in die beiden Häfen einzulassen. Dies entsprach auch nicht der Tradition, die schon fast gültiges Seerecht darstellte. Im übrigen war es klar, daß Bonaparte die Einnahme der Insel schon klar im Auge hatte. An Bord seines Flaggschiffs »L'Orient« unterzeichnete er noch am gleichen Tag den Angriffsbefehl für Mitternacht, und die militärische Operation zur Besetzung Maltas nahm damit ihren Anfang.

Inzwischen hatte Hompesch noch in seiner hoffnungslosen Lage an Lord Horatio Nelson, den Admiral der britischen Mittelmeerflotte, geschrieben und ihn gebeten, ihm bei der Verteidigung gegen Bonaparte zu helfen. Aber Nelson, den die Bitte in Neapel erreichte, antwortete, daß er keinesfalls vor Ablauf von zwanzig Tagen in den Gewässern von Malta eintreffen könne.

Inzwischen hatte eine Abordnung von Bürgern Vallettas den Großmeister aufgesucht und darum gebeten, nichts zu unternehmen, wodurch das Leben und das Eigentum der Malteser gefährdet werden könne. Dies kam einer Aufforderung zur Kapitulation des Ordens gleich, und der Großmeister sah sich veranlaßt, den Staatsrat einzuberufen, zumal im Schutze der Dunkelheit auch noch allerlei zwielichtige Gestalten in die Stadt Valletta eindrangen und einige Mitglieder des Ordens überfielen und ermordeten. Aufruhr lag in der Luft, die Ordensregierung verlor die Kontrolle, während die französischen Truppen am Sonntag, den 10. Juni in der Morgendämmerung zur Landung ansetzten.

Der französische General Vaubois, der die gesamte Operation leitete, ließ seine Truppen an drei Stellen landen, um die maltesische Küstenverteidigung zu neutralisieren und den Milizregimentern, die teilweise schon ihre Positionen besetzt hatten, den Weg abzuschneiden. Es scheint, daß die Franzosen bis ins Detail über die Verteidigungsplanung des Ordens informiert waren, was angesichts der Vielzahl französischer Ordensmitglieder, die irgendwann einmal beim Konvent waren, kaum erstaunt. Vaubois selbst führte die Gruppe, die an der Nordostküste zwischen der St. Julians Bay und der sachten Bucht bei Fort Madliena landete. Dieser Gruppe trat der Chevalier de Soubiras bei ihrer Anlandung mit einer Flotille von vier Schiffen entgegen, die unter dem Schutz des Artilleriefeuers aus Fort Tigné die Franzosen angriffen und ein Kanonenboot und eine mit Landungssoldaten vollbeladene Schaluppe versenkten, bevor sie in den Marsamxett-Hafen zurückgezwungen wurden.

Trotzdem gelang es dem französischen Colonel Marmont, an Land Fuß zu fassen, denn der Ordensritter de Preville, der hier mit 60 Cacciatori und 1200 Milizionären den Küstenstreifen verteidigen sollte, geriet in Panik und zog sich überstürzt auf Fort Manoel zurück. Währenddessen gab die Küstenbatterie, die sich hier in Stellung befand, unter dem Vorwand, keinen Feuerbefehl erhalten zu haben, keinen einzigen Schuß ab. So konnte eine zweite französische Kolonne unter Brigadegeneral Lannes die Küstenverteidigung ausflankieren und aufrollen.

Weiter nördlich gelang es der zweiten Gruppe französischer Landungstruppen unter General Baragay d'Hilliers, in der Mellieha Bay und in der St. Pauls Bay zu landen, wo die Ritter de Bizier und de la Penouse am Strand und der Ritter St. Simon aus dem Fort St. Agatha nur schwachen Widerstand leisteten und sich dann hastig auf die Stadt Notabile zurückzogen. Auch ein bei Naxxar eingesetztes Milizregiment unter dem Chevalier de Paes zog sich auf Hompeschs Befehl direkt auf Notabile zurück.

Im Süden war inzwischen General Desaix, der Kommandeur der ersten Flottenvorhut, die an Valletta zunächst vorbeigezogen war, an Land gegangen und hatte die Verteidiger unter dem Kommando eines weiteren Angehörigen der Fürstenfamilie Rohan, Dise de Rohan, teilweise umgangen. Hier leistete der Ritter du Pin de la Gruviere im Fort St. Lucien, dessen beherrschende Lage zwischen den beiden Buchten der Marsaxlokk Bay man heute noch bewundern kann, ernsthaften Widerstand, bevor er das beide Buchten beherrschende Fort nach Sprengung aller Munitionsvorräte dem Gegner überließ. Daraufhin marschierte Desaix, nachdem er auch die anderen Verteidigungsanlagen der Marsaxlokk Bay – insgesamt standen dort drei Forts und drei befestigte Batterien – erobert hatte, nach Nordosten, um die Cotoner-Linien und das Fort Ricasoli anzugreifen. Dort gelang es dem Komtur de Tillet mit einigen Kompanien Cacciatori, drei französische Angriffe zurückzuschlagen.

In der Zwischenzeit war es aber Brigadier Lannes gelungen, Notabile einzunehmen, ohne daß dort ein einziger Schuß gefallen war. Heftigeren Widerstand leistete dagegen der Komtur Graf Reichberg aus den Seefestungen Manoel und Tigné gegen den die beiden Forts angreifenden Colonel Marmont.

Als schließlich alle Verteidigungsstellungen an der Küste gefallen oder aufgegeben waren, setzten die Franzosen zum entscheidenden Angrif auf Floriana (und damit auf Valletta) an. In einem Gegenangriff versuchte zwar der Ordensmarschall de Loras mit 900 Soldaten des Malta-Regiments und der beiden Marineinfanterie-Bataillone, den Angriff zu stoppen, geriet dabei aber in einen Hinterhalt der Franzosen, und seine Soldaten flüchteten hinter die Wälle und Bastionen von Floriana.

Währenddessen war auf Gozo der General Reynier gelandet, hatte die dortigen Verteidiger – 300 Reguläre, 800 Milizionäre, 1200 Mann Küstenwache und 30 Kavalleristen – auf die Zitadelle der Inselhauptstadt und das im Süden liegende Fort Chambrai zurückgeworfen, wo die Flüchtenden schließlich, nachdem der Gouverneur, Chevalier de Mesgringy, sich schon aus dem Staube gemacht hatte, kapitulierten.

Inzwischen war der Ordensrat erneut unter Leitung des Großmeisters zusammengetreten, um die Lage zu erörtern. Nachdem er die Aussichten einer Fortsetzung des Kampfes erwogen hatte und zu dem Schluß gekommen war, daß keinerlei Erfolgsaussicht mehr gegeben war, wurde die Aufgabe beschlossen, und die Forts St. Elmo und Ricasoli erhielten den Befehl, die weiße Flagge der Kapitulation zu setzen. Eine Waffenstillstandsdelegation unter Leitung des Konsuls für Holland und Preußen, Graf Agostino Formosa de Fremaux, wurde ernannt, die sich alsbald mit einem beglaubigten Gesandten Bonapartes, dem General Junot, zur Aushandlung und Unterzeichnung eines Kapitulationsdokuments traf.

Dieses lautete:
»Artikel 1 – Eine Waffenruhe für vierundzwanzig Stunden (Beginn ab sechs Uhr heute abend, den 11. Juni (1798), bis sechs Uhr morgen abend, wird zwischen der Armee der Französischen Republik unter dem Befehl von General Bonaparte, vertreten durch Brigadegeneral Junot, Adjutant des Generals, auf der einen Seite und Seiner Eminentesten Hoheit und dem Orden des hl. Johannes auf der anderen, vereinbart.
Artikel 2 – Während dieser vierundzwanzig Stunden sollen Abgeordnete an Bord der *Orient* geschickt werden, um eine Kapitulation zu entwerfen. Gez. Junot/Hompesch«

Zu einer realistischen Lagebeurteilung scheint der Großmeister zu dieser Zeit bereits nicht mehr fähig gewesen zu sein. Noch befand sich Valletta in seiner Hand und unabhängig von allen bisher schon gemachten Fehlern hätte ihm klar sein müssen, daß Bonaparte schon alleine aus Gründen der Versorgung seine Truppen nicht viel länger hätte an Land belassen können und außerdem über kurz oder lang auch das Auftauchen der Flotte Nelsons am Horizont hätte fürchten müssen. Andererseits scheint Hompesch aber auch eine Erhebung der Einwohnerschaft Vallettas und eine Revolte der Gefangenen und Sklaven gefürchtet zu haben.

In Erfüllung des zweiten Artikels des Waffenstillstandes ernannte der Großmeister nun eine Abordnung zum Zwecke der Ausarbeitung der Kapitulationsbedingungen, die Napoleon zur »Konvention« erhob. Diese wurde am 12. Juni 1798 an Bord der »Orient« unterzeichnet:

Artikel I – Die Ritter des Ordens vom hl. Johannes von Jerusalem übergeben die Hauptstadt und die Forts von Malta der französischen Armee; gleichzeitig verzichten sie zugunsten der Französischen Republik auf alle Eigentums- und Hoheitsrechte über die Inseln Malta, Gozo und Comino.

Artikel II – Die Französische Republik wird auf dem Kongreß in Rastatt ihren ganzen Einfluß geltend machen, um dem Großmeister ein Äquivalent für das aufgegebene Fürstentum zu verschaffen; die vorerwähnte Republik verpflichtet sich, ihm in der Zwischenzeit eine jährliche Pension von 300 000 französischen Livres sowie eine Entschädigung für sein Personal zu zahlen. Außerdem soll er während seines Aufenthaltes in Malta noch mit allen militärischen Ehren behandelt werden.

Artikel III – Die französischen Ritter des Ordens des hl. Johannes von Jerusalem, die gegenwärtig in Malta wohnen – und soweit sie von dem Oberkommandierenden anerkannt werden – sollen die Erlaubnis erhalten, in ihr Heimatland zurückzukehren. Ihr Wohnsitz in Malta wird so behandelt werden, als wäre er in Frankreich. Die Französische Republik wird gleichfalls ihren Einfluß auf die Regierungen von Italien und der diesseits der Alpen gelegenen Republik geltend machen, damit Artikel 3 auch auf die Ritter aus diesen Ländern Anwendung findet.

Artikel IV – Die Französische Republik wird jedem Ritter, der seinen festen Wohnsitz in Malta hat, eine jährliche Rente von 70 französischen Livres aussetzen, und den Rittern, die 60 Jahre und älter sind, 1000 französische Livres. Sie wird auch versuchen, die römischen und helvetischen Republiken zu beeinflussen, den Rittern ihrer jeweiligen Länder eine ebensolche Rente zu gewähren.

Artikel V – Die Französische Republik wird ihren Einfluß bei den verschiedenen Mächten geltend machen, damit den Rittern jeder Nation das Recht zuerkannt werde, über das Eigentum des Malteser-Ritterordens in den jeweiligen Ländern zu verfügen.

Artikel VI – Weder auf Malta noch auf Gozo werden die Ritter ihr privates Eigentum verlieren.

Artikel VII – Den Bewohnern der Inseln Malta und Gozo wird wie vorher – die freie Ausübung ihrer römisch-katholischen und apostolischen Religion zugestanden. Ihre Privilegien und ihr Eigentum werden gleichfalls unangetastet bleiben, sie werden zu keinen besonderen Steuern herangezogen werden.

Artikel VIII – Alle zivilrechtlichen Verordnungen, die während der Regierungszeit des Ordens erlassen worden sind, bleiben gültig.

Gegeben und beschlossen an Bord der vor Malta liegenden *Orient*, am 24. Brachet, im 6. Jahr der Französischen Republik.

> Gez. Bonaparte
> Kommandeur Bosredon de Ransijat (Anm.: ein profranzösischer Ordensritter)
> Bailli von Turin, Frisari (mit dem Bemerken:»Ohne das Herrscherrecht zu schädigen, das meinem Souverän, dem König beider Sizilien, gehört«)
> Baron D. Mario Testaferrata (Anm.: ein maltesischer Adliger)
> Dr. Giov. Nicola Muscat
> Dr. Benoit Schembri
> Ratsherr F. T. Bonanno
> Ritter Filipe Amat, spanischer Geschäftsträger.«

Hompesch weigerte sich, die Konvention zu ratifizieren, um dem Orden das Recht zu bewahren, gegen die Illegalität und Nichtigkeit dieser Akte der Französischen Republik zu protestieren. Unverzüglich lief die »L'Orient« in den Hafen von Malta ein. Sie erhielt Salut vom gesamten französischen Geschwader.

Am Donnerstag, den 12. Juni 1798 kam Napoleon an Land. Der Großmeister sandte dem Usurpator seine Hofkutsche entgegen. Die Standarten des Ordens wurden von den Bastionen Vallettas eingeholt und durch die französische Trikolore ersetzt.

Am 17. Juni 1798 morgens um 2 Uhr verließ »Seine Eminenz und Hoheit, der Fürst-Großmeister Ferdinand von Hompesch« an Bord eines österreichischen Handelsschiffs den Hafen von Valletta und fuhr nach Triest. Es muß diesen eigenartigen Herrscher seltsam berührt haben, daß wenige Tage zuvor noch die tapferen Einwohner von Cospicua sich geweigert hatten, den Franzosen die Cotoner-Linien zu übergeben, und es erst auf Veranlassung des Großmeisters dem Malteser Bischof Labini gelang, die zornigen Verteidiger zur Niederlegung ihrer Waffen zu bewegen.

Ausklang

Im Jahre 1802, also vier Jahre nach der Vertreibung der Ritter aus Malta, richtete der französische Außenminister ein Schreiben, dessen Original sich heute in der Nationalbibliothek von Malta findet, an seinen Kollegen vom Finanzressort. In dem Brief beklagt Talleyrand, daß ihm die französischen Ritter a. D. (»ex-chevaliers«) täglich damit in den Ohren lägen, daß die französische Regierung ihnen immer noch nicht die ihnen in Artikel IV der Kapitulationsurkunde von Malta zugesagten Pensionen zahle, daß der Innenminister sich dafür nicht zuständig fühle und daß er, Talleyrand, deshalb den verehrten Kollegen Finanzminister bitte, sich der Sache anzunehmen.

Welch tiefer Sturz der kosmopolitisch geprägten, adligen Paneuropäer, die sich in der Region von Schottland bis Nordafrika zu Lande und zur See gleichermaßen zuhause gefühlt hatten; der tapferen Soldaten Christi, die sich in St. Elmo so heldenhaft geopfert hatten, zu den vergrämten, blaublütigen Frührentnern, die sich im Instanzengestrüpp des Kaiserreichs zurecht finden mußten.

Aber nicht erst vor ca. 200 Jahren hatte der Ordensstaat mit seiner unrühmlichen Unterwerfung unter General Bonaparte seine raison d'être verloren – bereits im 17. Jahrhundert, als das Osmanische Reich anfing, zum »Kranken Mann am Bosporus« zu degenerieren und wenig später die modernen Kolonialmächte den nordafrikanischen Piraten ihre Geschäftsgrundlage entzogen, war der Orden im Organismus der Mittelmeer-Region überflüssig geworden.

Insofern kann die unwürdige Kapitulation des letzten Großmeisters, des ersten und einzigen Deutschen in diesem Amt, vielleicht als Einsicht in eine historische Unabwendbarkeit gewertet werden

– herbeigeführt auch dadurch, daß der Primat der Politik ausgerechnet in einem Militärorden in dieser kritischen Zeit so weit ging, daß die oberste Kommandogewalt über die Ordensstreitkräfte nicht bei einem erfahrenen Militär lag, sondern, in der Person von Hompesch, bei einem Diplomaten, der seine Verdienste als Gesandter beim Kaiser in Wien erlangt hatte und dementsprechend, anders als zum Beispiel sein berühmter Vorgänger Valette, kaum militärische Führungseigenschaften besaß; jedenfalls nicht die Befähigung zur strategischen Lagebeurteilung noch die Eignung zur konzeptionellen Verteidigungsplanung oder das Charisma zur Motivierung seiner Truppe.

Nun sind geschichtliche Umwälzungen aber selten das Werk einzelner, sondern meist das Resultat schicksalhafter Strömungen. So war es zum Beispiel bei der Französischen Revolution, die seit Beginn der Aufklärung, erkennbar schon in den Werken Voltaires und Rousseaus, unabwendbar war. So war es auch bei der Deutschen Wiedervereinigung, die natürlich nicht, wie es eine beflissene Legende wahrhaben will, das Ergebnis eines intimen tête à tête im Kaukasus war, sondern – in ungezählten Sonntagsreden seit einem halben Jahrhundert prophezeit – die Erkenntnis des Zentralkomitees und Politbüros der zusammenbrechenden Sowjetunion, daß Ost- und Mitteleuropa militärisch nicht mehr zu halten waren.

Auch Hompesch und Bonaparte haben in Malta nicht persönlich Geschichte gemacht, sondern nur eine längst fällige Entwicklung beschleunigt. Denn nicht nur der ursprüngliche und immer wieder modifizierte Auftrag des Ordens war überholt, auch sein ganzes feudales System entsprach nicht mehr den Herausforderungen des Epochenwechsels, der sich in der Französischen Revolution so überdeutlich manifestierte. Und dies mag Hompesch, dessen Verhalten sonst überhaupt nicht zu verstehen wäre, sehr wohl resignierend empfunden haben.

Warum aber, muß man dann fragen, hatte er sich erst zum Großmeister und damit zum Oberbefehlshaber der Ordenstruppen wählen lassen? Warum hatten er und seine Vorgänger Malta unter ungeheuren Kosten zur stärksten Festung der Welt ausgebaut, wenn der Orden nicht mehr zeitgemäß und sein Ende unabwendbar war? Und war das Ende schon 1798 unabwendbar?

Malta hatte den doppelten Luxus eines dichten äußeren Verteidigungsringes zur Rundumverteidigung der Insel gegen schwächere Eindringlinge sowie einer Fortifikation, die die Hauptstadt Valetta, d. h. den Konvent und damit den Orden, wie ein stählerner Panzer umschloß und etwa ein halbes Jahr dem stärksten Gegner hätte widerstehen können. Die Verteidigungskräfte Maltas bestanden nicht nur, wie oberflächliche Chronisten bisweilen behaupten, aus einigen hundert zufällig auf der Insel anwesenden Johannitern, sondern neben diesen 332 Rittern aus 7000 Mann regulärer Truppen, Milizen und Seeleuten, die nach modernen Gesichtspunkten in Brigaden, Regimenter, Bataillone und Kompanien gegliedert waren; daneben aus einem Netz von drei modernen Binnenfestungen (Rabat, Vittoriosa, Hgarr), 32 Küstenforts, 27 ausgebauten Küstenbatterien mit insgesamt 172 Geschützen sowie dem Festungsraum Valetta/Floriana mit mehreren starken Verteidigungsgürteln und sechs Außenforts. Der Orden verfügte über 2000 Kanonen, eine Kriegsflotte mit 13 Schiffen, darunter mehrere Linienschiffe und ein Schlachtschiff mit 60 Geschützen. Die Kriegsvorräte des Ordens reichten für eine halbjährige Belagerung. Überdies konnte der Orden gegenüber den Franzosen, die von See aus operieren mußten und deren Versorgungslinien nach Südfrankreich weit entfernt und verletzlich waren, auf der »Inneren Linie« operieren. Das Kräfteverhältnis zum Gegner war mit 1 : 5,7 viel günstiger als z.B. während der Großen Belagerung von 1565 (1 : 8), der Gegner Bonaparte hatte auf seinem Weg nach Ägypten keine Zeit für eine längere Belagerung und mußte kurzfristig das Auftauchen der englischen Flotte unter Lord Nelson befürchten.

Aber der Ordensstaat war schon seit langem nicht mehr der aufopferungsvolle, fromme Ritterstaat mit supranationalen, abendländischen Idealen. Er hatte sich überlebt und seine teilweise landesfremde Militärmacht diente nur noch der Selbstverteidigung einer rückwärts gerichteten Feudalgesellschaft ohne staatliche oder überstaatliche Idee. Hätte der Orden sich rechtzeitig um eine neue Idee bemühen sollen?

Die Ritter hatten in ihrer Geschichte schon zweimal, jeweils als Folge einer Niederlage, ihren Auftrag modifiziert: Nach ihrer Vertreibung aus dem Heiligen Land hatten sie sich dessen Rückeroberung zum Ziel gesetzt, nach der Rückverlegung des Ordenssitzes von Rhodos nach Malta hatte der Orden sich als »Schild Europas« um die Verteidigung des westlichen Mittelmeers und Südeuropas verdient gemacht. Vor und nach seiner neuerlichen Vertreibung im Jahre 1798 fand sich kein neuer Auftrag mehr. Es wurden nur noch Verlegenheitslösungen geschaffen bzw. bisherige Nebenaufgaben zu Hauptaufgaben hochstilisiert – eine Tendenz, die bis in die Gegenwart hineinreicht.

Schon zu Beginn dieses Buches wurde angedeutet, daß es eine offenbar unabänderliche Eigenart einmal etablierter Militärmächte ist, sich bei veränderten Rahmenbedingungen nicht mit Würde selber aufzulösen. Das Beharrungsvermögen der politischen und militärischen Etablishments führt eher zu Alibifunktionen. Die nach dem Ende der Ost-West-Konfrontation der zweiten Hälfte dieses Jahrhunderts von windigen Politikern herbeigeredete Notwendigkeit einer kostspieligen Neuorientierung, die in sich widersprüchliche Ausdehnung des Atlantischen Bündnisses sowie die krampfhafte Suche nach weltweiter Verantwortung und nach humanitären Aufgaben anstelle der Bescheidung mit der klassischen Landesverteidigung spiegelt in unserer Gegenwart eine irrationale Verlegenheit wider, die sich nach 1798 schon bei den Überbleibseln des Ordens zeigte: Aus seinen kontinentalen Niederlassungen entstanden früher oder später unter den verschiedensten Bezeichnungen wie »Johanniterorden«, »Malteserorden«, »Orden des Hospitals von St. John von Jerusalem«, »Orden von St. Johann in Schweden« und »Orden von St. Johann in den Niederlanden« völlig neue, pseudoelitäre Adelsgesellschaften, die sich caritative Aufgaben suchten, die schon längst von weniger exklusiven Institutionen, wie z.B. dem Roten Kreuz, wahrgenommen wurden. Es kann aber keinen Zweifel daran geben, daß die Geschichte des Ritterordens von Jerusalem 1798 endgültig aufgehört hat und seine herausragenden Verdienste durch eine Fortschreibung der Ordensgeschichte über 1798 hinaus nur verwässert würden.

Das historische Verdienst des Ordens lag im Mittelalter: Wie ein Krebs umfaßten Islam und Osmanentum Europa. Während sein rechter Arm schon Wien berührte, reichte seine linke Zange, deren Schatten schon auf Italien und das westliche Mittelmeer fielen, bis nach Algerien. Eine Betrachtung der militärischen Potentiale aller Mittelmeeranrainer über mehrere Jahrhunderte läßt den Schluß zu, daß die Scheide zwischen Christentum und Islam heute möglicherweise nicht mehr vom Mittelmeer gebildet würde, sondern weiter nördlich läge, wenn es den Orden mit seiner schlagkräftigen Flotte nicht als Sperriegel gegeben hätte.

Hier und zu dieser Zeit hat sich der Orden um Europa verdient gemacht. Und viele seiner in unseren Geschichtsbüchern kaum erwähnten großen Männer, allen voran Jean de la Valette, sind deshalb den »Europäern« dieses Kontinents, wie Karl dem Großen oder Karl V., vor allem aber den Bewahrern des Abendlandes vor der Mongolengefahr in der Schlacht von Liegnitz und den Türken bei der Verteidigung von Wien durchaus vergleichbar.

Zu einer ausgewogenen Bewertung gehört allerdings auch der Hinweis darauf, daß die Kreuzritter im allgemeinen, die Ritterorden aber im besonderen, in ihren Eroberungsgebieten ein Kreuzzugstrauma geschaffen haben, das bis in die Gegenwart fortwirkt und gegenwärtige Ängste schürt. Das gilt für die tief verwurzelte Einschätzung des »Kryzak«, des deutschen Ordensritters, als eines barbarischen Herrenmenschen durch polnische Historiker; es gilt aber genauso für die Ängste orientalischer Intelektueller vor dem modernen »faris nabil«, dem christlichen Ritter, der unter dem Mantel des Christentums und der zivilisatorischen Überlegenheit den Nahen Osten mit seinen angeblich neokolonialen Plänen bedroht – Ängste, die u.a. dem hysterischen, gewalttätigen und fremdenfeindlichen Islamismus der Gegenwart als Vorwand dienen.

Anhang

Die Meister und Großmeister des Ordens

Sitz Jerusalem
1.	Gerhard	ca. 1100–1120
2.	Raymund du Puy	ca. 1120–1160
3.	Auger de Balben	1160–1162
4.	Arnaud de Comps	1163
5.	Gilbert d'Assailly	1163–1170
6.	Gaston de Murols	1170–1172
7.	Gerard Joubert	1173–1177
8.	Roger des Moulins	1177–1187

Sitz Margat und Akka
9.	Ermengard d'Asp	1188–1190
10.	Garnier de Naplouse	1190–1192
11.	Geoffroy de Donjon	1139–1202
12.	Alphonse de Portugal	1203–1206
13.	Geoffroy Le Rat	1206–1207
14.	Garin de Montaigu	1207–1227
15.	Bertrand de Thessy	1228–1230
16.	Guérin (Girinus)	1231–1236
17.	Bertrand de Comps	1236–1239
18.	Pierre de Villebride (Vieille Brioude)	1240–1242
19.	Guillaume de Châteauneuf	1243–1258
20.	Hugues de Revel	1258–1277
21.	Nicolas de Lorgne	1277–1283
22.	Jean de Villiers (auch auf Zypern)	1285–1293

Sitz Zypern
23.	Odon de Pins	1294–1296
24.	Guillaume de Villaret	1296–1304
25.	Foulques de Villaret (auch auf Rhodos)	1305–1319

Sitz Rhodos
26.	Hélion de Villeneuve	1319–1346
27.	Dieudonné de Gozon	1346–1353
28.	Pierre de Corneillan	1353–1355
29.	Roger de Pins	1355–1365
30.	Raymund Bérenger	1365–1374
31.	Robert de Juilliac	1374–1377
32.	Juan Fernandez de Heredia	1377–1396

Sitz Italien
33.	Riccardo Caracciolo (Gegen-Großmeister)	1383–1395

Sitz Rhodos
34.	Philibert de Naillac	1396–1421
35.	Antoine Fluvian de la Rivière	1421–1437
36.	Jean de Lastic	1437–1454
37.	Jacques de Milly	1454–1461
38.	Pierre Raymond Zacosta	1461–1467
39.	Giovanni Battista Orsini	1467–1476
40.	Pierre d'Aubusson (Kardinal)	1476–1503
41.	Emery d'Amboise	1503–1512
42.	Guy de Blanchefort	1512–1513
43.	Fabrizio del Carretto	1513–1521
44.	Philippe Villiers de l'Isle Adam (auch auf Malta)	1521–1534

Sitz Malta
45.	Pietro del ponte	1534–1535
46.	Didier de Saint-Jaille	1535–1536
47.	Juan d'Homedes	1536–1553
48.	Claude de la Sengle	1553–1557
49.	Jean Parisot de la Valette	1557–1568
50.	Pietro del Monte	1568–1572
51.	Jean l'Evêsque de la Cassière	1572–1581
52.	Hugues Loubenx de Verdala (Kardinal)	1582–1595
53.	Martin Garzez	1595–1601
54.	Alof de Wignacourt	1601–1622
55.	Luis Mendez de Vasconcellos	1622–1623
56.	Antoine de Paule	1623–1636
57.	Jean de Lascaris-Castellar	1636–1657
58.	Martin de Redin	1657–1660
59.	Annet de Clermont-Gessant	1660
60.	Raphael Cotoner	1660–1663
61.	Nicola Cotoner	1663–1680
62.	Gregorio Caraffa de Roccella	1680–1690
63.	Adrien de Wignacourt	1690–1697
64.	Ramon Perellos y Roccaful	1697–1720
65.	Marc Antonio Zondadari	1720–1722
66.	Antonio Manuel de Vilhena	1722–1736
67.	Raymond Despuig	1735–1741
68.	Manuel Pinto de Fonseca	1741–1773
69.	Francesco Ximenes de Texada	1773–1775
70.	Emmanuel de Rohan-Polduc	1775–1797
71.	Ferdinand von Hompesch	1797–1798

Die Großbailiffs der Deutschen Zunge, zugleich Ordens-Großbaillis, d. h. Verantwortliche für die Ordensbefestigungen

Johann von Schlegelholz	1431
Johann Loesel	1440
Johann von Weitingen	1446
Richard von Buttlar gen. von Neuenberg	1454
Johann von Ow zu Wachendorf und Diessen	1466
Johann Schenk von Stauffenberg	1466
Philipp von Reifenberg	1471
Bätz von Lichtenberg	1478
Rudolf Graf Werdenberg-Sargans	1580
Peter von Schwalbach	1482
Peter Stoltz von Gaubickelheim	1492
Johann Heggenzer von Wasserstelz	vor 1505
Johann von Hattsein	vor 1512
Konrad von Schwalbach	1512
Georg Schilling von Cannstatt	1534
Philipp Schilling von Cannstatt	1546
Wilhelm Bombast von Hohenheim	1548
Georg Bombast von Hohenheim	1550
Adam von Schwalbach	1554
Konrad von Schwalbach	1567
Joachim von Sparr	1568
Philipp Flach von Schwarzenberg	1571
Johann Georg von Schönborn	1573
Philipp Riedesel von Camberg	1587
Bernhard von Angeloch	1594
Johann Philipp Lesch von Mühlheim	1598
Wiprecht von Rosenbach	1599
Arbogast von Andlau	1601
Wilhelm von Cronberg	1607
Johann Friedrich Hund von Saulheim	1609
Georg Christoph von Weitingen	1612
Nikolaus von Fleckenstein	1634
Mathias Jakob von Pfürdt zu Liebenstein	1635
Jakob Christoph von Andlau	1635
Maximilian Schliderer von Lachen	1638
Wilhelm Heinrich von Warsberg zu Wartenstein	1643
Walraf Freiherr Scheiffart von merode zu Vervoz und Allner	1645
Wilhelm Hermann von Metternich zu Heddesdorf und Broel	1646
Franz von Sonnenberg	1650
Wilhl. Leopold Graf von Reinstein und Tattenbach	1656
Adam Graf Wratislaw	1657
Franz Sebastian Graf Wratislaw	1662

Die Zungen des Ordens im Konvent, die Ämter der (Groß)-Bailiffs der Zungen, die Balleien/Priorate im Konvent

Provence:	Großkomtur (Schatzkanzler)	Saint-Gilles
		Toulouse
Auvergne:	Seneschall/Marschall	Auvergne
Frankreich:	Großhospitaler	France
		Aquitanien
		Champagne
Italien:	Admiral	Messina
		Capua
		Lombardei
		Venedig
		Barletta
		Pisa
		Rom
Aragon:	Großkonservator (Logistik)	Navarra
		Katalonien
		Kastellanei
		von Emposta
England:	Turkopilier (Kommandeur der Reiterei)	England
		Irland
Deutschland:	Grand Bailli (Festungsbau)	Deutschland
		Böhmen-Österreich
		Ungarn
Kastilien:	Großkanzler	Kastilien-Léon
		Portugal

Die Zungen entsprachen im allgemeinen den Großprioraten in den Heimatländern der Ritter; die Priorate/Balleien den Balleien in den Ländern. Darunter kamen die Kommenden, zu denen aber auch Ordensländereien unter der unmittelbaren Kontrolle des Konvents, aber außerhalb des Konventslandes, wie z.B. die Insel Kos oder Tripoli zählen konnten. Darüber hinaus gab es noch viele Abweichungen von dem dargestellten Schema, z.B. durch die Auflösung des Ordens in England, das Entstehen neuer Großpriorate in Rußland und Polen, die Sonderstellung des Großpriors von Deutschland als Fürst-Herrenmeister und die selbständige Stellung der Ballei Brandenburg in Deutschland.

Die Dynastie der Osmanen bis zum Ende der Ordensherrschaft auf Malta

	Regierungszeit
1. Osman I.	1299–1323
2. Orkhan	1326–1359
3. Murad I.	1359–1389
4. Bayazid I.	1389–1402
5. Mehmed I.	1413–1421
6. Murad II.	1421–1451
7. Mehmed II.	1451–1481
8. Bayazid II.	1481–1512
9. Selim I.	1512–1520
10. Soliman I.	1520–1566
11. Selim II.	1566–1576
12. Murad III.	1574–1595
13. Mehmed III.	1595–1603
14. Ahmed I.	1603–1617
15. Mustafa I.	1617–1618
16. Osman II.	1618–1622
Mustafa I. (zweite Thronbesteigung)	1622–1623
17. Murad IV.	1623–1640
18. Ibrahim	1640–1648
19. Mehmed IV.	1648–1687
20. Soliman II.	1687–1691
21. Ahmed II.	1691–1695
22. Mustafa II.	1695–1703
23. Ahmed III.	1703–1730
24. Mahmud I.	1730–1754
25. Osman III.	1754–1757
26. Mustafa III.	1757–1774
27. Abdul Hamid I.	1774–1789
28. Selim III.	1789–1807

Christliche Militärorden des Mittelalters

Orden St. Jakob von Altopascio.
Vermutlich ältester Orden, gegründet Mitte des 10. Jahrhunderts bei Lucca (Italien) zum Schutz von Pilgern nach Rom und Compostella. Familienunternehmen mit Vererbung der Großmeisterwürde, die später von Großherzog Cosimo von Medici übernommen wurde.

Johanniter, ursprünglich Hospitaliter, später Johanniter.
1070 Gründung eines Hospiz in Jerusalem durch einen Kaufmann, Bruder Gerard aus Amalfi, 1113 Anerkennung als Orden durch päpstliche Bulle.

Templer
Gegründet 1115 durch Hugue de Payens und Godfrey de Saint Adhemar zur Eskortierung von Pilgern von Jerusalem nach Jericho und zum Jordan. Ursprünglicher Name auf Grund ihrer Armut »Arme Ritter Christi«, später wegen ihres inzwischen erworbenen Reichtums durch König Philip von Frankreich 1312 grausam verfolgt und vernichtet.

Ritter von St. Lazarus
Gründung eines Lepra-Krankenhauses ca 1130 in Jerusalem. Ordensmitglieder waren oft Leprakranke der Johanniter und Templer, die diese Orden verlassen mußten. Der Orden kämfte in Hattin mit und wurde in Akka, wo er einen eigenen Turm, die »Domus militum St. Lazari«, verteidigte, 1291 vernichtet.

Schwertbrüder (richtig: »Fratres Militiae Christi«)
Gegründet 1150 in Livland. Niedergang nach militärischen Niederlagen gegen die Heiden und Aufgehen im Deutschen Orden.

Ritter von Santiago
Spanischer Orden, gegründet 1158 zum Schutz der Pilger nach Compostella. 1175 vom Papst anerkannt, Ausdehnung in Spanien, Portugal, Frankreich, England und Ungarn, schließlich von der spanischen Krone übernommen.

Ritter von Calatrava, später: Ritter von Salvatierra
Gegründet 1164 in Spanien durch Don Garcia. Kampf gegen das Vordringen der Muslime in Spanien, zunehmend von den Königen von Spanien beherrscht.

Ritter von St. Julian und Alcantara
1183 vom Papst anerkannt, später aufgegangen im Orden der Ritter von Calatrava (s. o.).

Ritter »Unsere Frau von Montjoie«
1180 vom Papst anerkannt, in der Schlacht von Hattin untergegangen.

Deutscher Orden
Gegründet 1190 durch Bremer und Lübecker Kaufleute, die vor Akka ein Feldlazarett gebaut hatten. 1291 Verlegung des Hochmeistersitzes nach Venedig, 1309 nach Marienburg/Westpreußen. Unter Hochmeister Hermann

von Salza Einsatz gegen Slaven und Heiden in Kolonisationsgebieten östlich des Deutschen Reiches und Aufbau des Deutschordenstaates, Blütezeit im 14. und 15. Jahrhundert.

Ritter von St. Thomas von Akka
Gegründet etwa 1190 vor Akka, später vor allem auf Cypern ansässig.

Mercidarier
Aragonesischer Orden, gegründet 1233 zur gewaltsamen Befreiung und zum Freikauf christlicher Sklaven aus muslimischer Hand.

Ritter Christi
Portugiesischer Orden, gegründet 1312, um nach der Vernichtung der Templer eine zu starke Machtzunahme der Johanniter in Portugal zu verhindern. Missionstätigkeit in Übersee, Niedergang nach Aufgabe der Keuschheits- und Armutsgelübde.

Ritter »Unsere Frau von Montesa« / Ritter »St. Georg von Alfama«
1312 bzw. 1326 gegründete portugiesisch-spanische Orden, die als kurzlebige Nachfolger des zerschlagenen Templer-Ordens geschaffen wurden.

Ritter von San Stefano von Tuscanien
Gegründet 1561 von Cosimo von Medici, um muslimische Seeräuber zu bekämpfen. Enge Zusammenarbeit mit den Johannitern und Teilnahme an der Seeschlacht von Lepanto mit 12 Galeeren.

Personenregister

Quellen- und Literaturverzeichnis

ASSAF, Ali Abou, Die Burg Crac des Chevaliers, Damaskus 1982

Association des Amis du Musée des la Marine Quand voguaient les galéres, Exposition Paris 1990

BRADFORD, Ernle, The great Siege, Middlesex 1961

BRANDES, Jörg-Dieter, Die Mameluken, Sigmaringen 1996

BRYDONE, Patrick, A tour through Siciliy and Malta, London 1773

DEBATTISTA, C., The grandmasters palace, Sliema 1978

ELLUL, Joseph, The Great Siege of Malta, Siggiewi 1992

Fondazzjoni Patrimonjuu Malti, Malta, Sommer 1996

FRANK, Gerd, Die Herrscher der Osmanen, Wien 1977

GABRIELI, Francesco, Die Kreuzzüge aus arabischer Sicht, Zürich 1973

GALEA, Michael, Ferdinand von Hompesch, Valletta 1992

GALEA, Michael, The Palace of the Grandmasters, Malta 1988

The Government of Malta, The Order of St. John in Malta, Ausstellungskatalog, Valletta April–Juli 1970

KALCAS, Evelyn, Bodrum Castle and ist knights, Izmir 1978

v. HAMMER-PURGSTALL, Joseph, Geschichte des Osmanischen Reichs, Pest 1827

HERZSOHN, Paul, Der Überfall Alexandriens, Bonn 1886

LEVER, Anita, Of Flesh and Blood, Malta 1995

LIEDEKERKE, Alain de, Codex Rhodensis nach de la Rochechinard (1504)

MANDUCA, John, Treasures of Malta, Valletta 1996

MAUS, Hansjörg/zu MONDFELD, Wolfram, Alles Gold gehört Venedig, München 1978

MÜLLER-WIENER, Burgen der Kreuzritter, München 1966

OLIVIER, Bridget C.B., The Shield of Europe, Valletta 1977

OSTROGORSKY, Georg, Geschichte des Byzantinischen Staates, München 1963

PARADISSIS, Alexander, Fortresses and castles of greek islands, Athen 1976

PERNOUD, Régine, Die Kreuzzüge in Augenzeugenberichten, Düsseldorf 1961

PIRO, Nicholas Marquis de, Casa Rocca Piccola, Valletta 1991

SCERRI, L.J., The Grandmasters of Malta, Malta 1993

SCICLUNA, Hannibal, A short history of the knights hospitaller of St. John, of Jerusalem, of Rhodos, and of Malta, Malta 1969

SPITERI, Stephen, Fortresses of the Cross, Malta 1994

TAAFFE, John, The History of the Holy, Military, Sovereign Order of St. John of Jerusalem, London 1852

TETZLAFF, Ingeborg, Malta und Gozo, Köln 1977

WIENAND, Adam, Der Johanniterorden, der Malteserorden, Köln 1988

WISE, Terence, The knights of Christ, London 1984

ZORZI, Alvise, Venedig, Düsseldorf 1979